머리말

JLPT(일본어능력시험)는 일본어를 모국어로 하지 않는 학습자들의 일본어 능력을 측정하고 인정하는 것을 목적으로 하는 시험으로 국제교류기금 및 일본국제교육지원협회가 1984년부터 실시하고 있습니다.

JLPT는 1984년 총 15개 국가의 21개 도시에서 응모자 7,998명(일본 국내 2,849명, 해외 5,149명)으로 제1회 시험이 개시되어, 2016년에는 866,294명(제1회 389,674명, 제2회 476,620명)이 응시하는 대규모 시험으로 발전하였습니다. 일본 정부가 공인하는 세계 유일의 일본어 시험인 만큼 JLPT의 결과는 일본의 대학, 전문학교, 국내 대학교의 일본어과 등의 특차 전형과 기업 인사 및 공무원 선발에서의 일본어 능력에 대한 평가 자료로도 활용되고 있습니다.

2010년부터 실시된 새로운 시험에서는 학습자들의 과제 수행을 위한 커뮤니케이션 능력을 측정하는 것을 목표로 하고 있으며, 4단계에서 5단계로 단계 조정을 하였습니다. 기존의 시험은 위의 급부터 1급-2급-3급-4급으로 되어 있습니다만, 새로운 시험에서는 N1-N2-N3-N4-N5로 바뀝니다. 여기서 「N」은 「NIHONGO(일본어)」, 「NEW(신)」의 첫 글자인 「N」을 가리킵니다.

1990년부터 2009년까지의 약 21회분과 2010년부터 2017년까지의 약 16회분의 JLPT(일본어 능력시험)의 분석을 토대로 이번에 『JLPT 콕콕 찍어주마 N2 문법』을 전면 개정하여 출간하게 되었습니다.

『JLPT 콕콕 찍어주마 N2 문법』은 2010년부터 새로 실시된 기출문제를 분석하여 Part1에서는 출제 1순위~3순위로 총 160개의 문법 기능어를 실었습니다. Part2에서는 한 문제 이상 꼭 나오는 경어, 사역·수동·사역수동표현, 간과해서는 안 될 조사, 글의 흐름을 읽게 하는 접속사·부사·기타로 나누어 편집하였습니다. 그리고 부록으로 「JLPT N2 문법 출제표」를 제시하였으며 학습자의 실력을 테스트 할 수 있도록 4회분의 「파이널테스트」를 실었습니다. 또한 홈페이지에서 추가 4회분의 「파이널테스트」와 「문제은행」도 제공하여 풍부한 문제를 접할 수 있도록 하였습니다. 따라서 이 책만 충실히 공부한다면 JLPT N2 문법에 대한 고민은 더 이상 하지 않아도 되리라 확신합니다. 만일 N3 문법 실력이 부족하다면 『JLPT 콕콕 찍어주마 N3 문법』과 함께 학습하기 바랍니다. 이 책으로 학습한 분들께 좋은 결과가 있기를 진심으로 기원합니다.

끝으로 자료 수집과 분석을 도와준 이한나 님, 감수를 해 주신 米倉安生 님, 이 책의 출관에 도움을 주신 (주)다락원의 정규도 사장님, 그리고 일본어 출판부 직원들에게 이 자리를 빌어 감사를 드립니다.

저자 이치우

JLPT(일본어 능력시험)에 대하여

1. **목적 및 주최** | JLPT(일본어 능력시험)는 원칙적으로 일본 국내외에서 일본어를 모국어로 하지 않는 사람을 대상으로 하며, 일본어를 공부하거나 사용하는 사람들의 일본어 능력을 측정하고 인정하는 것을 목적으로 한다. 일본 정부가 세계적으로 공인하는 유일한 일본어 시험으로 국제교류기금과 재단법인 일본국제교육지원협회가 주최한다.

2. **실시 횟수** | 매년 7월 첫 번째 일요일과 12월 첫 번째 일요일 2회 실시한다. 하지만 주관 부서의 사정에 따라 변경될 수도 있으니 http://www.jlpt.or.kr/ 에서 확인하기 바란다.

3. **레벨** | 시험은 N1, N2, N3, N4, N5로 나누어져 있어 수험자가 자신에게 맞는 레벨을 선택하면 된다. 각 레벨에 따라 N1~N2는 언어지식(문자·어휘/문법)·독해, 청해의 두 섹션으로, N3~N5는 언어지식(문자·어휘), 언어지식(문법)·독해, 청해의 세 섹션으로 나누어져 있다.

4. **시험결과 통지와 합격 여부** | JLPT는 다음 예와 같이 각 과목의 ①구분 별 득점과 구분 별 득점을 합계한 ②총점을 통지하며, 이 두 가지 기준에 따라 합격여부를 판정한다. 즉, 총점이 합격점 이상이고, 각 구분별 득점 (과목별 점수)이 기준점 이상이어야 합격이 된다.

〈일반 수험자 합격 기준점〉

2017. 7월 시험 기준

레벨	합격점/만점	기준점		
		언어지식	독해	청해
N2	90점 / 180점	19점 / 60점	19점 / 60점	19점 / 60점

* 2017년 7월 시험에서는 총점으로는 90점, 기준점으로는 각각 19점이 모두 넘어야 합격이 되었다. 만약 한 과목이라도 19점을 넘기지 못하면 총점이 90점을 넘더라도 불합격이 된다. 이 점수는 매년 달라진다.

* **A씨의 성적표 (예)**

① 구분 별 득점			② 총점
언어지식	독해	청해	
60 / 60	30 / 60	15 / 60	105 / 180

불합격

* 총점은 105점으로 합격점은 충족하지만, 청해가 15점으로 기준점 19점을 넘기지 못했다. 따라서 A씨는 불합격이다.

* **B씨의 성적표 (예)**

① 구분 별 득점			② 총점
언어지식	독해	청해	
40 / 60	30 / 60	35 / 60	105 / 180

합격

* 총점은 105점으로 합격점을 충족하며, 구분별 득점도 모두 19점 이상이므로 B씨는 합격이다.

5. 시험 내용 | 각 레벨의 인정 기준을 【읽기】, 【듣기】라는 언어행동으로 나타낸다. 각 레벨에는 이 언어행동을 실현하기 위한 언어지식이 필요하다.

레벨	구성 (항목 / 시간)		인정 기준
N1	언어지식 (문자・어휘/문법) 독해	110분	**기존시험 1급보다 다소 높은 레벨까지 측정** **읽기** • 논리적으로 약간 복잡하고 추상도가 높은 문장 등을 읽고, 문장의 구성과 내용을 이해할 수 있으면, 다양한 화제의 글을 읽고, 이야기의 흐름이나 상세한 표현의도를 이해할 수 있다. **듣기** • 자연스러운 속도의 체계적 내용의 회화나 뉴스, 강의를 듣고, 내용의 흐름 및 등장인물의 관계나 내용의 논리 구성 등을 상세히 이해하거나 요지를 파악할 수 있다.
	청해	60분	
	계	170분	
N2	언어지식 (문자・어휘/문법) 독해	105분	**기존시험의 2급과 거의 같은 레벨** **읽기** • 신문이나 잡지의 기사나 해설, 평이한 평론 등, 논지가 명쾌한 문장을 읽고 문장의 내용을 이해할 수 있으며, 일반적인 화제에 관한 글을 읽고 이야기의 흐름이나 표현의도를 이해할 수 있다. **듣기** • 자연스러운 속도의 체계적 내용의 회화나 뉴스를 듣고, 내용의 흐름 및 등장인물의 관계를 이해하거나 요지를 파악할 수 있다.
	청해	50분	
	계	155분	
N3	언어지식(문자・어휘)	105분	**기존시험의 2급과 3급사이에 해당하는 레벨(신설)** **읽기** • 일상적인 화제에 구체적인 내용을 나타내는 문장을 읽고 이해할 수 있으며, 신문의 기사 제목 등에서 정보의 개요를 파악할 수 있다. 일상적인 장면에서 난이도가 약간 높은 문장을 바꿔 제시하며 요지를 이해할 수 있다. **듣기** • 자연스러운 속도의 체계적 내용의 회화를 듣고, 이야기의 구체적인 내용을 등장인물의 관계 등과 함께 거의 이해할 수 있다.
	언어지식(문법)・독해		
	청해	40분	
	계	145분	
N4	언어지식(문자・어휘)	95분	**기존시험 3급과 거의 같은 레벨** **읽기** • 기본적인 어휘나 한자로 쓰여진, 일상생활에서 흔하게 일어나는 화제의 문장을 읽고 이해할 수 있다. **듣기** • 일상적인 장면에서 다소 느린 속도의 회화라면 거의 내용을 이해할 수 있다.
	언어지식(문법)・독해		
	청해	35분	
	계	130분	
N5	언어지식(문자・어휘)	80분	**기존시험 4급과 거의 같은 레벨** **읽기** • 히라가나나 가타카나, 일상생활에서 사용되는 기본적인 한자로 쓰여진 정형화된 어구나 문장을 읽고 이해할 수 있다. **듣기** • 일상생활에서 자주 접하는 장면에서 느리고 짧은 회화로부터 필요한 정보를 얻어낼 수 있다.
	언어지식(문법)・독해		
	청해	30분	
	계	110분	

※ N3 – N5의 경우, 1교시에 언어지식의 문자・어휘와 문법・독해는 연결 실시됩니다.

6. 성적표 교부 | 합격자에 한해 교부되는 급수별 「일본어 능력 인정서」와 함께 응시자 전원에게 합격・불합격의 결과를 알려주는 통지서, 인정 결과 및 성적에 관한 증명서를 교부한다.

이 책의 구성 및 특징

이 책은 JLPT(일본어 능력시험) N2 문법에 완벽하게 대응되도록 분석·정리하여 JLPT의 출제 경향을 한눈에 파악할 수 있도록 한 수험서이다. 2010년부터 지금까지 출제된 문법 기능어를 철저하게 분석하여 2회 이상 출제된 문법을 「출제 1순위 N2 문법 50」, 1회 이상 출제된 문법은 「출제 2순위 N2 문법 70」, 앞으로 출제될 가능성이 높은 문법을 「출제 3순위 N2 문법 40」으로 나누어 기능어의 설명과 함께 기출문장을 제시하였다. 또한 예문의 형태를 실제 문법 문제 스타일인 '문법형식, 문맥배열, 문장흐름'으로 나누어 제시하여 문제 스타일에 익숙해지도록 배려하였다.

Part 1 합격으로 가는 N2 문법

JLPT(일본어 능력시험) N2 문법으로 제시된 160개 기능어를 중요도 순으로 「출제 1순위 N2 문법 50」, 「출제 2순위 N2 문법 70」, 「출제 3순위 N2 문법 40」으로 구성·편집하였다. 또한 실제 시험에 나온 문장을 출제 연도와 함께 제시하여 출제 경향을 한눈에 파악할 수 있도록 하였으며, 문법 설명과 출제 가능성이 높은 예문을 시험의 문제 유형 1·2·3으로 나누어 기능어가 가진 역할과 함께 문제 패턴을 충분히 이해할 수 있도록 제시해 놓았다. 한편, 10개 기능어 학습 후에는 각각 실전문제로 재점검할 수 있도록 구성하여 완벽한 시험 대비가 가능하도록 하였고, 각 실전문제에는 관련 기능어 번호를 부여하여 확인할 수 있도록 하였다. 예를 들어 기능어 번호가 「023·088」이라면 023의 기능어가 주된 핵심 문법이고 또한 088의 기능어가 키워드로 작용하고 있음을 나타낸다.

Part 2 점수를 UP시키는 N2 문법

Part2에서는 문법 기능어 외에 시험에서 자주 출제되는 ①경어, ②사역·수동·사역수동표현, ③조사, ④접속사·부사·기타로 총 4개 섹션으로 나누어, 설명과 함께 시험에서 출제된 기출문장과 출제 가능성이 높은 예문을 실어 놓았다. 주로 문제3 '문장의 문법' 문제에서 괄호 안에 들어가는 형태로 출제되고 있지만, 문법 형식에서도 종종 출제되고 있으므로 간과해서는 안 될 분야이다.

부록

JLPT(일본어 능력시험) N2 문법 시험과 같은 형식의 파이널 테스트를 4회 수록하여 마무리 점검을 할 수 있도록 하였다. 정답이 실려 있으며, 해석은 홈페이지에서 다운받거나 QR코드를 통해 바로 확인할 수 있다. 또 「JLPT N2 문법 출제표」를 수록하여 시험에 임하기 전 복습·정리할 수 있으며, 히라가나 순으로 배열되어 있으므로 찾고 싶은 문법을 바로 찾을 수 있다.

차례

- 머리말 03
- JLPT(일본어 능력시험)에 대하여 04
- 이 책의 구성 및 특징 06
- N2 문법 문제 유형 분석 08
- 이 책의 학습 방법 10

PART1 합격으로 가는 N2 문법

1. **출제 1순위 N2 문법 50** 13
   콕콕실전문제 1회~5회
2. **출제 2순위 N2 문법 70** 97
   콕콕실전문제 6회~12회
3. **출제 3순위 N2 문법 40** 201
   콕콕실전문제 13회~16회

PART2 점수를 UP시키는 N2 문법

1. **N2 문법 경어** 259
   콕콕실전문제 17회
2. **N2 문법 사역·수동·사역수동표현** 283
   콕콕실전문제 18회
3. **N2 문법 조사** 295
   콕콕실전문제 19회
4. **N2 문법 접속사·부사·기타** 307
   콕콕실전문제 20회~21회

부록

1. JLPT N2 파이널 테스트 1~4회 334
2. JLPT N2 문법 출제표 354
3. 콕콕 실전문제 및 파이널 테스트 정답 370
4. 파이널 테스트 해답 용지 375

N2 문법
문제 유형 분석

JLPT(일본어 능력시험) N2 문법 문제는 「문장의 문법 1 (문법형식 판단)」, 「문장의 문법 2 (문맥배열)」, 「글의 문법 (문장흐름)」의 3가지 패턴으로 출제된다.

問題 7 문장의 문법1(문법형식)

( ) 안에 알맞은 표현을 넣어 문장을 완성하는 문제로, 기능어 외에 회화체 표현을 묻는 문제도 출제되고 있다. 문제 수는 12문제이며 변경될 경우도 있다. 어려운 기능어보다는 일반적이고 일상생활에서 자주 쓰는 표현, 경어, 조사 등을 묻는 문제가 출제되고 있다.

34 あれこれ悩んだ（　）、ABC大学を志望校に決めた。(2011.7)
　　1 さきに　　　　2 すえに　　　　3 ところに　　　　4 とおりに

42 留学するまで、私は自分が見ている世界がすべてだと思っていた。実はそれが世界のほんの小さな一部分（　）気付いていなかった。(2011.7)
　　1 でないことにしか　　　　　　2 でしかないことに
　　3 にないことでしか　　　　　　4 にしかないことで

해석
34 이리저리 고민한 끝에, ABC대학을 지망학교로 정했다.
42 유학할 때까지, 나는 내가 보고 있는 세계가 전부라고 생각하고 있었다. 실은 그것이 세계의 그저 작은 일부분에 불과하다는 것을 깨닫지 못했었다.

問題 8 문장의 문법2(문맥배열)

문장을 바르게 그리고 뜻이 통하도록 배열하여 문장을 만드는 문제이다. 4개의 밑줄이 그어져 있고, 그 중 한 개의 밑줄에 ★ 표시가 되어 있다. 문장을 알맞게 배열하고 ★ 표시가 있는 부분에 해당하는 문장을 찾으면 된다. 문제 수는 5문제이며 변경될 경우도 있다.

48 最近、子どもがピアノを習いたいと言いだした。わたしは、子どもが ＿＿＿＿ ＿＿＿＿ ★ ＿＿＿＿ と思っている。(2011.7)
　　1 したい　　　　2 やりたい　　　　3 やらせて　　　　4 と思うことは

해석
48 (1432-したい と思うことは やらせて やりたい)
　　최근, 아이가 피아노를 배우고 싶다고 말을 꺼냈다. 나는 아이가 하고 싶다고 생각하는 것은 시켜 주고 싶다고 생각하고 있다.

問題 9 글의 문법(문장흐름)

 공란에 들어갈 가장 좋은 것을 고르는 문제로 5문제가 출제되며 변경될 경우도 있다. 문장의 흐름에 맞는 글인지 어떤지를 판단할 수 있는가를 묻는 데에 출제 목적이 있다. 공란에는 반드시 N2 기능어가 사용되지는 않으며, 문장의 흐름에 맞는 문법 요소나 어휘, 접속사, 부사 등이 많이 나온다.

(2011.7)

日本の鉄道ファン

　鉄道ファンとは、鉄道が好きで鉄道に関することを趣味にしている人たちのことだ。鉄道ファンは単に「鉄(てつ)」と言われたりもする。日本では、これまでは「鉄(てつ)」といえば男性だと思われていたが、近年は女性のファンが急増しているらしい。
　ところで、彼ら鉄道ファンたちは 50 趣味を楽しんでいるのだろうか。
一言で鉄道ファンといってもその趣味の内容は多種多様だ。そして、電車に乗るのが好きな「鉄(てつ)」は「乗(の)り鉄(てつ)」というように、それぞれその内容に対応した呼び名がある。「乗り鉄」 51 、写真を撮るのが好きな「撮(と)り鉄(てつ)」、車両や鉄道がある風景を描く「描(か)き鉄(てつ)」、鉄道の模型が好きな「模型鉄(もけいてつ)」などだ。
　ある40代の「乗り鉄」の女性は鉄道の魅力(みりょく)を 52 語る。「窓の外の風景をながめていると旅の気分が味わえるし、車と違って座っているだけで目的地に着けるのがいい」。「模型(もけい)鉄(てつ)」である30代の男性は、模型の魅力(みりょく)について「車両の形を見ているだけでうっとり。本物は買えないけど模型なら買えるし」と説明する。
　また、最近急増している女性ファンには「ママ鉄(てつ)」も多い。電車を見たがる子どもを連れて電車を見に行くうち、自分も鉄道ファンになってしまったという人たちだ。

⋮

50
1 それほど　　2 どのように　　3 それでも　　4 どちらの

51
1 にかわって　　2 によって　　3 のうえ　　4 のほか

52
1 こう　　2 そう　　3 同様に　　4 以上のように

⋮

이 책의 학습 방법

PART 1

① 우선 기능어의 뜻과 접속 형태를 확인한다.
② 어떤 경우에 쓰이는지 설명을 잘 읽고 자주 쓰는 형태도 함께 기억한다.
③ 2010년 이후 출제된 기출문장을 보고 출제 경향을 파악한다.
④ 다양한 예문을 통해 쓰임새 및 접속 등을 이해한다.
⑤ 콕콕실전문제를 통해 기능어를 확인하고, 틀렸을 경우 설명과 쓰임새를 다시 한번 숙지한다.

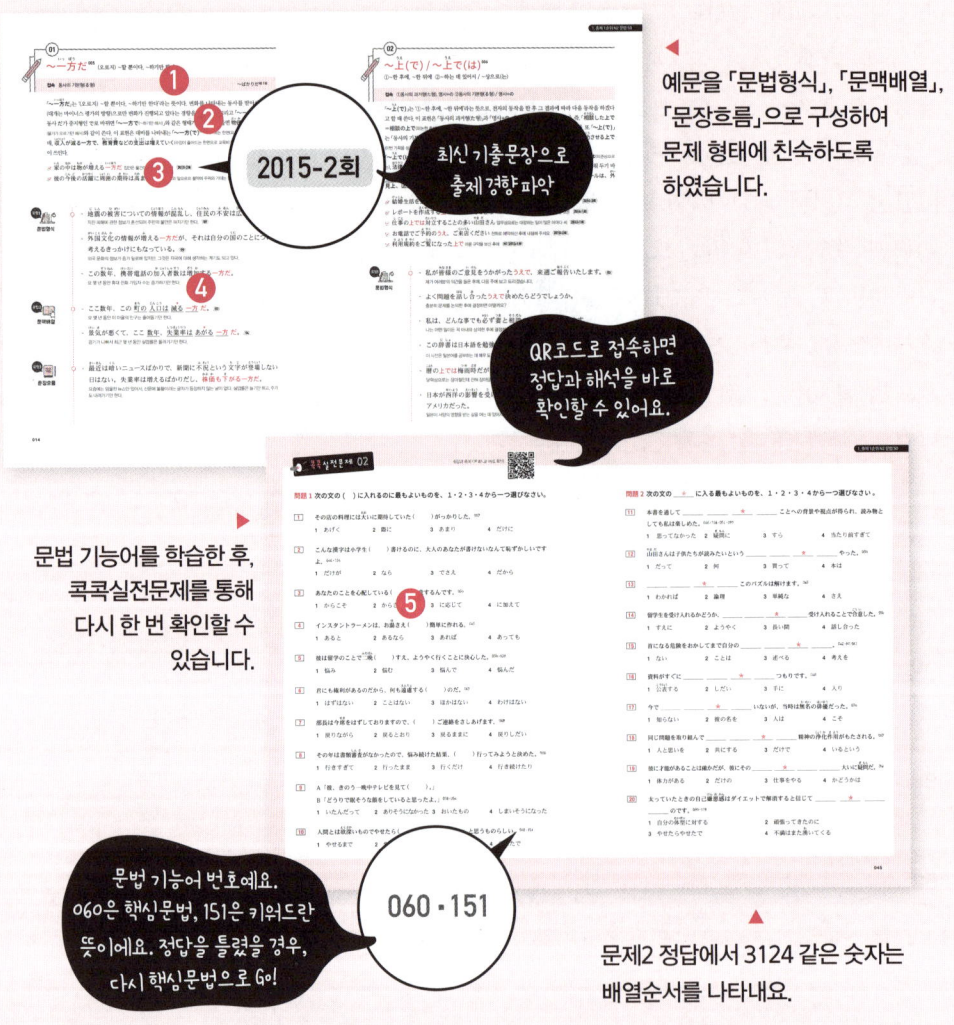

2015-2회 — 최신 기출문장으로 출제 경향 파악

예문을 「문법형식」, 「문맥배열」, 「문장흐름」으로 구성하여 문제 형태에 친숙하도록 하였습니다.

QR코드로 접속하면 정답과 해석을 바로 확인할 수 있어요.

문법 기능어를 학습한 후, 콕콕실전문제를 통해 다시 한 번 확인할 수 있습니다.

060·151 — 문법 기능어 번호예요. 060은 핵심문법, 151은 키워드란 뜻이에요. 정답을 틀렸을 경우, 다시 핵심문법으로 Go!

문제2 정답에서 3124 같은 숫자는 배열순서를 나타내요.

PART 2

① Part2는 경어, 사역·수동·사역수동표현, 조사, 접속사·부사·기타로 4가지 섹션으로 구성되어 있다.
② 제시된 표현과 해석을 잘 보고 기출문장과 예문으로 그 쓰임새를 파악한다.
③ 시험에 출제된 문장을 보고 출제 경향을 파악한다.
④ 파이널 테스트 문제를 통해 시험 전 자기실력을 최종 점검한다.
⑤ 문법기능어를 찾거나 시험 전 문법을 정리할 때는 「문법 출제표」를 이용한다.

▶ 파이널 테스트로
자기 실력 최종 점검

기출 문장을 통해
쓰임새를 파악하세요~!

파이널 테스트는
총 4회분이 실려 있어요.

시험 전 문법을 빠르게
훑어볼 때 이용하세요~!

학습자를 위해 준비했습니다!

1. **N2 문법 문제은행** 다락원 홈페이지 학습자료실에서 N2 문법 문제를 추가로 제공.
2. **파이널 테스트 추가 제공** 다락원 홈페이지 학습자료실에서 N2 문법 파이널 테스트 4회분을 추가로 제공.
3. **정답 및 해석 바로 확인** 다락원 홈페이지 학습자료실에서 다운로드 또는 스마트폰으로 QR코드로 찍어서 바로 확인 가능.

Part

합격으로 가는
N2 문법

N2 문법 50

2010년부터 지금까지 출제된 일본어 능력시험 N2 기출 문법을 철저히 분석하여 출제 1순위 문법 50개를 선정하였다. 2회 이상 실제 시험에 반복적으로 출제되고 있는 만큼 꼭 숙지해야 할 문법 기능어일 것이다. 기능어 우측의 숫자는 부록 「JLPT N2 문법 출제표」의 번호를 나타낸다.

01

〜一方だ 005　(오로지) 〜할 뿐이다, 〜하기만 한다

접속 동사의 기본형(る형)　　　　　　　　　　　　　　　　　　　　　　〜ばかりだ N2 132

「〜一方だ」는 '(오로지) 〜할 뿐이다, 〜하기만 한다'라는 뜻이다. 변화를 나타내는 동사를 받아서 그 방향(대개는 마이너스 평가의 방향)으로만 변화가 진행되고 있다는 경향을 나타낸다. 그리고 「〜一方だ」에서 조동사 だ가 중지형인 で로 바뀌면 「〜一方で(〜하기만 해서)」와 같은 형태가 된다. 예를 들면 物価が上がる一方で(물가가 오르기만 해서)와 같이 쓴다. 이 표현은 대비를 나타내는 「〜一方(で)」 N3 004 (〜하는 한편(으로))와 혼동되기 쉬운데, 収入が減る一方で、教育費などの支出は増えていく(수입이 줄어드는 한편으로 교육비 등의 지출은 늘어간다)와 같이 쓰이므로 구별하여 알아 두자.

☑ 家の中は物が増える一方だ 집안은 물건이 늘어나기만 한다　**2015-2회**
☑ 彼の今後の活躍に周囲の期待は高まる一方だ 그의 앞으로의 활약에 주위의 기대는 높아지기만 한다　**2010-1회**

유형1 문법형식

○ ・ 地震の被害についての情報が混乱し、住民の不安は広がる一方だ。
　　지진 피해에 관한 정보가 혼선되어 주민의 불안은 퍼지기만 한다. **08**

・ 外国文化の情報が増える一方だが、それは自分の国のことについて考えるきっかけにもなっている。**98**
　외국 문화의 정보가 증가 일로에 있지만, 그것은 자국에 대해 생각하는 계기도 되고 있다.

・ この数年、携帯電話の加入者数は増加する一方だ。
　요 몇 년 동안 휴대 전화 가입자 수는 증가하기만 한다.

・ 日本では出生率は下がる一方で、上がる気配を見せない。
　일본에서는 출생률은 내려가기만 해서 오를 낌새를 보이지 않는다.

유형2 문맥배열

○ ・ ここ数年、この 町の 人口は 減る ★一方 だ。**03**
　요 몇 년 동안 이 마을의 인구는 줄어들기만 한다.

・ 景気が悪くて、ここ 数年、失業率は あがる ★一方 だ。**94**
　경기가 나빠서 최근 몇 년 동안 실업률은 올라가기만 한다.

유형3 문장흐름

○ ・ 最近は暗いニュースばかりで、新聞に不況という文字が登場しない日はない。失業率は増えるばかりだし、株価も下がる一方だ。
　요즘에는 암울한 뉴스만 있어서, 신문에 불황이라는 글자가 등장하지 않는 날이 없다. 실업률은 늘기만 하고, 주가도 내려가기만 한다.

02 ~上(で) / ~上で(は)

①~한 후에, ~한 뒤에 ②~하는 데 있어서 / ~상으로(는)

접속 ①동사의 과거형(た형), 명사+の ②동사의 기본형(る형) / 명사+の

「~上(で)」는 '①~한 후에, ~한 뒤에'라는 뜻으로, 전자의 동작을 한 후 그 결과에 따라 다음 동작을 하겠다고 할 때 쓴다. 이 표현은 「동사의 과거형(た형)」과 「명사+の」에 붙어 같은 뜻을 나타낸다. 즉, 「相談した上で=相談の上で(의논한 후에)」가 된다. 응용 표현에 「~(た)上で+の+명사(~한 후에 내린 ~)」가 있다. 또 「~上(で)」는 「동사의 기본형(る형)」에 붙어 '②~하는 데 있어서'라는 뜻으로도 쓰이며, 今度の企画を成功させる上で(이번 기획을 성공시키는 데 있어서)와 같이 쓴다.

「~上で(は)」는 「명사+の+上で(は)」의 형태로 '~상으로(는)'의 뜻을 나타낸다. 「見かけの上では(외관상으로는), 法律の上では(법률상으로는), 書類の上では(서류상으로는)」와 같이 한정된 단어에 붙으니 통째로 외워 두기 바란다. 유사 표현으로 「~上」가 있는데, '~상, ~의 면·분야에서'라는 뜻을 나타내며, 水とアルコールは、外見上、区別がつかない(물과 알코올은 외견상, 구별이 가지 않는다)와 같이 쓴다.

- ☑ 結婚生活を送るうえで何が大切かといえば 결혼 생활을 보내는 데 있어서 무엇이 중요한가 하면 **2016-2회**
- ☑ レポートを作成する上で注意すべきことは 리포트를 작성하는 데 있어서 주의해야 할 것은 **2014-1회**
- ☑ 仕事の上では対立することの多い山田さん 업무상으로는 대립하는 일이 많은 야마다 씨 **2013-1회**
- ☑ お電話でご予約のうえ、ご来店ください 전화로 예약하신 후에 내점해 주세요 **2010-2회**
- ☑ 利用規約をご覧になった上で 이용 규약을 보신 후에 **N1 2013-1회**

문법형식

○ • 私が皆様のご意見をうかがったうえで、来週ご報告いたします。 **03**
제가 여러분의 의견을 들은 후에, 다음 주에 보고 드리겠습니다.

• よく問題を話し合ったうえで決めたらどうでしょうか。
충분히 문제를 논의한 후에 결정하면 어떨까요?

• 私は、どんな事でも必ず妻と相談のうえで決めています。
나는 어떤 일이든 꼭 아내와 상의한 후에 결정하고 있습니다.

• この辞書は日本語を勉強する上でたいへん役に立つ。
이 사전은 일본어를 공부하는 데 매우 도움이 된다.

• 暦の上では梅雨時だが一向に梅雨らしくない。
달력상으로는 장마철인데 전혀 장마답지 않다.

• 日本が西洋の影響を受ける道を開く上できわめて関係があったのはアメリカだった。
일본이 서양의 영향을 받는 길을 여는 데 있어서 극히 관계가 있었던 것은 미국이었다.

유형2 문맥배열

- 説明を よく聞いた うえで 旅行のコースを 選びたい と思います。 01
  설명을 잘 들은 후에, 여행 코스를 선택하고 싶습니다.

- 部屋の中を 見た うえで 借りるか どうか を決めたい。 96
  방 안을 본 후에 빌릴지 어떨지를 결정하고 싶다.

- 彼は 仕事の 上では 完全主義者 だが、私生活はだらしない。
  그는 업무상으로는 완벽주의자이지만, 사생활은 단정치 못하다.

- 会社の社長は経営を 行っていく 上で 激しい 浮き沈みを 覚悟すべきだ。
  회사의 사장은 경영을 해 나가는 데 있어서 격심한 흥망성쇠를 각오해야만 한다.

유형3 문장흐름

- 最新医学による理論の上では、シミの原因であるメラニンを取り除く場合、皮膚のどの深さ、どの層にあるのかを見極めて的確に治療すれば、より十分な効果を発揮することができる。
  최신 의학에 의한 이론상으로는, 기미의 원인인 멜라닌을 제거할 경우, 피부의 어느 깊이, 어느 층에 있는지를 판별해서 정확하게 치료하면 보다 충분한 효과를 발휘할 수 있다.

- 酔った上での軽率な言葉が、パーティーをめちゃくちゃにしてしまった。後になって何度も謝ったが、許してもらえなかった。
  취한 후에 한 경솔한 말이 파티를 엉망진창으로 만들고 말았다. 나중에 몇 번이나 사과했지만 용서받지 못했다.

03 ～うちに / ～ないうちに 〰〰〰〰〰〰〰〰〰〰〰〰〰〰〰〰〰〰〰〰〰〰〰〰〰〰〰〰〰〰〰〰 ~하는 동안에, ~할 때에 / ~하기 전에

접속 동사의 기본형(る형)·부정형(ない형), い형용사의 기본형, な형용사의 연체형(な형), 명사+の

「～うちに」는 '~하는 동안에, ~할 때에'라는 뜻이고, 「～ないうちに」는 '~하기 전에'라는 뜻이다. 「～うち」는 처음부터 특정 상태나 동작이 계속되는 범위를 설정하고, 그 상태가 끝나기 전에 일이 성립됨을 뜻한다. 응용 표현인 「～うちは(~할 때에는)/～ないうちは(~하기 전에는)」는 「大学生のうちは(대학생일 때에는), 大学に合格しないうちは(대학에 합격하기 전에는)」와 같이 한정된 단어에 붙으니 통째로 외워 두자. 참고로 관용 표현 「知らず知らずのうちに(나도 모르게, 자신도 모르는 사이에)」도 잘 알아 두기 바란다.

- ☑ 体操を続ける**うちに** 체조를 계속하는 동안에 **2017-2회**
- ☑ かばんからカメラを取り出そうとしている**うちに** 가방에서 카메라를 꺼내려고 하는 동안에 **2017-1회**
- ☑ 練習していく**うちに**だんだん大きな声で歌えるようになりますよ
  연습해 가는 동안에 점점 큰 소리로 노래할 수 있게 돼요 **2014-1회**
- ☑ いくらも使わ**ないうちに**壊れてしまった 얼마 쓰기도 전에 고장나고 말았다 **2012-2회**
- ☑ 何度も聞いている**うちに**だんだん好きになってきた 몇 번이고 듣는 동안에 점점 좋아졌다 **2011-2회**
- ☑ 何か月もし**ないうちに**新しいのが出たりしたら 몇 개월도 되지 않아 새로운 것이 나오거나 하면 **2010-2회**

문법형식

- ○ ひざに痛みがある**うちは**、まだ運動をしないでください。 **09**
  무릎에 통증이 있을 때에는, 아직 운동을 하지 마세요.

- どうぞ、温かい**うちに**お召し上がりください。 **08**
  어서 따뜻할 때 드세요.

- 若い**うちは**いろいろなことを経験させた方がいい。 **01**
  젊을 때는 여러 가지 일을 경험하게 하는 것이 좋다.

- 明るい**うちに**帰らないと、この辺りの夜道は迷いやすいですよ。 **99**
  밝을 때에 돌아가지 않으면, 이 부근의 밤길은 헤매기 쉬워요.

- 知らず知らずの**うちに**、日本語が上手になっていた。 **92**
  자신도 모르는 사이에 일본어가 능숙해져 있었다.

- 若い**うちに**たくさん勉強しておいたほうがいい。
  젊을 때에 많이 공부해 두는 것이 좋다.

- お母さんが心配するから、暗くなら**ないうちに**帰ったほうがいいよ。
  어머니가 걱정하시니까 어두워지기 전에 돌아가는 게 좋아.

문맥배열

- ピアノを 習い始めて 1年も たたない うちに、コンクールで優勝を 争うほどになった。 08
  피아노를 배우기 시작한 지 1년도 되기 전에 콩쿠르에서 우승을 다툴 정도가 되었다.

- 雨が 降らない うちに 家に 帰った 方がいい。 02
  비가 내리기 전에 집에 돌아가는 게 좋다.

- ふるさとの母から 届いた 手紙を 読んでいる うちに、思わず涙が こぼれた。 94
  고향에 계신 어머니에게서 온 편지를 읽고 있는 동안에, 무심결에 눈물이 흘렀다.

- 両親が 元気な うちに 新しい 家でも 建ててあげようと思うのだが…。
  부모님이 건강하실 때, 새 집이라도 지어드리려고 하는데…… 92

- 彼女の話を 聞いている うちに ひとりでに 涙が出て きた。
  그녀의 이야기를 듣고 있는 동안에 저절로 눈물이 났다.

- テレビを 見ている うちに 眠く なって しまった。
  텔레비전을 보고 있는 동안에 졸음이 왔다.

문장흐름

- ああ、お腹がぺこぺこだ。まだ休み時間だけど、昼休みまで我慢 できそうにない。先生が来ないうちに、お弁当を食べてしまおう。
  아~ 배고파. 아직 쉬는 시간인데, 점심 시간까지 못 참을 것 같아. 선생님이 오시기 전에 도시락을 먹어 치우자.

- がんばると決めて上京したのですから、大学に合格しないうちは国 へ帰れません。両親に笑顔で再会したいのです。
  열심히 하려고 상경했으니까, 대학에 합격하기 전에는 고향에 돌아갈 수 없습니다. 부모님을 웃는 얼굴로 다시 만나고 싶습니다.

04 ～(よ)うとする 〜하려고 하다

접속 동사의 의지형(う형)

「～(よ)うとする」는 '～하려고 하다'라는 뜻으로, 의지적인 행위를 나타내는 동사에 붙어서 그 행위가 시도되었지만 아직 달성되지 않았을 때나, 어느 행위가 시행되기 직전이라는 것을 표현할 때 쓰인다. 간혹 자연 현상 등 무의지적인 사건을 나타내는 동사에 붙는 경우도 있지만, 이때는 그 사건이 일어나기 직전이라는 것을 나타낸다. 예를 들면 冬が終わりを告げようとしている(겨울이 마지막을 알리려고 하고 있다), ドアが閉まろうとしたとき(문이 닫히려고 했을 때) 등이다. 부정형은 「～(よ)うとしない(～하려고 하지 않는다)」로, 그 행위를 하려는 의지나 낌새가 없다는 것을 나타낸다.

- かばんからカメラを取り出そうとしているうちに 가방에서 카메라를 꺼내려고 하는 동안에 `2017-1회`
- バスがちょうど来たので乗ろうとしたが 버스가 마침 왔기 때문에 타려고 했지만 `2014-1회`
- うちの犬は、私が出かけようとするたびに 우리 집 개는 내가 외출하려고 할 때마다 `2013-1회`

유형1 문법형식

- 電話をかけようとしたとき、玄関のベルがなりました。
  전화를 걸려고 했을 때, 현관 벨이 울렸습니다.

- 自分の立場を説明しようとしたが、彼女はどうしてもそれを受けつけなかった。
  자신의 입장을 설명하려고 했지만, 그녀는 아무리 해도 그것을 받아들이지 않았다.

- 私の投げかけた問いに対して、彼はいつも真剣に答えようとする。
  내가 아무렇게나 던진 질문에 대해, 그는 항상 진지하게 대답하려고 한다.

유형2 문맥배열

- 表面的には反対していたが、本当は彼女が その外国人と 結婚しようと している のを 支持していた。
  표면적으로는 반대하고 있었지만, 사실은 그녀가 그 외국인과 결혼하려고 하는 것을 지지하고 있었다.

- 彼に話してそれを やめさせようと したが、彼は一歩も 譲ろうとしなかった。
  그에게 이야기해서 그것을 그만두게 하려고 했지만, 그는 한걸음도 양보하려고 하지 않았다.

유형3 문장흐름

- 毎年、子どもの自殺が急増する夏休み明け前後に、心理的に追い詰められた子たちの命を守ろうとする動きが広がっている。
  매년 어린이의 자살이 급증하는 여름 방학 개학 전후에 심리적으로 궁지에 몰린 아이들의 생명을 지키려고 하는 움직임이 확대되고 있다.

05 ～おかげで / ～おかげだ ~ 덕분에 / ~ 덕분이다

접속 동사의 과거형(た형), 명사+の

「～おかげで / ～おかげだ」는 '~ 덕분에 / ~ 덕분이다'라는 뜻으로, '~의 도움이 있었기에 좋은 결과가 되었다'라는 감사의 뉘앙스를 나타낸다. 이에 반해 부정적인 결과는 「～せいで/～せいだ」[N2 053] (~ 탓으로/~ 탓이다)」로 나타낸다. 응용 표현에 「～は～おかげだ(~(한 것)은 ~ 덕분이다)」가 있다.

- ☑ パソコン教室の講師になった**おかげで** 컴퓨터 교실의 강사가 된 덕분에 [2012-1회]
- ☑ 風邪をひかないのは、毎朝しているジョギングの**おかげだ**
  감기에 걸리지 않는 것은 매일 아침 하고 있는 조깅 덕분이다 [2011-2회]

 **문법형식**

- 皆様の**おかげで**無事に閉会式を迎えることができました。 [09]
  여러분 덕분에 무사히 폐회식을 맞이할 수가 있었습니다.

- 私たちが優勝できたのは、応援してくれたみんなの**おかげです**。 [07]
  우리가 우승할 수 있었던 것은 응원해 준 여러분의 덕분입니다.

- あの医者の**おかげで**、命が助かった。 [95]
  그 의사 덕분에 목숨을 건졌다.

- 彼が手伝ってくれた**おかげで**、仕事がだいぶ早く終わった。 [93]
  그가 거들어 준 덕분에, 일이 상당히 빨리 끝났다.

 **문맥배열**

- 家の 近くに 新しい 駅が ★できた **おかげで** 便利になってうれしい。 [02]
  집 근처에 새로운 역이 생긴 덕분에 편리해져서 기쁘다.

- 雑誌に 店の 名前が ★出た **おかげで**、客がたくさん来るようになった。
  잡지에 가게 이름이 나온 덕분에, 손님이 많이 오게 되었다. [91]

- 毎日いっしょうけんめいに 練習した **おかげで** ★テニスの 腕が 上がった。
  매일 열심히 연습한 덕분에, 테니스 실력이 늘었다.

 **문장흐름**

- 私が成功できたのは、いろいろな人が助けてくれた**おかげだ**。これからは私も、誰かを助けられるようなことをしていきたい。
  내가 성공할 수 있었던 것은 여러 사람이 도와준 덕분이다. 앞으로는 나도 누군가를 도와줄 수 있는 일을 해 나가고 싶다.

1. 출제 1순위 N2 문법 50

06 ～思い⁰¹⁴ (~한) 마음, 심정, 느낌

접속 동사의 기본형(る형), い형용사의 기본형, な형용사의 연체형(な형)

「～思い」는 '~마음, ~기분, ~느낌' 등의 뜻으로, 주로 감정을 나타내는 い형용사 「恥ずかしい(부끄럽다)・危ない(위험하다)・こわい(무섭다)・つらい(괴롭다)・うらやましい(부럽다)・熱い(뜨겁다)」 등에 붙는다. 응용 표현에 「～思いだ(~한 마음(심정)이다)」,「～思いをした(~한 경험을 했다)」,「～思いがした(~한 느낌이 들었다)」 등이 있다.

☑ 自分はどうなったってかまわないという主人公の熱い思いに感動した
　 나는 어떻게 되든 상관없다는 주인공의 뜨거운 마음에 감동했다 2012-1회

☑ 苦しい生活の中、どんな思いで買ってくれたのかと思うと
　 어려운 생활 속에서 어떤 심정으로 사 주었을까 생각하면 2011-1회

- ぼくは手術の前には水が飲めなくて、それはつらい思いをした。 02
  나는 수술 전에는 물을 마실 수 없어서, 그건 정말 괴로운 경험이었다.

- その知らせにはっと現実に引き戻される思いがした。
  그 소식에 퍼뜩 현실로 되돌아오는 느낌이 들었다.

- 私が学んだ一つのことは、たとえどんなに きまりの悪い 思いをしても 起き上がって 体のほこりを払い、また前に進むことだ。
  내가 배운 단 하나의 사실은, 가령 아무리 창피한 일을 겪더라도 일어나서 몸의 먼지를 툭툭 털고 다시 앞으로 나아가야 한다.

- 喜びというより責任感の方が 多くて その大きさに 身が引き締まる 思い です。
  기쁘다기 보다 책임감이 더 많아서, 그 크기에 몸이 굳어지는 느낌입니다.

- どんなに苦しい思いをしていたとしても、それが自分の人生の宿命であり、引き受けるしかないと思い詰める。そのような「覚悟」から、私たちは困難を生きる力を引き出してきたのではなかったか。
  아무리 힘든 일을 겪었다고 해도 그것이 자기 인생의 숙명이며 받아들일 수밖에 없다고 생각한다. 그런 '각오'가 있었기에 우리는 역경을 헤치며 살아 나갈 힘을 꺼낼 수 있었던 것은 아닐까?

07 欠かさず / 欠かせない 016 거르지 않고 / 빠뜨릴 수 없다, 없어서는 안 된다

접속 ～に,～も～,～を,～が 등

동사「欠かす(빠뜨리다, 거르다, 빼다)」가 문법화되어 주로 부정형인「欠かさない(거르지 않다)・欠かさず(거르지 않고)」나 가능형의 부정인「欠かせない(빠뜨릴 수 없다, 없어서는 안 된다)」의 형태로 사용된다. 또한「欠かせない」는「欠くことができない(빠뜨릴 수 없다)」로도 사용 가능하다.

- ☑ いまや携帯電話は生活に欠かせない道具として定着した
  이제는 휴대전화는 생활에 빠뜨릴 수 없는 도구로써 정착했다 **2015-1회**
- ☑ 10年以上一日も欠かさず日記を書くなんて 10년 이상 하루도 거르지 않고 일기를 쓰다니 **2014-2회**
- ☑ 日本食を作るのに欠かせない調味料です 일본 요리를 만드는 데에 없어서는 안 될 조미료입니다 **2013-1회**
- ☑ 日本の食卓に欠かせないみそやしょうゆといった調味料
  일본 식탁에 없어서는 안 될 된장이나 간장과 같은 조미료 **2012-2회**

유형1 문법형식

- 異文化間の交流には、相手を理解しようという姿勢が欠かせない。08
  이문화간의 교류에는 상대를 이해하려는 자세를 빠뜨릴 수 없다.

- 私は大学生なのでコンピューターも日常生活に欠かせないものです。
  저는 대학생이라서 컴퓨터도 일상생활에 없어서는 안 될 물건입니다.

- 水は私たちの生活には欠くことができない。
  물은 우리들의 생활에는 없어서는 안 된다.

유형2 문맥배열

- 私たちの生活において 自動車は 欠かせない★ 存在に なって います。
  우리들의 생활에서 자동차는 없어서는 안 될 존재가 되었습니다.

- 当社の製品は 日常生活に 欠かせない ものが多い★ ため、比較的不況にも強い安定企業です。
  당사의 제품은 일상생활에서 없어서는 안 될 것이 많기 때문에, 비교적 불황에도 강한 안정적인 기업입니다.

유형3 문장흐름

- Beseto演劇祭は、日本、中国、韓国の演劇人の連帯への強い信念に支えられて政治的な混乱の中でも20年以上一度も欠かさず開催されてきました。
  Beseto 연극제는 일본, 중국, 한국의 연극인 연대에 대한 강한 신념이 있었기에 정치적인 혼란 속에서도 20년 이상 한 번도 빠짐없이 개최되어 왔습니다.

08 〜かもしれない ~할지도 모른다

접속 동사의 기본형(る형), 명사, な형용사의 어간

「〜かもしれない」는 '~할지도 모른다'라는 뜻으로, 어떤 사실이 성립할 가능성이 있다는 생각을 서술하거나, 자신의 의견을 단점을 피해 부드럽게 표현하고자 할 때 등에 사용된다. 유사 표현으로 「〜かねない」[N3 023] (~할지도 모른다, ~할 법도 하다)가 있는데, 이 표현은 좋지 못한 결과를 초래할 가능성이 있다고 할 때 쓰인다.

☑ 自分のアドバイスが相手の人生を大きく変える**かもしれない**
　자신의 충고가 상대의 인생을 크게 변화시킬지도 모른다　2016-1회

☑ 「大人」の商品の価値がわかるようになったら、「大人」になれるの**かもしれない**
　'어른'의 상품 가치를 알게 되면 '어른'이 될 수 있을지도 모른다　2014-2회

☑ 「都会で星を見るのはあきらめよう」とあなたは思う**かもしれません**
　'도시에서 별을 보는 것은 포기하자'하고 당신은 생각할지도 모릅니다　2014-1회

☑ 確かにそれもある**かもしれません**が、遊びの種類が変わったことも理由の一つだ
　확실히 그것도 있을지도 모르지만, 놀이의 종류가 달라진 점도 이유의 하나다　2013-1회

☑ 花なんて暖かくなれば咲くものだと思う**かもしれません**
　꽃 같은 건 따뜻해지면 피는 법이라고 생각할지도 모릅니다　2012-2회

- 事態がきちんと飲み込めていないの**かもしれない**、理解できていないの**かもしれない**としたら、それはもっと大問題ですよね。
  사태를 제대로 인식하지 못하고 있거나 이해하지 못하고 있다면 그건 더 큰 문제네요.

- 迷惑をかけているという自覚があるからこそ <u>他人の落ち度</u>や <u>失策</u>にも ★<u>寛大になれるの</u> **かもしれない**。
  민폐를 끼치고 있다는 자각이 있기 때문에 타인의 잘못이나 실책에도 관대해질 수 있는 것일지도 모른다.

- 私自身は、とにかく後悔する人生を送りたくないんです。**自分が明日死ぬかもしれないとしたら**、自分に胸を張っていられる人だろうかと。だからビジネスで失敗して、失敗したままそこで終わったら胸を張れなくなってしまうんです。
  아무튼 나 자신은 후회하는 인생을 보내고 싶지 않습니다. 내가 내일 죽을지도 모른다고 한다면, 난 스스로에게 당당하다고 할 수 있는 사람일까? 라고 (생각했습니다). 따라서 사업에서 실패하고, 실패한 채 거기서 끝난다면 당당하게 가슴을 펼 수 없게 됩니다.

09 ～くらい / ～くらいだ ⁰³⁴

~할 정도로, ~할 만큼 / ~ 정도이다

접속 동사의 보통형(る형, ない형, た형, たい형), な형용사의 연체형(な형), 명사 　　　～ほど / ～ほどだ N2 139

「～くらい」는 '~할 정도로, ~할 만큼'의 뜻이고, 「～くらいだ」는 '~ 정도이다'라는 뜻이다. 이것은 사물이나 상태의 정도를 나타내는 표현으로, 앞의 단어와 상관없이 「～ぐらい/ぐらいだ」라고 써도 무방하며, 「抱きしめたいくらい(꼭 껴안고 싶을 정도로), 動けないぐらい(움직일 수 없을 만큼)」와 같이 쓰인다. 이외에 「～くらいは(~정도는)」, 「～くらいで(~정도로)」, 「～くらいに思っている(~정도로 생각하고 있다)」의 형태도 함께 알아 두자.

- ☑ A市に住んでいる人なら知らない人はいないくらい
  A시에 살고 있는 사람이라면 모르는 사람이 없을 만큼　2015-1회

- ☑ でもまだあと1週間ぐらいは休みたいよね 하지만 아직 앞으로 1주일 정도는 쉬고 싶어　2013-2회

- ☑ ご覧のように新車と変わらないくらい 보시는 것처럼 신차와 다름없을 정도로　2012-2회

- ☑ だいたい何枚ぐらい用意すれば 대략 몇 장 정도 준비하면　2012-2회

- ☑ 子どもの遊びくらいに思っていた 어린애들 놀이 정도로 생각하고 있었다　2011-2회

- ☑ この人を見ない日はないと言ってもいいぐらいだ
  이 사람을 보지 않는 날은 없다고 해도 좋을 정도이다　2011-1회

- ☑ 1回失敗したくらいで、なにもそこまで 한 번 실패한 정도로 굳이 그렇게까지　2010-1회

유형1 문법형식

○ ・怖くて怖くて、大声で叫びたいくらいだった。 09
　너무나 무서워서 큰 소리로 외치고 싶을 정도였다.

・テストでこんな点しか取れないなんて、くやしくて泣きたいぐらいだ。
　시험에서 이런 점수밖에 받지 못하다니 분해서 울고 싶을 정도이다. 99

・校長は来賓の前でこっけいなぐらい緊張していた。
　교장 선생님은 내빈 앞에서 우스꽝스러울 정도로 긴장하고 있었다.

・わたしは彼女の心づかいが、涙が出るくらいうれしかった。
　나는 그녀의 배려가 눈물이 날 정도로 기뻤다.

・あまりに忙しくて、猫の手も借りたいくらいだ。
　너무 바빠서 고양이 손이라도 빌리고 싶을 정도이다.

・あまりにも寒くて、死ぬかと思ったぐらいだよ。
　너무나도 추워서 죽는 줄 알았을 정도야.

- 今日は朝から仕事が忙しくて、食事をする 時間も ない くらい だ。 03
  오늘은 아침부터 일이 바빠서, 식사를 할 시간도 없을 정도이다.

- 大人が 泣く ぐらいだ から、よほど痛かったのでしょう。
  어른이 울 정도이니까 어지간히 아팠을 것입니다.

- 彼 ぐらい 日本語が 上手なら、どんな仕事だってできるだろう。
  그 사람만큼 일본어가 능숙하면 어떤 일이든 가능할 것이다.

- この本は6歳の 子どもでも 読める くらい やさしい。
  이 책은 6살 아이라도 읽을 수 있을 정도로 쉽다.

- 彼は使い切れないくらい金を持っているが、周りの人を助けることなど全くしない。だから、彼のことを心から大切に思っている人はあまりいないようだ。
  그는 다 쓸 수 없을 정도로 돈을 갖고 있지만, 주변 사람을 도와주는 일 같은 건 전혀 하지 않는다. 그래서 그를 진심으로 소중히 생각하는 사람은 그다지 없는 것 같다.

- 手術を決めてから1週間後の今日入院した。検査も含め約2ヶ月の入院予定だ。初めての長期入院にちょっと緊張気味で病室に通された。送ってくれた夫が帰る時には、一人にされてしまう寂しさと心細さで泣きたいくらいだった。
  수술을 결정한 지 1주일 후인 오늘 입원했다. 검사도 포함해 약 2개월간 입원 예정이다. 처음으로 하는 장기 입원에 좀 긴장된 기색으로 병실로 안내되었다. 바래다준 남편이 돌아갈 때에는, 혼자 남게 되는 쓸쓸함과 불안함으로 울고 싶을 정도였다.

10 〜くらいなら 035 ~할 거라면, ~ 정도라면

접속 동사의 기본형(る형), い형용사의 중지형(い형) 등

「〜くらいなら」는 '~할 거라면, ~ 정도라면'이라는 뜻으로, 기피·혐오·극단적인 표현을 하고 싶을 때 쓴다. 주로「〜」부분에는 화자가 상당히 싫어하고 있는 기분을 나타내는 표현이 많이 온다. 「〜ぐらいなら」라고 써도 무방하며, 뒤에「〜ましだ(더 낫다)」등이 오는 경우가 많다.

☑ 少し痛いぐらいなら我慢してしまう 조금 아픈 거라면 참고 만다 2015-2회

유형1 문법형식

- そのパソコン、捨てるくらいなら私にください。 03
  그 컴퓨터, 버릴 거라면 저에게 주세요.

- 途中で止めるぐらいなら始めない方がいい。
  도중에 그만둘 거라면 시작하지 않는 게 좋다.

- どうせこんな結果になるくらいなら、行かなくてよかった。
  어차피 이런 결과가 될 거라면 안 가길 잘했다.

- あんな奴と仲直りするくらいなら、むしろ死んだほうがましだ。
  저런 녀석과 화해를 할 거라면 차라리 죽는 게 더 낫다.

유형2 문맥배열

- 人の物を盗むくらいなら死んだほうがましだ。
  남의 물건을 훔칠 거라면 죽는 게 더 낫다.

- 私は人のせいにするぐらいなら自分が頑張った方がいいと思うタイプです。
  나는 남의 탓을 할 거라면, 자신이 열심히 하는 편이 낫다고 생각하는 타입입니다.

- 今そんな大金は貸してやれないけど、さしあたってやっていけるくらいなら貸してあげられる。
  지금 그런 큰 돈은 빌려줄 수 없지만, 당장 해 나갈 수 있을 정도라면 빌려 줄 수 있다.

유형3 문장흐름

- 捨てるぐらいなら服を寄付したいという人は多いですが、寄付するのに送料がかかるとなるとちょっとっていう人は多いみたいです。
  버릴 거라면 옷을 기부하고 싶다는 사람은 많지만, 기부하는 것에 배송료가 든다고 하면 좀 그렇다는 사람은 많은 것 같습니다.

콕콕 실전문제 01

問題1 次の文の（　）に入れるのに最もよいものを、1・2・3・4から一つ選びなさい。

1 その点は弁護士と相談した（　　）、ご返事します。
　1　そとで　　　2　なかで　　　3　うえで　　　4　もとで

2 勉強は難しいし、宿題は多いし、疲れはたまる（　　）。
　1　気味だ　　　2　一方だ　　　3　以上だ　　　4　次第だ

3 若い（　　）お化粧などしない自然のままの姿が一番美しいのですよ。
　1　うちは　　　2　よりは　　　3　ほどは　　　4　くらいは

4 彼女の手をみてみれば、どれほどつらい思い（　　）きたか、想像にかたくない。
　1　をさせて　　2　をして　　　3　がされて　　4　がして

5 人を許すという行為を真にできた時、人は幸せになり、新しい自分に（　　）。
　1　なれるはずだった　　　　　　2　なりたくなってきた
　3　なるわけではない　　　　　　4　なれるのかもしれない

6 早起きした（　　）、朝食前に国語の勉強ができた。
　1　のおかげで　2　おかげで　　3　おかげさまで　4　のおかげさまで

7 そんな高い家賃を出す（　　）いっそ家を建てたほうがましだ。
　1　のみか　　　2　もので　　　3　くらいなら　　4　かいもなく

8 君が困ることはないだろう。困るのは僕の方だ。もう泣きたい（　　）だよ。
　1　ぐらい　　　2　べき　　　　3　こと　　　　4　とおり

9 学園祭に（　　）勇気が出ず、校門の前で引き返してしまった。
　1　参加しきれなかったものの　　2　参加しようとしたからといって
　3　参加しきれなかったからといって　4　参加しようとしたものの

10 食事制限と同じぐらいにダイエットでは運動は（　　）方法です。
　1　少なからぬ　2　思われる　　3　欠かせない　4　見込める

11 祖父は毎朝（　　）ラジオ体操をします。

1　欠かさずに　　2　こわがらずに　　3　見られずに　　4　かかわらずに

12 フィギュアをゴミとして捨てる（　　）、フィギュア買取店へ売ることをおすすめします。

1　かいもなく　　2　もので　　3　のみか　　4　くらいなら

13 今晩は暖かいのでストーブが要らない（　　）だ。

1　べき　　2　とおり　　3　こと　　4　くらい

14 電気製品が発達した（　　）、昔と比べると家事はずいぶん楽になった。

1　おかげさまで　　2　おかげで　　3　のおかげさまで　　4　のおかげで

15 記憶が確かな（　　）、書きつけておいたほうがいいよ。

1　なかに　　2　うちに　　3　ところに　　4　あとに

16 くわしく調べた（　　）、判断をくだしたいと思います。

1　おかげで　　2　うちに　　3　うえで　　4　ところに

17 景気が回復したとは思えない。この数か月、株価は（　　）一方だ。

1　さがった　　2　さがる　　3　さがりよう　　4　さがりそう

18 小さな娘が家事を手伝って（　　）が、実のところじゃまになるだけだった。

1　くれようがなかった　　2　くれようとした
3　もらいようがなかった　　4　もらおうとした

19 あなたにとって能率的なことが他の人には（　　）かもしれない。

1　能率的でない　　2　能率的だった　　3　能率的になる　　4　能率的なこと

20 その営業店のひとつを任されることになったわけですから、身が引き締まる（　　）です。

1　考え　　2　見込み　　3　思い　　4　始末

問題2 次の文の ___★___ に入る最もよいものを、1・2・3・4から一つ選びなさい。

21 資金がなかなか集まらず _____ ★ _____ _____ 。
1 あせりの色は　　2 一方だ　　3 濃くなる　　4 関係者の

22 それが自分の生命を危うくする _____ _____ ★ _____ その職を引き受けた。
1 かもしれない　　2 上で　　3 十分承知の　　4 ことを

23 車が衝突しそうになり、 _____ _____ ★ _____ 。
1 縮まる　　2 した　　3 寿命が　　4 思いを

24 捕虜になってあさましい _____ ★ _____ _____ 兵士がたくさんいた。
1 くらいならと　　2 死に様　　3 をさらす　　4 自決した

25 10 キロ _____ ★ _____ _____ 、山田さんの体調はもう大丈夫ですよ。
1 から　　2 くらいだ　　3 も　　4 走れた

26 _____ ★ _____ _____ 答える彼女の語調は次第にするどくなった。
1 次々　　2 受けている　　3 と質問を　　4 うちに

27 _____ ★ _____ ようになりました。
1 医学の　　2 長生きできる　　3 進歩の　　4 おかげで

28 私の前の _____ ★ _____ _____ 、さっと横から入られた。
1 としたら　　2 座ろう　　3 席が空いた　　4 ので

29 「ひきょうだ」というのは、そのことを言っていた人の個人的な感想に _____ ★ _____ _____ 。実はすごくいい人なのかもしれません。
1 誤解があったの　　2 すぎないのであって
3 本当は何か　　4 かもしれません

30 コンビニは _____ _____ ★ _____ なった。
1 欠かせない　　2 ものに　　3 街には　　4 日本の

問題3 次の文章を読んで、文章全体の趣旨を踏まえて、| 31 |から| 35 |の中に入る最もよいものを、1・2・3・4から一つ選びなさい。

　日本には、日常茶飯事という言葉があります。お茶を飲み、ご飯を食べるように、ごくありふれたことをいうときのたとえです。なるほど、お茶を飲むのも、ご飯を食べるのも、私たちの日常的な習慣だといってしまえば、| 31 |です。

　ただし、お茶とご飯では、所詮、話がちがいます。ご飯は、私たちが| 32 |不可欠な基本的な食物です。日本人ばかりでなく、世界中の多くの人々が、お米によって、生命を維持していることは、ご承知の通りです。

　したがって、物騒な想像で恐縮ですが、もし、いま地球上からお米が消えてなくなれば、多くの人類が飢饉におちいるにちがいありません。人間は、存続の危機に直面するでしょう。| 33 |、かりにこの世からお茶が消えてしまっても、直接、人類に危機をもたらすような深刻な事態がおとずれるとは、とうてい、考えられません。

　確かに私たちは、長い間お茶を愛好してきましたから、突然お茶がなくなってしまったら、きっと、大変さびしい思いをすることでしょう。しかし、ただ、それだけです。

　お茶は、趣味の飲み物です。嗜好品といってもよいでしょう。文化の飲み物ということもできます。その文化の飲み物のために、イギリス人はインドの辺境を開墾して大茶園を作り、日本では茶の湯の道に命をかけた先人がいるのです。

　人間がもし命をつなぐことだけに価値を見出している動物なら、それは、あっても、なくてもよいものなのです。| 34 |、人間は嗜好品を必要とする生き物なのであります。論より証拠、私たちのまわりには、さまざまな嗜好品があふれております。

　私には、人間が、なぜ嗜好品を必要とするか―といった難問に答える準備はありませんが、少なくとも、お茶が、生命にかかわる飲み物| 35 |、人々の気分や精神や雰囲気や価値観、つまり文化にかかわる性格の飲み物であるということだけは、確認しておいてよいように思います。

（守屋毅『喫茶の文明史』による）

31

1 これまで　　　2 これから　　　3 それまで　　　4 それから

32

1 生きていったところで　　　2 生きている以上は
3 生きていったところ　　　　4 生きていく上で

33

1 ところが　　　2 ところで　　　3 それなのに　　　4 それにつけても

34

1 それゆえに　　　2 したがって　　　3 かくして　　　4 にもかかわらず

35

1 というから　　　2 というよりは　　　3 としても　　　4 といったら

문제해결 키워드

- **~思いをする** N2 014　~한 마음이 되다
  さびしい思いをする 허전한 마음이 들다 (12行)

- **~ばそれまでだ**　~하면 그것으로 끝이다
  習慣だといってしまえば、それまでです
  습관이라고 말해 버리면 그것으로 끝입니다 (03行)

- **~ばかりでなく** N2 121　~뿐만 아니라
  日本人ばかりでなく 일본인뿐만 아니라 (05行)

- **~に違いない** N3 087　~임에 틀림없다
  飢饉におちいるにちがいありません
  기근에 빠질 것임에 틀림없습니다 (08行)

- **にもかかわらず** N2 109　그럼에도 불구하고
  にもかかわらず人間は嗜好品を
  그럼에도 불구하고 사람은 기호품을 (17行)

- **~にかかわる**　~에 관계되는
  生命にかかわる 생명에 관계되는 (20行)

- **~というより** N1 071　~라기보다
  飲み物というよりは 음료라기보다는 (20行)

- **~(た)ところで** N2 088　~해 보았자, ~한들

- **~以上(は)** N2 004　~한 이상(에는)

- **~(た)ところ** N2 085　~했더니

- **~につけても** N1 116　~와 관련하여 항상

- **~としても** N2 090　~라고 해도

11

～こそ / ～からこそ / ～てこそ 036

~야말로 / (바로) ~이기 때문에 / ~해서야 비로소

접속 명사/동사의 기본형(る형)·과거형(た형), い형용사의 기본형, な형용사의 어간+だ, である 등/동사의 음편형(て형)

「～こそ」는 '~야말로'라는 뜻으로 명사에 접속하며, 대표적인 예로「こちらこそ(저야말로)」가 있다.「～からこそ」는 '(바로) ~이기 때문에'라는 뜻으로, '~'가 단 하나의 이유이며 중요하다는 것을 강조할 때, 또는 상식에서 벗어나는 이유지만 그 이유를 특별히 말하고 싶을 때 사용한다. 보통「～からこそ～のだ」의 형태로 많이 쓰인다.「～てこそ(~해서야말로, ~해서야 비로소)」는 동사의 음편형(て형)에 붙어 어떤 좋은 결과를 초래한 이유를 나타내는데, 이를 활용하여 부사로 쓰이고 있는「今でこそ(과거는 어떻든 지금은)」도 함께 알아 두자.

☑ 電子メールが普及している今の時代である**からこそ**
전자 메일이 보급되고 있는 지금의 시대이기 때문에 2012-2회

☑ 一度は優勝を経験させたいと願う**からこそだ** 한 번은 우승을 경험하게 하고 싶다고 바라기 때문이다 2010-2회

유형1 문법형식

- 私は映画が好きだ**からこそ**、職業にはしないことにした。 05
  나는 영화를 좋아하기 때문에, 직업으로는 하지 않기로 했다.

- この列車は、自動列車停止装置があった**からこそ**衝突をまぬがれたのだ。
  이 열차는 자동 열차 정지 장치가 있었기 때문에 충돌을 면한 것이다.

- 危機に臨ん**でこそ**、その人間の真価があらわれるものです。
  위기에 직면해서야 비로소 그 사람의 진가가 나타나는 법입니다.

유형2 문맥배열

- あなたのことを 思っている **からこそ** いろいろと ★注意する のですから。
  당신을 생각하기 때문에 여러모로 주의를 주는 거니까요. 97

- 君が 正直に 話してくれた **からこそ** ★損失は 最小で済んだんだ。
  자네가 정직하게 말해 주었기 때문에, 손실은 최소한으로 끝난 것이네.

유형3 문장흐름

- 君がここまで来られたのも、ご両親の支えがあってこそだ。意見が合わないこともあるだろうが、両親への感謝の気持ちは忘れてはいけないよ。
  자네가 여기까지 올 수 있었던 것도, 부모님의 뒷받침이 있었기 때문이야. 의견이 맞지 않는 것도 있겠지만, 부모님에 대한 감사의 마음은 잊어서는 안 되네.

12 〜ことはない / 〜こともない ~할 필요는 없다 / ~할 필요도 없다

접속 동사의 기본형(る형)

「〜ことはない/〜こともない」는 '~할 필요는 없다/~할 필요도 없다'라는 뜻으로 '~하지 않아도 된다'는 불필요·전면 부정·충고·조언 등을 나타낸다. 보통 「何も〜ことはない(굳이 ~할 필요는 없다)」, 「わざわざ〜ことはない(일부러 ~할 필요는 없다)」의 형태로 많이 쓰인다. 강조할 때는 「〜こともない(~할 필요도 없다)」의 표현을 쓴다. 한편 「〜ことはない」는 '~(하는) 일은 없다'라는 뜻으로도 쓰이므로, 문맥 안에서 잘 파악하자.

☑ 初心者でも失敗する**ことはまずない** 초보자라도 실패하는 일은 거의 없다 2016-1회

☑ 熱が多少あっても、元気に遊んでいるなら、慌てる**ことはありません**
열이 좀 있어도 활발하게 놀고 있다면 허둥댈 필요는 없습니다 2015-1회

☑ 本当に向いていないと思うんだったら続ける**こともない**
정말로 맞지 않는다고 생각한다면 계속할 필요도 없다 2014-1회

문법형식

○ ・君が一人で責任を感じる**ことはない**。 09
자네가 혼자서 책임을 느낄 필요는 없네.

・その器具は確かに便利そうだが、なくても困らないのだから、わざわざ買う**ことはない**。 08
그 기구는 확실히 편리해 보이지만, 없어도 곤란하지 않으니까 일부러 살 필요는 없다.

・お父さんの病気はすぐによくなるから、君は何も心配する**ことはない**。
아버지 병은 금세 좋아질 테니, 너는 굳이 걱정할 필요는 없어. 93

・強気で失敗することは多少あっても弱気で成功する**ことはまずない**。
강력하게 추진했을 때 실패하는 경우는 다소 있어도, 소극적으로 임했을 때 성공하는 경우는 거의 없다.

문맥배열

○ ・毎日遅くまで、必死に 頑張る ★ことは ない。そんなことをして、体をこわしては意味がない。 04
매일 늦게까지 필사적으로 분발할 필요는 없다. 그런 것을 해서 몸이 상해서는 의미가 없다.

・期待された結果が 出なくても ★あなたが 謝る ことはない。 99
기대됐던 결과가 나오지 않더라도, 당신이 사과할 필요는 없다.

문장흐름

○ ・電話があるのだから、何もわざわざ**家にまで行くことはない**。電話で話せばそれですむことなのに、どうしてそんな面倒なことをするんだ。
전화가 있으니까 굳이 일부러 집까지 갈 필요는 없다. 전화로 이야기하면 그걸로 끝나는 일인데, 왜 그런 번거로운 일을 하니?

13

～さえ・～すら 044 ~도, ~조차

접속 명사(+に・から・で・と・へ) 등

「～さえ・～すら」는 '~도, ~조차'라는 뜻으로, 특히 극단적인 「～」를 예로 들어 '다른 것은 물론'이라고 할 때 쓴다. 보통 때라면 당연하다고 여기는 것이 그렇지 않다고 하거나, 그 이외의 것은 더욱 더 그렇다는 내용을 전하는 데 쓴다. 주격(主格)에 붙을 때는 「～でさえ」가 되는 경우가 많다. 이 표현은 「～も」나 「～でも」로 바꾸어 말할 수도 있다.

- ☑ 脳科学の研究が進んだと言われる現代においてさえ 뇌과학 연구가 진척되었다고 하는 현대에서조차 N1 2017-1회
- ☑ 当たり前だと思って疑問にすら思っていなかったこと
당연하다고 생각해서 의문으로조차 생각하지 않았던 것 2013-2회
- ☑ 質問の内容すら理解できていなかった 질문의 내용조차 이해하지 못하고 있었다 2011-2회

○ ・子どもでさえ知っているようなことを大人の私が知らなかったのは、恥ずかしい。 91
어린애도 알고 있을 만한 것을 어른인 내가 몰랐던 것은 부끄럽다.

・その考え方はますます広く行われるようになり、流行にさえなってしまった。
그 사고방식은 점점 더 널리 행해지게 되어, 유행조차 되어 버렸다.

・正直、「楽しい」と心から思えたものはあったのだろうかと疑問にすら思っている。
솔직히 '즐겁다'고 진심으로 느낀 것은 있었나 싶은 의문조차 든다.

○ ・最初は怖くて プールに 入る こと ★ さえ できなかったが、今では50メートルも泳げるようになった。 09
처음에는 무서워서 수영장에 들어갈 수 조차 없었는데, 지금은 50미터나 헤엄칠 수 있게 되었다.

・自分がどんな暮らし方、生き方をしたいのか、考える機会 ★ すら ないのが 現実だ けど。
자신이 어떤 생활 방식, 삶의 방식으로 살고 싶은지 생각할 기회조차 없는 것이 현실이지만.

○ ・姿勢が、以前と比較して改善され、それに伴い今まで痛くて歩くことさえできなかったのが、軽度なジョギングまでできるようになりました。
자세가 이전과 비교하여 개선되어, 그에 수반하여 지금까지 아파서 걷는 것조차 할 수 없었던 것이 가벼운 조깅까지 할 수 있게 되었습니다.

14 ~さえ~ば ⁰⁴⁵ ~만 ~하면

접속 [동사의 연용형(ます형)·음편형(て형), い형용사의 어간+く, な형용사의 어간+で, 명사 등]+さえ

「~さえ~ば」는 '~만 ~하면'이라는 뜻으로, '다른 것과 상관없이 그 조건만 맞으면 된다'는 가정 조건을 나타낸다. 「~だけ・~ばかり・~のみ(~만)」 등과 뜻은 비슷하지만 바꿔 쓸 수는 없다. 동사에 접속할 때는 「동사의 연용형(ます형)+**さえすれば**」, 「동사의 음편형(て형)+**てさえいれば**」, 명사에 접속할 때는 「명사+**さえ~ば**」, い형용사에 접속할 때는 「い형용사의 어간+**くさえあれば**」, な형용사에 접속할 때는 「な형용사의 어간+**でさえあれば**」의 형태를 취한다.

- ☑ 鶏肉と卵さえあればすぐに作れます 닭고기와 계란만 있으면 바로 만들 수 있습니다 **2013-2회**
- ☑ 事前にリストをしっかり確認さえしておけば 사전에 리스트를 확실히 확인만 해 두면 **2011-2회**
- ☑ 水やりを忘れさえしなければ 물 주는 것을 잊지만 않으면 **N1 2010-2회**

문법형식

○ ・最近、自分さえよければいいという考えの人が増えている。 **04**
요즘 자기만 좋으면 된다는 생각을 가진 사람이 늘고 있다.

・雨がやみさえすれば出かけられるんですけど。 **09**
비가 그치기만 하면 외출할 수 있습니다만.

・安くさえあれば品質は問題じゃない。
싸기만 하면 품질은 문제가 아니다.

・衣類はじょうぶでさえあればけっこうです。
의류는 튼튼하기만 하면 괜찮습니다.

문맥배열

○ ・電話番号 さえ わかれば★ いい ので、住所は書かなくてもいいですよ。
전화번호만 알면 되므로 주소는 쓰지 않아도 됩니다. **99**

・プレゼントは 心が こもって さえ★ いれば 金額などは問題ではない。
선물은 마음만 담겨져 있으면 금액 따위는 문제가 아니다.

문장흐름

○ ・もっと勉強しさえすれば、希望の大学に合格できたのに。だが、いまさら悔やんでも仕方がない。来年こそは志望校に合格したい。
좀더 공부만 하면 희망하는 대학에 합격했을 텐데. 하지만 이제와서 뉘우쳐도 어쩔 수 없다. 내년에야말로 지망학교에 합격하고 싶다.

15 ～次第 048 ~하는 대로, ~하면 바로

접속 동사의 연용형(ます형), する동사의 명사형

「～次第」는 '~하는 대로, ~하면 바로'라는 뜻으로, '전자의 일이 발생하면 곧바로 후자의 일을 하겠다'는 의지를 전달하고자 할 때 많이 쓴다. 출제 3순위의 「～次第だ N2 049(~나름이다)」와 N1에서 다룰 「～次第で N1 036(~에 따라서)」의 표현과 혼동하지 않도록 주의하자.

- ☑ 場所は決まり次第、お知らせします 장소는 정해지는 대로 알려드리겠습니다 2015-1회
- ☑ 商品がなくなり次第終了します 상품이 없어지는 대로 종료하겠습니다 2013-1회

유형1 문법형식

- 検査の結果がわかり次第、ご連絡いたします。 08
  검사 결과를 알게 되는 대로 연락 드리겠습니다.

- 田中は出かけておりますので、戻りしだいご連絡を差し上げます。 01
  다나카는 외출 중이므로, 돌아오는 대로 연락을 드리겠습니다.

- 来週のスケジュールが決まり次第、連絡してください。 93
  다음 주 스케줄이 결정되는 대로 연락해 주세요.

- 空港から電話がありしだい、お迎えにまいります。
  공항에서 전화가 오는 대로 마중 나가겠습니다.

유형2 문맥배열

- 参加者の 名前が わかり 次第、教えていただけませんか。 05
  참가자의 이름을 알게 되면 바로 가르쳐 주시지 않겠습니까?

- ご注文の 品が 入り しだい、ご連絡いたします。 99
  주문하신 물건이 들어오는 대로 연락 드리겠습니다.

- 犯人は 発見し 次第 逮捕する つもりだ。
  범인은 발견되면 바로 체포할 예정이다.

유형3 문장흐름

- 申し訳ございませんが、こちらの商品はただ今品切れです。商品が入荷し次第、すぐにお電話差し上げます。
  죄송하지만 이 상품은 현재 품절입니다. 상품이 입고되는 대로 바로 전화 드리겠습니다.

16 ～末(に)⁰⁵⁰ ~한 끝에

접속 명사+の+末(に), 동사의 과거형(た형)+た+末(に)　　　　　　　　　　　　　～あげく(に)ᴺ² ⁰⁰¹

「～末(に)」는 '~한 끝에'라는 뜻으로 '여러 가지로 ~한 끝에 이렇게 되었다'라고 말하고 싶을 때 쓴다. 보통 「명사+の+末(に)」의 형태와 「동사의 과거형(た형)+た+末(に)」의 형태가 있다. 응용 표현인 「～た末の+명사 (~한 끝에 ~한)」는 悩みぬいた末の結論(몹시 고민한 끝에 내린 결론) 등과 같이 쓰이므로 잘 익혀 두자.

☑ いい方法はないかとあれこれ考えた末に 좋은 방법은 없을까 하고 이리저리 생각한 끝에 2017-2회
☑ 相手の激しい攻撃に耐えぬいた末に 상대의 거센 공격을 끝까지 견뎌낸 끝에 N1 2017-1회
☑ 家族や先生と何日も話し合った末に 가족이나 선생님과 며칠이나 의논한 끝에 2016-1회
☑ 鉄道会社と自治体による長期間の議論の末に 철도 회사와 자치 단체에 의한 장기간의 논의 끝에 2013-1회
☑ あれこれ悩んだすえに、ABC大学を志望校に決めた
　이리저리 고민한 끝에 ABC대학을 지망 학교로 정했다 2011-1회

문법형식

○ ・この新しい薬は、何年にもわたる研究の末に作り出されたものだ。
　이 신약은 몇 년에나 걸친 연구 끝에 만들어진 것이다. 03

・はげしい議論の末(に)、ようやく結論を出した。
　격렬한 논쟁 끝에, 겨우 결론을 냈다.

・脱退という決断、本当に彼は悩みに悩みぬいた末の結論だったと思う。
　탈퇴라는 결단, 정말로 그는 고민에 고민을 한 끝에 내린 결론이었다고 생각한다.

・さんざん悩んだ末、いちばん最初に見たソファーを買うことにした。
　몹시 고민한 끝에 제일 처음에 본 소파를 사기로 했다.

문맥배열

○ ・私なりに よく考えた すえに 出した★ 結論 なのです。 99
　내 나름대로 충분히 생각한 끝에 내린 결론입니다.

・彼の栄光は、厳しい レースを 勝ちぬいた 末に★ 獲得した ものだ。
　그의 영광은 힘든 경주를 이겨낸 끝에 획득한 것이다. 94

문장흐름

○ ・考えた末(に)、会社を辞めて独立することにしました。自分と家族の将来を考えたら、それが一番いい決断だと思ったんです。
　생각한 끝에 회사를 그만두고 독립하기로 했습니다. 나와 가족의 장래를 생각하면 그게 가장 좋은 결단이라고 생각했습니다.

17 ～だけ / ～だけ～ 056 ~만큼, ~대로 / ~하는 데까지 (~하다)

접속 동사의 기본형(る형)·과거형(た형), い형용사의 과거형(た형), 명사

「～だけ」는 '~만큼, ~대로'라는 뜻으로 정도나 범위의 한계를 나타낸다. 주로 「～たいだけ(~하고 싶은 만큼, ~하고 싶은 대로)」의 형태로 사용된다. 또한 「～だけ～」는 '~하는 데까지(~하다)'라는 뜻으로 같은 단어가 앞뒤에 놓이는 경우가 많다. 예를 들면 聞くだけ聞いてくれ(듣는 데까지 들어줘라), 迷惑をかけるだけかけておいて(폐를 끼칠 데까지 끼쳐 놓고), やれるだけやろう(할 수 있는 데까지 해보자)와 같이 쓴다. 부사로 쓰이는 「できるだけ(가능한 한, 되도록)」도 익혀 두자.

☑ 先月、エアコンを使い**たいだけ**使っていたら 지난달 에어컨을 쓰고 싶은 만큼 썼더니 2015-1회
☑ 宇宙にはこれ**だけ**多くの星があるのだから 우주에는 이만큼 많은 별이 있기 때문에 2013-1회
☑ 行く**だけ**行って入れてもらえないか 가는 데까지 가서 들여보내 줄 수 없는지 2012-1회

문법형식

- そこだけ気をつければ後は使い**たいだけ**使ってもらって大丈夫です。
  거기만 신경쓰면 나머지는 쓰고 싶은 만큼 써서도 괜찮습니다.

- この事件では無罪判決の希望がもてる**だけ**の判例がない。
  이 사건에서는 무죄 판결이라는 희망을 가질 수 있을 만큼의 판례가 없다.

- 最少の努力で**できるだけ**多くの点を取ろうとしているにすぎない。
  최소한의 노력으로 되도록 많은 점수를 따려고 한 것에 불과하다.

- 迷惑をかける**だけ**かけておいてさっさと退職なんて、とてもじゃないけど私にはできません。
  민폐를 끼칠 대로 끼쳐 놓고 바로 퇴직해 버리다니, 도저히 나는 못해요.

- 相手に 迷惑をかける だけ かけて おいて、いざ自分に迷惑がかかりそうになると、それをさけようとする人もいます。
  상대방에게 민폐를 끼칠 대로 끼쳐 놓고, 정작 자신이 피해를 입을 것 같으면 그것을 피하려고 하는 사람도 있습니다.

- 好きなものを 食べたい だけ 食べて いたら 体質改善ができなくなります。
  좋아하는 것을 먹고 싶은 만큼 먹으면 체질 개선은 하기 어려워집니다.

- ピアノの発表会で、曲の最初から最後まで一度もミスをせず 弾き終える だけの 実力はある はず だ。
  피아노 발표회에서 곡의 처음부터 끝까지 한 번도 실수하지 않고 다 칠 만큼의 실력은 있을 것이다.

- 私もかつて転職をしたことがあり、転職フェアにも何度か参加しました。その経験から転職フェアには乗り気がしなくても行くだけ行ってみるということをおすすめします。
  나도 과거 이직을 한 적이 있어 이직 박람회에도 몇 번 참가했었습니다. 그때의 경험에서 말한다면, 이직 박람회에는 마음이 내키지 않아도 가는 데까지 가 볼 것을 추천합니다.

- 食べたいものを食べたいだけ食べていたら、どんどん太って肥満になってしまいます。肥満になると運動することが嫌になり、さらに体重が増加します。
  먹고 싶은 것을 먹고 싶은 만큼 먹으면 점점 살이 쪄서 비만이 되어 버립니다. 비만이 되면 운동하기가 싫어져서 더욱더 체중이 증가합니다.

18 ～だけに / ～だけで ⁰⁵⁷ (과연) ~인 만큼 / ①~만으로, ~만에 ②~하기만 해도

접속 동사의 기본형(る형)·과거형(た형), い형용사의 과거형(かった형), 명사 등

「～だけに」는 '(과연)~인 만큼, ~이므로 당연하지만'이라는 뜻을 나타낸다. 「～」에는 이유가 되는 일이나 상황 등을 말하고, 뒤에는 그에 걸맞는 결과로서 발생하는 일이나 추측되는 일을 말한다. 주로 평가나 판단을 말하는 경우가 많다. 「～だけで」는 명사 뒤에서는 '①~만으로, ~만에', 동사 뒤에서는 '②~하기만 해도 (~한다)'라는 뜻으로 쓰인다. 5分だけで一人分の料理ができる(5분 만에 1인분 요리를 할 수 있다), 1日1文字ずつ書くだけで(하루 한 글자씩 쓰기만 해도)와 같이 쓴다.

- ☑ テーブルの上に物を置かないようにするだけで 테이블 위에 물건을 두지 않도록 하기만 해도 2015-2회
- ☑ 彼の努力をずっと見てきただけに 그의 노력을 계속 봐 온 만큼 2014-2회
- ☑ どんな思いで買ってくれたのかと思うとそれだけで涙が出ます
  어떤 심정으로 사 주었을까 생각하면 그것만으로 눈물이 납니다 2011-1회

문법형식

○ • 小さな子どもが真っ暗な穴の中に一人だけ残されていたなんて、想像するだけで涙が出る。 06
  어린아이가 아주 캄캄한 구멍 속에 혼자만 남겨져 있었다니 상상하기만 해도 눈물이 난다.

• 彼は長い間楽しみに待っていただけにあきらめられないようです。
  그는 오랫동안 낙으로 기다리고 있었던 만큼 단념할 수 없는 것 같습니다. 90

문맥배열

○ • 私が子育てに奮闘しているのを母はずっと見てきただけに、起業すると言ったときも全く反対せず迷わず応援してくれました。
  내가 힘들게 육아하는 것을 엄마는 계속 봐 온 만큼, 창업하겠다고 했을 때도 전혀 반대하지 않고 망설임 없이 응원해 주었습니다.

• 掃除をこまめにしたりフェイクファーなどを使わないようにするだけで 症状が改善する 場合もあります。
  청소를 꼼꼼하게 하거나 인조 모피 등을 사용하지 않도록 하기만 해도 증상이 개선되는 경우도 있습니다.

문장흐름

○ • 期待が大きかっただけに、落選とわかったときの失望も大きかった。だが、前向きな彼のことだ。きっとすぐに立ち直るに違いない。
  기대가 컸던 만큼, 낙선임을 알았을 때의 실망도 컸다. 하지만 긍정적인 그 사람이다. 필시 바로 재기할 것임에 틀림없다.

19 〜だって ⁰⁵⁸ ①~라도, ~역시 ~일지라도 ②~(이)래, ~는대 ③~라며?, ~라고?

접속 인칭대명사, の, に 등, なん・どう・どこへ・だれ・それ+だって, 활용어(な)の+だって

「〜だって」는 '①~라도, ~ 역시, ~일지라도' 라는 뜻을 나타낸다. 대표적인 예로「チャンピオンだって(챔피언이라도), 子供だって(어린애라도), 安いのだって(싼 것이라도), 私だって(나 역시), なんだって(무엇이든), どうだって(어찌 됐든), どこへだって(어디로든), だれだって(누구든지)」 등이 있다. 또한 '②~(이)래, ~는대'라는 뜻도 있는데, 의문문에서는 '③~라며?, ~라고'로 해석한다. 다른 사람으로부터 들은 것을 말하거나 확인할 때 쓰며, 명사·な형용사에 붙으면 「〜なんだって」, 동사·い형용사에 붙으면 「〜んだって」의 꼴이 된다. 또 大阪に出張なんだって?(또 오사카로 출장이라고?)와 같이 쓴다.

- ☑ 中村くん、毎日ジョギングしてるん**だって**? 나카무라 군, 매일 조깅한다며? 2016-2회
- ☑ たまには小説を読むこと**だって**ある 때로는 소설을 읽을 때도 있다 2016-1회
- ☑ 今日**だって**一日晴れるって言ってたのに 오늘도 하루 종일 맑다고 했는데 2014-2회
- ☑ だれ**だって**、失敗もするし 누구든 실수도 하고 2012-1회
- ☑ どんな厳しい練習に**だって**耐えようと 어떤 혹독한 연습이라도 견디려고 2011-2회

문법형식

○ • A「レポートの締め切りが今週の木曜日に変更されたそうだよ。」
　B「木曜日**だって**? それじゃ、いくら頑張っても間に合わないよ。」 09
　A 리포트 마감이 이번 주 목요일로 변경됐다고 그러더라.
　B 목요일이라고? 그럼 아무리 열심히 해도 시간에 맞출 수 없어.

• さっき田中さんから電話があって、今日の野球の試合は、天気が悪いから中止**なんだって**。 01
조금 전에 다나카 씨에게서 전화가 와서, 오늘 야구 시합은 날씨가 안 좋아서 취소래.

• 内容がわからない話を長時間聞かなければならないとしたら、大人**だって**耐えられないことでしょう。 12
내용을 모르는 이야기를 장시간 들어야 한다고 하면 어른이라도 견딜 수 없는 일일 것입니다.

• 看護師さんに**だって**機嫌の良い日もあれば悪い日もあると思います。
간호사들도 기분이 좋은 날도 있거니와 나쁜 날도 있을 거라 생각합니다.

유형2
문맥배열

- 新しい携帯電話は、写真がとれる だけじゃ なくて テレビ だって 見られるんだよ。 09
  새 휴대 전화는 사진을 찍을 수 있을 뿐 아니라 TV도 볼 수 있어.

- あの二人が結婚したと 聞けば だれ だって びっくりする よ。 06
  저 두 사람이 결혼했다고 들으면 누구든지 깜짝 놀랄 거야.

- あの人にできたんだから、わたしに だって できない はずは ない。
  그 사람이 가능했으니까, 나도 못할 리는 없다.

유형3
문장흐름

- 配るチラシをA4にするかB5にするかというような形式の話はどうだっていいから、どんな事柄を書き入れるのか、どういう言葉で誘うのか、というような内容の話をしようじゃないか。
  나눠주는 광고지를 A4로 할지 B5로 할지 그런 형식의 이야기는 어찌됐든 상관없으니, 어떤 내용을 써넣을지, 어떤 말로 권유할지, 그런 내용의 이야기를 하자.

- いよいよ、私の始めての発表会の当日がやってきた。ゆうべは胸がどきどきして、なかなか眠れなかった。朝ごはんもいつもの半分しか食べられなかったし、今だって、手のひらがじっとり汗ばんでいる。
  드디어 나의 첫 발표회 당일이 다가왔다. 어젯밤에는 가슴이 두근거려서 좀처럼 잠을 자지 못했다. 아침도 언제나 먹던 양의 절반밖에 먹지 못했고, 지금도 손바닥이 땀에 흠뻑 젖어 있다.

20 ～たら～で ⁰⁶⁰ ~하면 ~하는 대로

접속 동사의 가정형+たら, 동사의 과거형(た형)+で

「～たら～で」는 '~하면 ~하는 대로'의 뜻을 나타내며, 「～」에는 같은 단어를 넣어 '~의 경우는 필연적으로 ~한다는 결과가 된다', '~의 경우는 당연히 ~해야 한다'는 뉘앙스를 품고 있다. 문맥에 따라 '~하면 ~했다고 해서'라는 부정적인 측면과 「失敗したら失敗したで(실패하면 실패한 대로)」와 같이 만일 실패를 하면 실패한 뒤에 생각 등을 한다는 긍정적인 측면 두 가지 모두 사용된다. 이 표현은 회화체에서 자주 등장하므로 잘 익혀 두자.

- ☑ 母によくしかられるのだが、片づけたら片づけたで 엄마에게 자주 혼나지만, 치우면 치우는 대로   `2011-2회`
- ☑ あったらあったで、きっと遊んでしまうのだろう 있으면 있는 대로 분명 놀아 버릴 것이다   `N1 2014-1회`

유형1 문법형식

- やらなかったら何やってんだって、やったらやったで遅いってたたかれるし。
  하지 않으면 뭐하고 있는 거야 라고 하고, 하면 하는 대로 늦다고 혼나고.

- 受験に失敗したらしたで、つぎ自分は何ができるのか考えればいいのです。
  시험에 실패하면 실패한 대로, 다음에 자신은 무엇을 할 수 있는지 생각하면 됩니다.

유형2 문맥배열

- 趣味は別に 無理して作る ものではないが、あったら あったで 生活に 彩りを 加えてくれることは 確かだ。
  취미는 딱히 무리해서 만드는 것은 아니지만, 있으면 있는 대로 생활에 다채로움을 더해 주는 것은 확실하다.

- プロに なったら なったで、日々の トレーニングや 練習といった 「学校よりももっと厳しい勉強」が 必要になる。
  프로가 되면 되는 대로, 매일의 훈련이나 연습 같은 '학교보다 더 혹독한 공부'가 필요해진다.

유형3

- 怖いからと何もしなかったら、何も成長しませんし、ずっと仕事が怖いままです。怖くても仕事を今できる力で一生懸命することで、成功したらしたで怖い気持ちは減りますし、失敗したらしたでそこから学んで次に活かせば良いのです。
  두렵다고 아무것도 안 한다면 아무것도 성장하지 않으며, 일하기가 계속 두려운 그대로입니다. 두려워도 지금 가능한 능력으로 열심히 일함으로서, 성공하면 하는 대로 두려운 마음은 줄어들고, 실패하면 하는 대로 거기에서 배워서 다음에 활용하면 되는 것입니다.

콕콕 실전문제 02

問題 1 次の文の（　）に入れるのに最もよいものを、1・2・3・4から一つ選びなさい。

1 その店の料理には大いに期待していた（　　）がっかりした。
　1　あげく　　　2　際に　　　3　あまり　　　4　だけに

2 こんな漢字は小学生（　　）書けるのに、大人のあなたが書けないなんて恥ずかしいですよ。
　1　だけが　　　2　なら　　　3　でさえ　　　4　だから

3 あなたのことを心配している（　　）注意するんです。
　1　からこそ　　2　からさえ　3　に応じて　　4　に加えて

4 インスタントラーメンは、お湯さえ（　　）簡単に作れる。
　1　あると　　　2　あるなら　3　あれば　　　4　あっても

5 彼は留学のことで二晩（　　）すえ、ようやく行くことに決心した。
　1　悩み　　　　2　悩む　　　3　悩んで　　　4　悩んだ

6 君にも権利があるのだから、何も遠慮する（　　）のだ。
　1　はずはない　2　ことはない　3　ほかはない　4　わけはない

7 部長は今席をはずしておりますので、（　　）ご連絡をさしあげます。
　1　戻りながら　2　戻るとおり　3　戻るままに　4　戻りしだい

8 その年は書類審査がなかったので、悩み続けた結果、（　　）行ってみようと決めた。
　1　行きすぎて　2　行ったまま　3　行くだけ　　4　行き続けたり

9 A「彼、きのう一晩中テレビを見て（　　）。」
　B「どうりで眠そうな顔をしていると思ったよ。」
　1　いたんだって　2　ありそうになかった　3　おいたもの　4　しまいそうになった

10 人間とは欲深いものでやせたら（　　）「もっとやせたい」と思うものらしい。
　1　やせるまで　2　やせるが　3　やせるのに　4　やせたで

問題2 次の文の ___★___ に入る最もよいものを、1・2・3・4から一つ選びなさい。

11 本書を通して _____ _____ __★__ _____ ことへの背景や視点が得られ、読み物としても私は楽しめた。044・156・051・090
　　1　思ってなかった　　2　疑問に　　3　すら　　4　当たり前すぎて

12 山田さんは子供たちが読みたいという _____ _____ __★__ _____ やった。058
　　1　だって　　2　何　　3　買って　　4　本は

13 _____ _____ __★__ _____ このパズルは解けます。045
　　1　わかれば　　2　論理　　3　単純な　　4　さえ

14 留学生を受け入れるかどうか、_____ _____ __★__ _____ 受け入れることで合意した。050
　　1　すえに　　2　ようやく　　3　長い間　　4　話し合った

15 首になる危険をおかしてまで自分の _____ _____ __★__ _____ 。042・N1 061
　　1　ない　　2　ことは　　3　述べる　　4　考えを

16 資料がすぐに _____ _____ __★__ _____ つもりです。048
　　1　公表する　　2　しだい　　3　手に　　4　入り

17 今で _____ _____ __★__ _____ いないが、当時は無名の俳優だった。036
　　1　知らない　　2　彼の名を　　3　人は　　4　こそ

18 同じ問題を取り組んで _____ _____ __★__ _____ 精神の浄化作用がもたされる。057
　　1　人と思いを　　2　共にする　　3　だけで　　4　いるという

19 彼に才能があることは確かだが、彼にその _____ __★__ _____ _____ 大いに疑問だ。056
　　1　体力がある　　2　だけの　　3　仕事をやる　　4　かどうかは

20 太っていたときの自己嫌悪感はダイエットで解消すると信じて _____ __★__ _____ _____ のです。060・118
　　1　自分の体型に対する
　　2　頑張ってきたのに
　　3　やせたらやせたで
　　4　不満はまた湧いてくる

問題3 次の文章を読んで、文章全体の趣旨を踏まえて、 21 から 25 の中に入る最も
よいものを、1・2・3・4から一つ選びなさい。

　フォナックが成功した理由の一つは、市場の拡大と先見性に富んだ意思決定による
ものである。だが、そもそも組織での知識創造に対する障害をなくすように努めたか
らこそ、 21 革新的で成長性の高い企業に成長できたのである。フォナックのケー
スは、コミュニケーションや知識の共有を阻害するような個人や組織の障害を 22 。
また同時に、境界を排除しようとする企業文化はどのように築かれるのか、そのような
意図をもった組織はどのように一つのミクロ・コミュニティとしてまとまるのか、創造
に不可欠な混沌と経営に必須な秩序のバランスをどのようにとるのか、といった疑問に
対する答えも示してくれる。

　最も重要なのは、フォナックでは、長期的成功のためには人間が決定的に重要であ
ると考えられていることだ。同社の企業文化の特徴は、直接的な交流、知っていること
を隠さずに 23 、創造性や自発性を発揮するための空間や全体のコンテクスト創造の
重視、といった点にある。このような文化はハイテク企業全般の特徴のように思われて
いるかもしれないが、 24 このような文化を形成、維持するのは容易ではない。研究
開発部門長であるクリスチャン・バークは次のように述べている。「わが社には自分の
関心のある分野にのめりこんでいる専門家がいます。典型的なエンジニアは左も右も見
ません。それが優れたエンジニアの姿だというシンドロームがあります。」

　フォナックの直接交流とオープンを特徴とした企業文化は主に次の三つの 25 。そ
れは「階層のない社会」での学際的な取組み、個人の主張の尊重、全体的な巻き込み、
である。

（一條和生、野中郁次郎『ナレッジ・イネーブリング』による）

（注）フォナック：スイスのチューリッヒにある補聴器専門メーカー。

| 21 | 1 どうせ | 2 とりわけ | 3 ともすれば | 4 なんだか |

| 22 | 1 取り除く方法が見つからない | 2 取り除く方法もないわけがない |
| | 3 取り除く方法はないということだ | 4 取り除く方法を教えてくれる |

| 23 | 1 オープンにする方針 | 2 知ってもらいたい方針 |
| | 3 オープンにしない方針 | 4 知らないふりをする方針 |

| 24 | 1 フォナックばかりか | 2 フォナック次第では |
| | 3 フォナックでさえも | 4 フォナックだから |

| 25 | 1 要因に限っている | 2 要因に基づいている |
| | 3 要因に限られている | 4 要因に反している |

문제해결 키워드

- **~からこそ** N2 036 (바로) ~이기 때문에
  障害をなくすように努めた**からこそ**
  장애를 없애도록 노력했기 때문에 (02行)

- **~(よ)うとする** N2 010 ~하려고 하다
  排除**しようとする** 배제하려고 하는 (05行)

- **~として** N2 090 ~로서
  ミクロ・コミュニティ**として** 마이크로 커뮤니티로서 (06行)

- **~といった** N2 080 ~라는, ~와 같은
  バランスをどのようにとるのか、**といった**疑問
  균형을 어떻게 잡는지와 같은 의문 (07行)
  コンテクスト創造の重視、**といった**点
  콘텍스트(문맥) 창조의 중시라는 점 (11行)

- **~かもしれない** N2 025 ~할지도 모른다
  特徴のように思われている**かもしれない**が
  특징처럼 생각될지도 모르지만 (12行)

- **~でさえ** N2 044 ~도, ~조차
  フォナック**でさえも** 포나크조차도 (13行)

- **~に基づいて** ~에 의거하여
  次の三つの要因に**基づいている**
  다음 세 가지 요인에 의거하고 있다 (17行)

- **~わけがない** N2 152 ~일 리가 없다

- **~ばかりか** N2 131 ~뿐만 아니라

- **~次第では** N1 036 ~에 따라서는

21 〜てくれる⁰⁶⁸ (남이 나에게) ~해 주다

접속 동사의 음편형(て형)

「〜てくれる」는 '(남이 나에게) ~해 주다'라는 뜻이고, 유사 표현으로 「〜てもらう」((남에게) ~해 받다, (남이 나에게) ~해 주다)도 있으니 함께 익혀 두자. 응용 표현에 「〜てくれって」(~해 달라고), 「〜てくれればいい」(~해 주기만 하면 된다) 등이 있으며, 이는 동사의 사역형에도 붙는다. 예를 들면 楽しませてくれる(즐겁게 해 준다) 등과 같이 쓴다.

- ☑ よかったら、少しもらってくれない？ 괜찮으면 조금 받아 주지 않을래？ `2017-2회`
- ☑ 心配して電話をかけてきてくれた友達が 걱정되어 전화를 걸어 준 친구가 `2015-2회`
- ☑ 次に会うときに持って来てくれればいいよ 다음에 만날 때 가지고 와 주면 돼 `2015-1회`
- ☑ 「ようこそお越しくださいました。」とあいさつしてくれた '잘 오셨습니다'하고 인사해 주었다 `2012-1회`
- ☑ 私たちの目を楽しませてくれます 우리들의 눈을 즐겁게 해 줍니다 `2010-2회`

유형1 문법형식

- 彼女は熱烈に私の言い分を聞いてもらう権利を弁護してくれた。
  그녀는 열렬하게 나의 변명을 말할(들어 받을) 권리를 변호해 주었다.

- 脱水症を起こしているかもしれないから、すぐに病院へ来てくれって言われています。
  탈수증을 일으키고 있을지도 모르니까 바로 병원으로 와 달라고 합니다.

- 春には色とりどりの花が公園を訪れる者の目を楽しませてくれる。
  봄에는 형형색색의 꽃이 공원을 찾아오는 사람들의 눈을 즐겁게 해 준다.

유형2 문맥배열

- 彼は私に道を 案内してくれる だけの 親切心 さえも なかった。
  그는 나에게 길을 안내해 줄 만큼의 친절함조차도 없었다.

- 今月中に新しい保険証を 持って 来て くれればいい との ことで、保険適用で扱っていただきました。
  이달 중에 새 보험증을 들고 오기만 하면 되는 것으로, 보험 적용으로 처리해 주었습니다.

유형3

- たくさんの仲間と集団で過ごすのは楽しい。集団で過ごすということは、その集団の中に自分が確かに存在しているという安心感を私たちに与えてくれる。
  많은 동료들과 집단으로 지내는 것은 즐거운 일이다. 집단으로 지낸다는 것은 그 집단 속에 내가 분명히 존재하고 있다는 안도감을 우리에게 준다.

22

～て初めて ⁰⁷² ~서야 비로소

접속 동사의 음편형(て형)

「Aて初めてB」의 형태로 'A해서야 비로소 B하다'라는 뜻이다. 이 표현은 뭔가를 경험한 결과, 지금까지 알아차리지 못한 일이나 알고 있어도 별로 깊게 생각하지 않았던 것을 새삼 알아차렸다는 것을 서술할 때 사용한다. A하기 전에는 그렇지 않았는데, A를 한 뒤에 그것이 계기가 되어 겨우 B하게 되었다는 의미이다.

- ☑ 自分の国のことを聞かれて初めて 자국에 대해 듣고서야 비로소 `2013-2회`
- ☑ 政治に対する信頼があって初めて 정치에 대한 신뢰가 있고서야 비로소 `2011-1회`

문법형식

- 外国で生活をしてはじめて、自分の国の良さがわかった。 `09`
  외국에서 생활을 하고서야 비로소 자국의 좋은 점을 알았다.

- 一人で暮らすようになってはじめて、家族がどんなにありがたいかがわかった。 `06`
  혼자서 살게 되고서야 비로소 가족이 얼마나 고마운지 알게 되었다.

- 実際に自分で読んでみてはじめて、古典のおもしろさを知った。 `94`
  실제로 직접 읽어 보고서야 비로소 고전의 재미를 알았다.

문맥배열

- 先生に 教えていただいて 初めて★ 数学の おもしろさが わかりました。
  선생님에게 배우고서야 비로소 수학의 재미를 알게 되었습니다. `03`

- この計算は、コンピューターの 発達によって はじめて 可能と★ なった。
  이 계산은 컴퓨터의 발달에 의해서 비로소 가능하게 되었다. `91`

- 親を 亡くして 初めて★ その ありがたさ を 知った。
  부모를 여의고 나서야 비로소 그 고마움을 알았다.

문장흐름

- 元気なうちは健康のありがたさに気づかないが、病気になって初めてそれが分かる。平凡な毎日が一番幸せなのだということを、忘れてはならないのだ。
  건강할 때는 건강의 고마움을 깨닫지 못하지만, 병이 나고서야 비로소 그것을 알게 된다. 평범한 매일이 가장 행복하다는 것을 잊어서는 안 되는 것이다.

23 ～ではないか / ～のではないか 073

~하지 않은가? 〈놀람〉 / ~이 아닐까? 〈확인·추측〉

접속 동사, い형용사 같은 활용어의 종지형, な형용사의 어간 및 체언(명사), ~ころ등

「～では(じゃ)ないか」는 '~하지 않은가?, ~하잖아'라는 뜻으로, 예상 외의 일에 놀란 기분을 나타낸다. 또한 상대방을 비난하는 용법도 있어서, 이 표현에 불쾌감을 느끼는 사람도 많으므로 주의가 필요하다. 종조사적인 역할을 하며「～では(じゃ)ありませんか」, 「～では(じゃ)ないですか」, 「～でございませんか」 등의 정중체와 「～じゃねえか」의 비하체가 있다. 여성의 경우는 「～じゃないの」, 「～じゃない」의 형태를 사용하는 경우가 많다.

「～のでは(じゃ)ないか」는 '~이 아닐까?'라는 뜻으로, '당신도 그렇게 생각하지 않습니까?'라고 상대방에게 자신의 추측을 확인하는 경우에 사용하거나 화자의 불확실한 추측을 나타낼 때 사용한다. 독백처럼 사용될 때는「～(ん)じゃないかな」「～(ん)じゃないかしら」 등의 형태도 있다.

- ☑ 風が強かったから、外に落ちちゃったんじゃない 바람이 강했으니까 밖으로 떨어져 버린 것은 아닐까? 2017-1회
- ☑ 生活に欠かせない道具として定着したといえるのではないか 생활에 빠뜨릴 수 없는 도구로써 정착했다고 할 수 있지 않을까 2015-1회
- ☑ 今ここにいるわけないじゃない 지금 여기에 있을 리 없잖아 2012-1회
- ☑ つい食べ過ぎてしまうという人も多いのではないか 그만 과식해 버린다는 사람도 많지 않을까? 2011-1회

유형1 문법형식

- A「佐藤さんは昨日来たかなあ。」
  B「さあ、来たんじゃないかと思うけど。」 91
  A 사토 씨는 어제 왔을까?
  B 글쎄, 오지 않았을까 생각하는데.

- 知っていながら教えてくれないなんてひどいじゃないか。
  알고 있으면서도 가르쳐주지 않다니 너무 하잖아.

- 私の生活に目標ができました。11月12日、何といい日ではありませんか。
  나의 생활에 목표가 생겼습니다. 11월 12일, 얼마나 좋은 날입니까.

- 日本の水は少ないというのはうそだ。毎年水害で痛めつけられるくらい降っているではないか。
  일본의 물이 적다는 것은 거짓말이다. 매년 수해로 호되게 당하고 있을 정도로 비가 내리고 있지 않은가.

- 今まで何度も甘い誘惑に誘われてダイエットに失敗してきたではないか。
  지금까지 몇 번이나 달콤한 유혹에 빠져 다이어트에 실패하지 않았던가.

유형2
문맥배열

- 映画って1回 ヒットすると 必ず続編を 作る じゃない ですか。僕はあれが嫌いなんですよ。
  영화란 한 번 히트치면 반드시 속편을 만들지 않습니까? 저는 그게 싫습니다.

- もしかしたら、自分は、いちばん 大切なものを 捨てよう としているのではないか、歴史を捨てているのではないか。
  어쩌면 나는 가장 소중한 것을 버리려고 하는 것은 아닐까? 역사를 버리고 있는 것은 아닐까?

유형3
문장흐름

- ところがそのあと、身のまわりの始末もできなかったこの女が、次第に知恵がついてきて、一人前の社会人になって結婚までしたじゃありませんか。
  그런데 그 후, 자기 주위의 일도 처리하지 못했던 이 여자가, 점차 지혜가 생겨 어엿한 사회인이 되어 결혼까지 하지 않았겠습니까?

- こうして人間はつぎつぎに使い捨てられる物品か道具のようになってしまう。いや、げんにそうなりつつあるではないか。役割を解かれた老人は家庭から疎外され、何の役割も持てぬ子供は平気で捨てられている。
  이리하여 인간은 계속해서 쓰고 버려지는 물건이나 도구처럼 되어 버린다. 아니, 실제로 그렇게 되고 있지 않은가? 역할을 끝낸 노인은 가정에서 소외되고 아무 역할도 가질 수 없는 아이는 아무렇지 않게 버려지고 있다.

- 「花より団子」という言葉にはなるほどと思うこともある。たしかに、花を見ているだけでは腹は満たされない。しかし、花は、その代わりに心を満たしてくれるのではないか。
  '금강산도 식후경'이라는 말에는 역시 그렇구나 하고 생각하는 점도 있다. 확실히 꽃을 보고 있기만 해서는 배는 채워지지 않는다. 그러나 꽃은 그 대신 마음을 채워주는 것은 아닐까?

24 ～てほしい / ～てほしく(も)ない 074

~했으면 한다, ~하길 바란다 / ~하지 않았으면 한다

접속 동사의 음편형(て형)

「～てほしい」는 '~했으면 한다, ~하길 바란다'라는 뜻으로, 자신 이외의 사람에 대한 화자의 희망이나 요구를 나타낸다. 즉 「～てもらいたい(~해 받고 싶다)」라는 의미로, 어떤 사태가 생기기를 바라고 있다는 뜻을 나타낸다. 부정형에는 「～てほしく(も)ない・～ないでほしい(~하지 않았으면 한다, ~하지 않길 바란다)」의 두 가지가 있다. 또 「～ようにしてほしい(~하도록 해 주었으면 좋겠다)」라는 표현도 함께 알아 두자.

- ☑ たくさんの人が読める**ようにしてほしい** 많은 사람이 읽을 수 있도록 해 주었으면 좋겠다 [2016-1회]
- ☑ 私にどういうアドバイスをし**てほしい**のだろうか 내가 어떤 충고를 하길 바라는 걸까 [2015-2회]
- ☑ 優しい子になっ**てほしい** 상냥한 아이가 되길 바란다 [2015-1회]
- ☑ 今後必ずこの経験を生かし**てほしい** 앞으로 반드시 이 경험을 살리길 바란다 [2011-2회]
- ☑ あなたにわかっ**てほしくもない** 당신이 이해해 주길 바라지도 않는다 [2010-2회]

유형1 문법형식

- 新入社員には、失敗をおそれず新しい事に積極的にチャレンジし**てほしい**。
  신입 사원은 실패를 두려워하지 말고 새로운 일에 적극적으로 도전했으면 한다.

- どう思おうと、君の勝手だけど、誤解だけはし**てほしくない**。
  어떻게 생각하든 네 맘이지만, 오해만은 하지 않았으면 한다.

- 更新日時だけでなく、メンバー名で並び替えできる**ようにしてほしい**。
  갱신 일시뿐만 아니라 멤버 이름으로 정렬될 수 있도록 해 주었으면 한다.

유형2 문맥배열

- 代わりの人が来るまで、あなたに その仕事を し**ていて** **ほしい** のです。
  대신할 사람이 올 때까지, 당신이 그 일을 했으면 합니다.

- 彼の愛が 永遠に 変わら**ないで** **ほしい** と思うのは ぜいたくでしょうか。
  그의 사랑이 영원히 변치 않길 바라는 것은 사치일까요?

유형3 문장흐름

- 子どもたちには学校生活を通して**社会性をつちかってほしい**。だが、最近の学校は勉強ばかり教えて、生活のマナーを教えることは重要だと思っていないようだ。
  아이들이 학교 생활을 통해 사회성을 길렀으면 한다. 하지만 요즘 학교는 공부만 가르치고, 생활 예절을 가르치는 일은 중요하다고 생각하지 않는 것 같다.

25 〜というと・〜といえば 079 ~라고 하면

접속 명사

「〜というと・〜といえば」는 '~라고 하면'이라는 뜻이다. 이것은 보통 「〜」를 화제로 삼았을 때나 바로 연상되는 것을 말할 때, 또는 상대방이 한 말이 자신이 생각하고 있는 것과 같은지 어떤지를 물을 때 쓴다.
한편 「〜といえば」에는 「AといえばA」의 형태로 같은 말을 반복하는 용법이 있는데, 예를 들면 不便と言えば不便な(불편하다면 불편한), 頭が切れるといえば切れる(머리가 예리하다면 예리하다) 등과 같이 쓴다. 그리고 단독으로 쓰이는 「そういえば(그러고 보면)」의 형태도 잘 알아 두자.

- ☑ 結婚生活を送るうえで何が大切かといえば 결혼 생활을 보내는 데 있어서 무엇이 중요한가 하면 2016-2회
- ☑ たんぱく質が多く含まれる食べ物というと 단백질이 많이 함유된 음식이라고 하면 2015-2회
- ☑ サッカーに次いで人気のあるスポーツといえば 축구 다음으로 인기가 있는 스포츠라고 하면 2013-1회

문법형식

- 日本といえば、私は桜を連想します。 09
  일본이라 하면, 나는 벚꽃을 연상합니다.

- 桜といえば日本、日本といえば桜と言われるように桜の花は日本の象徴とされている。
  벚꽃 하면 일본, 일본 하면 벚꽃이라고 들을 정도로 벚꽃은 일본의 상징이 되어 있다.

- この学校は設備がそろっているし、教授陣も申し分ないが、授業料がかなり高いことが不満といえば不満だ。
  이 학교는 시설이 갖추어져 있으며 교수진도 더할 나위 없지만, 수업료가 상당히 비싼 것이 불만이라면 불만이다.

문맥배열

- 山田さんは 旅行 <u>というと</u> 必ず 温泉 に行く。 00
  야마다 씨는 여행이라고 하면 반드시 온천에 간다.

- 東洋の絵 <u>といえば</u> 何と いっても 自然の 姿を 描いた山水画が有名だ。
  동양의 그림이라고 하면 뭐니뭐니해도 자연의 모습을 그린 산수화가 유명하다.

문장흐름

- 柔道というと、毎日練習した学生時代を思い出す。あの頃は、寝てもさめても柔道のことばかり考えていた。いい青春だったと思う。
  유도라 하면, 매일 연습했던 학창 시절이 떠오른다. 그때는 자나깨나 유도만 생각하고 있었다. 좋은 청춘이었다고 생각한다.

26

～といった ~라는, ~와 같은

접속 명사

「명사+といった+명사」의 꼴로 '~라는 ~, ~와 같은 ~'의 뜻을 나타낸다. 이 표현은 예를 열거할 때 쓰는데, 이것이 전부가 아니라 그 밖에 또 있다는 뉘앙스이다. 유사 표현으로 「～という[N2 077]」, 「～との[N1 085]」가 있다. 참고로 「～といった」는 「～という」의 각각의 용법에 종류와 예시의 뉘앙스를 더한다.

- ☑ 肉や魚や卵といったものが思い浮かぶ 고기나 생선이나 계란이라는 것이 떠오른다 [2015-2회]
- ☑ 日本の食卓に欠かせないみそやしょうゆといった調味料の原料
  일본 식탁에 없어서는 안 될 된장이나 간장과 같은 조미료의 원료 [2012-2회]

유형1 문법형식

- この人形は、「こんにちは」「さようなら」といった簡単な言葉を話します。
  이 인형은 '안녕하세요' '안녕히 가세요'라는 간단한 말을 합니다. [09]

- この会社はタオルや洗剤といったさまざまな日用品をあつかっている。
  이 회사는 타올이나 세제와 같은 다양한 일용품을 취급하고 있다. [01]

- 消費電力の抑制や環境への配慮といったさまざまな課題が提起されている。
  소비 전력의 억제나 환경에 대한 배려라는 다양한 과제가 제기되고 있다.

유형2 문맥배열

- 少年犯罪の凶悪化、政治意識の低下 といった さまざまな 分野で問題となっている。
  청소년 범죄의 흉악화, 정치 의식의 저하라는 여러 분야에서 문제가 되고 있다.

- 私たち人間は石油や石炭、天然ガス といった 貴重な 資源を たくさん消費しています。
  우리들 인간은 석유나 석탄, 천연가스와 같은 귀중한 자원을 많이 소비하고 있습니다.

유형3 문장흐름

- サウナで汗をかくことは、新陳代謝を活発化し、老廃物を体外に排出し、さらに気分転換やストレス解消といったさまざまな効果がある。
  사우나에서 땀을 흘리는 것은 신진대사를 활발하게 하고, 노폐물을 체외로 배출하며, 게다가 기분 전환이나 스트레스 해소라는 다양한 효과가 있다.

27 〜とおり(に) ~대로

접속 동사의 기본형(る형)·과거형(た형), 명사＋どおり(に)

「〜とおり(に)」는 '~대로'라는 뜻으로, 앞에 수식어를 동반하여 그와 같은 상태나 방법임을 가리킨다. 명사에 접속할 때는 「명사＋どおり(に)」의 형태를 취한다. 그리고 「思ったとおりのひと(생각했던 그대로의 사람)」과 같이 「〜とおりの＋명사(~그대로의 ~)」의 형태도 있으니 같이 외워 두자. 한자 표기는 「〜通り(に)」이다.

- ☑ スケジュールどおりに仕事を進めるには 스케줄대로 업무를 진행하려면 2015-1회
- ☑ 料理の本に書いてあるとおりに作ってもみたのだが 요리책에 쓰여 있는 대로 만들어도 봤지만 2014-1회

유형1 문법형식

- 説明書どおりに組み立ててみたのですが、動かないんです。 05
  설명서대로 조립해 봤습니다만 작동되지 않습니다.

- ここに書いてあるとおりにすれば誰にでもできます。
  여기에 쓰여 있는 대로 하면 누구든지 할 수 있습니다.

- 今日のテストは先輩が言ったとおり、やさしい問題だった。
  오늘 시험은 선배가 말한 대로 쉬운 문제였다.

- これらの国々は今までどおりに、アメリカがその輸出品の多くを買ってくれることを頼りにしていた。
  이들 국가들은 지금까지 그랬던 것처럼, 미국이 그 수출품의 대부분을 구입해 주는 것에 의지하고 있었다.

유형2 문맥배열

- これから 私が 言う ★とおりに パソコンを 操作してください。 09
  지금부터 내가 말하는 대로 컴퓨터를 조작해 주세요.

- 娘の結婚相手は、私が 思った ★とおりの 人だった ので安心した。 93
  딸의 결혼 상대는 내가 생각했던 그대로의 사람이어서 안심했다.

- かねて 予想されて いた ★とおり 両銀行は来月合併することになった。
  전부터 예상되어 있던 대로, 두 은행은 다음 달 합병하게 되었다.

유형3 문장흐름

- 山田選手は、期待どおり軽く予選を通過した。このままうまくいけば、優勝も夢ではない。ぜひ優勝して、この学校の名前を全国に知らせてほしいと思う。
  야마다 선수는 기대한 대로 가볍게 예선을 통과했다. 이대로 순조롭게 가면 우승도 꿈은 아니다. 꼭 우승해서 이 학교의 이름을 전국에 알리길 바란다고 생각한다.

28 〜(た)ところ / 〜ところだ [085] ~했더니 / ~할 참이다

접속 동사의 과거형(た형)+ところ / 동사의 기본형(る형)·진행형(ている형)·과거형(た형)+ところだ

「〜(た)ところ」는 '~했더니, ~한 바'라는 뜻으로, '~한 결과 이렇게 되었다'는 의미를 나타낸다. 이 표현은 대개 「A(た)ところB」의 꼴로 A, B가 연달아 일어남을 기술한다. 즉, 뒤에 계속되는 사항의 성립과 발견의 계기 등을 나타내는 경우가 많다. 「〜ところだ」는 '~할 참이다'라는 뜻으로, 「〜」 부분에는 「동사의 기본형(る형)」이 온다. 앞에 「いまから·これから」 등이 오는 경우가 많다. 또 「〜ところだ」의 「〜」 부분에 「동사의 진행형(ている형)」이 와서 **「〜ているところだ」**의 형태가 되면 '(지금) ~하고 있는 중이다'라는 현재 진행을 나타내게 되고, 「동사의 과거형(た형)」이 와서 **「〜たところだ」**의 형태가 되면 '~한 참이다'라는 뜻을 나타낸다.

참고 ところ는 '~곳, ~데, ~참' 등의 의미를 가지고 있다.

- 調べてみ**たところ**、この旗は「のぼり」というそうだ 조사해 봤더니 이 깃발은 '노보리'라고 한다 2015-1회
- ときどき遠くを見るようにし**たところ** 가끔 먼 곳을 보도록 했더니 2010-1회
- 3課の文法の練習問題を解い**たところ**までで 3과 문법 연습 문제를 푼 곳까지로 2010-1회

유형1 문법형식

- 会場の問い合わせをし**たところ**、地図を送ってくれた。 99
  집회 장소를 문의했더니 지도를 보내 주었다.

- ちょうど今、教室を出てそっちにいらっしゃる**ところです**。
  지금 마침 교실을 나와서 그쪽으로 가시려던 참입니다.

- 山田さんはついこの間もヨーロッパ旅行から帰っ**たところです**。
  야마다 씨는 얼마 전에도 유럽 여행에서 돌아온 참입니다.

유형2 문맥배열

- 山田さんの 家へ 遊びに 行った ところ、ちょうど川本さんが来ていた。
  야마다 씨 집에 놀러 갔더니, 마침 가와모토 씨가 와 있었다. 02

- 苦労して貯めた金をどこに投資したら 安全か 今 探して**いるところです**。
  고생해서 모은 돈을 어디에 투자하면 안전할지 지금 찾고 있는 중입니다.

유형3 문장흐름

- 木村さんと連絡が取れないので自宅にうかがった**ところ**、海外に旅行に行っているとのことでした。来週には帰ってくるそうです。
  기무라 씨와 연락이 되지 않아서 자택을 방문했더니, 해외로 여행을 간 것이었습니다. 다음 주에는 돌아온다고 합니다.

1. 출제 1순위 N2 문법 50

29

～としたら・～とすれば・～とすると 089 ~라고 (가정)하면

접속 동사의 기본형(る형)·과거형(た형)

「～としたら・～とすれば・～とすると」는 '~라고 (가정)하면'의 뜻으로, '지금 ~한 상황은 아니지만, 만약 그 상황을 가정한다면'이라고 할 때 사용한다. 「AとしたらB」의 꼴로, 'A라고 가정한 경우 B'라고 표현할 때와 '어떤 정보 A를 받아 그것을 기준으로 하면 B라고 생각할 수 있다'라고 표현할 때 쓴다.

- ☑ 石川さんでないとすれば、誰なのだろう 이시카와 씨가 아니라고 하면 누구일까? N1 2017-1회
- ☑ 自分のアドバイスが相手の人生を大きく変えるかもしれないとしたら
  자신의 충고가 상대의 인생을 크게 변화시킬지도 모른다고 하면 2016-1회
- ☑ かりに通勤に往復2時間かけるとすると 가령 통근에 왕복 2시간 들인다고 하면 2012-2회
- ☑ 内容がわからない話を長時間聞かなければならないとしたら
  내용을 모르는 이야기를 장시간 들어야 한다고 하면 2012-1회

유형1 문법형식

○ • 一年間の休暇がとれたとしたら、どんなことがしたいですか。 09
  1년간의 휴가를 받았다고 하면 어떤 것을 하고 싶습니까?

• これだけの少ない予算で作るとしたら、せいぜいこれぐらいの料理しかできない。 95
  이 정도의 적 예산으로 만든다고 하면, 고작해야 이 정도의 요리밖에 할 수 없다.

유형2 문맥배열

○ • もし、私の言ったことに何か 失礼が あった と したら★ 深く おわびします。 91
  만약 내가 한 말에 뭔가 실례가 있었다고 하면, 깊이 사죄 드립니다.

• もし ここへ 来た と★ すれば、あの人はきっと私を探したのだろう。
  만일 이곳에 왔다고 하면, 그 사람은 틀림없이 나를 찾았을 것이다.

유형3 문장흐름

○ • 仮にたばこに含まれるカドミウムの約10％が喫煙により肺に吸入され、さらに吸入されたカドミウムの約50％が体内に吸収されるとすると1日に20本喫煙する人は、毎日約1～2gのカドミウムを吸収すると推定されます。
  만약 담배에 함유된 카드뮴의 약 10%가 흡연에 의해 폐에 흡입되고, 게다가 그 흡입된 카드뮴의 약 50%가 체내에 흡수된다고 치면 하루에 20개피를 흡연하는 사람은, 매일 약 1~2g의 카드뮴을 흡수한다고 추정됩니다.

30 ～として / ～としても[090] ①~로서 ②~라고 해서 / ~라고 해도

접속 명사 / 동사의 기본형(る형)·과거형(た형), 명사+だ 등

「～として」는 명사에 붙으면 '①~로서'라는 뜻이 되어 일반적으로 자격이나 입장·명목·부류 등을 나타낸다. 또한 「～としては(~로서는)·～としても(~로서도)」의 형태로도 사용된다. 한편, 「～として」는 앞에 동사의 기본형이나 과거형이 오면 '②~라고 해서'라는 뜻이 되는데, N1에서 자주 출제되었다. 「～としても」는 '~라고 (가정) 해도'라는 뜻으로, '지금은 ~이 아니지만 만일 그렇게 되더라도 상관 없다'는 의미로 사용된다.

☑ 生活に欠かせない道具**として**定着したといえるのではないか
  생활에 없어서는 안 될 도구로서 정착했다고 말할 수 있지 않을까? `2015-1회`

☑ どこかの星に生物がいた**としても**不思議ではないと思う
  어딘가 별에 생물이 있었다고 해도 이상하지 않다고 생각한다 `2013-1회`

☑ 今回失敗したことは仕方ない**としても** 이번에 실패한 것은 어쩔 수 없다고 해도 `2011-2회`

☑ 冷静に話そう**としても**うまくいかないものだ 냉정하게 말하려고 해도 잘 되지 않는 법이다 `2010-2회`

유형1 문법형식

- 家を買える**としても**、それは通勤に不便な場所になるだろう。 `95`
  집을 살 수 있다고 해도, 그것은 통근하기에 불편한 장소가 될 것이다.

- 自分の問題**として**、この問題を考えることが求められている。 `93`
  자신의 문제로서 이 문제를 생각하는 것이 요구되고 있다.

- 彼女は歌手だが、俳優**としても**有名です。
  그녀는 가수지만 배우로서도 유명합니다.

- 仮に雨だ**としても**、あしたは出発する。
  가령 비가 온다고 해도 내일은 출발한다.

유형2 문맥배열

- たとえ 不合格だ **としても**★ 君の 今まで の努力はむだではないよ。 `08`
  설령 불합격이라고 해도 자네의 지금까지의 노력은 쓸모 없지 않아.

- 山田さんは 女性 **として**★ 初めて 福祉局長 に就任した。
  야마다 씨는 여성으로서 처음으로 복지국장에 취임했다.

유형3 문장흐름

- 今になって謝った**としても**許してくれないだろう。取り返しのつかないことをしてしまった。もう彼とは話もできないのだろうか。
  이제 와서 사과했다고 해도 용서해 주지 않을 것이다. 되돌릴 수 없는 짓을 저지르고 말았다. 이제 그 사람과는 이야기도 할 수 없는 걸까?

콕콕실전문제 03

問題 1 次の文の（　）に入れるのに最もよいものを、1・2・3・4から一つ選びなさい。

1　自分が親になってみて（　　）、両親の愛の深さに気づいた。⁰⁷²
　1　はじめ　　　2　はじめて　　　3　はじめで　　　4　はじめると

2　今では（　　）、素人という意味になる。プロに対して、たんなる素人ということで、なんだか軽蔑されているように聞こえる。⁰⁷⁹・⁰⁷⁷・¹¹⁸・⁰³⁷・¹⁴⁸
　1　アマチュアというより　　　　2　アマチュアというと
　3　アマチュアからいえば　　　　4　アマチュアからいって

3　部長に頼んで（　　）、喜んで引き受けてくれた。⁰⁸⁵・⁰⁶⁸
　1　みるところ　　2　みるばかり　　3　みたところ　　4　みたばかり

4　きみの（　　）やったのに、今さらそれがまちがいだなんてひどいよ。⁰⁸³・¹⁰⁶
　1　言いつつも　　2　言うとおりに　　3　言って以来　　4　言うなら

5　旅先で読む（　　）、気軽に読める推理小説なんかいいですね。⁰⁸⁹・¹⁰⁶
　1　としたら　　2　にせよ　　3　としても　　4　につけ

6　お願いだから（　　）。君の扱っているのは普通の患者じゃないんだから。⁰⁷⁴
　1　気をつけてほしい　　　　2　気をつけたとか
　3　気をつけておいたもの　　4　気をつけてたまるものか

7　ぼくは高校生なんだから高校生（　　）扱ってほしい。⁰⁹⁰・⁰⁷⁴
　1　からいって　　2　をのぞいて　　3　に限って　　4　として

8　彼女は入院中の友だちに（　　）頼みました。⁰⁶⁸・¹⁴⁸
　1　会ってもいいように　　　2　会わせてくれるはずで
　3　会わせてくれるように　　4　会ってやることで

9　急いで、バス停に近づくとバスは時刻表より早く出発した（　　）。⁰⁷³
　1　じゃないか　　2　のではないか　　3　じゃないのか　　4　のではないのか

10 仲のよい友だちに相談事を（　　）場合、自分の気持ちを率直に伝える手段としてメールはとても便利なものだろう。080・090
　　1　するとする　　　2　するといった　　　3　するとすると　　　4　するといったら

11 これらの親切な行為は私たちの立場を彼が（　　）ことを明らかに示している。068・037
　　1　心配させつつある　　　　　　　　　2　心配してくれている
　　3　心配させてやった　　　　　　　　　4　心配してあげるつもりでいる

12 私が練習しているときには、だれにも近くを（　　）。074・066
　　1　うろついてほしくない　　　　　　　2　うろついてたまらない
　　3　うろつくはずがない　　　　　　　　4　うろつくことはない

13 意図的にある部分だけを切り取って映し出すことで、視聴者に偏った印象を植え付ける（　　）ことも可能である。080・039・037・064
　　1　ほどの　　　2　ばかりの　　　3　にのぼる　　　4　といった

14 もうあなたの言う（　　）だと認めるからしつこく言わないで。083・099
　　1　とおり　　　2　まま　　　3　あまり　　　4　あたり

15 仮に君の話が本当だ（　　）、彼女はうそをついていることになる。089・066
　　1　とすれば　　　2　ことから　　　3　としても　　　4　につけ

問題2 次の文の ＿＿★＿＿ に入る最もよいものを、1・2・3・4から一つ選びなさい。

16 安全は＿＿＿＿＿＿ ＿＿★＿＿ ＿＿＿＿＿＿ ＿＿＿＿＿＿そのありがたみを知る。072・143
　　1　無くなって　　　2　もので　　　3　はじめて　　　4　空気みたいな

17 ホテルに＿＿＿＿＿＿ ＿＿★＿＿ ＿＿＿＿＿＿ ＿＿＿＿＿＿泊まっていないそうだ。085・148・066・054
　　1　電話した　　　2　そのような　　　3　ところ　　　4　名前の人は

18 「本に ＿＿＿ ＿＿＿ ★ ＿＿＿ きっと大丈夫」という誤認によって、症状が悪化するケースもあります。 083・077・125

1 書いて　　　　2 通りに　　　　3 すれば　　　　4 ある

19 岩波書店の ＿＿＿ ＿＿＿ ★ ＿＿＿ 種をまいている絵の小さなマークがついているのじゃありませんか。 079・073・066

1 農夫が　　　　2 いうと　　　　3 本と　　　　4 表紙に

20 スーツが ＿＿＿ ＿＿＿ ★ ＿＿＿ は間に合わない。 090

1 1週間で　　　　2 しても　　　　3 入社式に　　　　4 できると

21 私の必要とする ＿＿＿ ＿＿＿ ★ ＿＿＿ 私は彼にとても恩義を感じた。 068

1 くれた　　　　2 情報を　　　　3 ので　　　　4 供給して

22 人間は、いろいろなものに名前をつける。つけないと不便だからか。いや、ついてなくても ＿＿＿ ＿＿＿ ★ ＿＿＿ 。 073・066・076・148

1 ではないか　　　　2 にまで名前が　　　　3 ついているの　　　　4 いいようなもの

23 なるべく ＿＿＿ ＿＿＿ ＿＿＿ ＿＿＿ 私に売ってくれなくていいです。 074・N1 061・068・076

1 安くして　　　　2 ほしいけれど　　　　3 別に損をして　　　　4 まで

24 自分の喜び、自分の悲しみ、自分の ＿＿＿ ＿＿＿ ★ ＿＿＿ 、集団は私たちにとって不満や不安のきっかけにもなり得る。 080・068・N1 118・011

1 みんなが必ずしも　　　　2 疑問といったものを
3 受け入れてくれるとは　　　　4 限らないため

25 一生のうちに ＿＿＿ ＿＿＿ ★ ＿＿＿ 、とても悲しいことだ。 089・037

1 心を許せる　　　　2 したら　　　　3 友人を　　　　4 作れないと

問題3 次の文章を読んで、文章全体の趣旨を踏まえて、26 から 30 の中に入る最もよいものを、1・2・3・4から一つ選びなさい。

　最初は意味があると思われたが、当面のテーマと関係ないとわかったり、そこまで敷衍(注1)すると、話がややこしくなったりするくだりも出てくる。そのときは、26 削る。前の方で書いた文章を、後半のくだりに入れたほうがすっきりすると思う場合は、その部分を移動して一本に調整する。

　こうして一定量の文章がたまると、自分の書きたいことがはっきりしてくる。その段階で全体を見渡して、文章の前後を入れ替えていけばいい。27 、それぞれの項目を、さらに肉づけしていく。

　これがパソコンで文章を書くコツである。

　紙だと書き直すのに手間がかかるから、どうしても、全体の構成を 28 とりかかりにくい。パソコンだと、挿入や訂正が簡単にできるし、文章の前後を入れ替えるのも 29 。

　文章が出来上がれば、それをプリントアウトして、さらに推敲(注2)する。縦書きの文章なら、きちんと縦書きで印字して、表現や文章の続き具合、漢字やアルファベット、洋数字などの配置、改行の頻度、漢字とひらがなのばらつき、見た目の美しさなどをチェックする。横書きと縦書きとは基本的に文章のスタイルが違うから、印刷してみてはじめて、ディスプレー上ではわからなかった欠点に 30 。

（矢野直明『情報編集の技術』による）

（注1）敷衍：わかりやすく言い替えたり詳しく説明したりすること。
（注2）推敲：詩文を作るのに字句をさまざまに考え練ること。

26
1　いつのまにか　　2　とりあえず　　3　あいかわらず　　4　もしかすると

27
1　たとえ　　2　それどころか　　3　そして　　4　しかし

28
1　整理してはじめて　　　　　　2　整理してからが
3　整理してからでないと　　　　4　整理したうえで

29
1　言語道断である　　2　千差万別である　　3　右往左往である　　4　自由自在である

30
1　気づくはずがない　　　　　　2　気づくことも多い
3　気づいたわけではない　　　　4　気づいたに過ぎない

문제해결 키워드

- **~てはじめて** N2 072 ~서야 비로소
  印刷してみて**はじめて** 인쇄해 보고서야 비로소 (15行)

- **~ば** N2 128 ~하면
  入れ替えていけ**ば**いい 바꿔 넣어가면 된다 (06行)

- **~てからでないと** N2 067 ~한 후가 아니면
  全体の構成を整理し**てからでないと** 전체 구성을 정리한 후가 아니면 (09行)

- **~にくい** N3 081 ~하기 어렵다
  とりかかり**にくい** 착수하기 어렵다 (09行)

- **~上** N2 ~상
  ディスプレイ**上**ではわからなかった欠点 화면상으로는 알지 못했던 결점 (16行)

- **~(た)うえで** N2 006 ~한 후에, ~한 뒤에

- **~わけではない** N2 153 ~하는 것은 아니다

- **~に過ぎない** N2 117 ~에 불과하다

31

～なければならない・～なくてはいけない[104]
~하지 않으면 안 된다, ~해야 한다

접속 동사의 부정형(ない형)

「～なければならない・～なくてはいけない」는 '~하지 않으면 안 된다, ~해야 한다'는 뜻으로, '그렇게 할 의무나 책임이 있다, 그렇게 하는 것이 당연하다, 당연히 그렇게 될 것이다' 등의 뜻을 나타낸다. 자신의 의지로 뭔가를 하겠다는 결의는 물론, 다른 사람으로부터의 강요나 주위의 상황에 의해 뭔가를 하는 것이 당연시되는 경우, 또 사물의 본성이나 일의 형편상 무엇인가가 일어나는 것이 당연, 또는 바람직하게 여겨지는 경우까지 대단히 광범위하게 사용된다. 「なければ＝なくては」, 「ならない＝いけない」이므로 서로 바꿔 쓸 수 있으며, 회화체에서는 「～なければ → ～なきゃ」, 「～なくては → ～なくちゃ」로 축약해서 많이 쓴다.

- ☑ どうせやら**なきゃいけない**んなら 어차피 하지 않으면 안 된다면 [2014-2회]
- ☑ やら**なくてはいけない**ことがやれないときもある 해야 하는 일을 할 수 없을 때도 있다 [2012-1회]
- ☑ 内容がわからない話を長時間聞か**なければならない**としたら
  내용을 모르는 이야기를 장시간 들어야 한다고 하면 [2012-1회]

- ○ 教育を普及させるためには、すべての子どもに学ぶ権利が与えられ**なければならない**。[05]
  교육을 보급시키기 위해서는, 모든 아이들에게 배울 권리가 주어져야 한다.

- ○ まだ10時だけど、朝5時に起き**なくちゃいけない**から、そろそろ寝よう。
  아직 10시지만, 아침 5시에 일어나야 하니까, 슬슬 자자.

- ○ 日本の企業に就職が決まった以上　日本語を　マスター　し**なければならない**。[94]
  일본 기업에 취직이 결정된 이상, 일본어를 마스터해야 한다.

- ○ 新幹線に乗るときは、運賃とは　別に　特急料金を　払わ**なければいけない**。
  신칸센을 탈 때는, 운임과는 별도로 특급 요금을 지불하지 않으면 안 된다.

- ○ 娘が一流大学に合格したのはうれしいけれど、**高い入学金を払わなければならない**と思うと、頭が痛い。
  딸이 일류 대학에 합격한 것은 기쁘지만, 비싼 입학금을 내야 한다고 생각하니 머리가 아프다.

32 ～なんか / ～なんて[106]　~따위, ~같은 것 / ① ~라는, ~따위(는) ② ~라고는 ③ ~하다니

접속 동사의 기본형(る형)·과거형(た형)·부정형(ない형), 명사, 활용어의 종지형+だ 등

「～なんか」는 「～など」의 회화체로 '~따위, ~같은 것'이라는 뜻이며, 어떤 사물에 대하여 대수롭지 않다거나 자신에 관해 겸손하게 말할 때 사용한다. 예를 들면 パチンコなんかするものか(파친코 따위 할까 보냐), 私なんかにこの仕事は無理だ(나 따위에게 이 일은 무리다)와 같이 쓴다. 「～なんて」는 '① ~라는, ~따위(는)'의 뜻으로, 勉強なんていやだ(공부 따위는 싫다)와 같이 쓴다. 또 '② ~라고는'의 뜻으로는 いやだなんて言えないよ(싫다고는 할 수 없어)와 같이 쓰이며, '③ ~하다니'의 뜻으로는 彼をだますなんて悪いよ(그를 속이다니 나빠요)와 같이 쓰인다. 또 「～なんて」는 주로 회화체로 쓰여 '대단하다, 뜻밖이다'라는 감탄을 나타내기도 한다.

- ☑ 一日も欠かさず日記を書く**なんて** 하루도 거르지 않고 일기를 쓰다니 `2014-2회`
- ☑ 職場まで歩いて数分**なんて**人は 직장까지 걸어서 몇 분이라는 사람은 `2013-1회`
- ☑ すっぱいのが苦手だ**なんて**いう若者 신 것을 잘 못 먹는다는 젊은이 `2011-1회`
- ☑ 私には5キロ**なんて**走れないよ 나는 5킬로미터 따위 못 뛰어 `2011-1회`

문법형식

- こんなところで先生に会う**なんて**、思ってもみなかった。`06`
  이런 곳에서 선생님을 만나다니 생각지도 못했다.

- 一日中やっても一匹もつれなかったから、もう魚つりに**なんか**行きたくない。`99`
  하루 종일 해도 한 마리도 잡지 못했기 때문에, 이제 낚시 같은 건 가고 싶지 않다.

- 私たちが永遠に生きられる秘訣を握っているだ**なんて**いう幻想をいつまで持ち続けることができるのだろうか。
  우리들이 영원히 살 수 있는 비결을 쥐고 있다는 환상을 언제까지 계속 갖고 있을 수 있을까?

문맥배열

- 自分の 主張だけ 通そう とする ★ **なんて**、それはわがままというものだ。
  자기 주장만 관철시키려고 하다니, 그건 이기적이라는 것이다. `02`

- あんな自分勝手な人に 優しい 言葉 **なんか** ★ かけてやる もんか。
  저런 제멋대로인 사람에게 상냥한 말 따위 걸어 줄까 보냐.

문장흐름

- 日本やアメリカ、ヨーロッパからみれば、こういった人たちの生活は遅れているといわれる。だけど、**進歩の評価基準なんて絶対のものじゃない。**
  일본 및 미국, 유럽의 입장에서 보면, 이런 사람들의 생활은 뒤처져 있다고들 한다. 하지만 진보의 평가 기준 따위는 절대적인 것이 아니다.

33 ～において / ～における[107] ~에서 / ~에서의

접속 명사

「～において / ～における」는 '~에서 / ~에서의'라는 뜻으로, 어떤 일이 행해지는 때나 장소, 장면, 상황 등을 나타낸다. 응용 표현으로 「～においては(~에서는)」, 「～においても(~에서도)」가 있으며, 物理学においては(물리학에서는), 自然現象においても(자연 현상에서도) 등과 같이 쓰인다.

- ☑ 脳科学の研究が進んだと言われる現代においてさえ 뇌과학 연구가 진척되었다고 하는 현대에서조차 `N1 2017-1회`
- ☑ 多様な情報があふれる現代社会において 다양한 정보가 넘쳐나는 현대 사회에서 `2016-2회`
- ☑ 安全性において、他のどのメーカーの製品よりも優れている
  안전성에서 다른 어떤 제조사의 제품보다도 뛰어나다 `2013-2회`

유형1 문법형식

- 当時においては、海外旅行など夢のようなことだった。 `01`
  당시에는 해외 여행 같은 것은 꿈 같은 일이었다.

- 現代においては、二国間に争いが生じれば、それは世界中に影響をおよぼす。
  현대에서는 두 나라 간에 분쟁이 생기면, 그것은 전세계에 영향을 미친다.

- 日本における学校給食は、栄養補助を目的として始められた。
  일본에서의 학교 급식은 영양 보조를 목적으로 시작되었다.

유형2 문맥배열

- 職場 だけでなく 家庭 においても★ パソコン が使われている。 `98`
  직장뿐만 아니라 가정에서도 컴퓨터가 사용되고 있다.

- この表は 2017年 における★ アジア 諸国の GNPを 示している。
  이 표는 2017년의 아시아 여러 나라의 GNP를 나타내고 있다.

유형3 문장흐름

- 自然現象においても、必ずしもすべての問題を科学で解決できるとは限らないのである。そのような事実に、世界の不思議さを感じずにはいられない。
  자연 현상에서도 반드시 모든 문제를 과학으로 해결할 수 있다고는 할 수 없다. 그러한 사실에, 세계의 불가사의를 느끼지 않을 수 없다.

34 ～にかけては[113] ~에서는, ~에 있어서는

접속 동사의 명사형, 동사의 기본형(る형)+こと, 명사

「～にかけては」는 '~에서는, ~에 있어서는'이라는 뜻으로, '~의 소질·능력에 있어서는 자신 있다'고 할 때 쓴다. 응용 표현인 「**～にかけても**(~에 있어서도)」는 歌うことにかけても(노래 부르는 것에 있어서도)와 같이 쓴다.

- ☑ 音楽を作る才能にかけては 음악을 만드는 재능에 있어서는 N1 2017-1회
- ☑ おいしいパンを作ることにかけては 맛있는 빵을 만드는 것에 있어서는 2015-2회
- ☑ 人を笑わせることにかけては天才だからね 다른 사람을 웃기는 것에 있어서는 천재니까 말이야 2014-1회

유형1 문법형식

- 値段は別として、味の良さにかけてはこのレストランが一番だ。 07
  가격은 차치하고, 맛이 좋은 것에 있어서는 이 레스토랑이 제일이다.

- 弟は勉強はできないが、泳ぎにかけてはだれにも負けない。 05
  남동생은 공부는 못하지만, 수영에 있어서는 누구에게도 지지 않는다.

- 母は料理にかけてはだれにも負けない自信がある。 97
  어머니는 요리에 있어서는 누구에게도 지지 않을 자신이 있다.

유형2 문맥배열

- 川口さんは、魚の料理 にかけては かなりの 腕の持ち主 らしい。 00
  가와구치 씨는 생선 요리에 있어서는 상당한 솜씨의 소유자인 것 같다.

- ほかのことは 別として 走ることに かけては だれにも 負けないと 思います。 90
  다른 것은 차치하고 달리기에 있어서는 누구에게도 지지 않는다고 생각합니다.

- 昆虫の 知識 にかけては クラスで 彼におよぶ 者はいない。
  곤충의 지식에 있어서는 반에서 그를 따를 자는 없다.

유형3 문장흐름

- ピアノの演奏技術にかけては、彼の右に出る人はいない。だが、表現力が乏しいのが彼の弱点だ。そこを克服すれば、最高のピアニストになれるはずだ。
  피아노 연주 기술에 있어서는 그를 능가할 사람은 없다. 하지만, 표현력이 부족한 것이 그의 약점이다. 거기를 극복하면, 최고의 피아니스트가 될 수 있을 것이다.

35

~にすぎない・~でしかない [117] ~에 불과하다, ~에 지나지 않다

접속 명사, 동사의 기본형(る형)·과거형(た형)

「~にすぎない・~でしかない」는 '~에 불과하다, ~에 지나지 않다'라는 뜻으로, '그 이상은 아니다, 단지 그 정도이다'라는 정도가 낮음을 강조하는 표현이다. 「~」 부분에는 「一部(일부), まだ(아직), たんなる(단지), ほんの(그저, 단지), 一介の(일개 ~)」 등의 단어가 주로 온다. 이 표현은 제3자에 대해 말할 때는 비판적인 기분이 들어가게 되고, 자신에 대해 말할 때는 겸양(겸손)을 나타내는 경우가 많다.

- ☑ かつて人口54人の小さな村**にすぎなかった**が 일찍이 인구 54명인 작은 마을에 지나지 않았지만 `2013-2회`
- ☑ 世界のほんの小さな一部分**でしかない** 세계의 그저 작은 일부분에 불과하다 `2011-1회`
- ☑ 明らかになったことはまだほんの一部**にすぎない** 명백해진 점은 아직 그저 일부에 지나지 않는다 `2010-1회`

유형1 문법형식

- Aさんは会社をやめた理由を病気のためだと言っているが、それはたんなる口実**にすぎない**。 `95`
  A씨는 회사를 그만둔 이유를 병 때문이라고 말하지만, 그것은 단지 구실에 지나지 않는다.

- 今期の売り上げの伸びは、今日現在で3パーセント**でしかない**。
  이번 기간의 매출 신장은 오늘 현재 3%에 지나지 않는다.

- 東京の一人あたりの公園の面積は、わずか2.2平方メートル**でしかない**。
  도쿄의 1인당 공원 면적은 불과 2.2평방미터에 불과하다.

유형2 문맥배열

- 今回の事件で明らかになったことは、実際に 起こった ことの 一部に**すぎない**。 `04`
  이번 사건에서 밝혀진 점은 실제로 일어난 일의 일부에 지나지 않는다.

- 女性の管理職が増えたといわれているが、まだ ほんの 1割程度**にすぎない**。 `91`
  여성의 관리직이 늘었다고들 하지만, 아직 그저 10% 정도에 불과하다.

유형3 문장흐름

- 私たちはこれら大型コンピューターの防御機構をまだ突破できないでいるが、突破できるようになるのは時間の問題**にすぎない**。
  우리들은 이런 대형 컴퓨터의 방어 기구를 아직 돌파하지 못하고 있지만, 돌파할 수 있게 되는 건 시간 문제에 불과하다.

36 〜に対し(て) / 〜に対する 118

① ~에 대해(서), ~에게 ② ~에 비해서 / ~에 대한

접속 명사(な＋の), 동사의 현재 진행형(ている형)+の, な형용사 연체형(な형)+の

「〜に対し(て)」는 '①~에 대해(서), ~에게'라는 뜻으로, 동작이나 감정이 향하는 대상을 나타내며, 상대방에게 직접 동작이 미칠 때 사용한다. 응용 표현에「〜に対しては(~에 대해서는, ~에게는)」,「〜に対しても(~에 대해서도, ~에게도)」가 있으며, 目上の人に対しては(손윗사람에게는), どんな人に対しても(어떤 사람에게도) 등과 같이 쓰인다. 또「〜に対し(て)」는 '②~에 비해서'라는 뜻으로도 쓰이는데, 어떤 일에 대해서 두 개의 상황을 대비시켜 말할 때 쓴다.「〜に対する+명사」는 '~에 대한 ~'라는 뜻이다.

- ☑ なぜか私に対してだけはそうではない 왜인지 나에게만은 그렇지 않다 **2016-1회**
- ☑ 国民の、政治に対する信頼 국민의 정치에 대한 신뢰 **2011-1회**

유형1 문법형식

- 地方では人口が減っているのに対して、都市部では人口が急激に増えている。 **09**
  지방에서는 인구가 줄고 있는 것에 비해서, 도시부에서는 인구가 급격하게 늘고 있다.

- 戦争に対して、批判の声が次第に高まっている。 **04**
  전쟁에 대해서 비판의 목소리가 점차 높아지고 있다.

- 公害を出す企業に対する批判が強くなっている。 **92**
  공해를 배출하는 기업에 대한 비판이 심해지고 있다.

유형2 문맥배열

- この店では、特にお客に対する言葉づかいや態度に注意をはらっている。 **95**
  이 가게에서는 특히 손님에 대한 말투나 태도에 주의를 기울이고 있다.

- それは、子どもが大人に対して使っていい言葉ではない。 **90**
  그건 아이가 어른에게 사용해서 좋은 말이 아니다.

유형3 문장흐름

- 彼は、先月新しいカメラを購入してから毎日何十枚も写真を撮っている。彼のカメラに対する情熱は、当分冷めそうもない。
  그는 지난달 새 카메라를 구입한 후 매일 몇십 장이나 사진을 찍고 있다. 그의 카메라에 대한 정열은 당분간 식지 않을 것 같다.

37 ～によって・～により / ～によらず 125

~에 의해, ~에 따라 / ~에 관계없이

접속 명사

「～によって・～により」는 '~에 의해, ~에 따라, ~로(써)'라는 뜻으로, 수단·방법 등을 통해 어떤 일을 한다고 말하고 싶을 때 쓴다. 응용 표현인 「～によっては(~에 따라서는)」는 '어떤 ~의 경우에는 ~하는 일도 있다'라는 의미이고, 이외에 「～による(~에 따르다)」, 「～による+명사(~에 의한~, ~에 따른~)」, 「～によると・～によれば(~에 의하면, ~에 따르면)」도 있다. 예를 들면 戦争による被害(전쟁에 따른 피해), 天気予報によると(일기 예보에 의하면)와 같이 쓴다. 「～によらず」는 '~에 관계없이, ~에 의하지 않고'라는 뜻으로, 동사 「因る(의하다, 따르다)」가 부정형으로 바뀌면서 문법화된 것이다. 「～を問わずN2 157(~을 불문하고)」, 「～にかかわらずN2 109(~에 관계없이)」와 비슷한 기능어이다. 관용 표현인 「誰によらず(누구든지)」는 誰によらず罰せられる(누구든지 처벌받는다)와 같이 쓴다.

> **참고** 수동문에서 동작의 주체는 보통 「に」로 표현하는데, 문장의 주어가 생물 이외의 것으로 특정 동작주를 강조할 때는 「～によって」를 쓰는 경우가 많다.

- ☑ 「音楽の夢」によって豊かな社会の実現に寄与することを目的に…
  '음악의 꿈'에 의해 풍요로운 사회 실현에 기여하는 것을 목적으로… N1 2017-2회
- ☑ 南極の氷を調べることによって 남극의 얼음을 조사하는 것에 의해 2015-1회
- ☑ スーパーによっては、24時間営業のところもある 슈퍼마켓에 따라서는 24시간 영업인 곳도 있다 2012-2회
- ☑ 数量や合計金額によらず翌日中にお届けします
  수량이나 합계 금액에 관계없이 다음날 중에 배달합니다 2011-2회
- ☑ それぞれの店によって材料はさまざまだ 각각의 가게에 따라 재료는 다양하다 2010-1회

유형1 문법형식

- 食事の習慣が国によって違うことに驚いた。 07
  식사 습관이 나라에 따라 다르다는 것에 놀랐다.

- 関係者のみなさまのご協力によって、無事この会を終了することができました。 04
  관계자 여러분의 협력에 의해, 무사히 이 모임을 종료할 수 있었습니다.

- わが社は学歴によらず本人の実力で採用を決めている。 01
  우리 회사는 학력에 관계없이 본인의 실력으로 채용을 정하고 있다.

- 総会の決議により本年度の会の予算が成立した。
  총회의 결의에 따라 금년도의 모임 예산이 성립되었다.

- 階層によらず、誰もが教育に高い価値を置いている。
  계층에 관계없이 누구나 교육에 높은 가치를 두고 있다.

유형2 문맥배열

- ボーナスが出るかどうかは、この夏の 売り上げ 状況 <u>★による</u>。 07
  보너스가 나올지 어떨지는 올 여름의 매출 상황에 따른다.

- いつの時代でも 若者 によって <u>★新しい</u> 流行が 作り出される。 95
  어느 시대라도 젊은 사람에 의해 새로운 유행이 창조된다.

- <u>★その問題</u> については 学者 によって 考え方が かなり 違う。
  그 문제에 관해서는 학자에 따라 생각하는 방식이 꽤 다르다.

- 受験資格が撤廃され、年齢や 学歴・資格 <u>★によらず</u> 誰もが チャレンジできるようになる。
  수험 자격이 철폐되어, 연령이나 학력・자격에 관계없이 누구든지 도전할 수 있게 된다.

유형3 문장흐름

- 最近になって、少年による凶悪な犯罪が次々と報道されている。そのため、少年法を改正すべきだという世論も高まっている。
  요즘 들어 청소년에 의한 흉악 범죄가 연이어 보도되고 있다. 그 때문에 청소년법을 개정해야 한다는 여론도 고조되고 있다.

- 研究成果を重視する職業なので、性別・年齢・学歴によらず実力で評価される。反対に、実績がなければベテランでも容赦なく解雇されるという厳しい世界だ。
  연구 성과를 중시하는 직업이기 때문에, 성별・연령・학력에 관계없이 실력으로 평가된다. 반대로 실적이 없으면 베테랑이라도 가차없이 해고된다는 혹독한 세계이다.

38

～にわたって・～にわたり [126] ~에 걸쳐

접속 명사

「～にわたって・～にわたり」는 '~에 걸쳐'라는 뜻으로, 장소나 기간, 어떤 사항 등이 어떤 범위 전체에 미치는 것을 나타내기 때문에 시간적·공간적으로 폭이 있는 말을 받는 경향이 있다. 응용 표현에 「～にわたる+명사(~에 걸친~)」, 「～にわたった+명사(~에 걸친~)」가 있으며, 30年間にわたる戦争(30년간에 걸친 전쟁), 20時間にわたった手術(20시간에 걸친 수술) 등과 같이 쓰이니 잘 익혀 두자.

- ☑ 約700メートルにわたって、美しい砂浜が続いています
  약 700미터에 걸쳐 아름다운 모래사장이 이어지고 있습니다 `2014-2회`

- ☑ 2時間にわたり、電車がストップしました 2시간에 걸쳐 전철이 멈췄습니다 `2010-1회`

유형1 문법형식

- 公園の整備を求める住民と役所との話し合いは、10年の長期にわたった。`07`
  공원의 정비를 요구하는 주민과 관청의 대화는 10년간의 장기간에 걸쳤다.

- 参加国の首相による話し合いは、5回にわたって行われた。`01`
  참가국 수상에 의한 논의는 5회에 걸쳐 이루어졌다.

- 試験は4月10日から3日間にわたり行われる。
  시험은 4월 10일부터 3일간에 걸쳐 시행된다.

유형2 문맥배열

- ここから 200メートル <u>にわたって</u> 桜の 並木が 続いている。`06`
  여기에서부터 200미터에 걸쳐 벚꽃 가로수가 이어지고 있다.

- 人類は長い 年月 <u>にわたって</u> 努力を 重ね、ついに月への飛行に成功した。`96`
  인류는 오랜 세월에 걸쳐 노력을 거듭하여, 마침내 달에 가는 비행에 성공했다.

- 2か月 <u>にわたる</u> ミュージカルの 興行が 先週終わった。
  두 달에 걸친 뮤지컬의 흥행이 지난주에 끝났다.

유형3 문장흐름

- 日本と韓国の合作で、特別ドラマが制作された。そのドラマは1週間にわたり放映され、大きな好評を得た。
  일본과 한국의 합작으로 특별 드라마가 제작되었다. 그 드라마는 1주일에 걸쳐 방영되어 큰 호평을 얻었다.

39 〜ばかり [129] ①~만, ~한 ②~쯤, ~가량, ~정도

접속 명사, 활용어의 연체형

「〜ばかり」는 '①~만, ~한'의 뜻으로 한정을 나타내며, お金ばかりの問題ではない(돈만의 문제가 아니다)와 같이 쓴다. 또 「〜ばかり」는 '②~쯤, ~가량, ~정도'라는 뜻으로, 수량을 나타내는 말에도 붙는다. 즉 사물의 정도나 범위를 한정해서 말하는 데 쓰며, 유사 표현에 「〜ほど [N2 139]・〜くらい [N2 034](~정도)」가 있다.

- ☑ ストレスは悪いものだと**ばかり**思っていた 스트레스는 나쁜 거라고만 생각하고 있었다 **2013-1회**
- ☑ どちらでもいいこと**ばかり**を日記に書いている 어느 쪽이든 상관없는 일만을 일기에 쓰고 있다 **2011-1회**

유형1 문법형식

- あの工場で人が足りないそうだから10人**ばかり**応援に行け。
  저 공장에서 사람이 부족하다고 하니 10명 정도 지원 가게.

- この本を1週間**ばかり**貸していただけませんか。
  이 책을 1주일 정도 빌려 주실 수 없습니까?

- そんなにすっかりお金**ばかり**取りつかれるのはやめて、たまには私のことを考えてもらいたいわ。
  그렇게 온통 돈에만 집착하는 것은 그만두고, 가끔씩은 내 생각도 해 줬으면 좋겠어.

유형2 문맥배열

- あの店は、この 2週間 **ばかり** 閉めきった ままだが、どうしたのだろう。
  저 가게는 요 2주일 정도 문을 닫은 채인데, 어떻게 된 일이지?

- この道を 100メートル **ばかり** 行くと 大きな 道路に出ます。
  이 길을 100미터쯤 가면 큰 도로로 나옵니다.

- この国の驚く **ばかり**の 経済発展は 主として 労働力の 非常な効率のよさによる。
  이 나라의 놀랄 만한 경제 발전은 주로 매우 효율적인 노동력에 따른다.

유형3 문장흐름

- 暮れから正月にかけて1週間**ばかり**関西旅行をしました。美味しいものをたくさん食べてとても楽しかったですが、1週間で3キロも太ってしまいました。
  연말부터 정월에 걸쳐서 1주일 가량 간사이 여행을 했습니다. 맛있는 것을 많이 먹고 아주 즐거웠지만, 1주일만에 3킬로그램이나 찌고 말았습니다.

40

～(た)ばかり [130] ~한 지 얼마 안 됨, 막 ~함

접속 동사의 과거형(た형)

「～(た)ばかり」는 '~한 지 얼마 안 됨, 막 ~함'이라는 뜻으로, 어떤 동작을 하고 시간이 얼마 지나지 않은 상태임을 나타낸다. 유사 표현에 「～(た)ところ」[085](막 ~한 참)가 있다. 「Aたばかり」의 경우 화자가 A에서 아직 별로 시간이 경과하지 않았다고 느낀다면, 직후든 시간이 경과한 후든 모두 사용할 수 있지만, 「Aたところ」는 실제로 A 직후가 아니면 사용할 수 없다. 또한, 「～(た)ばかりの+명사」는 가능해도 「～(た)ところの+명사」는 불가능하다.

- ☑ さっきご飯を食べたばかりだというのに 조금 전 밥을 먹은 지 얼마 안 되었다고 하는데도 [2010-2회]
- ☑ 出張に行かされたばかりなんです 억지로 출장을 간 지 얼마 안 됩니다 [2010-1회]

유형1 문법형식

- 今、そこで地震のニュースを聞いたばかりです。 [96]
  지금 그곳에서 막 지진 뉴스를 들었습니다.
- 手術したばかりなのに、働くなんてとんでもない。
  수술한 지 얼마 안 되었는데 일을 하다니 당치도 않다.
- 先月買ったばかりの車はとても乗りごこちがいいです。
  지난달 막 산 자동차는 승차감이 아주 좋습니다.

유형2 문맥배열

- さっき 起きた ばかり で まだ ねむい です。 [08]
  조금 전에 막 일어나서 아직 졸립니다.
- さっき 食べた ばかり だから 今は おなかがいっぱいです。
  조금 전에 막 먹어서, 지금은 배가 부릅니다.
- 先週 オープンした ばかりの レストランがある から、行ってみませんか。
  지난주에 막 오픈한 레스토랑이 있으니 가보지 않을래요?

유형3 문장흐름

- 急いでいる時に、電車を待つのは誰でもイライラするものである。**電車が行ったばかり**だったりするとなおさらである。
  서두르고 있을 때 전철을 기다리는 건 누구라도 마음이 조급해지기 마련이다. 전철이 방금 막 떠났거나 하면 더욱더 그렇다.

콕콕실전문제 04

問題 1 次の文の（　）に入れるのに最もよいものを、1・2・3・4から一つ選びなさい。

① 一度引き受けた仕事は、つらくても最後まで（　　）。
1　やるわけにはいかない　　2　やらないようになっている
3　やらなければならない　　4　やることはある

② 田中さんのうちでは赤ちゃんが生まれた（　　）です。
1　うち　　2　ばかり　　3　ほど　　4　かぎり

③ 2020年のオリンピックは日本の東京（　　）開かれる予定です。
1　によって　　2　にそって　　3　にあたって　　4　において

④ 山田さんは、つりにかけては（　　）。
1　普通程度にはできそうだ　　2　やれるだけやってみることだ
3　かなりの腕の持ち主らしい　　4　まったく興味がないようだ

⑤ 1万円が10日で100万円になるなんて、そんなうまい話がある（　　）。
1　ほかはない　　2　にすぎない　　3　べきではない　　4　わけがない

⑥ 2人が結婚するというのは、たんなるうわさ（　　）。
1　でしかない　　2　による　　3　に限らない　　4　に及ぶ

⑦ 韓国では離婚（　　）考え方がだいぶ変わってきた。
1　に対するの　　2　にとっての　　3　に対する　　4　にとって

⑧ 原子力は非常に危険なものだが、利用の仕方（　　）人間の暮らしに大いに役立つこともできる。
1　については　　2　にあっては　　3　によっては　　4　にとっては

⑨ 彼女は期末試験で、全科目（　　）優秀な成績をおさめた。
1　にわたって　　2　まで　　3　にしたがって　　4　につれて

⑩ この大学には5,000人（　　）の学生がいます。
1　かぎり　　2　して　　3　しか　　4　ばかり

11 いかなる状況に（　）冷静に判断しなければならない。107・104
　1　とっても　　　2　あたっても　　　3　さいしても　　　4　おいても

12 うぬぼれの強さ（　）彼女の右に出る者はいないだろう。113
　1　にかけては　　2　については　　　3　に対しては　　　4　によっては

13 君はいつもうそばかりついているから、君の言うこと（　）だれも信用しない。106・066
　1　なんと　　　　2　なんか　　　　　3　なんで　　　　　4　なんに

14 あの子はまだ14歳（　）が、なかなかしっかりしている。117
　1　にすぎない　　2　にわたる　　　　3　に限らない　　　4　に先立つ

15 私は、彼（　）特によい感情も悪い感情も持っていない。118・066
　1　にとって　　　2　につけて　　　　3　に対して　　　　4　において

16 あいさつの仕方ひとつ取ってみても、国に（　）さまざまです。125
　1　とって　　　　2　よって　　　　　3　おいて　　　　　4　対して

17 ガンの特効薬は長年に（　）研究し続けられているが、いまだに完全なものは作られていない。126・066
　1　したがって　　2　かかって　　　　3　わたって　　　　4　つれて

18 このスーツケースのほうがそれより3キロ（　）重い。129
　1　ばかり　　　　2　だけに　　　　　3　のみ　　　　　　4　どおり

19 彼は日本に来た（　）東京の地理はよくわかりません。130
　1　だけで　　　　2　はずで　　　　　3　ばかりで　　　　4　ようで

20 まだもう1人の貧乏学生を（　）ならなくなって少しも喜ぶどころではなかった。104・N1 080
　1　宿泊するまでに　2　宿泊できるほどに　3　宿泊させられて　4　宿泊させなければ

問題2 次の文の ＿★＿ に入る最もよいものを、1・2・3・4から一つ選びなさい。

21 宿題をためてしまったので ＿＿＿ ＿＿＿ ＿★＿ ＿＿＿。[104]
　1　ならない　　　2　やらなくては　　　3　今夜は　　　4　徹夜で

22 物理学＿＿＿ ＿＿＿ ＿★＿ ＿＿＿ 構成する最小の単位のことである。[107・037・064]
　1　素粒子　　　2　物質を　　　3　においては　　　4　とは

23 集めた ＿＿＿ ＿★＿ ＿＿＿ ＿＿＿ どこの動物園にも劣らない。[113]
　1　動物の種類数　　　2　にかけては　　　3　ここは　　　4　世界中の

24 あいつは ＿＿＿ ＿＿＿ ＿★＿ ＿＿＿ 上司から点数をかせごうとしている。[106・010]
　1　なんか　　　2　ひっこしの　　　3　して　　　4　手伝い

25 私たちのすることは大海の ＿＿＿ ＿★＿ ＿＿＿ ＿＿＿ が、この一滴が集まって大海となる。[117・037・025]
　1　しれない　　　2　かも　　　3　一滴に　　　4　すぎない

26 彼はわたしの ＿＿＿ ＿＿＿ ＿★＿ ＿＿＿ 案を提案してきました。[118]
　1　自分の　　　2　対して　　　3　ぎゃくに　　　4　提案に

27 ＿＿＿ ＿★＿ ＿＿＿ ＿＿＿ プログラムが変更になることがあります。[125]
　1　より　　　2　えない　　　3　やむを　　　4　事情に

28 しゃべれる ＿＿＿ ＿＿＿ ＿★＿ ＿＿＿、字を教えようなんて、まだ早いよ。[130・106]
　1　子どもに　　　2　なった　　　3　ばかりの　　　4　ように

29 その会社は75年間 ＿＿＿ ＿＿＿ ＿★＿ ＿＿＿ 座を維持し続けている。[126・066]
　1　分野で　　　2　第一人者の　　　3　写真機器の　　　4　にわたって

30 助けてくれる可能性はなかったが、彼 ＿＿＿ ＿＿＿ ＿★＿ ＿＿＿ 思いこんでその仕事を始めた。[129・068]
　1　助けて　　　2　と　　　3　くれる　　　4　ばかりが

問題3 次の文章を読んで、文章全体の趣旨を踏まえて、 31 から 35 の中に入る最もよいものを、1・2・3・4から一つ選びなさい。

　今日の我が国における個人をとりまく状況をみると、社会経済の面においても、また、個人の意識の面においても、大きな変化の時期を迎えていると思われる。
　 31 、少子高齢社会、安定経済成長時代の到来等を背景として、世帯構造や家族の機能、雇用慣行がいずれも大きく変化し、個人が家族や職場など一つの「場」に全面的に帰属していくことが 32 、一人一人の努力が求められてきている。一方、個人の意識の中でも、自ら人生設計を行い、それに適合した自己表現の「場」を望む志向が高まってきている。
　このような 33 、すべての人が社会との良好な関係を保ちつつ、自己の能力を最大限に発揮し、個性を活かして生きていくことが個人の人生の充実と社会の活性化につながると考えられる。 34 、家族・職場・地域社会等の複数の「場」とバランスよく関わりを持っていくことが重要であるものと考えられる。
　また、これらの「場」を通じて個性を活かして生きるためには、これを支える基盤として、個人の心身の自立、経済的自立を確保しなければならないが、心身の状況や置かれた環境は 35 、これらの自立の達成を支援するセーフティネットとしての社会保障制度の役割も重要となっている。

（『厚生労働白書』平成13年度版による）

31

1　しかし　　　　2　さらに　　　　3　すなわち　　　　4　それどころか

32

1　困難となりつつあり　　　　　　2　困難となりがちであり
3　困難となりがたく　　　　　　　4　困難となる次第で

33

1　状況の際　　　2　状況の上　　　3　状況の末　　　4　状況の下

34

1　このたびには　　2　このためには　　3　このうちには　　4　このせいでは

35

1　人にむけて進んでいき　　　　　2　人にとって重要であり
3　人にかぎらず同じであり　　　　4　人によってさまざまであり

문제해결 키워드

- **～における/～においても** N2 107　~에서의/~에서도
  我が国における個人 우리나라에서의 개인 (01行)
  社会経済の面においても 사회 경제의 면에서도 (01行)

- **～なければならない** N2 104　~하지 않으면 안 된다
  経済的自立を確保しなければならない
  경제적 자립을 확보하지 않으면 안 된다 (13行)

- **～として** N2 090　~로서
  背景として 배경으로서 (03行)
  これを支える基盤として
  이것을 지탱하는 기반으로서 (12行)

- **～つつある** N2 063　~하고 있다
  困難となりつつあり 어려워지고 있으며 (05行)

- **～つつ** N1 048　~하면서
  良好な関係を保ちつつ
  양호한 관계를 유지하면서 (08行)

- **～を通じて** N2 156　~을 통해서
  これらの「場」を通じて個性を活かして生きる
  이들 '장'을 통해서 개성을 살려 살아가다 (12行)

- **～である** N2 064　~이다
  人によってさまざまであり 사람에 따라 다양하며 (14行)

- **～がちだ** N2 020　~이 많다, 자주 ~하다

- **～次第で** N1 036　~에 따라서

- **～末** N2 050　~한 끝에

- **～にかぎらず** N2 110　~뿐만 아니라

41. ～ばかりで / ～ばかりだ [132] ~하기만 해서(하고) / ~하기만 하다

접속 동사의 기본형(る형), い형용사의 기본형, な형용사의 연체형(な형)

「～ばかりで / ～ばかりだ」는 '~하기만 해서(하고) / ~하기만 하다'라는 뜻이다. 이 표현은 나쁜 방향으로의 일방적인 변화를 나타낼 때 쓴다. 보통 「AばかりでBない」라면, A라는 상황뿐으로 B가 아니다, B의 상황은 화자에게 있어서 불만을 느낀다는 점이 내포되어 있다. 유사 표현으로 「～一方だ[N2 005](~하기만 하다)」가 있다.

- ☑ 午後になっても雨はやまず、むしろ強くなる**ばかりだった**
  오후가 되어도 비는 그치지 않고, 오히려 거세지기만 했다 `2013-1회`

- ☑ 人のやることに文句を言う**ばかりで** 남이 하는 일에 불평하기만 하고 `2010-1회`

- 物価は上がる**ばかりで**生活は少しも楽にならない。 `01`
  물가는 오르기만 해서 생활은 조금도 편해지지 않는다.

- このかばんは重い**ばかりで**、ちっとも入らない。
  이 가방은 무겁기만 하고 조금도 들어가지 않는다.

- わたしが聞いても、父は笑っている**ばかりで**何も答えてくれない。
  내가 물어도, 아버지는 웃기만 하고 아무것도 대답해 주지 않는다.

- 試験が1週間後に迫り、気持ちはあせる**ばかりだ**。
  시험이 1주일 뒤로 다가와 기분은 초조하기만 하다.

문맥배열

- 雨は ひどくなる <u>**ばかりで**</u>★ まったく やむ 気配 はなかった。
  비는 심해지기만 하고 전혀 그칠 기색은 없었다.

- この島の 人口は <u>年々</u>★ 減っていく <u>ばかり</u> です。
  이 섬의 인구는 매년 줄어들기만 합니다.

문장흐름

- 有名な先生の講義を受けたが、**退屈なばかりで**面白くなかった。
  無名でも、授業が面白い先生の方が僕は好きだと思った。
  유명한 선생님의 강의를 들었지만, 지루하기만 하고 재미있지 않았다. 이름은 없더라도 수업이 재미있는 선생님이 나는 더 좋다고 생각했다.

42

～はずだ [133] ~일 터이다, ~일 것이다

접속 활용어의 종지형, 명사+の, な형용사의 연체형(な형) 등

「～はずだ」는 필연·추측·납득 등을 서술하는 표현이다. 일이 당연히 그래야 할 것임을 나타내기도 하고, 약속 또는 예정이 되어 있는 것을 나타내기도 한다. 응용 표현인 「どうりで～はずだ(어쩐지 ~하더라)」도 잘 익혀두자.

☑ 得られるはずの効果が得られない 당연히 얻을 수 있는 효과를 얻을 수 없다 2016-1회

☑ 何か目的があってその場所に行ったはずなのに 무언가 목적이 있어서 그 장소에 갔을 터인데 2012-2회

☑ あなたがいちばんご存じのはずだ 당신이 가장 잘 알고 계실 터이다 2010-2회

☑ アイディアを自由に出し合うことにあったはずだが
아이디어를 자유롭게 서로 내놓는 것에 있었을 테지만 2010-1회

☑ あ、そっか。どうりで空いてるはずだ 아, 그렇구나. 어쩐지 비어 있더라 N1 2010-1회

문법형식

- きのう、遅くまでテレビを見ていたから、本田さんは、今日はとても眠いはずだ。 01
어제 늦게까지 텔레비전을 보고 있었기 때문에, 혼다 씨는 오늘은 아주 졸릴 것이다.

- 彼はあれだけ勉強してきたんだから試験に合格するはずだ。
그는 그토록 공부를 해 왔으니까 시험에 합격할 것이다.

- A「彼はシステムエンジニアなんだって。」
B「ああ、それならコンピューターに詳しいはずだ。」
A 그는 시스템 엔지니어라던데.
B 아, 그렇다면 컴퓨터를 잘 알거야.

- 相手も 自分と 同じ 考え方をする はずだ、と予想し、それが外れると、「あの人は常識がない」という言い方をする。
상대방도 자신과 같은 생각을 할 것이리고 예상했는데 그것이 빗나길 경우, '저 사람은 상식이 없어'라는 말을 한다.

- 聞きなれた声が私を呼んだ。振り返るとなんとその母校で一緒に学んだ同級生ではないか。どうりで聞きなれていたはずだ。
귀에 익은 목소리가 나를 불렀다. 뒤돌아보니 왠걸 그 모교에서 함께 공부했던 동창이 아닌가! 어쩐지 귀에 익더라.

43

～ほど / ～ほどだ [139] ~할 정도로, ~할 만큼 / ~할 정도이다

접속 동사의 보통형(る형·ない형·た형 등), い형용사의 기본형, な형용사의 연체형(な형), 명사

「～ほど/～ほどだ」는 '~할 정도로, ~할 만큼/~할 정도이다'라는 뜻으로, 어떤 상태가 어느 정도 그러한지를 강조해서 말하고 싶을 때 쓴다. 「～」에는 주로 화자의 의지를 포함하지 않는 동사가 온다. 응용 표현에 「～ほど～ない」(~만큼 ~(것)은 없다), 「～ほどの+명사(~만큼의 ~)」가 있으며, あの人ほどの美人はいない(저 사람만큼의 미인은 없다) 등과 같이 쓰인다.

- ☑ バスで30分ほど行ったところにある 버스로 30분 정도 간 곳에 있다 **2015-1회**
- ☑ 今にも動き出して近づいてきそうなほど 당장에라도 움직여서 다가올 것 같을 정도로 **2013-2회**
- ☑ 必ずといっていいほどせきが出るんです 반드시라고 해도 좋을 정도로 기침이 나옵니다 **2012-1회**

- この料理はとても辛くて、体じゅうから汗が出るほどだ。 **08**
  이 요리는 너무 매워서 온몸에서 땀이 날 정도이다.

- 主婦のアイディアを採り入れた新製品は、おもしろいほどよく売れた。
  주부의 아이디어를 채용한 신제품은 즐거울 정도로 잘 팔렸다. **01**

- この地域の大気汚染は深刻なほど進行している。
  이 지역의 대기 오염은 심각할 정도로 진행되고 있다.

- 聞いている人 すべてが 涙を 浮かべた ★ほど だった。 **04**
  듣고 있는 사람 모두가 눈물을 글썽일 정도였다.

- あの人は外国人だ という ことを 感じさせない ★ほど 日本語が 上手だ。
  저 사람은 외국인이라는 것을 느끼게 하지 못할 정도로 일본어를 잘한다. **97**

- 彼女はその母親が 生き返った と 錯覚する ★ほど 母親に 似ている。
  그녀는 그녀의 어머니가 살아 돌아왔다고 착각할 만큼 어머니를 닮았다.

- 前記のように、その漢字の一つ一つが高度の教育を受けた大人でさえ1週間かかっても容易に覚えられないというほどの複雑な記号なのである。
  앞에서 썼듯이 그 한자 하나하나가 고등 교육을 받은 어른조차 1주일이 걸려도 쉽게 외울 수 없을 정도로 복잡한 기호인 것이다.

44 ~みたいに / ~みたいな / ~みたいだ

(마치) ~처럼, ~ 같이 / ~ 같은 / ~ 같다, ~인 것 같다

접속 활용어의 종지형, 명사

「~みたいに」는 '(마치) ~처럼, ~ 같이'라는 뜻이고, 「~みたいな」는 '(마치) ~ 같은', 「~みたいだ」는 '(마치) ~ 같다, ~인 것 같다'라는 뜻이다. 이 표현은 비유·예시·추량을 나타내며, 주로 회화체로 사용한다. 문장체에도 사용되지만 상당히 스스럼없는 표현이므로, 딱딱한 문장이나 격식을 차린 장면에서는 「~ようだ N2 148(~인 것 같다, ~인 듯하다)」를 사용하는 것이 무난하다.

- ☑ 今週は晴れる日が一日もない**みたいだ** 이번 주는 맑은 날이 하루도 없는 것 같다 **2015-2회**
- ☑ もう一生会えない**みたいに**言うのはやめてよ 이제 평생 만날 수 없는 것처럼 말하는 건 그만둬 **2010-2회**

- ぼくの車は彼のと比べるとおもちゃ**みたいだ**。
  내 차는 그의 것과 비교하면 장난감 같다.

- 彼**みたいに**ずうずうしい男とは、もう付き合いたくありません。
  그 사람처럼 뻔뻔한 남자와는, 더 이상 사귀고 싶지 않습니다.

- この服は、買って何年にもなるが、新品**みたいに**きれいです。
  이 옷은 산 지 몇 년이나 되지만, 새것처럼 깨끗합니다.

- コーヒー**みたいな**刺激の強いものは、寝る前には飲まないほうがいい。
  커피처럼 자극이 강한 음료는 자기 전에는 마시지 않는 게 좋다.

- 妹は、体操の 選手 **みたいに** 体が やわらかい。 **09**
  여동생은 체조 선수처럼 몸이 유연하다.

- きみ **みたいな** うそつきは いまに 誰にも相手にされなくなるぞ。
  너 같은 거짓말쟁이는 머지않아 아무도 상대해 주지 않게 될 거야.

- 愛、ママはね、ホント言うと、愛が生まれる前までは、ちょっとだけは聞こえてたの。夏実ちゃん**みたいに**、補聴器もつけてた。でもね、補聴器をつけたからって、突然なんでも聞こえるようになるわけじゃないの。
  아이야, 엄마는 말이야, 사실 아이가 태어나기 전까지는 아주 조금 들을 수 있었어. 나츠미처럼 보청기도 끼고 있었거든. 그런데 보청기를 꼈다고 해서 갑자기 무엇이든지 들리게 되는 건 아니야.

45

～ものだ / ～ものではない

①~하는 법이다〈당연〉 ②~하고 싶다〈희망〉 ③~하곤 했다〈회상〉 ④~라는 것이다〈감상·비판〉
⑤~네, ~구나〈놀람·감탄〉/ ~하는 게 아니다

접속 동사의 기본형(る형)·과거형(た형)·희망형(たい형)

「～ものだ」는 '①~하는 법이다〈당연〉'라는 뜻이고, 「～ものではない」는 부정형으로 '~하는 게 아니다'라는 뜻이다. 이것은 어떤 사항의 이상적인 상태를 말함으로써 당위성을 주장할 때 사용하는데, 개인의 의견보다도 도덕적·사회적 상식에 대해 설교할 때 주로 쓰인다. 또 「～ものだ」는 희망의 조동사 「～たい」에 붙어 「～たいものだ」의 형태로 '②~하고 싶다'라는 그 사항의 실현을 강력하게 희망하는 화자의 기분을 나타내기도 한다. 또 동사의 과거형(た형)에 붙어 「～たものだ」의 형태로 '③~하곤 했다〈회상〉'라는 과거에 자주 했던 일을 떠올려 그리워하는 기분을 나타낸다. 「～というものだ」는 '④~라는 것이다'라는 뜻으로, 화자가 어떤 사실에 대해 감상이나 비판을 단정적으로 말할 때 쓴다. 마지막으로 「～ものだ」는 '⑤~네, ~구나'라는 뜻으로, 마음으로 강하게 느끼는 일이나 놀라거나 감탄한 일을 감정을 실어서 말할 때에도 쓴다.

참고 もの는 원래 어떤 일이나 대상을 막연하게 가리키는 말로 '~것, ~일' 등으로 해석된다.

☑ よくこんな昔の写真が今まで残っていたものだ
　　용케도 이런 옛날 사진이 지금까지 남아 있었네〈놀람·감탄〉 **2016-1회**

☑ 「大人の旅館」は時間をかけて旅行したりするものだ
　　'어른의 여관'은 시간을 들여서 여행하거나 하는 것이다〈~것, ~일〉 **2014-2회**

☑ 冷静に話そうとしてもうまくいかないものだ
　　냉정하게 말하려고 해도 잘 되지 않는 법이다〈당연〉 **2010-2회**

☑ 血液型がわかれば大体の性格もわかるというものです
　　혈액형을 알면 대략의 성격도 안다는 것입니다〈감상·비판〉 **2010-1회**

○・会社に就職できなかったくらいで、そんなにがっかりするものではない。
　회사에 취직 못한 정도로, 그렇게 실망할 것은 아니다.〈당연〉 **04**

・暑い夏ほどクーラーは売れるものだと言われているが、違うんだろうか。 **01**
　더운 여름일수록 에어컨은 팔리는 법이라고들 하는데, 틀린 걸까?〈당연〉

・たいていの家には他人に隠したい事情があるものだ。
　대개의 집에는 타인에게 감추고 싶은 사정이 있는 법이다.〈당연〉

・子どものころ、お寺の境内でよく遊んだものだ。
　어렸을 때 절의 경내에서 자주 놀았었지.〈회상〉

- いくつになっても、心のときめきは忘れないでいたいものだ。
  몇 살이 되어도 가슴의 두근거림은 잊지 않고 간직하고 싶다. 〈희망〉

유형2 문맥배열

- 常識のある大人なら、目上の人に対して 失礼な ことを言う ものでは ない。 09
  상식이 있는 어른이라면 손윗사람에게 실례되는 말을 하는 게 아니다. 〈당연〉
- 小さい子を一人で遠くに 遊びに 行かせる もの ではない。 01
  어린아이를 혼자서 멀리 놀러 보내는 게 아니다. 〈당연〉
- 私は子どものころ、大きくなったら世界一周 旅行を したい ものだ と思って いた。 93
  나는 어렸을 때, 크면 세계 일주 여행을 하고 싶다고 생각했다. 〈희망〉
- 昔はよく東京からあたふたと 出かけて あわただしい 週末を過ごした ものだ。
  옛날에는 도쿄에서 허둥지둥 나가서 분주한 주말을 보내곤 했었지. 〈회상〉

유형3 문장흐름

- どんなときでも、汚い言葉を使うものではない。汚い言葉を使えば、自分の心まで汚くなってしまうと言うではないか。
  어느 때이건 험한 말을 쓰는 게 아니다. 험한 말을 쓰면, 자신의 마음까지 더럽혀진다고 하지 않는가. 〈당연〉
- 鈴木さんが、この夏休みに田舎の温泉に旅行したそうだ。景色も人もとてもいい所らしいので、一度行ってみたいものだ。
  스즈키 씨가, 이번 여름휴가 때 시골에 있는 온천으로 여행을 갔었다고 한다. 경치도 사람들도 매우 좋은 곳이라고 하니 한번 가 보고 싶다. 〈희망〉
- 雨は今日でもう5日間も降り続いている。梅雨とはいえ全くよく降るものだ。
  비는 오늘로 벌써 5일째 계속 내리고 있다. 장마라고는 하나 정말이지 잘도 내린다. 〈놀람·감탄〉

46

～ものなら [145] ①만약 ~하다면, ~할 수 있다면 ②~했다가는

접속 동사의 가능형·의지형(う형·よう형)·종지형

「～ものなら」는 2가지 용법이 있다. '①만약 ~하다면, ~할 수 있다면'의 경우, 실현하기 힘든 사항을 제시한 후 그것이 실현되기를 희망하거나 기대할 때 쓴다. 앞에는 보통 동사의 가능형이 오며, 뒷부분에는 대개 희망의 조동사 「～たい」가 온다. 그리고 「AものならB(명령형)」의 꼴로 상대가 절대로 A할 수 없다고 화자가 생각해 그것을 도발하는 표현으로도 사용된다. '②~했다가는'의 용법에서는 앞에 동사의 의지형(う형·よう형)이 온다. 예를 들어 授業をさぼろうものなら(수업을 빼먹기라도 했다가는)와 같이 쓴다.

참고 「～ものなら」의 회화체는 「～もんなら」이다.

- ☑ 学生時代に戻れるものなら戻りたい 학생시절로 돌아갈 수 있다면 돌아가고 싶다　2017-1회
- ☑ 歯を抜かずに済むものならそうしたいが 이를 빼지 않아도 된다면 그렇게 하고 싶지만　N1 2015-2회
- ☑ 行けるものなら行きたいけど 갈 수 있으면 가고 싶지만　2013-2회
- ☑ できるもんなら捕まえてごらん 할 수 있으면 잡아 봐라　N1 2013-1회

- レストランで騒ぐ子どもをしかろうものなら、逆にこちらがその親に文句を言われてしまう。 09
  레스토랑에서 떠드는 아이를 혼내기라도 했다가는, 반대로 우리가 그 부모에게 불평을 듣고 만다.

- できるものなら、すぐに看病に行ってやりたいと思うだろう。 05
  가능하다면 당장 간병하러 가고 싶을 것이다.

- あの日の 記憶を 消せる ものなら 消して しまいたい。 06
  그날의 기억을 지울 수 있다면 지워 버리고 싶다.

- 自己負担で医療費がかかる親は、医者に かからずに 済む ものなら 済ませたい と思うものだ。
  자기 부담으로 의료비가 드는 부모는 의사를 찾아가지 않아도 된다면 그렇게 하고 싶다고 생각하기 마련이다.

- 年金がもらえるような人なら、年金の範囲内で細々と暮らしていくことが最も賢明です。下手に商売でもしようものなら、おおやけどしますよ。
  연금을 받을 수 있는 사람이라면 연금 범위 내에서 최대한 살아가는 것이 가장 현명합니다. 자칫 장사라도 했다가는 크게 데일 수 있어요.

47

~ようだ / ~ように / ~ような [148]

①~인 것 같다, ~인 듯하다 〈불확실〉 ②~와 같다 〈비유·예시〉 /
①~하도록, ~하기를 〈문말〉 ②~처럼, ~와 같이 / ①~같은, ~듯한 ②해석 안됨 〈취지〉

> **접속** ①い형용사의 기본형, 명사+の, 명사 과거형(だった)
> ②명사+の, 활용어의 종지형/동사의 기본형(る형)·부정형(ない형), 명사+の

「~ようだ」는 '①~인 것 같다, ~인 듯하다'라는 뜻으로, 추측 또는 불확실한 단정의 용법으로 오감을 통한 직감적인 판단을 나타낸다. 또한 「~ようだ」는 '②~와 같다'라는 뜻으로 비유와 예시를 나타내기도 한다. 그리고 「~ように」는 '①~하도록, ~하기를 〈문말〉'이라는 뜻으로, '~라는 목적이 실현되기를 기대하여'라는 소원·바람·목적을 나타낸다. 그리고 「~ように」는 「명사+の」의 꼴로 '②처럼, ~와 같이'라는 뜻으로도 쓰인다. 대표적인 예로 「雪のように(눈처럼), 次のように(다음과 같이)」 등이 있다. 마지막으로 「~ような」는 '①~같은, ~듯한'이라는 뜻이지만, ②취지를 나타낼 때는 우리말로 해석되지 않는 경우도 있다. 예를 들면 金がほしいという**ようなメール**(돈이 필요하다는 메일) 등이다.

- ☑ 春は花見、夏は川遊び、秋は紅葉、冬はスキーという**ように** 봄은 꽃구경, 여름은 강 놀이, 가을은 단풍, 겨울은 스키라고 하듯이 **2017-1회**
- ☑ たくさんの人が読める**ように** 많은 사람들이 읽을 수 있도록 **2016-1회**
- ☑ どうもその計画はあきらめなければならない**ようだ** 아무래도 그 계획은 포기해야 할 것 같다 **2015-2회**
- ☑ のぼりを使うのは変わらない**ようだ** 깃발을 사용하는 것은 변함없는 것 같다 **2015-1회**
- ☑ いつ雨が降ってもいい**ように** 언제 비가 와도 괜찮도록 **2014-2회**
- ☑ 姉の**ように**10年以上一日も欠かさず 언니처럼 10년 이상 하루도 거르지 않고 **2014-2회**
- ☑ ご覧の**ように**新車と変わらないくらい 보시는 것처럼 신차와 다름없을 정도로 **2012-2회**

문법형식

○ • この教育制度は富をもつ人たちに有利になる**ように**はなはだしく差別をしている。
이 교육 제도는 부유한 사람들에게 유리하도록 엄청나게 차별을 하고 있다.

• 一生にまたとない**ような**すばらしい休暇をご用意させていただきます。
평생에 두 번 다시 없을 멋진 휴가를 준비하겠습니다.

• 他の人がそうしている**ように**彼だって苦労に堪えるだけの力は十分ある。
다른 사람이 그렇게 하고 있듯이 그 사람도 역경을 견딜 만큼의 힘은 충분히 있다.

- 机の上のものを片づけるという**ような**基本的行動が気持ちを落ち着かせるのに役立つ。
  책상 위의 물건을 정리한다는 기본적인 행동이 마음을 안정시키는 데 도움이 된다.

- 実験室での地味な研究が見出しになる**ような**ことはないが、それは毎日見出しに 出る**ような** 多くの物事 よりも 重要なのである。
  실험실에서 하는 소소한 연구가 표제가 되는 일은 없지만, 그것은 매일 표제에 나올 만한 수많은 일보다도 중요하다.

- 学期も2か月目になるころには目新しさも消えてしまって 学生たちは 退屈した **ように** 見えた。
  학기도 두 달째가 될 무렵에는 신선함도 사라져 버려 학생들은 지루한 듯이 보였다.

- あとになって がっかりしない **ように** 休暇中の 飛行機の 予約は 十分に余裕をみて早めにとっておくのが最善の策だ。
  나중에 실망하지 않도록 휴가 중의 비행기 예약은 충분히 여유를 가지고 일찌감치 해 두는 게 최선책이다.

- 一般的にビジネスマンは2つのタイプにわかれる。自分がいなくなったら困るように仕事を構築する人間と、**自分がいなくなってもいいように**構築する人間の2種類である。
  일반적으로 비즈니스맨은 두 가지 타입으로 나뉜다. 자기가 없으면 곤란하도록 일의 체계를 구축해 놓는 인간과 자기가 없어도 돌아가도록 구축해 놓는 인간, 두 종류이다.

- 見知らぬ人たちに彼女について話せといわれているのは、なんだか私の個人的な**プライバシーの侵害のように**思われた。
  모르는 사람들이 그녀에 대해서 말하라고 하는 건, 어쩐지 내 개인적인 사생활 침해처럼 느껴졌다.

48 ～ようなら(ば) [149] ~할 것 같으면, ~할 경우에는

접속 동사의 기본형(る형)·부정형(ない형), い형용사의 기본형

「～ようなら(ば)」는 '~할 것 같으면, ~할 경우에는'이라는 뜻이다. 이 표현은 「～ようだ [N2 148](~인 것 같다, ~와 같다)」의 조건을 나타내는 형태로, '그와 같은 경우에는'이라는 뜻을 나타낸다. 문장체로는 「～ようであれば」, 회화체로는 「～ようだったら・～ようでしたら」가 사용된다.

- ☑ 明日になっても熱が下がらない**ようであれば** 내일이 되어도 열이 내려가지 않을 경우에는 2014-1회
- ☑ 同じことが何度も繰り返される**ようならば** 같은 일이 몇 번이고 반복되는 경우에는 2012-2회

유형1

- 誤解がある**ようならば**、わたしの説明不足です。
  오해가 있을 경우에는, 제 설명 부족입니다.

- この服、着られる**ようだったら**あなたにあげますよ。
  이 옷, 입을 수 있을 것 같으면 당신에게 줄게요.

- 地方づとめが続く**ようなら**転職を考えています。
  지방 근무가 계속될 경우에는 이직을 생각하고 있습니다.

- 体調が悪い**ようなら**、明日学校を休みなさい。
  컨디션이 나쁠 것 같으면 내일 학교를 쉬세요.

- この新日程でご都合が悪い**ようでしたら**、ご連絡ください。
  이 새로운 일정에서 사정이 좋지 않으신 경우에는 연락 주세요.

유형2 문맥배열

- 明日もまた 仕事を 休む **ようなら** ★ 会社を やめてもらいます。 03
  내일도 또 일을 쉴 경우에는 회사를 그만두십시오.

- この薬を 飲んでも 熱が ★ 下がらない **ようであれば**、医者と相談したほうがよいでしょう。
  이 약을 먹어도 열이 내려가지 않을 경우에는, 의사와 상담하는 편이 좋을 것입니다.

유형3 문장흐름

- 「子どもの病気で休む**ようなら**、仕事をするな」というような雰囲気の職場もある。できるなら、僕はそんな会社では働きたくない。
  '애가 아파서 쉴 것 같으면 일을 하지 마'라는 분위기의 직장도 있다. 가능하다면 나는 그런 회사에서는 일하고 싶지 않다.

49 ～わけだ / ～わけではない [153] ~한 셈이다 / ~하는 것은 아니다

접속 동사의 기본형(る형)·부정형(ない형), い형용사의 기본형

「～わけだ」는 '~한 셈이다'라는 뜻으로, 당연·필연·납득 따위를 서술하는 용법이다. 어떤 사실이나 상황으로 보아 '당연히 ~한 결론이 된다'고 말하고 싶을 때 사용한다. 「～わけではない」는 '~하는 것은 아니다'라는 뜻으로, 어떤 사실로부터 필연적으로 도출되는 사실을 부정하는 표현이다. 응용표현 「～ないわけではない(~하지 않는 것은 아니다)」는 부분적으로 어떤 사실을 긍정하는 표현이고, 「～わけでもない(~하는 것도 아니다)」는 강조표현이다.

- ☑ お腹がすいた**わけでもない**のに音がするのはどうしてだろう
  배가 고픈 것도 아닌데 소리가 나는 것은 왜일까 2017-2회
- ☑ そのため、安くすることができるという**わけだ** 그 때문에 저렴하게 할 수 있다는 셈이다 2012-1회
- ☑ 必ずしも最初から順調だった**わけではない** 반드시 처음부터 순조로웠던 것은 아니다 2010-2회
- ☑ 何十億人もの人がいる**わけ**ですから 몇십억 명이나 되는 사람이 있는 셈이니까 2010-1회

유형1 문법형식

○ ・最近の子どもはテレビゲームばかりしているようだが、必ずしも外で遊ば**ないわけではない**。 04
  요즘 아이들은 TV 게임만 하고 있는 것 같지만, 꼭 밖에서 놀지 않는 것은 아니다.

・彼は、去年の3月に来日したのだから、まだ1年も経っていない**わけだ**。
  그는 작년 3월에 일본에 왔으니까, 아직 1년도 지나지 않은 셈이다.

유형2 문맥배열

○ ・スポーツが苦手だといっても、スポーツ番組を見るのが嫌いだ という**わけ*では ない**。 07
  운동을 잘 못한다고 해도 스포츠 방송 보는 것을 싫어한다는 것은 아니다.

・彼女の 肩を持つ **わけ*では ない**が、どうも きみの意見には賛成できない。
  그녀의 편을 드는 것은 아니지만, 도무지 자네의 의견에는 찬성할 수 없네.

유형3 문장흐름

○ ・高い料理が必ずしも**おいしいわけではない**。安い材料を使っても手をかければ、とても美味しくなることもある。それがプロの腕前だ。
  비싼 요리가 반드시 맛있는 것은 아니다. 값싼 재료를 사용해도 공을 들이면 아주 맛있게 되는 경우도 있다. 그게 프로의 솜씨다.

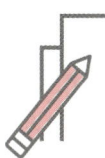

50 축약형 160

시험에 출제되고 있는 대표적인 축약형은 다음과 같다.

① ～なければ → ～なきゃ ~하지 않으면, ~해야 해, ~해야지
② ～なくては → ～なくちゃ ~하지 않으면, ~해야 해, ~해야지
③ ～ておく → ～とく ~해 두다
④ ～てしまう → ～ちゃう ~해 버리다, ~하고 말다
⑤ ～なければいけない → ～なきゃいけない ~해야 한다
⑥ ～しておかなくては → ～しとかなくちゃ ~해 두지 않으면, ~해 두어야 해

- ☑ 早く寝なきゃって思ってるんだけど 빨리 자야지 하고 생각하지만 [2015-2회]
- ☑ どうせやらなきゃいけないんなら 어차피 해야 된다면 [2014-2회]
- ☑ あ、その資料は捨てないで取っといて 아, 그 자료는 버리지 말고 맡아 둬 [N1 2013-1회]
- ☑ かなり早めに予約しとかなくちゃだめかもしれないね
  꽤 일찌감치 예약해 두지 않으면 안 될지도 모르겠네 [2011-2회]

○ • 何だか風が強くなってきたみたい。洗濯物を取りこまなくちゃ。
  어쩐지 바람이 강해진 것 같아. 빨래를 걷어야 돼.

• 車のタイヤがすり減ってきたので、そろそろ交換しなきゃ。
  차의 타이어가 닳아서 슬슬 교환해야 해.

• 親孝行は親の生きているうちにしなくちゃね。
  효도는 부모님이 살아 계실 때에 해야 해.

• 小川「ねえ、山田さん。昨日の夜、オリンピック中継見た?」
  山田「ううん。昨日は残業で疲れちゃって。だから夕飯も食べない
     で寝ちゃったんだ。」
  오가와 저기, 야마다 씨. 어젯밤 올림픽 중계 봤어?
  야마다 아니. 어제는 야근으로 피곤해서. 그래서 저녁도 먹지 않고 자 버렸어.

• 毛布は物干しにかけたままにしといて。もう少し空気に当てておか
  なくちゃ。
  담요는 빨랫대에 건 채로 둬. 조금 더 공기를 쐬게 두어야지.

문맥배열

- このこつが わかるように なるには もう2、3年 苦労 しなきゃ。
  이 요령을 알게 되려면 2, 3년 더 고생해야 해.

- 来年は赤ちゃんも 生まれるし 財布の 口を しめなきゃ ね。
  내년에는 아기도 태어나고 하니까, 돈을 절약해야겠어.

- 子どもに「なんで 勉強 しなきゃ いけない の?」と 聞かれたら、あなたはどう答えますか。
  아이가 '왜 공부하지 않으면 안 돼?' 하고 물으면, 당신은 어떻게 대답하겠습니까?

- これからは中高年のニーズに合った 新製品を開発しなくちゃ。高齢化社会なんだから、若い人たちの消費を期待するのは難しいよ。
  앞으로는 중·장년층의 요구에 맞는 신제품을 개발해야 해. 고령화사회니까, 젊은이들의 소비를 기대하는 건 어려워.

- 「どうして私が謝らなきゃならないの。」と言いたくなるようなことばかりだった。ふざけて転んだシンジが悪いのだ。
  "왜 내가 사과해야 돼?"라고 말하고 싶어지는 일뿐이었다. 장난치다가 넘어진 신지가 나쁜 것이다.

콕콕 실전문제 05

問題1 次の文の（　）に入れるのに最もよいものを、1・2・3・4から一つ選びなさい。

1. 息子は至急お金がほしい（　　）メールをよこした。148
   1　といっただけで　　2　といったばかりで　3　というそうな　　4　というような

2. 物価は上がる（　　）、生活は苦しく未来が見えない。132
   1　とおりに　　2　ついでに　　3　ばかりで　　4　しだいで

3. 近ごろは忙しくて、体がいくつあっても足りない（　　）。139・075
   1　ほどだ　　2　ばかりだ　　3　あまりだ　　4　こそだ

4. 子どものころ、となりの花子ちゃんと海でよく泳いだ（　　）。144
   1　はずだ　　2　ことだ　　3　ものだ　　4　わけだ

5. 月旅行に行ける（　　）行ってみたい。145
   1　ことには　　2　わりには　　3　ものなら　　4　わけなら

6. 今後もなお遅刻が続く（　　）処分の対象とする。149
   1　つもりなら　　2　ためなら　　3　はずなら　　4　ようなら

7. 計画は立てればいいという（　　）ではなく、実行できなければ意味がない。153・128
   1　まま　　2　わけ　　3　ため　　4　ほか

8. A「そんなにお金がいるの？」
   B「だって、ほら、税金も（　　）ならないだろう。」160
   1　納めちゃって　　2　納めといて　　3　納めなくて　　4　納めなくちゃ

9. このボールはゴムでできているから、もし顔に当たってしまっても、たいしたことにはならない（　　）よ。133・066・075・037
   1　ことだ　　2　ものだ　　3　はずだ　　4　ためだ

10. 彼女はまるで韓国人（　　）韓国語を話します。143
    1　らしく　　2　みたいに　　3　らしいって　　4　みたいって

問題2 次の文の ___★___ に入る最もよいものを、1・2・3・4から一つ選びなさい。

11　A「きょう太郎に会ったよ。」
　　B「それは変だ。今は _____ _____ __★__ _____ 。」 133
　　1　いる　　　　2　ロンドンに　　3　はず　　　　4　なのに

12　_____ __★__ _____ _____ 、「もし大けがだったらどうするの」と私をおこった。 143
　　1　らっきょうみたいな　2　年寄りの　3　先生は　　4　顔をした

13　これらの欠点があるにもかかわらず _____ _____ __★__ _____ 私には思われる。 148
　　1　健全である　2　ように　　3　見方は基本的に　4　彼の

14　深夜 _____ _____ __★__ _____ 彼女に仕事が多いとは思えない。 139・015
　　1　ほど　　　　　　　　　　　　2　しなければならない
　　3　残業を　　　　　　　　　　　4　まで

15　_____ __★__ _____ _____ 、ちっともいいと思わないね。 132・106
　　1　なんか　　　2　熱い　　　　3　ばかりで　　4　サウナ

16　結婚式は呼ばれないと行けないが、_____ _____ __★__ _____ 。 144・075
　　1　葬式は　　　2　ものだ　　　3　行く　　　　4　呼ばれなくても

17　一緒に _____ _____ __★__ _____ が、今は仕事が忙しくてできないのです。 145
　　1　なら　　　　2　行きたい　　3　行ける　　　4　もの

18　これ以上 _____ __★__ _____ _____ 、ご両親に報告をせざるをえない。 149・046
　　1　起こす　　　2　なら　　　　3　問題を　　　4　よう

19　入学試験にすべったからといって、人生が _____ __★__ _____ 。 153・028
　　1　では　　　　2　わけ　　　　3　ない　　　　4　終わった

20　話を落とすのもいいけど、_____ _____ __★__ _____ 。 160
　　1　相手を　　　2　見て　　　　3　やら　　　　4　なきゃ

問題3 次の文章を読んで、文章全体の趣旨を踏まえて、 21 から 25 の中に入る最も
よいものを、1・2・3・4から一つ選びなさい。

　アーノルド・J・トインビー（注1）は、「真の平和の永続に必要な条件は？」という問いに対し、「自己中心性の克服」と明快に答えています。「自己中心性の克服」 21 、個人と共同体の双方におけるもので、要は自分のことだけ、家族のことだけ、自分の会社、地域、国、さらには民族や人類、地球、同時代のことだけを考えていたのではいけない、ということにまで発展します。

　本能というべき「自己中心性」の克服は、もちろん簡単にできることではありません。 22 、たとえ一日に30分、一週間に数時間、なにかボランティア活動にかかわるとき、自分や家族の損得を忘れ、だれか他の人、社会のために役立とうとしている自分を 23 。そうした、あるいはささやかな時間の積み重ねが、社会の人びとの幸せ、福祉の向上、教育や文化の発展、世界の平和、地球環境の保全につながっていくのだろうと思われます。

　トインビーはまた、物質的資源には限界があり、世界人類がそろって多くのアメリカ人（日本人も）と同じレベルの物質的豊かさを享受（注2）することができないと 24 、「人間がお互い同士のためになし得る奉仕の量には限界がない」と断言しています。天然資源の乏しさを憂う 25 、「なし得る奉仕の量には限界がない」というトインビーの言葉は、希望と勇気を与えてくれます。培うべきはボランティア精神であるわけです。

（松岡紀雄『ボランティアを高く評価する社会』による）

（注1）アーノルド・J・トインビー：西欧を代表する歴史家。
（注2）享受：受け入れて自分のものとすること。

21
1 というのは　　2 といっては　　3 といっても　　4 としても

22
1 そのうえ　　2 しかし　　3 実は　　4 それに

23
1 発見することができるはずでした　　2 発見することができなかったのです
3 発見することができるはずです　　4 発見することができないはずです

24
1 指摘したおかげで　　2 指摘したところに　　3 指摘したうちに　　4 指摘したうえで

25
1 日本にとって　　2 日本について　　3 日本に対して　　4 日本によって

📝 문제해결 키워드

- **〜わけだ** N2 153　~한 셈이다
  ボランティア精神であるわけです
  자원 봉사 정신인 셈입니다 (16行)

- **〜に対し(て)** N2 118　~에 대해(서)
  問いに対し　물음에 대해 (01行)

- **〜というのは**　~라는 것은, ~이란
  「自己中心性の克服」というのは
  '자기중심성의 극복'이란 (02行)

- **〜における** N2 107　~에서의
  個人と共同体の双方における
  개인과 공동체 양쪽 모두에서의 (03行)

- **〜べき** N2 137　~해야 할
  本能というべき　본능이라 해야 할 (06行)

- 培うべきは　키워야 할 것은 (16行)

- **〜にかかわる**　~에 관계되는
  ボランティア活動にかかわるとき
  자원봉사활동에 관계될 때 (07行)

- **〜(た)うえで** N2 006　~한 후에
  豊かさを享受することができないと指摘したうえで
  풍요를 누릴 수 없다고 지적한 후에 (13行)

- **〜うる・える** N2 011　~할 수 있다
  お互い同士のためになし得る奉仕の量
  서로를 위해 할 수 있는 봉사의 양 (14行)

- **〜にとって** N3 089　~에게 있어서
  天然資源の乏しさを憂う日本にとって
  천연자원의 빈곤함을 우려하는 일본에게 있어서 (15行)

N2 문법 70

2010년부터 지금까지 출제된 일본어 능력시험 N2 기출 문법을 철저히 분석하여 출제 2순위 문법 70개를 선정하였다. 1회 이상 실제 시험에 출제되고 있는 만큼 다시 출제될 가능성이 높은 문법 기능어일 것이다. 기능어 우측의 숫자는 부록 「JLPT N2 문법 출제표」의 번호를 나타낸다.

01

～(た)あげく(に) ~한 끝에

접속 동사의 과거형(た형)　　　　　　　　　　　　　　　　　　～末(すえ)(に) N2 050

「～(た)あげく(に)」는 '~한 끝에'라는 뜻이다. 이것은 '여러모로 ~한 끝에 결국 유감스러운 결과가 되었다'라는 것으로, 어쩔 수 없이 본의 아닌 행위를 하게 되었음을 나타낸다. 「동사의 과거형(た형)」에 접속하며, 「さんざん(몹시)・いろいろと(여러모로)」 등과 호응하는 경우가 많다.

☑ あれこれ質問(しつもん)に答(こた)えさせられたあげく 이것저것 억지로 질문에 대답한 끝에　2011-1회

- どの大学(だいがく)に留学(りゅうがく)しようかと、さんざん悩(なや)んだあげく、A大学(だいがく)に決(き)めた。 95
  어느 대학으로 유학할까 몹시 고심한 끝에 A대학으로 정했다.

- いろいろと悩(なや)んだあげく、会社(かいしゃ)をやめることにした。
  여러모로 고민한 끝에 회사를 그만두기로 했다.

- 彼(かれ)らは夫婦(ふうふ)げんかを繰(く)り返(かえ)したあげくに、とうとう離婚(りこん)した。
  그들은 부부 싸움을 되풀이한 끝에 결국 이혼했다.

- このチケットは6時間並(なら)んだあげくにやっと手(て)に入(い)れたものだ。
  이 티켓은 6시간 줄을 선 끝에 겨우 손에 넣은 것이다.

- 彼女(かのじょ)は いろいろと 悩(なや)んだ ★あげく 結婚(けっこん)を やめてしまった。 03
  그녀는 여러모로 고민한 끝에 결혼을 그만둬 버렸다.

- さんざん 迷(まよ)った ★あげく 卒業後(そつぎょうご)は 帰国(きこく)する ことにした。
  몹시 망설인 끝에 졸업 후에는 귀국하기로 했다.

- さんざん悩(なや)んだあげく、彼(かれ)は手術(しゅじゅつ)をすることにした。完治(かんち)する確率(かくりつ)は30%だが、それでもチャレンジすることに決(き)めたのだ。
  몹시 고민한 끝에 그는 수술을 하기로 했다. 완치될 확률은 30%지만, 그래도 도전하기로 결정한 것이다.

02 〜あまり(に) ~한 나머지, 너무 ~해서

접속 동사의 기본형(る형)·과거형(た형), い형용사의 명사형(어간+さ)+の, 명사+の

「〜あまり(に)」는 '~한 나머지, 너무 ~해서'라는 뜻으로, 감정이나 상태를 나타내는 명사나 동사를 받아, 그것들의 정도가 다소 지나쳐 예사롭지 않은 상태나 좋지 못한 결과가 되었다고 할 때 쓴다. 「〜」부분에는 い형용사의 명사형(어간+さ)이 오는 경우가 많다. 동사의 경우에는 대개 동사의 기본형(る형)이 오지만, 간혹 동사의 과거형(た형)도 온다. 참고로 아래 문장흐름 예문 속의 「心配のあまり」는 「心配するあまり」라고도 쓸 수 있다. 「悲しみのあまり」는 동사 「悲しむ」의 명사형에 접속한 형태이며, い형용사 「悲しい」의 명사형을 써서 「悲しさのあまり」라고도 쓸 수 있다.

☑ 緊張のあまり、声が震えてしまった 긴장한 나머지 목소리가 떨리고 말았다 2015-1회

유형1 문법형식

- その知らせを聞き、驚きのあまり言葉も出なかった。 09
  그 소식을 듣고 놀란 나머지 말도 나오지 않았다.

- 試験の結果を気にするあまり、夜眠れなくなってしまった。 02
  시험 결과를 걱정한 나머지 밤잠을 설치고 말았다.

- 父親の死を知らされて、悲しみのあまり、寝込んでしまいました。 93
  아버지의 죽음을 알게 되어, 슬픈 나머지 몸져누워 버렸습니다.

유형2 문맥배열

- 何でも完全にやろうと 思う あまりに 体を こわす 人がいる。 05
  뭐든지 완전하게 하려고 한 나머지 건강을 해치는 사람이 있다.

- 彼女は一番行きたかった 大学に 合格し うれしさの あまり 跳び上がった。 97
  그녀는 가장 다니고 싶었던 대학에 합격해서, 기쁜 나머지 펄쩍 뛰었다.

- ときには将来のことを 心配する あまり 現実の今ある 危険を無視してしまう ことがある。
  때로는 미래의 일을 너무 걱정해서, 현재 존재하는 위험을 무시해 버리는 경우가 있다.

유형3 문장흐름

- 僕が旅に出てからもう2年になる。だが、長いこと連絡をしなかったせいで母は、心配のあまり病気になってしまった。
  내가 여행을 떠난 지 벌써 2년이 된다. 하지만, 오랫동안 연락을 하지 않은 탓에 어머니는, 너무 걱정해서 병이 나고 말았다.

03

～勢いだ ⁰⁰³ ～ 기세다, ～ 추세다

접속 동사의 기본형(る형)·과거형(た형), い형용사의 종지형, な형용사의 연체형(な형), 명사+の 등

「勢いだ」는 '～기세다, ～추세다'라는 뜻으로, 명사 「勢い(기세, 힘, 세력, 위세, 바람, 정세, 추세)」에서 문법화된 표현이다. 주로 「～勢いだ(～기세이다), ～勢いで(～기세로, ～여세로)」라는 형태로 사용되며, 예를 들면 「上回る勢いだ(상회할 기세이다), スピードが出た勢いで(스피드가 난 여세로), すごい勢いで(무서운 기세로), たいへんな勢いで(대단한 기세로), 激しい風の勢いで(세찬 바람의 위세로)」 등이 있다.

☑ 昨年の20万人を大幅に上回る**勢いだ** 작년의 20만 명을 큰 폭으로 상회할 기세이다 `2013-2회`

유형1 문법형식
- 餌をあげたとたん、その犬がすごい**勢いで**食べ始めたのでびっくりした。
  사료를 주자마자, 그 개가 엄청난 기세로 먹기 시작해서 깜짝 놀랐다.

- 文句を言ってやる、と彼はたいへんな**勢いで**校長室に入って行った。
  한마디 하고야 말겠다며, 그는 엄청난 기세로 교장실로 들어갔다.

유형2 문맥배열
- デートに 間に合う ように 彼は 猛烈な **勢いで** 仕事を 片付けはじめた。
  데이트 시간에 늦지 않도록 그는 맹렬한 기세로 일을 정리하기 시작했다.

- ジャックは巨人が すさまじい **勢いで** 肉を食べる のを 見ていた。
  잭은 거인이 무시무시한 기세로 고기를 먹는 것을 보고 있었다.

유형3 문장흐름
- 食欲はまるでなかったが、**一口食べるといきおいがついた**。二回おかわりしても、おじやはぜんぜん減らなかった。
  식욕은 전혀 없었지만, 한입 먹으니 기세가 붙었다. 두 번 리필해도 죽은 하나도 줄지 않았다.

04 〜以上(は) 004 ~한 이상(에는)

접속 동사의 기본형(る형)·과거형(た형), 명사+である   　　　　　　　　　　〜からには・〜うえは N2 029

「〜以上(は)」는 '~한 이상(에는)'이라는 뜻으로, 이유를 들어 화자의 판단이나 결의·권유 등을 나타낸다. 따라서 뒤에는 주로 추측이나 판단·결의·마음가짐과 같은 화자의 의지를 나타내거나 추천·금지 등을 나타내는 표현이 온다. 동사의 과거형(た형) 이외에 「〜である+以上(~인 이상)」, 「〜がいる+以上(~이 있는 이상)」와 같은 형태로도 쓸 수 있다.

- ☑ 自分でこの仕事を選んだ以上 스스로 이 직업을 고른 이상 2016-2회
- ☑ お客様に食事をお出しする以上 손님에게 식사를 내놓는 이상 N1 2011-1회

- エネルギーの問題がこれほど深刻になった以上、世界各国が協力して、ただちに対策をたてるべきだ。 09
  에너지 문제가 이토록 심각해진 이상, 세계 각국이 협력해서 즉시 대책을 세워야 한다.

- 留学する以上は、勉強だけでなく、その国の文化を学んだり交流をしたりしたいと思う。 05
  유학하는 이상에는 공부뿐만 아니라 그 나라의 문화를 배우거나 교류를 하고 싶다고 생각한다.

- 学生である以上、アルバイトのやりすぎはよくないと思います。
  학생인 이상, 아르바이트를 지나치게 하는 것은 좋지 않다고 생각합니다.

- いったん 仕事を 引き受けた 以上は 途中で 止めることはできない。 01
  일단 일을 맡은 이상에는 도중에 그만둘 수는 없다.

- もう 酒は 飲まない と決めた 以上は どんなに 誘われても 絶対に それを 守りたい。 95
  이제 술은 마시지 않겠다고 결심한 이상에는, 아무리 권유를 받아도 꼭 그것을 지키고 싶다.

- この学校に入った以上は校則を守らなければいけない。他の学校に比べて厳しい方だが、それが嫌なら退学するしかないだろう。
  이 학교에 들어온 이상에는 교칙을 지켜야 한다. 다른 학교에 비해 엄격한 편이지만, 그게 싫다면 자퇴할 수밖에 없을 것이다.

05 ～うえ(に) 007 ~인 데다가

접속 동사의 보통형(る형, た형), い형용사의 기본형, な형용사의 연체형(な형), 명사+である

「～うえ(に)」는 '~인 데다가'라는 뜻으로, 앞 사항과 같은 경향의 성격을 뒤에 덧붙일 때 쓴다. 따라서 명령이나 금지·의뢰·권유 등을 나타내는 문장과는 같이 쓸 수 없다. 「い형용사의 기본형+うえに」, 「な형용사의 연체형(な형)+うえに」의 형태로 자주 출제되며, 이 밖에도 「동사의 보통형」, 「～である(~이다)」에도 접속한다. 또한 「～うえ」라는 형태로도 쓰이는데, 대표적인 예로 접속사인 「そのうえ(게다가, 그 위에)」가 있다.

☑ 客の注文を間違えたうえに皿を割るというミスまで
손님의 주문을 틀린 데다가 접시를 깨는 실수까지 `2015-2회`

유형1 문법형식

- そのスポーツクラブは入会金が要らないうえにわが家から近い。 `06`
그 스포츠 클럽은 입회금이 필요 없는 데다가 우리 집에서 가깝다.

- この手続きは、面倒なうえに時間もかかるので、皆がいやがっている。 `95`
이 수속은, 번거로운 데다가 시간도 걸려서 모두가 싫어하고 있다.

- 今庭に咲いている花は、きれいなうえに香りもすごくいい。
지금 마당에 피어 있는 꽃은 예쁜 데다가 향기도 굉장히 좋다.

- きのう、いたずらをしたことでお父さんに叱られたうえ、庭の掃除までさせられた。
어제 장난을 치는 바람에 아버지에게 혼이 난 데다가 정원 청소까지 억지로 하게 되었다.

유형2 문맥배열

- 責任感が 強い うえに ★いつも ほかの人 の 身になって考えるからだ。
책임감이 강한 데다가 항상 다른 사람의 입장이 되어 생각하기 때문이다. `97`

- この文章は漢字の 間違いが 多い ★うえに 文法の 間違いも多いので、何が言いたいのかよくわからない。 `91`
이 문장은 한자의 오류가 많은 데다가, 문법 오류도 많아서 무엇을 말하고 싶은지 잘 모르겠다.

유형3 문장흐름

- 昨日の山田さん、ビールを飲んだうえにウィスキーまで飲んでいたもの。あんな飲み方をしたら、ダウンしてしまうに決まっているよ。
어제 야마다 씨, 맥주를 마신 데다가 위스키까지 마셨어. 그렇게 마셔댔으니, 당연히 뻗어 있을 거야.

06 〜おきに 〜간격으로, 〜걸러

접속 명사

「〜おきに」는 '〜간격으로, 〜걸러'라는 뜻으로, 주로 시간과 거리를 나타내는 말에 붙는다. 유사 표현으로 「〜ごとに(〜마다)」가 있는데, 뜻은 거의 같다. 하지만 숫자 1의 뒤에 붙을 때는 「1年おきに(1년 걸러, 즉 2년마다)」, 「1年ごとに(1년마다)」와 같이 의미가 달라지므로 주의하자.

- ☑ 蛍光灯を一つおきに外した 형광등을 한 개 간격으로 뺐다 2017-1회
- ☑ 大体2日おきにやってください 대략 이틀 간격으로 주세요 2015-2회

문법형식

- この薬は、6時間おきに飲んでください。 90
  이 약은 6시간 간격으로 드세요.

- 5分おきにバスが来るので、とても便利です。
  5분 간격으로 버스가 오기 때문에 아주 편리합니다.

- 1日おきに花に水をやる。
  하루 걸러 꽃에 물을 준다.

- 横浜では3年ごとに国際美術展が開かれる。
  요코하마에서는 3년마다 국제미술전이 열린다.

문맥배열

- この 薬は 8時間 おきに 飲んで ください。 92
  이 약은 8시간 간격으로 드세요.

- わたしは洗濯を 毎日 ではなく 1日 おきに しています。
  나는 빨래를 매일이 아니라 하루 걸러(이틀마다) 하고 있습니다.

- 街路樹 は 5メートルおき に 植わって いる。
  가로수는 5미터 간격으로 심어져 있다.

문장흐름

- この道路には10メートルおきに木が植えられている。僕が小学生の時に植えられたもので、今では大きく育って美しい並木道を作っている。
  이 도로에는 10미터 간격으로 나무가 심어져 있다. 내가 초등학생일 때 심어진 것으로, 지금은 크게 자라 아름다운 가로수 길을 조성하고 있다.

07 思える / 思えない ⁰¹⁵ 여겨지다 / 여겨지지 않는다

접속 ～ように、～みたいに、～に、～と(は・も)、い형용사의 く형

「思える」는 '여겨지다, 생각되다, (자연히) 그렇게 느끼다'라는 뜻이며, 「思えない」는 '여겨지지 않는다, 생각되지 않는다'라는 뜻이다. 대표적인 예로 私の本当の父みたいに思える(내 진짜 아버지처럼 여겨진다), 彼が偉い人のように思えたのだ(그가 위대한 사람처럼 여겨진 것이다), 正しいと思えない行動(바르다고 여겨지지 않는 행동) 등이 있다. 주로 「思えるくらい(느껴질 정도로)」, 「～とは思えない(~라고는 여겨지지 않는다)」, 「～とも思えない(~라고도 여겨지지 않는다)」 등의 형태로 쓰인다.

- ☑ 50年で一日の食事の回数や総量が半減する**とは思えない**
  50년 만에 하루 식사의 횟수나 총량이 반감한다고는 여겨지지 않는다 `2013-1회`

- ☑ とてもプロの試合**とは思えない**内容だった 도무지 프로의 시합이라고는 여겨지지 않는 내용이었다 `2010-2회`

- ○ 私が初めて日本語を習い始めたとき、だれもがすごく早口で話しているように**思えて**ついていけなかった。
  내가 처음 일본어를 배우기 시작했을 때, 모두 굉장히 말을 빨리 하고 있는 듯이 여겨져 쫓아가지 못했다.

- ○ 80を過ぎた老人**とは思えない**ほどの体力の持ち主だ。
  80이 지난 노인이라고는 여겨지지 않을 정도의 체력의 소유자다.

- ○ デパートで化粧品を買うのが ばかばかしく **思えるくらい** こんなに安くていい 商品です。
  백화점에서 화장품을 사는 것이 어리석게 여겨질 정도로 이렇게 싸고 좋은 상품입니다.

- ○ 10年前はこんなにパソコンが 一般家庭に 普及する **とは** **思えなかった**。
  10년 전에는 이렇게 컴퓨터가 일반 가정에 보급되리라고는 여겨지지 않았다.

- ○ 人を思いやったり、愛したり、時にはわずらわしく感じながらも、そのわずらわしい人間関係を維持するために心を砕く姿の中にこそ、「人間として生きる」ことの本質があったと**私には思える**。
  다른 사람을 걱정하거나 사랑하거나 때로는 귀찮게 느끼면서도, 그 귀찮은 인간 관계를 유지하기 위해 이런저런 걱정을 하는 모습 안에서야말로 '인간으로서 산다'는 것의 본질이 있었다고 나는 느낀다.

08 〜かける ①~하다 말다 ②~하기 시작하다

접속 동사의 연용형(ます형)

「〜かける」는 '①~하다 말다'라는 뜻으로, 어떤 동작이나 일이 시작되었지만 아직 도중 단계인 것을 나타낸다. 「〜かけだ(~하다 말다)」, 「〜かけの+명사(~하다 만~)」의 형태도 있으니 함께 알아두자. 또 「〜かける」는 '②~하기 시작하다'라는 뜻도 있는데, 席を立ちかける(자리를 뜨기 시작하다)와 같이 쓴다.

- 卒業論文がなかなか書けなくて、一時はあきらめかけたが
  졸업논문을 좀처럼 쓸 수 없어서, 한때는 포기하려다 말았지만 **2016-2회**
- 治りかけていた風邪がまたひどくなって 낫기 시작했던 감기가 다시 심해져서 **2015-2회**

유형1
- 仕事はまだやりかけだから帰るわけにはいかない。
  일은 아직 하다 말아서 돌아갈 수는 없다.
- 先生に大事な相談の手紙を書きかけたとき、玄関のベルが鳴った。
  선생님에게 중요한 상담 편지를 쓰기 시작했을 때 현관 벨이 울렸다.
- 日記を読んでいると、忘れかけていた記憶が戻ってくる。
  일기를 읽고 있자니 잊고 있었던 기억이 돌아온다.

유형2 문맥배열
- テーブルの上に おいた 読み かけの 本を 母がかたづけてしまった。
  테이블 위에 둔 읽다 만 책을 어머니가 치워 버렸다. **98**
- お客があまりにも 長居して 自分がいやになり かけて いる ことを それとなく暗示したが、無視された。
  손님이 너무나 오래 있어 싫어지기 시작하는 것을 넌지시 암시했지만 무시당했다.

유형3 문장흐름
- さっきの幻想と現実がふいにつながりを持ち、私はまた、14歳の気分になる。母は帰ってきておじやを作ったのだ。そんなことを考えかけて、ふとおかしくなる。笑ってしまう。
  조금 전의 환상과 현실이 갑작스럽게 연결되어, 나는 다시 14살 때의 기분이 된다. 엄마는 돌아와서 죽을 만들었다. 그런 것을 생각하기 시작하I 문득 재미있어진다. 웃음이 난다.

09 〜がたい ~하기 어렵다(힘들다)

접속 동사의 연용형(ます형)

「〜がたい」는 '~하기 어렵다, ~하기 힘들다'라는 뜻이다. 이 표현은 그 동작을 하거나 그 상태에 있는 것이 곤란하다고 말하고 싶을 때 쓴다. 또한 「〜がたい」는 「信じる(믿다)・許す(용서하다)・理解する(이해하다)・想像する(상상하다)・受け入れる(받아들이다)」 등의 동사와 자주 쓰이며, 주의해야 할 것은 '능력면에서 볼 때 불가능하다'라는 의미로는 쓰지 않는다는 점이다. 또한 「〜難い」처럼 한자로 표기하기도 한다.

(×) パソコンは難しくて使いがたい。

(○) パソコンは難しくて使いにくい。 컴퓨터는 어려워서 쓰기 어렵다.

☑ 税金を上げようとするのは、わたしたち国民には理解しがたい
  세금을 올리려고 하는 것은 우리 국민들로서는 이해하기 어렵다   2010-1회

문법형식

○ • どのコンピュータを買ったらよいか、なかなか一つには決めがたい。
    어느 컴퓨터를 사면 좋을지, 좀처럼 한 개를 고르기가 어렵다. 09

• あのまじめな彼が犯人だなんて、信じがたいことだ。
    저렇게 성실한 그가 범인이라니 믿기 어려운 일이다.

• 結果がどうなるか断言し難い。
    결과가 어떻게 될지 단언하기 어렵다.

• 田中さんはなかなか得がたい人材ですよ。
    다나카 씨는 좀처럼 구하기 힘든 인재입니다.

문맥배열

○ • あの人がそんなことを 言った なんて ちょっと 信じがたい ことだ。
    저 사람이 그런 말을 했다니, 좀 믿기 어려운 일이다. 97

• われわれは彼の犯行に 関する 動かし がたい 証拠を つかんだ。
    우리는 그의 범행에 관한 옴짝달싹할 수 없는 증거를 잡았다.

문장흐름

○ • 夫の退職を機に、2週間のヨーロッパ旅行に出かけた。この旅行は、わたしにとって忘れがたい思い出になるだろう。
    남편의 퇴직을 계기로 2주간의 유럽 여행을 떠났다. 이 여행은 나에게 잊기 힘든 추억이 될 것이다.

10 〜がちだ / 〜がちの 020 ~이 많다, 자주 ~하다 / ~이 많은, 자주 ~하는

접속 동사의 연용형(ます형), 명사

「〜がちだ / 〜がちの」는 '~이 많다, 자주 ~하다 / ~이 많은, 자주 ~하는'이라는 뜻이며, 응용 표현인 「〜がちになる(자주 ~하게 되다)」도 기존 시험에서 출제되었다. 이것은 저절로 그렇게 되기 쉬운 경향을 나타내는데, 주로 부정적인 경향을 나타낸다. 외적으로 보이는 것이 아니라 내포하고 있을 때 쓰며, 횟수가 잦음을 나타내는 경우도 많다. 「考えがちになる(자주 생각하게 된다), 病気がちだ(병이 잦다)」와 같이 동사의 연용형(ます형)과 명사에 접속한다. 또한 「〜がちな+명사(~이 많은, 자주 ~하는)」의 형태로도 사용된다.

☑ 自分がされてうれしいことは相手もうれしいとつい思ってしまい**がちだ**
자기가 겪어서 기쁜 일은 상대도 기뻐할 거라고 무심코 자주 생각해 버린다 `2013-2회`

유형1 문법형식

- あの学生は体が弱くて、授業を休み**がちだ**。 `09`
  저 학생은 몸이 약해서 수업을 자주 쉰다.

- 何度も失敗をすると、また失敗をするのではないかと考え**がちになる**。
  여러 번 실패하면, 또 실패하지는 않을까 하고 자주 생각하게 된다. `95`

- あすは曇り**がちの**天気でしょう。
  내일은 자주 흐린 날씨가 되겠습니다.

- これは子どもにあり**がちな**病気です。
  이것은 어린이에게 자주 있는 병입니다.

유형2 문맥배열

- 結婚して何十年もたつと 結婚記念日 さえ 忘れ**がち** になる。 `01`
  결혼하고 몇십 년이나 지나면, 결혼기념일조차 자주 잊게 된다.

- 先日、病気 **がちの** おばを 見舞いに 行った。 `98`
  요전에 병치레가 잦은 아주머니를 병문안하러 갔다.

- ニュースには 難しい 言葉が 使われ **がちで** ある。
  뉴스에는 어려운 말이 자주 사용된다.

유형3 문장흐름

- この地方では冬場は雪のために**列車が遅れがちです**。ご旅行の際は、余裕を持ってスケジュールを組むことを強くお薦めします。
  이 지방에서는 겨울철은 눈 때문에 열차가 자주 늦어집니다. 여행하실 때에는, 여유를 갖고 스케줄을 짜기를 강력하게 추천합니다.

콕콕실전문제 06

정답과 해석 QR코드로 바로 확인!!

問題1 次の文の（　）に入れるのに最もよいものを、1・2・3・4から一つ選びなさい。

1　最初聞いたとき彼女の話は怪しいと（　　）が、あとで本当であることが判明した。 015・064
　　1　思えた　　　2　思わせた　　　3　考えさせた　　　4　考ええた

2　どちらの服にしようか、さんざん迷った（　　）、これに決めた。 001
　　1　せいで　　　2　なかに　　　3　あげく　　　4　かぎり

3　治り（　　）のときに無理をして、また悪化させてしまった。 018
　　1　ちゅう　　　2　かけ　　　3　ながら　　　4　つつ

4　絶対にできると言ってしまった以上、どんな失敗も（　　）。 004
　　1　ゆるされやすい　　　2　ゆるされない　　　3　ゆるされる　　　4　ゆるされかねない

5　面接試験のとき、緊張の（　　）顔がこわばってうまく答えられなかった。 002
　　1　きわみ　　　2　せい　　　3　すぎて　　　4　あまり

6　彼は人がいい（　　）気が弱いので、人に頼まれると絶対にいやとは言えない。 007
　　1　ながら　　　2　うえに　　　3　あげく　　　4　よりも

7　生活に追われる現代人は心のゆとりを（　　）。 020
　　1　失いがちだ　　　2　失うせいだ　　　3　失うべきだ　　　4　失いそうにない

8　店舗数が当初の事業計画を大幅に上回る（　　）増えてきています。 003
　　1　までで　　　2　次第で　　　3　勢いで　　　4　最中で

9　わたしの留守中、一日（　　）植木に水をやってくれませんか。 013
　　1　うちに　　　2　ずつに　　　3　までに　　　4　おきに

10　思い出のある品物は、古くなっても捨て（　　）ものだ。 019・075・144
　　1　すぎない　　　2　がたい　　　3　きれない　　　4　かねない

問題2 次の文の ___★___ に入る最もよいものを、1・2・3・4から一つ選びなさい。

11　評判は口コミでも広まって会員数は順調に推移しており、4月スタートの ___ ___ ★ ___ という。003

　1　新入会員も　　2　勢いだ　　3　大幅に上回る　　4　予想を

12　___ ___ ★ ___ ことがあっても行くつもりです。004・075

　1　以上　　2　どんな　　3　行くと　　4　約束した

13　困窮しているアフリカの人々にはわれわれの社会は ___ ___ ★ ___ だろう。015・066・139

　1　ほど　　2　思える　　3　腹が立つ　　4　ぜいたくに

14　わたしの歩んできた人生はすばらしく ___ ___ ★ ___。019

　1　かえ　　2　がたい　　3　にも　　4　なにもの

15　___ ___ ★ ___、診察はほんの3分だ。001

　1　待たされた　　2　大病院では　　3　さんざん　　4　あげく

16　彼女は ___ ★ ___ ___ 見ようと急いで窓へ走った。018

　1　やりかけの　　2　仕事を　　3　外を　　4　投げ出し

17　___ ___ ★ ___ という話をよく聞く。002・077

　1　一晩で　　2　白髪になった　　3　心労の　　4　あまり

18　彼は ___ ★ ___ ___ 手伝って病気になった。007

　1　睡眠不足が　　2　うえに　　3　過労も　　4　続いた

19　車も慣れてくると ___ ___ ★ ___ なる。020

　1　点検を　　2　がちに　　3　おこたり　　4　運転前の

20　この薬は ___ ★ ___ ___。013・037

　1　飲む　　2　8時間　　3　こと　　4　おきに

問題3 次の文章を読んで、文章全体の趣旨を踏まえて、 21 から 25 の中に入る最もよいものを、1・2・3・4から一つ選びなさい。

　　日本人日本語教師がごく初級レベルの日本語学習者に「私は先生です」と自分を指しながら繰り返し 21 、その学習者は「センセイ」というのは「鼻」のことだと思って聞いていた、などという話がある。人さし指で自分の鼻を指す動作が「自分」を意味するということも文化が異なれば通用せず、「これは鼻だ」と 22 かもしれない。
　　異なる文化の人同士によるコミュニケーションでは、しばしば誤解を生じることがある。その際、言葉がわからないことが誤解の原因だと思いがちだが、そうとは言えないことも多い。
　　言語は情報伝達の重要な手段であるが、実際には 23 。例えば、身ぶり一つをとっても文化によってその意味が異なることがある。この身ぶりなどの言語以外の手段による情報伝達では、言語によらない分、相手に与える印象を左右したり、誤解を招くことも多い。
　　また、 24 何かを依頼したり誘ったりしたときに、受け入れられたのか、断られたのかがよくわからないという学習者の声をよく聞く。
　　ある学習者が日本人にスピーチを頼んだところ、「いやいや私なんか」と謙そんの言葉を繰り返すばかり。日本語では時に謙そんも繰り返すことなどによって断りに使われるが、その学習者は相手の日本人が 25 ことがわからず頼み続けてしまい、気まずい雰囲気になってしまったという。

（小河原義明『言語以外から伝わるもの』による）

21
1　教えたばかりに　　　　　　2　教えたばかりでは
3　教えたからには　　　　　　4　教えたところ

22
1　言っているに過ぎない　　　2　言っているに限らない
3　言っているに及ぶ　　　　　4　言っているによる

23
1　言語によるものとしか言いようがない　2　言語によるものだけとは限らない
3　言語によるものでなくてはならない　　4　言語によるものだと思うべきだ

24
1　日本人について　2　日本人に対して　3　外国人について　4　外国人に対して

25
1　断ってはいけない　2　断りたくはない　3　断りたがっている　4　断ってほしい

문제해결 키워드

- **〜がちだ** N2 020　~이 많다, 자주 ~하다
  誤解の原因だと思いがちだ
  오해의 원인이라고 생각하기 쉽다 (06行)

- **〜(た)ところ** N2 085　~했더니
  繰り返し教えたところ 반복해서 가르쳤더니 (01行)
  スピーチを頼んだところ 연설을 부탁했더니 (14行)

- **〜に過ぎない** N2 117　~에 불과하다
  「これは鼻だ」と言っているに過ぎない
  '이것은 코다'라고 말하고 있는 것에 불과하다 (04行)

- **〜とは限らない** ~하다고는 할 수 없다

- **言語によるものだけとは限らない**
  언어에 의한 것이라고만은 할 수 없다 (08行)

- **〜に対して** N2 118　~에 대해서, ~에게
  日本人に対して 일본인에게 (12行)

- **〜たがっている** N2 055　~하고 싶어 하고 있다
  断りたがっている 거절하고 싶어 하고 있다 (16行)

- **〜ばかりに** N1 127　~바람에, ~탓에

- **〜からには** N2 029　~한 이상(에는)

- **〜ようがない** N2 148　~할 수가 없다

11 〜かというと・〜かといえば 021 ~하는가 하면, ~하냐 하면

접속 동사의 기본형(る형)·과거형(た형), い형용사의 종지형, なに 등

「〜かというと・〜かといえば」는 '~하는가 하면, ~하냐 하면'이라는 뜻이다. 의문문을 받는 형태로 제시된 의문에 대답할 때 서두로 쓰며, '~의 원인·이유·사정을 말하면'이라는 의미이다. 그리고 관용적으로 쓰이는 「何かというと・何かといえば(툭하면, 입만 벙긋하면, 기회만 있으면, 늘)」, 「どちらかというと・どちらかといえば(어느 쪽인가 하면)」도 잘 익혀 두자.

참고 「〜かというと・〜かといえば」의 회화체는 「〜かっていうと・〜かっていえば」이다.

- ☑ 結婚生活を送るうえで何が大切かといえば 결혼 생활을 보내는 데 있어서 무엇이 중요한가 하면 `2016-2회`
- ☑ より丈夫になるかというとそういうものでもなく 보다 튼튼해지는가 하면 그렇지도 않고 `N1 2014-2회`
- ☑ 宇宙飛行士になるつもりだったかっていうと 우주비행사가 될 작정이었는가 하면 `N1 2011-1회`
- ☑ 母親でなくてはならないかというと 엄마가 아니면 안 되는가 하면 `N1 2010-1회`

문법형식

○ • 文章がうまければ誰でも作家になれるかというと、そんなことはない。 `09`
문장에 능하면 누구라도 작가가 될 수 있는가 하면, 그렇지는 않다.

• 部長と課長は何かというと意見が対立する。 `97`
부장과 과장은 툭하면 의견이 대립된다.

문맥배열

○ • きのう財布を忘れて出かけたが、困った かといえば それほど でも なかった。 `02`
어제 지갑을 깜빡하고 나갔는데, 곤란했냐 하면 그 정도는 아니었다.

• 老人の自殺が問題になっているが、一人暮らしの 老人の 自殺率が 高い かというと 実はそうではない。
노인의 자살이 문제가 되고 있지만, 독거 노인의 자살률이 높은가 하면, 사실 그렇지는 않다.

문장흐름

○ • 仕事の量が多いと大変である。しかし仕事が多いほど忙しくなるかといえばそうでもないと思う。忙しければ忙しいほど、それだけ時間を使うのがうまくなるからだ。
업무량이 많으면 힘들다. 그러나 일이 많을수록 바빠지는가 하면 그렇지도 않은 것 같다. 바쁘면 바쁠수록, 그만큼 시간을 쓰는 게 능숙해지기 때문이다.

12 ～かのようだ [024] (마치) ~인 듯하다

접속 동사의 과거형(た형)·진행형(ている형), 명사+である, い형용사의 종지형 등

「～かのようだ」는 '(마치) ~인 듯하다'라는 뜻으로, 실제로는 그렇지 않지만 '마치 ~인 것처럼' 무언가에 비유하여 강조할 때 쓰는 표현이다. 「～かのような+명사(~인 듯한~)」, 「～かのように(~인 듯이, ~인 양)」, 「～かのようで(~인 듯해서)」 등과 같이 응용해서 쓸 수도 있다.

- ☑ どこか知らない町に来たかのような 어딘지 모르는 동네에 온 듯한 N1 2015-2회
- ☑ まるで真夏に戻ったかのようで 마치 한여름으로 돌아간 듯해서 2011-2회

문법형식

- 賞をもらったのは弟だというのに、彼女の喜ぶ様子は自分が賞をもらったかのようだ。 [09]
  상을 받은 것은 남동생인데, 그녀가 기뻐하는 모습은 마치 자기가 상을 받은 듯하다.

- この人形はとてもよく作られていて、生きているかのようだ。 [04]
  이 인형은 아주 잘 만들어져 있어서, 마치 살아있는 것 같다.

- そんな時は、まるで別の次元にでも入り込んでしまったかのようで、とても新鮮なリアリティを感じます。
  그럴 때는 마치 다른 차원에라도 들어가 버린 듯해서 매우 신선한 리얼리티를 느낍니다.

문맥배열

- まだ3月のはじめなのにとても暑い。まるで 夏に なった かの ★ ようだ。 [93]
  아직 3월 초인데 아주 덥다. 마치 여름이 된 것 같다.

- 彼は、いかにも全部 わかっている かのように ★ 話して いる。
  그는 정말로 다 알고 있는 양 이야기하고 있다.

- 警官は、私が 犯人で あるか のような ★ 目で 私を 見ていた。
  경찰관은 내가 마치 범인인 듯한 눈으로 나를 보고 있었다.

문장흐름

- 急に冷え込んで、今朝はまるで冬が来たかのようだ。そろそろセーターやコートを出して、冬服の準備をしなければならない。
  갑자기 추워져서, 오늘 아침은 마치 겨울이 온 것 같다. 슬슬 스웨터나 코트를 꺼내, 겨울옷 준비를 해야겠다.

13 ～からすると・～からすれば 027 ~으로 보아, ~(의 입장)에서 생각하면

접속 명사

「～からすると・～からすれば」는 '~으로 보아, ~(의 입장)에서 생각하면'이라는 뜻으로, '그 입장에 서서 또는 그것에 주목해서 생각하면 어떠한지'를 말할 때 쓴다. 유사 표현인「～からいって(~으로 보아)」도 같이 익혀 두자.

- ☑ 片道2時間かかる私みたいな人間からすれば 편도 2시간 걸리는 나 같은 사람의 입장에서 생각하면 N1 2013-1회
- ☑ 合格者の80パーセントが実務経験者ということからすると
  합격자의 80%가 실무 경험자라는 점에서 생각하면 2010-1회

문법형식

- あの雲の様子からすると、明日は雨だろう。 08
  저 구름의 낌새로 보아 내일은 비가 내릴 것이다.

- 話し方からすると、彼は東京の人ではないようだ。 92
  말투로 보아 그는 도쿄 사람이 아닌 것 같다.

- 親の立場からすれば、学校が週休2日制になることは必ずしもありがたいことではない。
  부모의 입장에서 생각하면 학교가 주 5일제가 되는 것은 반드시 고마운 일은 아니다.

문맥배열

- さっきの 態度 からすると あの*人は あやまる 気は 全然なさそうだ。
  조금 전의 태도로 보아, 저 사람은 사과할 생각이 전혀 없는 것 같다. 01

- その事実は、科学の 観点 からすれば* 非常に 重大だ。
  그 사실은 과학의 관점에서 보면 상당히 중요하다.

- 欧米人の 感覚 から すれば* 日本の 土地は けたはずれに 高い。
  구미인의 감각에서 보면 일본 땅은 엄청나게 비싸다.

문장흐름

- 私の母が50歳で手術をしたとき、75歳の祖母はとても心配していた。親からすると、何歳になっても子供は子供なのだ。
  나의 어머니가 쉰 살에 수술을 했을 때, 일흔다섯 살인 할머니는 매우 걱정하셨다. 부모의 입장에서 보면, 몇 살이 되어도 자식은 자식인 것이다.

14 〜がる / 〜がっている / 〜がらずに

~워하다 / ~워하고 있다 / ~워하지 말고

접속 い형용사의 어간, な형용사의 어간

「〜がる」는 '~워하다'라는 뜻으로 제3자의 습성이나 경향을 서술할 때 사용한다. 「〜がっている」는 '~워하고 있다'라는 뜻으로, 제3자의 현재 감정을 말할 때 사용한다. 따라서 「いつも〜がる(항상 ~워하다)」, 「いま〜がっている(지금 ~워하고 있다)」라고 알아 두면 이해하기 쉽다. 예를 들면 甘いものをほしがる(단 것을 먹고 싶어하다), とてもうれしがっている(아주 기뻐하고 있다)와 같이 쓴다. 「〜がらずに」는 '~워하지 말고'라는 뜻으로, 怖がらずに話してください(무서워하지 말고 이야기하세요)와 같이 쓴다. 「〜がらずに」는 「〜がらないで」라고도 쓴다.

- めんどうくさがらずにきちんと答えてあげましょう 귀찮아하지 말고 제대로 대답해 줍시다　2014-2회
- 相手が嫌がる場合もあるので、気を付けようと思う
  상대가 싫어할 경우도 있으니 주의하려고 생각한다　2013-2회

유형1 문법형식

- 今日は、矯正治療をお子様が嫌がる場合について少し書いてみます。
  오늘은 교정 치료를 자녀 분이 싫어할 경우에 대해서 조금 써 보겠습니다.

- これからは恥ずかしがらないで、堂々と演じていきたいと思います。
  앞으로는 부끄러워하지 말고 당당하게 연기해 나가고 싶습니다.

유형2 문맥배열

- 入学当日はほとんどの 子どもが 恥ずかしがって いる けれど、ほどなく心を開き始める。
  입학 당일은 대부분의 아이들이 쑥스러워하고 있지만, 곧 마음을 열기 시작한다.

- そのためにつねに心がけていることは どんな小さい ことでも 面倒くさがらずに きちんと対応する ことです。
  그 때문에 늘 명심하고 있는 것은 아무리 작은 일이라도 귀찮아하지 말고 제대로 대응하는 것입니다.

유형3 문장흐름

- ただ欲しがるばかりで何の努力もしない子どもが多いです。お年玉が1000円だと感謝の言葉ではなく文句を言ったり、お腹がすけば、ハンバーグだのエビフライだのわずらわしくてかないません。
  그저 갖고 싶어 하기만 하고 아무 노력도 하지 않는 어린이들이 많습니다. 세뱃돈이 1000엔이라면 감사의 말이 아니라 불만을 얘기하거나, 배가 고프면 햄버거를 달라 새우 튀김을 달라 성가시기가 이를 데가 없습니다.

15

~きり / ~きりだ 032 ~한 채 / ~한 채이다, ~했을 뿐이다

접속 동사의 과거형(た형), それ, あれ 등

「~きり/~きりだ」는 '~한 채/~한 채이다, ~했을 뿐이다'라는 뜻으로, 당연히 일어날 것으로 기대했던 일이 일어나지 않고 예상 외의 상태가 계속되고 있음을 나타낸다. 그것을 마지막으로 해서 다음에 예상되는 사태가 일어나지 않는 것을 뜻하며, 주로 「~(た)きり~ない」, 「~(た)きりだ」의 꼴로 사용된다. 한편 「~きり」는 それ나 あれ에 붙어 '이후, 그 후'의 의미를 나타내기도 하는데, 예를 들어 **あれっきり会わない**(그 후로는 (그것을 끝으로) 만나지 않는다), **それっきり何の連絡もない**(그 후 아무 연락도 없다)와 같이 쓴다.

- ☑ 先輩の家にはオルガンがあるが~もらった時弾いた**きりだ**そうだ
  선배 집에는 오르간이 있는데~받았을 때 쳤을 뿐이라고 한다   2017-1회
- ☑ 一度会ってそれっ**きりだ**   한 번 만나고 그것으로 끝이다   N1 2013-2회
- ☑ 半年前に切った**きり**一度も切ってないんです   반년 전에 자른 채 한 번도 안 잘랐어요   2013-1회

○ ・こんな難しい曲はひけませんよ。ギターは20年前に習った**きりです**から。 09
  이렇게 어려운 곡은 못 쳐요. 기타는 20년 전에 배웠을 뿐이니까요.

・本田さんとは20年前に一度会った**きりだ**。 03
  혼다 씨와는 20년 전에 한 번 만났을 뿐이다.

・アメリカへ行った彼から電話が1回かかってきた**きりだ**。
  미국에 간 그 사람으로부터 전화가 한 번 걸려 왔을 뿐이다.

○ ・ちょっと スーパーまで と言って 出て行った ★**きり**、彼女は帰って来なかった。 95
  잠깐 슈퍼마켓에 갔다 온다고 나간 채, 그녀는 돌아오지 않았다.

・一度 着信が あった ★**きり**、何の連絡もない。
  한 번 전화가 온 이후로 아무 연락도 없다.

○ ・**きのう出かけたきり**、今朝になっても帰って来ないんです。今日の昼までに何も連絡がなかったら、警察に届けるつもりです。
  어제 외출한 채 오늘 아침이 되어도 돌아오지 않습니다. 오늘 낮까지 아무 연락이 없으면, 경찰에 신고할 생각입니다.

16 〜きれない / 〜きれる ᐟ³³ 다 ~할 수 없다 / (끝까지) ~할 수 있다

접속 동사의 연용형(ます형)

「〜きれない」는 '다 ~할 수 없다'라는 뜻으로, '완전하게는 ~할 수 없음'을 나타낸다. 한편, 「〜きる」는 '전부 ~하다, 완전히 ~하다'이므로 가능형인 「〜きれる」는 '(끝까지) ~할 수 있다'라는 뜻이 된다. 한자로 「〜切れない / 〜切れる」로 쓰기도 한다.

- ☑ そんなに絶対、読み**きれ**っこないと思ったが 그렇게 절대로 다 읽을 수 있을 리가 없다고 생각했는데 [N1 2017-1회]
- ☑ たった3時間では全部の作品を見**切れなかった** 단 3시간 만에는 작품 전부를 다 볼 수 없었다 [2013-1회]
- ☑ 自分の夢をどうしてもあきらめ**きれなくて**ね 내 꿈을 어떻게 해도 포기할 수 없어서 말야 [2013-1회]

문법형식

- こんなに長い小説は、1日では読み**きれない**。 [07]
  이렇게 긴 소설은 하루에는 다 읽을 수 없다.

- 一度にたくさん教えても消化し**きれない**だろう。
  한 번에 많이 가르쳐도 다 소화할 수 없을 것이다.

- この資料はページ数も多いので、今日中には読み**きれ**そうもありません。
  이 자료는 페이지 수도 많아서 오늘 안으로는 다 못 읽을 것 같습니다.

문맥배열

- とても この本の 内容を 説明し ★ **きれない**。 [03]
  도저히 이 책의 내용을 다 설명할 수 없다.

- お祝いの手紙をたくさんもらったが、忙しくて 返事が 書き ★ **きれない**。 [98]
  축하 편지를 많이 받았지만, 바빠서 답장을 다 쓸 수 없다.

- 冷たい雨の中で選手は 体が こごえて ★ いつもの力が 出し**きれなかった**。
  차가운 빗속에서 선수는 몸이 얼어 여느 때의 실력을 다 발휘할 수 없었다.

문장흐름

- この料理は量が多すぎて、二人では食べ**きれない**。もったいないから、残ったら包んでもらって家に持っていこう。
  이 요리는 양이 너무 많아서 둘이서는 다 먹을 수 없다. 아까우니까 남으면 포장해서 집에 가져 가야지.

17 ～こと 037　①~하구나 〈문말〉　②~할 것 〈문말〉　③~일, ~것

접속 명사+の, 명사+だ, 동사의 기본형(る형)·과거형(た형), い형용사의 연체형 등

「～こと」는 문말에 쓰여 '①~하구나, ~하기도 해라'라는 뜻으로 감동·영탄을 나타낸다. 그리고 '②~할 것'이라는 뜻으로 명령·금지의 뜻을 간접적으로 나타내는 표현도 있다. 이 밖에도 「～こと」는 '③~일, ~것' 등의 뜻을 가진 형식명사의 기능을 하기도 한다. 주로 추상적이고 개념적일수록 「～こと」를 사용한다.

- ☑ 初心者でも失敗することはまずない 초보자라도 실패하는 일은 거의 없다　2016-1회
- ☑ コート内では必ずテニスシューズを履くこと 코트 내에서는 반드시 테니스용 신발을 신을 것　2015-2회
- ☑ ビニール袋を持参のこととありますが 비닐봉지를 지참할 것이라고 있는데요　2012-2회

유형1 문법형식

- まあ、なんてきれいな夕焼けだこと。 08
  어머, 너무나 아름다운 저녁놀이구나.

- 必要な書類は今週中に提出すること。
  필요한 서류는 이번 주 안에 제출할 것.

- 明日の国語の授業では国語辞典を使いますから持ってくること。
  내일 국어 수업 시간에는 국어사전을 사용하니까 가지고 올 것.

- 受験も大切だが友達と遊ぶことも大事です。
  입시도 중요하지만 친구와 노는 것도 중요합니다.

유형2 문맥배열

- 子どもが手を出すといけないから、薬品などは 下の たな に 置かない こと。
  아이가 손대면 안 되니까 약품 같은 것은 아래 선반에 두지 말 것.

- 世の中 には きみの 知らない ★ ことが まだまだたくさんあるんだよ。
  세상에는 네가 모르는 일이 아직도 많이 있어.

유형3 문장흐름

- きのうの夜はよく降ったこと。怖いぐらいだったわ。今日はいい天気だけれど、川の水が増水しているから、まだ気をつけなければね。
  어젯밤에는 비가 많이도 내렸구나. 무서울 정도였어. 오늘은 날씨가 좋지만, 강물이 불어나 있으니 아직 조심해야 해.

18 ～ことで 039 ~해서, ~로 인해, ~한 일로

접속 동사의 기본형(る형)·과거형(た형)

「～ことで」는 '~해서, ~로 인해, ~한 일로'라는 뜻이다. 이 표현은 「AことでB」의 꼴로 사용하여 A가 원인이나 수단으로 B가 된다는 의미이다. 유사 표현으로 「～ことから」038(~로 인해, ~때문에)가 있는데, 이 표현은 A가 실마리가 되어 B의 사태로 퍼져가는 것을 나타낸다.

(○) 注射をうつことで、病気を予防する。 주사를 맞아서 병을 예방한다.
(×) 注射をうつことから、病気を予防する。

- 誰かに話を聞いてもらう**ことで**気持ちが楽になる場合もある
  누군가가 이야기를 들어 주는 것으로 인해 마음이 편해지는 경우도 있다 `2013-2회`
- 川名寺は桜がきれいな**ことで**有名ですが 가와나 절은 벚꽃이 예뻐서 유명한데 `N3 2012-2회`
- 子どもが生まれた**ことで** 아이가 태어나서 `N3 2010-2회`

문법형식

- 中田さんは、去年の国際バイオリンコンクールで優勝した**ことで**、初めて人びとに知られるようになった。 `00`
  나카타 씨는 작년 국제 바이올린 콩쿠르에서 우승한 일로 처음으로 사람들에게 알려지게 되었다.

- 偶然プロデューサーにめぐり合った**ことで**、彼女は歌手として世に出ることができた。
  우연히 프로듀서를 만나서, 그녀는 가수로서 세상에 나올 수 있었다.

문맥배열

- 留学した **ことで** 異なる 文化に 興味を持つようになった。 `08`
  유학으로 인해 다른 문화에 흥미를 가지게 되었다.

- その国は外国商品に対して 関税障壁を設ける **ことで** 自国の経済的健全さを 回復しようと した。
  그 나라는 외국 상품에 대해 관세 장벽을 마련해서 자국의 경제적 건전성을 회복하려고 했다.

문장흐름

- この国では**外国人であることで**得することがあります。たとえば、税金が安くなったり、無料で健康診断が受けられるなどということです。
  이 나라에서는 외국인이어서 득을 보는 경우가 있습니다. 예를 들면 세금이 저렴해지거나, 무료로 건강 진단을 받을 수 있는 것 등입니다.

19 〜ことにする・〜ことに致す 040 ~하기로 하다

접속 동사의 기본형(る형)·부정형(ない형) 등

「〜ことにする」는 '~하기로 하다'라는 뜻으로, 자신의 의지로 결정할 때 사용한다. 「致す」는 「する」의 겸양어이므로 「〜ことに致す」는 이 표현의 겸양 표현이 된다. 그리고 「〜ことにする・〜ことに致す」는 「〜こととする・〜ことと致す」라고도 할 수 있다.

- ☑ 夏期の開館時間を1時間延長する**ことにします** 하기 개관 시간을 1시간 연장하기로 합니다 `2011-2회`
- ☑ 次回、改めて検討する**ことと致します** 다음에 다시 검토하기로 하겠습니다 `N1 2011-2회`

유형1 문법형식

- 今日はどこへも行かないで家で勉強する**ことにした**。
  오늘은 아무 데도 가지 않고 집에서 공부하기로 했다.

- どうも、まとまりのない話になってしまいましたが、これで終わる**ことにいたします**。
  도무지 두서없는 이야기가 되어 버렸습니다만, 이것으로 마치기로 하겠습니다.

- 落札事業者との契約は、その後、理事会の承認を得て締結する**こととと致します**。
  낙찰 사업자와의 계약은 그 후, 이사회의 승인을 얻어 체결하기로 하겠습니다.

유형2 문맥배열

- 弊社はアクセスユーザーが本サイト上の情報を利用された結果生じた損害については 一切の 責任から 免責される **ことと** します。
  당사에서는 접속 이용자가 이 사이트 상의 정보를 이용하신 결과 생긴 손해에 대해서는 모든 책임에서 면책되기로 합니다(일절 책임지지 않습니다).

- この約定に不明な事項が生じた場合は、両者協議の うえで その解決に あたる **ことと致します**。
  이 약정에서 불명확한 사항이 생긴 경우에는, 양자 협의 후에 해결하기로 하겠습니다.

유형3 문장흐름

- 本部長就任にあたり、いくつかの懸案事項のうちから会員の拡大と認知度の向上に主眼をおいて、**挨拶を述べることに致します**。
  본부장 취임에 즈음하여, 몇 가지 현안 사항 중에서 회원 확대와 인지도 향상에 주안점을 두고 인사 말씀을 드리도록 하겠습니다.

20 ～ことになっている [041] ~하기로 되어 있다

접속 동사의 기본형(る형)·부정형(ない형)

「～ことになっている」는 '~하기로 되어 있다'라는 뜻이다. 이 표현은 개인의 의지와는 무관하게 이전에 행해 졌던 어떤 결정이나 자연스럽게 생긴 어떤 사태가 습관으로 정착되어 있음을 나타낸다. 예정이나 규칙, 사회적 관습 등을 객관적으로 서술할 때 많이 쓴다. 한편 「～ことになる」[N3 028] (~하게 되다)는 자신의 의지와는 상관없이 집단이나 조직의 결정 또는 자연의 섭리로 그렇게 되는 것을 나타낸다.

- ☑ 友達の結婚パーティーでスピーチをすることになってしまって
  친구 결혼식 파티에서 스피치를 하게 되어 버려서 2016-2회
- ☑ お弁当を持っていくことになっている 도시락을 갖고 가기로 되어 있다 N3 2016-2회
- ☑ ここで待ち合わせて一緒に行くことになっていたのに
  여기서 만나서 같이 가기로 되어 있었는데 2012-1회
- ☑ 東京駅で友達と会うことになっている 도쿄역에서 친구와 만나기로 되어 있다 N3 2010-1회

유형1 문법형식

- 3時までに東京駅に行くことになっている。 96
  3시까지 도쿄 역에 가기로 되어 있다.

- 12月の末までに規則を改めることになっている。
  12월 말까지 규칙을 개정하기로 되어 있다.

- 山田さんとはあす午後6時にさくらホテルで会うことになっています。
  야마다 씨와는 내일 오후 6시에 사쿠라 호텔에서 만나기로 되어 있습니다.

유형2 문맥배열

- この部屋には、関係者以外入っては いけない ことに なって★ いる。
  이 방에는 관계자 이외는 들어가서는 안 되게 되어 있다. 01

- 入学式の最後には、山田君の指揮で校歌を 吹奏する ことに なって★ いる。
  입학식 마지막에는 야마다 군의 지휘로 교가를 취주하기로 되어 있다.

유형3 문장흐름

- 今日は中学校の同窓会がある。夜6時に、デパートの前で友達と会うことになっている。まだ少し時間があるけれど、早く行って近くの喫茶店でコーヒーでも飲んでゆっくりしよう。
  오늘은 중학교 동창회가 있다. 밤 6시에 백화점 앞에서 친구와 만나기로 되어 있다. 아직 조금 시간이 있지만, 빨리 가서 근처 찻집에서 커피라도 마시며 느긋이 있어야지.

콕콕실전문제 07

問題1 次の文の（　）に入れるのに最もよいものを、1・2・3・4から一つ選びなさい。

① 「中に入る前に靴を脱ぐ（　　）。」と書いてあるのに、守らない人がいるので困る。
　1　こと　　　2　はず　　　3　など　　　4　のみ

② この見解はその問題に対する伝統的な知識（　　）大きくずれている。
　1　からいると　2　からすると　3　からあると　4　からくると

③ これから気持ちよく生活していくためにも、スムーズにその地域に溶け込むためにも、まずははじめが肝心ですので挨拶は（　　）きちんとしておくことが大切です。
　1　面倒くさくなくて　　　2　面倒くさくなるのが
　3　面倒くさがらずに　　　4　面倒くさっていては

④ 彼女は今朝家を出て行ったきり、（　　）。
　1　帰って来た　　　　　2　帰って来るしかない
　3　帰って来よう　　　　4　帰って来なかった

⑤ あしたの朝9時、新宿駅東口に（　　）。
　1　集まることになっている　　2　集まるようになっている
　3　集まろうとしている　　　　4　集まるにきまっている

⑥ この給料ではマイカーの維持費を（　　）。
　1　払いかける　2　払いつづける　3　払いぬけない　4　払いきれない

⑦ この先生が、いくつ自分の呼び方を持っている（　　）、少なく見ても7種もあるのである。
　1　からといって　2　かというと　3　ことなく　4　はずだが

⑧ 普通、人はそれまでの関心事がすっかり解決したとたん、何事もなかった（　　）次の関心事に移る。
　1　かのらしく　2　かのぐらいに　3　かのそうに　4　かのように

⑨ 特殊な照明効果を用いる（　　）その劇のムードは盛りあがった。
　1　ことで　　　2　ことか　　　3　もので　　　4　ものか

⑩ 選考に漏れた場合は、次回の応募で優先的に選考される（　　）致します。
　1　ために　　　2　わけに　　　3　ことと　　　4　はずと

問題 2 次の文の ＿＿★＿＿ に入る最もよいものを、1・2・3・4から一つ選びなさい。

11 人件費がかかるので人を ＿＿＿ ＿＿＿ ＿★＿ ＿＿＿ した。 040・057
    1 ことに   2 やとわないで   3 お店をやる   4 家族だけで

12 彼の ＿＿＿ ＿＿＿ ＿★＿ ＿＿＿ ことだ。 027・011
    1 言うこと   2 それはありうる   3 すると   4 から

13 「ペン等を持参のこと。」＿＿＿ ＿＿＿ ＿★＿ ＿＿＿ 筆記テストがある可能性が高いです。 037
    1 書いて   2 ある   3 のなら   4 と

14 ＿＿＿ ＿★＿ ＿＿＿ 理由は大学の専攻が日本語学科だったからです。 021
    1 というと   2 来たか   3 一番の   4 なぜ日本に

15 彼はまるで何も ＿＿＿ ＿★＿ ＿＿＿ ＿＿＿ 。 024
    1 をしている   2 平気な顔   3 なかったか   4 のように

16 ＿＿＿ ＿★＿ ＿＿＿ ＿＿＿ チャンスにつながるんじゃないかな。 030・073
    1 出していくのが   2 恥ずかしがらずに
    3 どんどん自分を   4 次の出会いの

17 彼からは形式的な ＿＿＿ ＿＿＿ ＿★＿ ＿＿＿ 。 032
    1 転勤   2 1通来た   3 あいさつ状が   4 きりだ

18 会社を ＿＿＿ ＿＿＿ ＿★＿ ＿＿＿ かなり心配をかけてしまった。 039
    1 ことで   2 親   3 やめた   4 には

19 夕暮れ前に ＿＿＿ ＿＿＿ ＿★＿ ＿＿＿ のなら、どんどん先へ進まなければ。 041・104
    1 ことに   2 宿に   3 なっている   4 着く

20 昨夜のパーティー ＿＿＿ ＿＿＿ ＿★＿ ＿＿＿ が出た。 033・139
    1 食べきれない   2 では   3 ごちそう   4 ほどの

問題3 次の文章を読んで、文章全体の趣旨を踏まえて、 21 から 25 の中に入る最もよいものを、1・2・3・4から一つ選びなさい。

　ウソとはなにか、といえばまず「事実ではないこと」ということを考える人が多いだろう。だが、実際には「事実かどうか」はウソの必要条件でも十分条件でもないのである。

　ウソとは何かということは、それ自体がかなりあいまいである。

　 21 、「雨が降っている」という言明(注)についていろいろなバリエーションを考えてみよう。外で雨が降っているときに、それを知っていて「雨が降っている」と言ったなら、それは 22-a 。「雨が降っていない」と言えばそれは 22-b 。この二つの判断は多くの人が一致する。

　だが、雨が降っているときに、雨が降っていないと思っていて、「雨が降っている」と言ったらどうか？ 23 雨が降っているときに、雨が降っていないと思っていて「雨が降っていない」と言ったらどうか？

　前者の場合は、自分の思ったこととは異なることを 24 、結果的に言ったことが現実と一致した場合であり、後者の場合は、自分には正直だったにもかかわらず結果的に現実と異なることを言ってしまった場合である。これらのいずれがウソか、あるいはいずれもウソか、どちらかだけがウソか、という判断は人によって異なるという。

　さらに、もし、雨が降っているときに、自分がそれを知らないときのことを考えてみよう。雨が降っているときに、降っているかどうか分からないのに「雨が降っている」と言った場合と「雨が降っていない」と言った場合である。よく言えば推測、悪く言えば口からでまかせの状態である。客観的状況とのズレを問題にするとすれば、雨が降っているときに「雨が降っている」といえばそれは問題にならない。 25 主観的状態を問題にする人からすれば「雨が降っている」ということが結果的に一致していてもそれはウソということになる。

（注）言明：言葉に出して、はっきりと言いきること。

21

1 そうして 2 あるいは 3 なぜなら 4 例えば

22

1 a ウソにならない / b ウソになる 2 a ウソにならない / b ウソにならない
3 a ウソになる / b ウソにならない 4 a ウソになる / b ウソになる

23

1 さらに 2 あるいは 3 しかし 4 実は

24

1 言ったとたんに 2 言ったとすれば
3 言ったに際して 4 言ったにもかかわらず

25

1 その場で 2 そのままで 3 その一方で 4 そのへんで

문제해결 키워드

- **~からすれば** N2 027 ~으로 보아
  主観的状態を問題にする人からすれば
  주관적 상태를 문제로 하는 사람의 입장에서 보면 (20行)

- **~とは** ~이란
  ウソとはなにか 거짓말이란 무엇인가 (01行)

- **~である / ~で(は)ない** N2 064
  ~이다, ~하다/~이 아니다
  事実ではないこと 사실이 아니라는 것 (01行)
  あいまいである 애매하다 (04行)
  現実と一致した場合であり 현실과 일치한 경우이며 (13行)
  口からでまかせの状態である 그냥 생각없이 내뱉는 상태이다 (19行)

- **~について** N3 088 ~에 관해서
  「雨が降っている」という言明について
  '비가 내리고 있다'라는 언명(명확한 문장)에 관해서 (05行)

- **~といえば** N2 079 ~라고 하면
  「雨が降っていない」と言えば
  '비가 내리고 있지 않다'라고 하면 (07行)

- **~にもかかわらず** N2 109 ~인데도 불구하고
  言ったにもかかわらず 말했는데도 불구하고 (12行)
  正直だったにもかかわらず 정직했는데도 불구하고 (13行)

- **~とすれば** N3 069 ~라고 (가정)하면
  客観的状況とのズレを問題にするとすれば
  객관적 상황과의 어긋남을 문제로 한다고 하면 (19行)

- **~一方で** N2 005 ~하는 한편으로
  その一方で 한편으로 (20行)

- **~(た)とたんに** ~하자마자

- **~に際して** ~에 즈음하여, ~할 때에

21

～ざるをえない 046 ~하지 않을 수 없다

접속 동사의 부정형(ない형)

「～ざるをえない」는 '~하지 않을 수 없다'라는 뜻이다. 이 표현에는 하고 싶지는 않지만 피할 수 없는 어떤 사정에 의해 '하는 수 없이 ~하다, 본의 아니게 ~하다'라는 의미가 내포되어 있다. 동사의 부정형(ない형)에 접속하는데, 「する」는 「せざるをえない」(하지 않을 수 없다)의 형태가 됨에 주의하기 바란다. 참고로 「～ざるをえない」는 「～ないわけにはいかない」N2 154(~하지 않을 수 없다)보다 강제력이 강하다.

☑ 明日からの旅行は、残念だが延期せざるを得ない
　내일부터의 여행은 아쉽지만 연기하지 않을 수 없다 **2011-2회**

유형1 문법형식

- 2回も同じ間違いをするとは、注意が足りなかったと言わざるをえない。**06**
　두 번이나 같은 실수를 하다니, 주의가 부족했다고 말하지 않을 수 없다.

- 高すぎて品物が売れない場合には値下げせざるをえない。**94**
　너무 비싸서 물건이 팔리지 않을 경우에는 가격을 내리지 않을 수 없다.

- 停電が復旧するまで作業は中断せざるをえなかった。
　정전이 복구될 때까지 작업은 중단하지 않을 수 없었다.

유형2 문맥배열

- 日本で生活を する のなら 漢字を 覚えざる をえない。**03**
　일본에서 생활을 하려면, 한자를 익히지 않을 수 없다.

- 留学したい気持ちは分かるが、この病状では、延期 せざるを えない だろう。
　유학 가고 싶은 마음은 이해하지만, 이런 병의 증상으로는 연기하지 않을 수 없을 것이다. **99**

유형3 문장흐름

- 本当は酒はあまり好きでないのだが、上司に飲みに行こうと言われれば、部下は行かざるをえない。サラリーマンならきっと誰もが同じだと思う。
　사실은 술은 그리 좋아하지 않지만, 상사가 술 마시러 가자고 하면 부하는 가지 않을 수 없다. 샐러리맨이라면 필시 누구나 같으리라 생각한다.

22 ~しか~ない / ~しかない [030] ~밖에 ~않다 / ~밖에 없다

접속 명사, ~くらい(ぐらい), ~から, ~ずつ 등

「~しか」는 우리말의 '~밖에'란 뜻으로 '오직 그것뿐'임을 강조할 때 사용하며, 항상 뒤에 부정의 말이 온다. 즉 「~しか~ない(~밖에 ~않다)」 또는 「~しかない(~밖에 없다)」의 형태로 사용된다. 예를 들어 2時間しか寝ない(두 시간밖에 안 잔다), ケーキは三つしかない(케이크는 3개밖에 없다)와 같이 쓴다.

- ☑ まだ一人しか返事が来ていない 아직 한 명밖에 답장이 오지 않았다 N3 2016-1회
- ☑ 財布に500円ぐらいしか残っていない 지갑에 500엔 정도밖에 안 남았다 N3 2015-2회
- ☑ あちこち探しているが見つからない。もうあきらめるしかないのか
  여기저기 찾고 있지만 보이지 않는다. 이제 포기할 수밖에 없는 걸까 2014-2회

문법형식

- かさも持っていないし、荷物もたくさんある。これではタクシーに乗るしかないだろう。 95
  우산도 갖고 있지 않고 짐도 많다. 이래서는 택시를 탈 수밖에 없을 것이다.

- 今の息子の学力ではとても無理だから、別の大学を受験させるしかない。 93
  지금의 아들 학력으로는 도저히 무리라서, 다른 대학의 시험을 치르게 할 수밖에 없다.

- 近所の店には、バニラ味とかぼちゃ味のマカロンが、ちょうど二つずつしか残っていなかった。
  근처 가게에는 바닐라맛과 호박맛의 마카롱이 딱 2개씩밖에 남아 있지 않았다.

문맥배열

- 試験に 合格する には がんばる しかない。 94
  시험에 합격하려면 분발할 수밖에 없다.

- この 映画は18歳 から しか 見る ことが できません。
  이 영화는 18세부터 밖에 볼 수 없습니다.

문장흐름

- 終電に間に合わなければ、タクシーで帰るかどこかに泊まるしかない。だからみんな、腕時計を何度も見ながら、酒を飲んでいるのだ。
  막차 시간에 대지 못하면, 택시로 돌아가든가 어딘가에 숙박할 수밖에 없다. 그래서 모두 손목시계를 몇 번이고 보면서 술을 마시고 있는 것이다.

23 ～ず(に) 052 ~하지 않고

접속 동사의 부정형(ない형)

「～ず(に)」는 '~하지 않고'라는 뜻이며 「～ないで」와 같은 표현으로, 동사의 부정형(ない형)에 접속한다. 단, 「する」는 「せずに」가 된다. 응용 표현에 **～ず～ず**(~하지도 ~하지도 않고), **～ずにおく**(~하지 않고 그냥 두다) 등이 있으며, 飲まず食わずで(먹지도 마시지도 않고), 食べずにおく(먹지 않고 그냥 두다)와 같이 쓴다.

- ☑ どんなに大変な状況でもあきらめずに 아무리 힘든 상황에서도 포기하지 않고 `2016-2회`
- ☑ 大雨の中を傘を差さずに 폭우 속을 우산을 쓰지 않고 `2015-2회`
- ☑ しばらく本は買わずにおこうと決めていたのに 당분간 책은 사지 않고 그냥 두기로 결심했었는데 `2015-1회`
- ☑ 顔を洗うときには、せっけんを使いすぎずに 얼굴을 씻을 때에는 비누를 지나치게 쓰지 않고 `2011-1회`

유형1 문법형식

- 辞書を使わずに日本語の新聞を読むことができますか。
  사전을 사용하지 않고 일본어 신문을 읽을 수가 있습니까?

- きのうは忙しくて、夜10時まで何も食べずに働いた。
  어제는 바빠서 밤 10시까지 아무것도 먹지 않고 일했다.

- インターネットやスマートフォンは便利だけれど、それに依存して使いすぎずに適度な距離を持っていたい。
  인터넷이나 스마트폰은 편리하지만, 그것에 의존해서 지나치게 쓰지 않고 적절한 거리를 갖고 싶다.

유형2 문맥배열

- 間違いばかりしている私に、彼は一言も 叱りも せずに こいつはこう使うのだと 手本を示してくれるのである。
  실수만 하고 있는 나에게, 그는 한마디 질책도 하지 않고 이건 이렇게 사용하는 것이라고 시범을 보여 주는 것이다.

- 中学校3年次は有意義な 1年間だったので 卒業アルバムは 捨てずにおこうと 思っています。
  중학교 3학년은 유의미했던 1년이었기 때문에 졸업 앨범은 버리지 않고 그냥 두려고 합니다.

유형3 문장흐름

- 日差しの強さが日本と同じと考えたのが間違いだった。日焼け止めクリームをぬらずに海上へ出て、半日過ごして帰ってくると、ほおがこわばっているように思えた。
  햇살의 강도가 일본과 같다고 생각한 것이 잘못이었다. 선크림을 바르지 않고 바다에 나가서 반나절 정도 지내고 돌아오니 뺨이 딱딱하게 굳는 것처럼 느껴졌다.

24 〜せいか / 〜せいで ⁰⁵³ ~탓인지 / ~탓으로

접속 동사의 기본형(る형)·과거형(た형), い형용사의 기본형, 명사+の

「〜せいか」는 '~탓인지', 「〜せいで」는 '~탓으로, ~때문에'라는 뜻이다. 형식 명사「せい」에는 일의 결과에 대한 책임을 남에게 떠넘기는 책임 전가의 의미가 있는데, 「〜せいで」라고 하면 그 의미가 더욱 명확해진다. 이에 비해 「〜せいか」는 '단정은 할 수 없지만 아마 그것 때문일 것이다'라는 추측의 뉘앙스가 강하다. 때문에 바람직하지 않은 결과에 대한 책임을 어느 정도 얼버무려 애매하게 표현할 수 있다. 그밖에 **「〜せいだ」**(~탓이다)라는 표현도 함께 알아 두자.

☑ 大雨の中を傘を差さずに帰った**せいか** 폭우 속을 우산을 쓰지 않고 돌아온 탓인지 〔2015-2회〕

유형1 문법형식

- 原料が安い**せいか**、この製品は値段が安い。 〔03〕
  원료가 싼 탓인지, 이 제품은 가격이 싸다.

- 熱がある**せいで**何を食べてもおいしくない。 〔98〕
  열이 있는 탓에 뭘 먹어도 맛이 없다.

- 天気が悪い**せいか**どうかわからないが、どうも体の調子がへんだ。 〔90〕
  날씨가 나쁜 탓인지 어떤지 모르지만, 아무래도 몸 상태가 이상하다.

- 落ち着かない**せいか**、好奇心が強すぎる**せいか**、僕の態度は腰がすわっていないと言われる。
  산만하기 때문인지 호기심이 너무 강해서인지, 나의 태도가 침착하지 못하다는 소리를 듣는다.

유형2 문맥배열

- 今年は 気温が高い ★**せいか** 冬に なっても なかなか 雪が降らない。
  올해는 기온이 높은 탓인지, 겨울이 되어도 좀처럼 눈이 내리지 않는다. 〔06〕

- 年を とった ★**せいか** 朝早く 目が覚めてしまいます。 〔92〕
  나이를 먹은 탓인지, 아침 일찍 잠이 깨고 맙니다.

유형3 문장흐름

- 大雪で電車が遅れた**せいで**、遅刻してしまった。大事な試験があったのだが、遅れた人がたくさんいたので、幸い再試験をしてもらえることになった。
  대설로 전철이 늦은 탓에 지각하고 말았다. 중요한 시험이 있었지만 늦은 사람이 많았기 때문에, 다행히 재시험을 볼 수 있게 되었다.

25 ～そうだ ⁰⁵⁴ ①~라고 한다 〈전문〉 ②~할 것 같다 〈양태〉

접속 ① 〈전문〉 동사・い형용사의 종지형, な형용사의 사전형, 명사+だ
② 〈양태〉 동사 연용형(ます형), い형용사・な형용사의 어간

「～そうだ」에는 전문과 양태 두 가지 용법이 있다. 전문의 용법에서는 일반적으로 본인이 직접 들은 것을 상대방에게 전달할 때 사용하는데, 주로 「～によると(~에 따르면, ~에 의하면)」와 호응한다. 두 번째 양태의 용법에서는 주관적으로 판단한 모양과 상태를 나타내며, 부정형은 「～そうに(も)ない・～そうもない(~할 것 같지 않다, ~못할 것 같다)」이다. 이 밖에 「～そうな+명사(~할 것 같은~)」, 「～そうになる(~할 것 같이 되다)」, 「～(さ)せられそうになる(억지로 ~할 것 같이 되다)」 등의 표현도 함께 알아 두자.

참고 양태의 용법에서 い형용사 「ない・よい」는 「なさそうだ・よさそうだ」가 된다.

- ☑ どうも夕日は見られ**そうにない** 아무래도 석양은 볼 수 없을 것 같다 `2016-2회`
- ☑ 今にも動き出し**そうな**生命力にあふれている 당장에라도 움직일 것 같은 생명력으로 넘치고 있다 `2016-2회`
- ☑ ベンチに座っていると、つい眠ってしまい**そうになった** 벤치에 앉아 있자니, 그만 잠들어 버릴 것 같이 되었다 `2015-1회`
- ☑ 全く新しいデザインになっている**そうで** 전혀 새로운 디자인으로 되어 있다고 해서 `2014-2회`
- ☑ 寂し**そうな**目で私を見る 쓸쓸한 듯한 눈으로 나를 본다 `2013-1회`
- ☑ 主人公と恋人が、親に無理やり別れ**させられそうになる**話 주인공과 연인이 부모님의 반대로 억지로 헤어지게 될 것처럼 되는 이야기 `2012-1회`
- ☑ お客様を間違った部屋に案内してしまった**そうだ**ね 손님을 딴 방으로 안내하고 말았다고 하던데 `2011-2회`

문법형식

- ニュースによると、きのう神戸で地震があった**そうです**。
  뉴스에 따르면 어제 고베에서 지진이 있었다고 합니다.

- あの先生は生徒と一緒にいるときが一番楽しい**そうだ**。
  그 선생님은 학생과 함께 있을 때가 가장 즐겁다고 한다.

- 今でもあのときのことを思い出すと涙が出**そうだ**。
  지금도 그때 일을 떠올리면 눈물이 나올 것 같다.

- この問題は難しく見えるが意外と簡単に解け**そうだ**。
  이 문제는 어려워 보이지만 의외로 쉽게 풀 수 있을 것 같다.

유형2 문맥배열

- 春になると、亡くなった夫の写真 と いっしょに 桜を見て 回っている そうだ。
  봄이 되면 세상을 떠난 남편의 사진과 함께 벚꽃을 보러 다닌다고 한다.

- 思ったより お金がかかり そうなので 今度の旅行 は見送ることにした。
  생각했던 것보다 돈이 들 것 같아서, 이번 여행은 보류하기로 했다.

- 自然のままの 快い形とさまざまな 鮮やかな 色彩があれば 果物のデザートは いかにも おいしそうに なる。
  자연 그대로의 시원스러운 형태와 여러 가지 선명한 색채가 있다면 과일 디저트는 얼마든지 맛있어 보이게 된다.

유형3 문장흐름

- あの百年戦争のとき戦禍と黒死病でフランスの人口は半分になり、パリでは、次から次へと死体と「生きている死体」とを運び出したため、これを餌食にした狼が大繁殖し、ついにパリに狼軍に包囲されて**全員が餓死しそうになった**。
  그 백 년 전쟁이 일어났을 때, 전쟁의 여파와 흑사병으로 인해 프랑스 인구는 절반이 되어, 파리에서는 계속해서 시체와 '살아 있는 시체'가 운반되었기 때문에, 이것을 먹이로 삼는 늑대가 크게 번식했으며, 결국 파리가 늑대 무리에 포위되어 모든 사람이 굶어 죽을 위기에 처했다.

- 土居健郎氏の『甘えの構造』によると、日本人の生活は一番内側に身内の世界があり、これは遠慮がいらない。その外側に世間があり、そこでは窮屈な心づかいをすべきである。そしてその外側にまったく遠慮のいらない**他人の世界があると考えられてきたそうだ**。
  도이 다케오 씨의 '아마에의 구조'에 따르면 일본인의 생활은 가장 안쪽에 가족 및 친인척의 세계가 있으며, 여기에서는 겸손이 필요 없다. 그 바깥쪽에 세상 사람들이 있는데 거기에서는 다소 딱딱한 배려를 해야 한다. 그리고 그 바깥쪽에 전혀 겸손이 필요 없는 타인의 세계가 있다고 생각되어 왔다고 한다.

- いわゆる「尊厳死」や「安楽死」をめぐる問題は、何年かに一度は表面化し、議論される。その度に、その要件や解釈が蒸し返されるが、どうもすっきりしない。他の社会的問題と違って、いつまで経っても納得がいかない点が残る。半永久的に落ち着くどころか、**見つかりそうもない**という印象があるのである。
  이른바 '존엄사'나 '안락사'를 둘러싼 문제는 몇 년에 한 번씩은 표면에 드러나 논의된다. 그때마다 조건 및 해석이 다시 문제가 되는데, 아무래도 석연치 않다. 다른 사회적 문제와 달리 아무리 시간이 지나도 납득이 가지 않는 점이 남는다. 반영구적으로 잠잠해지기는커녕 (해결책을) 못찾을 것 같다는 인상이 있다.

26 ～たび(に)⁰⁵⁹ ~할 때마다

접속 동사의 기본형(る형)

「～たび(に)」는 '~할 때마다'라는 뜻이다. 이 표현은 「AたびにB」의 형태를 취해 'A할 때마다 B라는 같은 결과가 된다'는 것을 나타내거나, 'A를 되풀이하는 중에 점점 B의 정도가 변화한다'는 뜻을 나타낸다. 명사 「度(때, 번, 적)」가 「～度に」로 문법화된 것이다.

- ☑ 出張に行くたびに泊まっていたホテルが… 출장을 갈 때마다 묵었던 호텔이… `2017-2회`
- ☑ うちの犬は、私が出かけようとするたびに 우리 집 개는 내가 외출하려고 할 때마다 `2013-1회`
- ☑ 私は山田さんに会うたびに 나는 야마다 씨를 만날 때마다 `N3 2010-1회`

- 内田さんは会うたびに髪型が違う。 `03`
  우치다 씨는 만날 때마다 머리 스타일이 다르다.

- 読むたびに、違った印象を受ける本がある。 `92`
  읽을 때마다 다른 인상을 받는 책이 있다.

- 彼は会うたびに、仕事が忙しいとこぼしてばかりいる。
  그는 만날 때마다 일이 바쁘다고 푸념하기만 한다.

- この写真を 見る **たび** 故郷の ことを 思い出す。 `08`
  이 사진을 볼 때마다 고향이 생각난다.

- 木村さんは 旅行に行く たびに おみやげを **買ってきて** くれる。 `95`
  기무라 씨는 여행을 갈 때마다 선물을 사다 준다.

- 彼はパーティーに 出席する **たびに** 進んで 新しい 友人を作った。
  그는 파티에 출석할 때마다 적극적으로 새 친구를 만들었다.

- 暗いニュースを見るたびに悲観的な考えが浮かぶから、もうちょっと明るいニュースに目を向けて、楽観的に物事を考えるようにしたい。
  우울한 뉴스를 볼 때마다 비관적인 생각이 떠오르기 때문에, 좀더 밝은 뉴스로 시선을 돌려서 낙관적으로 매사를 생각하고 싶다.

27 〜ついでに ⁰⁶¹ ~하는 김에

접속 동사의 기본형(る형)·과거형(た형), 명사(+の)

「〜ついでに」는 '~하는 김에'라는 뜻으로, '어떤 일을 하는 기회를 이용해 때마침 다른 일도 같이 한다'고 할 때 쓴다. 따라서 앞 문장에는 처음부터 예정된 행동이, 뒤 문장에는 예정에 없었던 추가된 행동이 온다. 그러므로 이 표현은 본래의 목적을 완수하는 행위에 추가의 형태로 다른 행위도 한다는 뜻을 나타낸다. 명사의 경우 활동을 나타내는 명사가 사용된다. 그리고「ついでに」는 부사적으로 '하는 길에, 하는 김에'라는 뜻으로도 쓰인다.

- ☑ 買い物する**ついでに**預けた服を取りに行ける 쇼핑하는 김에 맡긴 옷을 찾으러 갈 수 있다 `2016-1회`
- ☑ 大阪に行った**ついでに**一度会って… 오사카에 간 김에 한 번 만나고… `N1 2013-2회`

유형1 문법형식

- 展覧会に行った**ついでに**近くの公園をぶらぶら散歩してきた。 `07`
  전람회에 간 김에 근처 공원을 어슬렁어슬렁 산책하고 왔다.
- 母は駅まで客を送っていった**ついでに**買い物をしてきた。 `00`
  어머니는 역까지 손님을 바래다 준 김에 쇼핑을 하고 왔다.
- 出張で大阪に行った**ついでに**友だちの家に寄ってみた。 `92`
  출장으로 오사카에 간 김에 친구 집에 들러 보았다.
- 話の**ついでに**、旅行のことを彼に言っておいた。
  이야기를 하는 김에, 여행에 관한 것을 그에게 말해 두었다.
- 買い物**ついでに**82円切手を5枚買ってきてもらえるかな。
  쇼핑하는 김에 82엔짜리 우표를 5장 사다 줄 수 있을까?

유형2 문맥배열

- 買い物に 行く **ついでに** この手紙を 出してきて くれない。 `05`
  쇼핑하러 가는 김에 이 편지를 부치고 와 줄래?
- 仕事で京都 に行った **ついでに** 高校時代の友人 に会って きた。 `95`
  업무 차 교토에 간 김에 고등학교 때 친구를 만나고 왔다.

유형3 문장흐름

- ずいぶんごぶさたしておりましたので、東京に来たついでにちょっとお寄りしました。お元気そうで何よりです。
  상당히 격조했기 때문에, 도쿄에 온 김에 잠시 들렀습니다. 건강해 보이시니 무엇보다 다행입니다.

28

～っこない 062 ~할 리 없다, 절대로 ~않다

접속 동사의 연용형(ます형)　　　　　　　　　　　　　　　　　　　　　　　～わけがない N2 152

「～っこない」는 '~할 리 없다, 절대로 ~않다'라는 뜻이며, 강한 부정으로 화자의 주관적인 판단을 나타낸다. 동사의 연용형(ます형)에 접속하며, 間に合いっこない(제시간에 댈 리 없다), 当たりっこない(당첨될 리 없다) 등과 같이 쓰인다.

- ☑ そんなに絶対、読みきれっこないと思ったが 그렇게 절대로 다 읽을 수 있을 리가 없다고 생각했는데 　N1 2017-1회
- ☑ 推薦で一人じゃ、当たりっこないよ 추첨으로 한 명이라면 당첨될 리 없어　2016-1회

유형1 문법형식

- あなたが言わなければ、ほかの人は知りっこないよ。 00
  당신이 말하지 않으면 다른 사람은 알 리 없어.

- 初心者にそんな難しいこと、できっこないよ。
  초보자에게 그런 어려운 일, 가능할 리 없어.

- 安全運転をしている人だから、事故なんて起こしっこないよ。
  안전 운전을 하는 사람이니까 사고 같은 건 일으킬 리 없어.

- 彼は臆病だからあんな危険なところへ行きっこない。
  그는 겁쟁이니까 그런 위험한 곳에 갈 리 없다.

유형2 문맥배열

- こんなに弱い選手 ばかりでは 次の試合 に 勝て っこない。 06
  이렇게 약한 선수만으로는 다음 시합에 절대로 이길 수 없다.

- 彼はいつも元気な人だから、これぐらい の残業では 疲れ っこない よ。
  그는 늘 건강한 사람이기 때문에 이 정도의 잔업으로는 피곤할 리 없어.

유형3 문장흐름

- 今から始めたところで間に合いっこない。こうなったら、あきらめて正直に話すしかない。自分が悪いのだ。
  지금부터 시작해 봤자 제시간에 댈 리 없다. 이렇게 되면 포기하고 정직하게 말할 수밖에 없다. 내가 나쁜 것이다.

29 ～つつある 063 (지금 마침) ~하고 있다

접속 동사의 연용형(ます형)

「～つつある」는 '(지금 마침) ~하고 있다'라는 뜻이다. 이것은 어떤 동작이나 작용이 진행 과정에 있음을 나타내는데, 어느 정도 시간적인 폭을 지닌 진행 상태를 나타낸다. 문어체이기 때문에 회화에서는 잘 쓰지 않는다.

- ☑ 道路や公園などの公共施設が整備され**つつある** 도로나 공원 등의 공공시설이 정비되고 있다 `2014-2회`
- ☑ 優良企業の条件の一つとなり**つつある**ようだ 우량 기업의 조건 중 하나가 되고 있는 것 같다 `N1 2010-2회`

- 車ではなく電車を利用する人が増え**つつある**。 `09`
  자동차가 아니라 전철을 이용하는 사람이 늘어나고 있다.

- 技術協力をする国々も増え**つつある**。 `00`
  기술 협력을 하는 나라들도 늘어나고 있다.

- 彼女の教育界での勢力はおとろえ**つつある**。
  그녀의 교육계에서의 세력은 쇠퇴하고 있다.

- 日本はこれまで世界にも前例のない速さで高齢化社会になり**つつある**。
  일본은 지금까지 세계에도 전례가 없는 속도로 고령화 사회가 되고 있다.

- 人口の増加とともに、この辺り の住宅 事情は 悪くなり つつある。 `04`
  인구 증가와 더불어, 이 부근의 주택 사정은 악화되고 있다.

- 彼女の関心は、女性の 地位の 問題から 政治問題に 移りつつある。
  그녀의 관심은 여성의 지위 문제에서 정치 문제로 바뀌고 있다.

- 大都会の生活環境は、**年々悪くなりつつある**。それでも、文化生活を楽しむために大都会に住み続ける人もたくさんいる。
  대도시의 생활 환경은 매년 악화되고 있다. 그래도 문화 생활을 즐기기 위해서 대도시에 계속 사는 사람도 많다.

30

～て以来 065 ~한 후, ~한 이후

접속 동사의 음편형(て형)

「～て以来」는 '~한 후, ~한 이후'라는 뜻으로, 어떤 동작이 행해진 후 그 상태가 쭉 계속되고 있음을 나타낸다. 주의해야 할 것은 「～て以降・～て以後」라는 표현은 쓰지 않으며, 「～た以来」라고도 쓰지 않는다는 점이다. 이 표현은 가까운 과거에 대해서는 사용할 수 없다.

✓ 就職したときに買って以来ずっと使っていたかばん 취직했을 때에 산 이후 계속 쓰고 있던 가방 `2016-2회`

유형1 문법형식

- 今年は水不足になりそうだ。先月の初めに降って以来、ずっと晴れの日が続いている。 `99`
  올해는 물이 부족해질 것 같다. 지난달 초에 내린 이후, 내내 맑은 날이 계속되고 있다.

- 私はあの歌手が5年前にデビューして以来のファンだ。
  나는 그 가수가 5년 전에 데뷔한 이후 (쭉) 팬이다.

- 彼が社長に就任して以来、次々と新しい企画が打ち出された。
  그가 사장으로 취임한 이후 잇달아 새로운 기획이 내세워졌다.

- 交通事故を起こして以来、運転はしていません。
  교통사고를 일으킨 이후 운전은 하지 않습니다.

유형2 문맥배열

- 彼とは 10年前の クラス会で 会って ★ 以来、一度も連絡を取っていない。 `04`
  그와는 10년 전 반창회에서 만난 이후, 한 번도 연락을 취하지 않았다.

- その事件を 解決して 以来 ★ 彼の 株が 上がった。
  그 사건을 해결한 이후, 그의 주가가 올라갔다.

유형3 문장흐름

- 彼女は先週**交通事故にあって以来**、記憶喪失になってしまった。自分の名前以外は何も覚えていないそうで、家族の顔も忘れてしまったらしい。
  그녀는 지난주 교통사고를 당한 이후 기억상실증에 걸리고 말았다. 자신의 이름 이외에는 아무것도 기억하고 있지 않다고 하며, 가족의 얼굴도 잊어버렸다고 한다.

콕콕실전문제 08

問題1 次の文の（　）に入れるのに最もよいものを、1・2・3・4から一つ選びなさい。

[1] これだけ証拠がそろっているのだから、彼が犯人だと（　　　）。
1 考えざるをえない　　　　2 考えるどころではない
3 考えるわけにはいかない　4 考えずにおくしかない

[2] 仕事で京都に行った（　　）、友だちの家に寄るつもりだ。
1 うちに　　2 ついでに　　3 とおりに　　4 ばかりに

[3] この話は、きみだけにしたんだから、きみが言わなければ、ほかの人は（　　　）よ。
1 知りっこない　　　　2 知るしかない
3 知るほかはない　　　4 知らざるをえない

[4] 景気が回復しつつ（　　）ことは、企業の設備投資が増えていることでもわかる。
1 いる　　2 みる　　3 ある　　4 する

[5] もはや後に戻ることはできない。前に進む（　　）ないのだ。
1 だけ　　2 しか　　3 ばかり　　4 のみ

[6] 試験が近づいた（　　）、彼女はかなり緊張していた。
1 せいか　　2 うえで　　3 最中　　4 すえに

[7] 古いアルバムを見る（　　）、楽しかった子供のころを思い出す。
1 ように　　2 たびに　　3 ばかりに　　4 とおりに

[8] あの奇怪な事件が（　　）以来、彼女は神経が過敏になっているのだ。
1 あい　　2 あう　　3 あった　　4 あって

[9] わが社のカタログがあれば自分の家の中でだれにも（　　）買い物ができる。
1 干渉されずに　2 干渉せずに　3 干渉されてしまう　4 干渉してしまう

[10] 自然に体を動いているような感じと浮いているような感触があり、つい（　　）。
1 眠そうだった　　　　2 眠ってしまいそうになった
3 眠そうにしていた　　4 眠っていそうだった

11 24時間を超えて駅に荷物を(　　)1個ごとに保管料を徴収します。 052・013
　　1 受け取るべきじゃなかったら　　　2 受け取らないでいくと
　　3 受け取っていなかったら　　　　　4 受け取らずにおくと

12 よそ見をしていて電柱に(　　)。 054
　　1 ぶつかりそうになった　　　　　　2 ぶつかりようになった
　　3 ぶつかることになった　　　　　　4 ぶつかるようになった

13 これだけ説得してもわかってもらえないなら、(　　)ざるをえないだろう。 046・075
　　1 あきらめられ　　2 あきらめ　　3 あきらめる　　4 あきらめて

14 妹は駅まで友だちを送っていったついでに(　　)。 061
　　1 旅行に行ってきた　　　　　　　　2 音楽が聞こえてきた
　　3 宿題をしてきた　　　　　　　　　4 買い物をしてきた

15 あなたにわたしの気持ちは(　　)。 062
　　1 わからざるをえない　　　　　　　2 わかるしかない
　　3 わかるほかはない　　　　　　　　4 わかりっこない

16 注射はきらいだけど、早く治すためにがまんする(　　)。 047
　　1 はずはない　　2 しかない　　3 ことはない　　4 さえない

17 高校進学も決まった(　　)、3学期の期末試験はどうも熱が入らない。 053
　　1 ためで　　　　2 からで　　　3 もとで　　　　4 せいで

18 ぼくは東京に行く(　　)、恩師のお宅を訪ねることにしている。 059
　　1 とおりに　　　2 からして　　3 たびに　　　　4 ように

19 失われつつ(　　)自然を守ろうと、市民たちは運動を始めた。 063
　　1 いる　　　　　2 ある　　　　3 みる　　　　　4 する

20 金さんは15年前に来日して(　　)、ずっと韓国語を教えている。 065・066
　　1 次第　　　　　2 末　　　　　3 とたん　　　　4 以来

問題 2 次の文の ___★___ に入る最もよいものを、1・2・3・4から一つ選びなさい。

21 今後贈り物に関しては、主人の言う通り角を立てない ___ ___ ___★___ ___ 思います。 052・N1 104・083・148

1 置こうと　　2 ように　　3 お礼状は　　4 出さずに

22 引っ越すまえに ___ ___ ___★___ ___ 。 054・034・076・N1 147

1 よさそうな　　2 ものを　　3 挨拶ぐらい　　4 しに来ても

23 わが国がますます ___ ___ ___★___ ___ 人々は心配している。 063・039・066

1 一部の　　2 ことで　　3 依存しつつある　　4 輸入食品に

24 模擬試験の結果が ___ ___★___ ___ ___ 。 046・N1 084

1 となると　　2 志望校を　　3 ここまで悪い　　4 変えざるを得ない

25 ___ ___★___ ___ ___ 、思いがけない歓迎を受けた。 061

1 訪ねたら　　2 旅行の　　3 ついでに　　4 旧友を

26 ___ ___★___ ___ ___ から、このへんであきらめよう。 062・075

1 勝てっこない　　2 いくら　　3 彼に　　4 頑張っても

27 果物屋にはスイカとメロンが ___ ___ ___★___ ___ いなかった。 047

1 1個　　2 しか　　3 ずつ　　4 残って

28 定期券がないと、 ___ ___ ___★___ ___ ならない。 059

1 出かける　　2 電車代も　　3 ばかに　　4 たびの

29 わたしは ___ ___ ___★___ ___ 時間が一定していません。 053

1 せいで　　2 ねる　　3 仕事の　　4 毎晩

30 きょう東京では5月としては ___ ___★___ ___ ___ あつさとなった。 065・090

1 観測が　　2 以来　　3 始まって　　4 最高の

問題3 次の文章を読んで、文章全体の趣旨を踏まえて、 31 から 35 の中に入る最もよいものを、1・2・3・4から一つ選びなさい。

　そういう経験を重ねて、私として繰り返し感じたことは、 31 平凡なことなのですけれども、やはり日本文化というものの特殊性（とくしゅせい）をあまりに強調することのもっている、 32 イデオロギー性ということです。もう少し具体的に申しますと、しばしばつぎのような言い方をする人が日本人の中におり、また時に日本文化を論じる外国人のなかにもあります。

　 33 、日本文化というのは、あるいは日本語というのは世界のなかで非常に独特の孤立したものであるから、日本文化とか日本語の微妙なニュアンスはどうしたって外国人には伝わりっこない、と。そしてそのことが、しばしば、日本人の愛国心とかナショナリズムと結びついていわれるのです。

　私自身、 34 、外国に出て、外国の学者たちと、外国の文化について、あるいは日本の文化について多く話し合う機会をもつ前には、やはり日本文化というのは非常に独特なものであって、そして日本語というのは非常に微妙なニュアンスをもっているので外国人にはわからないものであり、素晴らしいものだというような、一種盲目的な、 35 愛郷心のようなものを多分にもっていました。それだけ日本語が好きだったわけですし、その点は今でも変わりませんけれども、しかしそのことと、日本語の特殊性をあまりに強調しすぎるということは、おのずからまったく別なことです。

　具体的にいうと、たとえば「間（ま）」というようなことばは、しょせん外国人にはわかりっこないのだというような議論がしばしばなされてきました。

（坂部恵『鏡のなかの日本語』による）

31
1 平凡というより 2 平凡からいって 3 平凡といえば 4 平凡からいえば

32
1 まるで 2 たとえば 3 一種の 4 それほど

33
1 つまり 2 しかしながら 3 ただし 4 それどころか

34
1 端的にいって 2 率直にいって 3 しいていえば 4 さらにいえば

35
1 愛国心にもかかわらず 2 愛国心にかぎらず
3 愛国心といったら 4 愛国心というよりは

문제해결 키워드

- **~っこない** N2 062 ~할 리 없다
  どうしたって外国人には伝わりっこない
  어찌 됐든 외국인에게는 전해질 리 없다 (07行)
  しょせん外国人にはわかりっこない
  어차피 외국인은 이해할 리 없다 (17行)

- **~として** N2 090 ~로서
  私として 저로서 (01行)

- **~といえば** N2 079 ~라고 하면
  平凡といえば平凡なことなのですけれども
  평범하다면 평범한 것입니다만 (01行)

- **~ようだ** N2 148 ~인 것 같다, 〈취지〉
  つぎのような 다음과 같은 (03行)
  素晴らしいものだというような
  훌륭한 것이라는 (13行)
  愛郷心のようなもの 애향심 같은 것 (14行)

- たとえば「間」というようなことば
  예를 들면 「間」라는 말 (17行)
  わかりっこないのだというような
  이해할 리 없다는 (17行)

- **~というのは** ~이라는 것은
  日本文化というのは 일본 문화라는 것은 (06行)

- **~というより** N1 071 ~라기보다
  愛国心というよりは愛郷心
  애국심이라기보다는 애향심 (14行)

- **~わけだ** N2 153 ~한 셈이다
  日本語が好きだったわけですし
  일본어를 좋아했던 셈이며 (14行)

- **~からいって** ~(의 입장)에서 보면

- **~にもかかわらず** N2 109 ~인데도 불구하고

- **~にかぎらず** N2 110 ~뿐만 아니라

31 ～ている 066 ①~하고 있다〈진행〉 ②~되어 있다〈상태〉 ③~했다〈완료〉

접속 동사의 음편형(て형)

타동사에 「～ている」가 붙으면 ①동작의 진행을 나타내며, 자동사에 「～ている」가 붙으면 ②결과의 상태를 나타낸다. 그리고 「一度登っているから(한 번 올랐으니까)」와 같이 ③완료를 나타내는 「～ている」가 있다. 그리고 회화체에서는 「～てる」가 사용된다. 또한 「～ていない(~하고 있지 않다, ~되어 있지 않다)」라는 부정 표현도 잘 익혀 두자.

참고 「一度登ったから」와 같이 동사의 과거형인 「登った」를 쓰면 단순한 과거의 사건 등을 나타내게 된다.

☑ 全く新しいデザインになっているそうで、非常に楽しみだ
　전혀 새로운 디자인으로 되어 있다고 해서 대단히 기대가 된다 〈상태〉 **2014-2회**

☑ 光がもれないようにするなどの取り組みが行われています
　빛이 새지 않도록 하는 등의 대처가 행해지고 있습니다 〈진행〉 **2014-1회**

☑ 大山は3年前に一度登っているから 오오야마는 3년 전에 한 번 올랐으니까 〈완료〉 **2012-1회**

☑ 彼らも立派な大人になっているだろう 그들도 훌륭한 어른이 되어 있을 것이다 〈상태〉 **2011-1회**

유형1 문법형식

○ ・今週は知人がアジアに行っているからか、無性にアジア料理が食べたくなった。
　이번 주는 지인이 아시아에 갔기 때문인지, 공연히 아시아 요리가 먹고 싶어졌다.

・生計を立てるためだけに働いている人は金持ちになったためしがない。
　오로지 생계만을 위해 일하는 사람은 부자가 된 선례가 없다.

유형2 문맥배열

○ ・僕の職場のカーテンを閉めている★のは窓ガラスの飛散での怪我防止とプライバシーの保護が目的です。
　제 직장에서 커튼을 닫고 있는 것은 창 유리의 비산으로 인한 부상 방지와 사생활 보호가 목적입니다.

・でも一度、行っている★から東京のいい部分も悪い部分もわかっただろうし、自分たちの動きが客観的に見えると思うんですよ。
　하지만 한 번 갔었기 때문에 도쿄의 좋은 부분이나 나쁜 부분도 알았을 것이고, 우리들의 움직임이 객관적으로 보일 거라 생각해요.

유형3 문장흐름

○ ・現地の空いている部屋を貸すことでホスト側も利益になるし、旅行者は旅行者用のホテルの料金相場よりもだいぶ安く借りることもできるからです。
　현지의 비어 있는 집을 빌리면 호스트 측도 이익이 생기고, 여행자는 여행자용 호텔 요금 시세보다도 훨씬 싸게 빌릴 수도 있기 때문입니다.

32 〜てからでないと ~한 후가 아니면

접속 동사의 음편형(て형)

「〜てからでないと」는 '~한 후가 아니면, ~하지 않고서는'이라는 뜻이다. 이것은 '미리 ~할 필요가 있다'라고 하는 경우에 쓰며 「〜てからでなければ」로 바꿔 쓸 수 있다. 동사의 음편형(て형)에 접속하고 뒤에는 부정의 의미를 갖는 표현이 온다.

☑ 哲学Ⅰの単位を取得してからでないと 철학Ⅰ의 학점을 취득한 후가 아니면 **2013-1회**

유형1 문법형식

- 今日の宿題が終わってからでないと、遊びに行けない。 **08**
  오늘 할 숙제가 끝난 후가 아니면 놀러 갈 수 없다.

- もう少し具体的な説明を聞いてからでないと、その計画には賛成できません。 **00**
  좀더 구체적인 설명을 들은 후가 아니면, 그 계획에는 찬성할 수 없습니다.

- 18歳になってからでないと、車の免許は取れない。
  18세가 된 후가 아니면, 자동차 면허는 딸 수 없다.

- 落とし物は、本人のものかどうか確認してからでなければ渡せない。
  분실물은 본인의 것인지 아닌지 확인한 후가 아니면 넘겨줄 수 없다.

유형2 문맥배열

- となりのうちでは、そうして からでないと 遊びに 行かせて もらえないのだ。 **04**
  옆집에서는 그렇게 한 후가 아니면 놀러 갈 수 없는 것이다.

- 日本語を勉強して から でないと 日本の文化を 理解する ことは 難しい。
  일본어를 공부한 후가 아니면 일본 문화를 이해하는 것은 어렵다.

- どんなことを書く かを 決めてから でなければ 作文は 書けない。
  어떤 것을 쓸지 정한 후가 아니면 작문은 쓸 수 없다.

유형3 문장흐름

- 上司に相談してからでないと、はっきりとしたお返事をさしあげられません。3日後にこちらからご連絡してもよろしいでしょうか。
  상사에게 의논한 후가 아니면 확실한 답변을 드릴 수 없습니다. 3일 후 저희 쪽에서 연락드려도 괜찮으시겠습니까?

33 〜てしょうがない・〜てしかたがない 069
~해서 어쩔 수가 없다, 너무 ~하다

접속 い형용사의 어간+く, 동사의 음편형(て형), な형용사의 어간+で　　　　〜てならないN1 055

「〜てしょうがない・〜てしかたがない」는 '~해서 어쩔 수가 없다, 너무 ~하다'라는 뜻으로, 어떤 감정이나 몸의 상태가 너무 강해서 억제할 수 없을 때 쓴다. 보통 화자의 기분에 대해서만 쓰며, 「思える・泣ける・気になる」 등과 같은 자발을 나타내는 단어에도 쓸 수 있다. 한편 유사 표현인 「〜てたまらない」는 자발을 나타내는 단어와는 함께 쓰지 않는다.

☑ 休みの日はすることがなくて、暇でしょうがない 쉬는 날에는 할 일이 없어서 너무 한가하다　2014-1회

문법형식

- ゆうべ徹夜したので、眠くてしょうがない。 08
  어젯밤 철야했기 때문에 너무 졸립다.

- ぼくは彼のことがうらやましくてしかたがない。 91
  나는 그 사람이 부러워서 어쩔 수가 없다.

- 兄は今度の旅行が楽しみでたまらないようだ。
  형은 이번 여행이 무척 기대되는 것 같다.

- 人前では明るくふるまっていたが、一人になると涙が出てしかたがなかった。
  다른 사람 앞에서는 밝게 행동하고 있었지만, 혼자가 되자 눈물이 나서 어쩔 수가 없었다.

문맥배열

- 東京には友だちが１人もいない ので さびしくて しょうが ない。
  도쿄에는 친구가 한 명도 없어서 너무 외롭다.

- どうして山田さんが進学を諦めたのか、私は 気になって しかたが ない。
  왜 야마다 씨가 진학을 포기했는지, 나는 너무나 마음에 걸린다.

문장흐름

- なぜ電波塔がこれほどまでに死の香りを発散していなければならないのか。私はそれ以来、東京タワーの立っているあの土地のことが、気になってしょうがなかった。
  왜 전파탑이 이렇게까지 죽음의 향기를 풍겨야 하는가. 나는 그 이후 도쿄 타워가 서 있는 그곳이 너무나 궁금해서 견딜 수 없었다.

34 〜ては / 〜ていては 〜해서는 / 〜하고 있어서는

접속 동사의 음편형(て형)

「〜ては / 〜ていては」는 '〜해서는 / 〜하고 있어서는'이라는 뜻이다. 스스럼없는 회화체 표현에서는 「〜ちゃ・〜じゃ」로 되는 경우가 많다. 순접의 가정 조건 외에 확정 조건, 반복을 나타내는 용법이 있다. 순접의 가정 조건을 나타내는 용법에서는 바람직하지 않은 조건을 가정하는 점이 특징이다.

☑ 描いては直すを数十回繰り返す 그리고는 고치기를 수십 회 반복한다 `N1 2017-1회`

- そんな暗い部屋で本を読んでいては目が悪くなるから、電気をつけなさい。 `08`
  그런 어두운 방에서 책을 읽고 있어서는 눈이 나빠지니까, 불을 켜라.

- こんなに物価が上昇しては、生活が苦しくなるばかりです。
  이렇게 물가가 상승해서는, 생활이 어려워질 뿐입니다.

- 色眼鏡で見ていては事件の本当のことはなかなかわからない。
  색안경을 끼고 봐서는 사건의 진정한 면은 좀처럼 알 수 없다.

- 息子は小学生のころ、よく お腹が痛い といっては 学校を 休んでいた。 `07`
  아들은 초등학생 때, 자주 배가 아프다고 해서는 학교를 쉬었었다.

- そんなに毎日甘いもの ばかり 食べて いては 虫歯に なりますよ。 `03`
  그렇게 매일 단것만 먹어서는 충치가 생겨요.

- こんなスピードで やって いては とうてい 締め切り に間に合わないでしょう。
  이런 속도로 하고 있어서는, 도저히 마감 시간에 댈 수 없을 것입니다

- なるべく太陽を背にしないことも、必要な心得の一つだろう。太陽を背にしては、自分の影で、昆虫どもを驚かせてしまうことになる。
  되도록 태양을 등지지 않는 것도 필요한 수칙 중의 하나일 것이다. 태양을 등져서는 자신의 그림자로 곤충들을 놀라게 만드는 일이 된다.

35 ～てばかりいる ~하고만 있다

접속 동사의 음편형(て형)

「～てばかりいる」는 '~하고만 있다'라는 뜻이다. 이 표현은 같은 일을 몇 번이고 반복하거나, 항상 같은 상태에 있다는 것을 화자가 비판적으로 서술할 경우에 사용한다. 여기서 「ばかり」를 「だけ」나 「のみ」로 바꿔 사용할 수는 없으므로 주의해서 익혀 두자. 비슷한 표현에 「～てばかりだ(~하기만 하다)」가 있다.

- ☑ 負けてばかりだったが 지고만 있었지만 2017-2회
- ☑ 寝てばかりいないで、外に出かけたら? 자고만 있지 말고 밖에 나가는 게 어때? 2012-2회

유형1 문법형식

- 入学試験が終わった後、兄は毎日遊んでばかりいる。 06
  입학시험이 끝난 후, 형은 매일 놀고만 있다.

- 若いときになまけてばかりいると、いつか後悔する。
  젊을 때 게으름만 피우고 있으면, 언젠가 후회한다.

- 彼はこのごろ機嫌が悪くて怒ってばかりいる。
  그는 요즘 기분이 안 좋아서 화만 내고 있다.

유형2 문맥배열

- 親が他人をいつも うらんで ばかりいると 子どもも 人をうらむ ようになるという～。 09
  부모가 다른 사람을 항상 미워하기만 하면 자식도 다른 사람을 미워하게 된다는 ~.

- 私は腕の力が弱いので、腕相撲では 負けて ばかり いる。
  나는 팔 힘이 약해서, 팔씨름으로는 지기만 한다.

- うちの息子、来年大学受験なの。それなのに ぜんぜん 勉強しないで 遊んで ばかりいる わ。
  우리 아들은 내년에 대학 수험생이야. 그런데 공부는 전혀 안 하고 놀고만 있어.

유형3 문장흐름

- ねずみを退治させるためにネコをもらって来たのだが、退治するどころかねずみを見ると逃げてばかりいる。本当に役立たずネコだ。
  쥐를 퇴치시키기 위해서 고양이를 받아 왔지만, 퇴치하는 건 고사하고 쥐를 보면 도망치기만 한다. 정말로 도움이 안 되는 고양이다.

36 ～てもいい・～てもかまわない 076

~해도 좋다(된다) / ~해도 상관없다(괜찮다)

접속 동사의 음편형(て형)

「～てもいい・～てもかまわない」는 '~해도 좋다(된다), ~해도 상관없다(괜찮다)'라는 뜻으로, 허가나 동의를 나타낸다. 「～てもいい」의 부정 표현은 「～なくてもいい(~하지 않아도 된다)」인데, な형용사가 부정형으로 바뀐 형태에 붙어 출제되기도 한다. 예를 들면 「日本語が上手だ(일본어를 잘한다) → 日本語が上手で(は)ない(일본어를 잘하지 못한다) → 日本語が上手でなくてもいい(かまわない)(일본어를 잘하지 못해도 된다(상관없다)」 등과 같이 쓰인다. 「～ても」는 회화체에서는 「～たって」로 바꿔 쓸 수 있으며, 「～ていい/～なくていい」의 형태로 조사 「も」를 생략해서 사용하는 경우도 있다.

- ☑ そろそろ食べ**てもよさ**そうだ 슬슬 먹어도 좋을 것 같다 `N3 2016-2회`
- ☑ いつ雨が降っ**てもいい**ように 언제 비가 와도 괜찮도록 `2014-2회`
- ☑ 駅の近くでなく**てもよければ** 역 근처가 아니어도 된다면 `N3 2014-1회`
- ☑ 友のためなら、自分はどうなっ**たってかまわない** 친구를 위해서라면 자신은 어떻게 되든 상관없다 `2012-1회`

유형1 문법형식

- 母は、私が放課後、居残りし**なくてもいい**ように頼んでくれた。
  엄마는 내가 방과 후, 나머지 공부를 하지 않아도 되도록 부탁해 주었다.

- 自分の命はどうなっ**たってかまわない**けれど、娘のことだけは気がかりだったようです。
  자신의 목숨은 어떻게 되어도 상관없지만, 딸아이만큼은 걱정이 되었던 모양입니다.

- 私のゲーム機使っ**てもいい**けど、こわさないでよ。
  내 게임기 써도 되지만, 망가뜨리지 말아요.

유형2 문맥배열

- そんなふうに、自分にできる範囲で好きなことを研究するのなら何を やっ**たって** いいのだ。
  그런 식으로 자기가 할 수 있는 범위 내에서 좋아하는 일을 연구한다면 무엇을 해도 괜찮다.

유형3 문장흐름

- 「きみは僕の宝物をずっと隠し持っていたけれど、もう昔の話さ。気にし**なくていい**よ。」とリョウタは言った。リョウタは、広い心の持ち主だ。
  "넌 내 보물을 계속 숨기고 있었지만, 이미 옛날 얘기야. 신경 쓰지 않아도 돼." 하고 료타는 말했다. 료타는 마음이 넓다.

37 ～という・～って 077 ~라고 하는, ~라는

접속 동사의 종지형, 명사, 명사+だ, い형용사의 종지형

「～という」는 '~라고 하는, ~라는'이라는 뜻이다. 인용 표현의 하나로 회화체에서는 「～という」 대신에 「～って」가 주로 사용된다. 응용 표현에 「～というような(~라는(듯한))」, 「～というように(~라는 식으로)」, 「～というから(~라고 하니까)」, 「～というのに(~라고 하는데, ~였는데)」, 「～ということ(~라는 것)」 등이 있다.

- ☑ マスターズという大会がある 마스터스라는 대회가 있다 **2017-1회**
- ☑ 早く寝なきゃって思ってるんだけど 빨리 자야지 라고 생각하지만 **2015-2회**
- ☑ 一日に千個も売れるというから驚きだ 하루에 천 개나 팔린다고 하니까 놀랍다 **2014-2회**
- ☑ おなかが痛くなったって連絡があった 배가 아파졌다는 연락이 있었다 **2012-2회**
- ☑ 一週間前に予約してないと入れないって 일주일 전에 예약하지 않으면 들어갈 수 없다고 하는 **2012-1회**
- ☑ 「もしまたミスをしたら」というプレッシャーは相当あったはずだ
  '만약 또 실수하면'이라는 압박감은 상당히 있었을 것이다 **2011-1회**
- ☑ 好きな「鉄」は「乗り鉄」というように 좋아하는 '전철'은 '타는 전철'이라는 식으로 **2011-1회**
- ☑ さっきご飯を食べたばかりだというのに 조금 전 밥을 먹은 지 얼마 안 됐는데 **2010-2회**
- ☑ 確か『わかる』というような意味だったと思う 아마 '이해하다'라는 의미였다고 생각한다 **2010-1회**
- ☑ 合格者の80パーセントが実務経験者ということ 합격자의 80%가 실무경험자라는 것 **2010-1회**

문법형식

- 3月になったというのに、まだインフルエンザが大流行しています。
  3월이 되었는데도 아직 인플루엔자가 크게 유행하고 있습니다.

- 大統領は、官僚というものは多少圧力をかけないと敏速に動かないものだということを知った。
  대통령은, 관료라는 자는 다소 압력을 가하지 않으면 민첩하게 움직이지 않는 존재라는 것을 알았다.

- 私が携帯を変えたばかりの時、田中さんって人と間違われていろいろな人から電話がかかってきた。
  내가 휴대 전화를 막 바꿨을 때, 다나카라는 사람으로 잘못 알고 이런저런 사람에게서 전화가 걸려 왔다.

- 赤ちゃん用の紙オムツは、日本よりもインドネシアのほうが高い値段で売れるというから驚きです。
  아기용 종이 기저귀는 일본보다도 인도네시아가 더 비싼 값에 팔린다고 하니까 놀랍습니다.

문맥배열

- まだ 30代に入った ばかりだ という のに、悲しいことに後頭部が薄くなってきてしまいました。
  아직 30대가 된 지 얼마 안 됐는데, 슬프게도 머리 뒷부분의 숱이 점점 없어져 버렸습니다.

- 「1日で 5千人が 来場」 という 人気の動物園に行ってみたが、多くの動物が眠っていて満足できなかった。
  '하루에 5천 명이 방문'한다는 인기 있는 동물원에 가 보았는데, 많은 동물들이 자고 있어 만족할 수 없었다.

문장흐름

- 世の中にはあたりまえと思っていることが、実はそうではないことも多い。たとえば、今日という日はいったいいつから始まるのか、とあらためて考えてみると、意外に難しい。
  세상에는 당연하다고 생각하는 일이 사실은 그렇지 않은 경우도 많다. 예를 들어 오늘이라는 날은 대체 언제부터 시작하는가, 하고 새삼스레 생각해 보면 의외로 어렵다.

- ユウキは、昨日この学校に転入してきたばかりだというのに、「もう友達が6人できた」と笑っている。たしかに、自分からみんなに声をかけていたし、あながちウソでもないだろう。
  유우키는 어제 이 학교에 막 전학 왔는데도 "벌써 친구가 6명 생겼어"라며 웃고 있다. 확실히 자기가 다른 친구들에게 말을 걸기도 했으니 아마 거짓말도 아닐 것이다.

38 ～ということだ・～とのことだ ①~라고 한다 ②즉 ~이다, ~라는 것이다

접속 동사의 기본형(る형)・부정형(ない형)・과거형(た형), 명사+だ

「～ということだ・～とのことだ」는 '①~라고 한다, ~라고 들었다'라는 뜻으로 전문(伝聞)을 나타낸다. 또한 '②즉 ~이다, ~라는 것이다'라는 용법으로도 쓰이는데, 이는 어떤 사실을 거론하고 거기에서 '결국 ~이다'라는 결론을 내리거나 상대방에게 확인할 때 사용한다.

- ☑ 景気が回復しつつある**ということだ** 경기가 회복되고 있다고 한다 2017-2회
- ☑ 至急連絡がほしい**とのことです** 급히 연락했으면 한다고 합니다 2014-2회
- ☑ 多少価格が高くなっても問題ない**ということだ** 다소 가격이 비싸져도 문제없다는 것이다 2014-2회

문법형식

- デパートで火事があったが、客は逃げて全員無事だった**ということだ**。 98
  백화점에서 화재가 있었지만, 손님은 빠져나가서 전원 무사했다는 것이다.

- 最近聞いた話では、友達の父親が、今度の選挙に出る**ということだ**。
  최근 들은 이야기로는 친구 아버지가 이번 선거에 나온다고 한다.

- 学校当局の話では、今年の入学志願者数は去年なみ**ということだ**。
  학교 당국의 이야기로는, 올해 입학 지원자 수는 작년과 비슷하다고 한다.

- 彼の妻の主張によれば、犯行当時彼は家にいた**とのことだ**。
  그의 아내의 주장에 따르면 범행 당시 그는 집에 있었다고 한다.

문맥배열

- コーチの話では、彼が試合に出れば、優勝は まちがいない **という こと だ**。 01
  코치 말로는 그가 시합에 나오면 우승은 틀림없다고 한다.

- この本によると、昔 ここに お寺 があった **ということ だ**。 92
  이 책에 따르면, 옛날 이곳에 절이 있었다고 한다.

문장흐름

- 先生の話では、山田君は今日**風邪で休むということだ**。昨日雨に打たれて家に帰っていたから、そのせいで風邪を引いたのだろう。
  선생님의 말로는 야마다 군은 오늘 감기로 쉰다고 한다. 어제 비를 맞고 집에 갔기 때문에, 그 탓에 감기에 걸렸을 것이다.

39 ～といっても [081]　~라고 해도

접속 동사의 과거형(た형)·부정형(ない형), 명사

「～といっても…」는 '~라고 해도…'라는 뜻이다. 이것은 '~에서 기대되는 것과는 달리 사실은 …이다'라고 설명할 때 쓰며, 뒤에는 주로 말하는 사람의 의견이나 판단 등을 나타내는 문장이 온다. 또한, 「～と言って過言ではない(~라고 해도 과언이 아니다)」와 같이 조사 「も」가 생략되기도 한다. 「といっても」가 접속사로 쓰이면 '그렇다고 해도'라는 뜻이 된다.

- ☑ 日本一と言っても過言ではないだろう　일본 제일이라고 해도 과언이 아닐 것이다　N1 2014-1회
- ☑ ひとくちにカレーライスといっても　한마디로 카레라이스라고 해도　2010-1회

유형1 문법형식

- といっても、週に一回だけだけど。　05
  그렇다고 해도 주 1회뿐이지만.

- 借金といっても～今後15年で返せばいいのだから大丈夫だ。　01
  빚이라고 해도 ~ 앞으로 15년 동안 갚으면 되니까 괜찮다.

- 休講といっても、ちゃんと復習、予習を怠らないでください。
  휴강이라고 해도 착실하게 복습, 예습을 게을리하지 마세요.

유형2 문맥배열

- 料理の勉強を 始めた といっても まだ 3か月 にすぎない。　01
  요리 공부를 시작했다고 해도, 아직 3개월에 지나지 않는다.

- 酒が 飲めない といっても ぜんぜん 飲めないわけではない。　91
  술을 마시지 못한다고 해도 전혀 마시지 못하는 것은 아니다.

- 人間はその語彙を大きく超えて考えたり 感じたりする ことはない といって 過言ではない。
  인간은 그 어휘를 크게 초과해 생각하거나 느끼는 일이 없다고 해도 과언이 아니다.

유형3 문장흐름

- 女性の政治家が増えたといってもまだまだ、少数だ。政治家は国を導いていく人たちなのだから、ぜひもっと、日本の女性が働きやすくなるようにお手本を見せて欲しいものだ。
  여성 정치가가 늘었다고 해도 아직은 소수이다. 정치가는 나라를 이끌어 가는 사람들이니, 꼭 좀더 일본의 여성들이 일하기 쉬워지도록 그 본보기를 보여 주었으면 한다.

40 ～とか / ～とかで ⁰⁸⁴ ~라고 하던데 / ~라고 하면서

접속 동사의 기본형(る형)・과거형(た형)

「～とか」는 '~라고 하던데, ~라고 들었는데'라는 뜻이다. 이 표현은 전문(伝聞)을 나타내는 「～そうだ」나 「～ということだ」보다 불확실한 느낌이 들 때나, 확실히 말하는 것을 피하고 싶을 때 쓴다. 또한 뒤에 조사 「で」를 붙여 「～とかで(~라고 하면서)」의 형태도 자주 쓰인다.

☑ なんでそうやってすぐ、もうだめとか言うの 왜 그렇게 금방 '이제 못해' 라고 말하는 거야? `2011-1회`

유형1 문법형식

- 夜、パーティーに行くとかで、小川さんはすごくすてきな服を着てきましたよ。 ⁰⁵
  밤에 파티에 간다고 하면서, 오가와 씨는 굉장히 멋진 옷을 입고 왔어요.

- 山田さんは急用ができたとかで、今帰りましたよ。
  야마다 씨는 급한 용무가 생겼다고 하면서 방금 돌아갔어요.

- 今度の試験はかなり難しいとかで、妹は毎晩遅くまで勉強している。
  이번 시험은 꽤 어렵다고 하면서 여동생은 매일 밤 늦게까지 공부하고 있다.

- 田中先生のお話では、景子さん、来年結婚なさるとか。
  다나카 선생님의 말씀에 따르면 게이코 씨, 내년에 결혼하신다던데.

유형2 문맥배열

- 島田君はあす マラソン大会 に出場する とか で、今日は早く帰ったよ。
  시마다 군은 내일 마라톤 대회에 출전한다고 하면서 오늘은 일찍 돌아갔어.

- 友人が けがをした とかで 彼は 見舞い に行ったよ。
  친구가 다쳤다고 하면서 그는 병문안을 갔어.

유형3 문장흐름

- 新聞によると、また公共料金が上がるとか。給料はカットされたというのに、物価は上がっていくばかりだ。これからのことを考えると頭が痛い。
  신문에 따르면 또 공공요금이 오른다던데. 급료는 삭감되었는데, 물가는 오르기만 한다. 앞으로의 일을 생각하면 머리가 아프다.

問題1 次の文の（　）に入れるのに最もよいものを、1・2・3・4から一つ選びなさい。

1　○○山には数年前に一度（　　　）から、わざわざカッパ着てまで登りたくないなあ。
　　1　登ってみる　　　2　登ってくる　　　3　登っていく　　　4　登っている

2　席数わずか10の店で1日最高150杯もかき氷が売れる（　　　）驚きだ。
　　1　となってでも　　2　とするには　　　3　とあったほど　　4　というから

3　別れは正直言ってさびしかったけれど、（　　　）。
　　1　泣くわけではない　　　　　　　　　2　泣いてばかりはいられない
　　3　泣いているにすぎない　　　　　　　4　泣かないはずがない

4　山登り（　　　）、歩くのは1時間を少し超える程度だ。
　　1　といえば　　　　2　といったら　　　3　というより　　　4　といっても

5　ニュースによると、また地下鉄料金が上がる（　　　）。
　　1　っけ　　　　　　2　とか　　　　　　3　もの　　　　　　4　とも

6　その国の実状をこの目で（　　　）からでないと、投資するかどうか決定できない。
　　1　確かめ　　　　　2　確かめて　　　　3　確かめた　　　　4　確かめる

7　かわいがっていた犬が死んでしまったので、悲しくて（　　　）。
　　1　ほかならない　　2　なんでもない　　3　ちがいない　　　4　しょうがない

8　一説によると、彼は部下に殺された（　　　）。
　　1　となることだ　　2　とならなくなる　3　ということだ　　4　とさせられている

9　いつも好きなものばかり（　　　）よくありません。
　　1　食べるには　　　2　食べるまで　　　3　食べていては　　4　食べていても

10　いつ何が（　　　）、遺影にしてほしい写真はファイルにして持っています。
　　1　あってもいいように　　　　　　　　2　あるとすると
　　3　あったせいで　　　　　　　　　　　4　あることがないのに

11 うちの母は弱者は切り捨てろみたいな感じがあって、自分が気に入らない人間はどうなったって(　　)というタイプ。076・143・078
   1 たまらない　　2 かまわない　　3 わけがない　　4 ならない

12 自分の友人もシェアハウスに住んでいて(　　)部屋を貸し出しているらしいです。066・151
   1 空いている　　2 空いていく　　3 空いてみる　　4 空いてくる

13 A「ねえ、(　　)人はどんな人？」077
   B「とても親切でいい人だよ。」
   1 田中さんが　　2 田中さんで　　3 田中さんって　　4 田中さんでも

14 日本経済新聞だけを(　　)、国際派のビジネスパーソンにはなれません。070
   1 読むまで　　2 読んでいても　　3 読むには　　4 読んでいては

15 日本人は相手の正体が不明のときは、その相手と正常な人間関係を組めない(　　)と思う。081
   1 疑いがある　　　　　　　　2 といってもありゃしない
   3 よりほかはない　　　　　　4 といっても言い過ぎではない

16 詳しくお話を(　　)からでないと、ご返事できません。067
   1 うかがう　　2 うかがい　　3 うかがって　　4 うかがった

17 うちの子は勉強がきらいで、いつも遊びたくて(　　)ようだ。069
   1 なんでもない　　2 ちがいない　　3 ほかならない　　4 しょうがない

18 統計によると、拾得物で一番多いのは、傘だと(　　)。078
   1 いったことだ　　2 いうものだ　　3 いうことだ　　4 いったものだ

19 寝て(　　)いないで、たまには部屋の掃除でもしなさい。071
   1 しか　　2 でも　　3 ぐらい　　4 ばかり

20 同僚が明日彼女とホワイトデーのプレゼントを買いに行く(　　)で、昼休みにスマホでいろいろ調べていた。084・066
   1 とか　　2 って　　3 うえ　　4 のか

問題2 次の文の ___★___ に入る最もよいものを、1・2・3・4から一つ選びなさい。

21 震災から時間が経ち、そろそろ _____ _____ ___★___ _____ 。 071
   1 ばかりも   2 泣いて   3 一日中   4 いられなくなった

22 _____ _____ ___★___ _____ 、彼は遅れてやってきた。 084
   1 途中で   2 とかで   3 あった   4 検問に

23 _____ ___★___ _____ _____ 何も指導してくれない。 081・068
   1 ほんの名   2 コーチ   3 といっても   4 ばかりで

24 地震の時は _____ _____ ___★___ _____ 、外へとび出してはいけない。 067
   1 安全を   2 ないと   3 確認して   4 からで

25 ゆうべは徹夜をしたので、_____ _____ ___★___ _____ 。 069
   1 しかたが   2 ねむくて   3 ない   4 今朝は

26 気象庁の発表によると、今度の _____ _____ ___★___ _____ です。 078
   1 という   2 台風は   3 こと   4 大型だ

27 私はみんなの本当の幸せの _____ _____ ___★___ _____ と思っている。 076
   1 ためならば   2 どうなったって   3 かまわない   4 自分はもう

28 _____ _____ ___★___ _____ 多いですが、そんなにリッチな生活はできません。 066
   1 女性はパートや   2 している方も   3 アルバイトを   4 結婚している

29 新聞配達 _____ _____ ___★___ _____ あのころの僕でもちゃんとわかっていた。
    077・037・064
   1 悪いことではなく   2 あることは
   3 という行為が   4 むしろ立派なことで

30 船上で _____ _____ ___★___ _____ その体験談を披露し続けている。 070
   1 パーティーなどに   2 遭難にあって   3 招かれては   4 助かってから

問題3 次の文章を読んで、文章全体の趣旨を踏まえて、 31 から 35 の中に入る最もよいものを、1・2・3・4から一つ選びなさい。

　世界最大規模のロボットの展示会が、今日から東京有明の東京国際展示場で始まり、福祉の現場やビルの警備などで日常のくらしを支えるロボットが多く出展され 31 。

　国内外244の企業や大学などが参加した今年の国際ロボット展は、 32 の生産現場で使う産業用ロボットに加えて、くらしに身近な場面での利用を想定したロボットの出展が目立っています。このうち名古屋市のベンチャー企業が開発したロボットは相手の言葉を聞き取って40通り以上の表情と数万通りの言葉で反応します。こうした 33 は一人ぐらしのお年寄りや、福祉施設などで需要が見込めるということです。来年の春から販売する計画です。

　 34 、災害現場でガレキの下敷きになった人を助け出すためのロボットは、ヘビのような長い形で、前と後ろに小型カメラがついていて、ガレキの隙間をぬって中の様子を見ることができます。リモコンでの操作性をたかめるなどして、3年後の 35 。

　すでに実用化されている例では、ビルの中を巡回して異常を感知すると警備会社に通報するロボットも紹介されています。この国際ロボット展は今月22日まで開かれます。

（注）ガレキ：破壊された建造物の破片など。

31
1　注目を集めています　　　　2　注目を集めていきました
3　注目を集めてはならない　　4　注目を集めたいです

32
1　これから　　2　これまで　　3　あれから　　4　あれまで

33
1　最新型のロボット　　2　努力型のロボット
3　秀才型のロボット　　4　対話型のロボット

34
1　さて　　2　ほぼ　　3　また　　4　ただ

35
1　実用化をするわけにはいきません　　2　実用化をあきらめています
3　実用化をしたとはかぎりません　　　4　実用化をめざしています

문제해결 키워드

- **〜ということだ** N2 078　〜라고 한다
  福祉施設などで需要が見込める**ということです**
  복지 시설 등에서 수요가 예상된다고 합니다 (07行)

- **〜など** N3 078　〜등, 〜따위
  福祉の現場やビルの警備**など**
  복지 현장이나 빌딩 경비 등 (02行)

  国内外244の企業や大学**など**
  국내외 244개 기업과 대학 등 (03行)

  一人ぐらしのお年寄りや、福祉施設**など**
  독거 노인이나 복지 시설 등 (07行)

  リモコンでの操作性をたかめる**など**
  리모컨에서의 조작성을 높이는 등 (11行)

- **〜に加えて**　〜에 더하여, 〜에다
  産業用ロボット**に加えて** 산업용 로봇에 더하여 (04行)

- **〜ことができる** N3 025　〜할 수가 있다
  中の様子を見る**ことができます**
  안쪽의 상황을 볼 수 있습니다 (10行)

- **〜てはならない**　〜해서는 안 된다

- **〜わけにはいかない** N2 154　〜할 수는 없다

- **〜とはかぎらない**　〜라고는 할 수 없다

41 〜とする 091　①~로 하다　②~라고 하자, ~라고 치자

접속 명사, 동사의 종지형

「〜とする」는 크게 두 가지 용법이 있는데, 첫 번째는 '①~로 한다'라는 뜻으로 화자의 의지나 결의 등을 나타내며, 来週は休講<ruby>と<rt>きゅうこう</rt></ruby>する(다음 주는 휴강으로 한다)와 같이 쓴다. 두 번째는 '②~라고 하자, ~라고 치자'라는 뜻으로 어떤 상황을 가정할 때 쓰며, 手元に今、3千万円あるとします(수중에 지금 3천만 엔 있다고 칩시다)와 같이 쓴다.

- ☑ 仮に一日8時間寝て、80歳まで生きるとします　가령 하루 8시간 자고, 80세까지 산다고 칩시다　**2016-2회**
- ☑ かりに通勤に往復2時間かけるとすると　가령 통근에 왕복 2시간 들인다고 치면　**2012-2회**

문법형식

- ここに時間を止められる機械があるとします。あなたならそれを使って何をしますか。 **09**
  여기에 시간을 멈출 수 있는 기계가 있다고 칩시다. 당신이라면 그것을 사용해서 무엇을 하겠습니까?

- コンピュータ・グラフィック技術によって、非常に滑らかに変化する表面を描いたとする。
  컴퓨터 그래픽 기술로 상당히 부드럽게 변화하는 표면을 그렸다고 치자.

- 台風18号の接近に伴う暴風雨のため、明日の講義はすべて休講とします。
  태풍 18호의 접근에 따른 폭풍우 때문에, 내일 강의는 모두 휴강하기로 하겠습니다.

문맥배열

- 明日の天気はどうなるだろう。ともあれ、今夜は早く寝るとしよう。
  내일 날씨는 어떻게 될까? 어쨌든 오늘밤은 일찍 자기로 하자.

- たとえば菓子屋でチョコレート片を2つ買うとしよう。1つが89円でもう一方が94円とする。
  예를 들어 과자 가게에서 초콜릿 조각을 두 개 산다고 치자. 하나가 89엔이고 다른 하나가 94엔이라고 하자.

문장흐름

- 対話を深めるための工夫として、自分自身と対話する関係を対話中にもつくるということがある。意識の全体量を10とすると、相手とのその場の会話に10を使ってしまうのでは、浅い会話になる。
  심도 깊은 대화를 하기 위한 노력으로, 자기자신과 대화하는 관계를 대화 중에도 만들어보는 일이 있다. 의식의 전체 양을 10이라고 치면, 상대와 그 자리에서 이루어지는 대화에 10을 모두 사용해 버리면 깊이 없는 대화가 된다.

42 ～途中で ~도중에

접속 동사의 기본형(る형), 명사+の, 명사 등

명사「途中(도중)」가 문법화된 것으로 명사의 뜻과 거의 같다. 주로「～途中(~도중)」,「～途中で(~도중에)」의 형태로 사용된다. 대표적인 예로「行く途中(가는 도중), 話の途中で(말하는 도중에), 学校に来る途中で(학교에 오는 도중에)」등이 있다. 또한「～途中に(~도중에)」의 형태도 함께 익혀 두자.

☑ 学校に来るとちゅうで財布を忘れたのに気づいた
학교에 오는 도중에 지갑을 두고 온 것을 깨달았다 2010-1회

문법형식

- 学校に行く途中で忘れずにこの手紙を出してくれ。
  학교에 가는 도중에 잊지 말고 이 편지를 부쳐 줘.

- お話の途中で申しわけありませんが、お電話が入っています。
  말씀하시는 도중에 죄송합니다만, 전화가 와 있습니다.

- 東京から帰る途中、名古屋に寄りました。
  도쿄에서 돌아오는 도중 나고야에 들렸습니다.

- ゆうべ、帰宅途中にビデオを借りました。
  어젯밤 귀가 도중에 비디오를 빌렸습니다.

- ポストなら駅へ行く途中にありますよ。
  우체통이라면 역으로 가는 도중에 있어요.

문맥배열

- 私は 学校へ 行く 途中で 通りを 横断ているときに事故に遭った。
  나는 학교에 가던 도중, 길을 건너고 있을 때에 사고를 당했다.

- 帰宅途中に美容院に寄って その後 帰宅する 途中に 友達に 出会いました。
  귀가 도중에 미용실에 들렀고, 그 후에 귀가하는 도중에 친구를 우연히 만났습니다.

문장흐름

- A温泉からB温泉に向かう途中で立ち寄ったところで焼きトウモロコシが1本300円で販売しており、たれをかけてその場で焼いてくれて甘くておいしかった。
  A온천에서 B온천으로 향하는 도중에 들렀던 곳에서 군옥수수를 1개 300엔에 판매하고 있었는데, 소스를 끼얹어서 그 자리에서 바로 구워 주어서 달고 맛있었다.

43
～とは⁰⁹⁴ ~하다니

접속 동사의 기본형(る형)·과거형(た형)·부정형(ない형)

「～とは」는 '~하다니, ~이라니'라는 뜻으로, 「～」라는 사실을 보거나 듣고 그것이 뜻밖이라는 심정을 강조한 표현이다. 주로 앞 문장에서는 알게 된 사항에 대해 말하고, 뒤 문장에서는 놀람 등을 나타낸다.

☑ サラリーマンから農家になる**とは**ずいぶん勇気があるんだね
　샐러리맨에서 농부가 되다니 상당히 용기가 있네　**2014-1회**

○ ・普段はおとなしい彼があんなに怒る**とは**、よほどひどいことを言われたのだろう。 **08**
　평상시에는 얌전한 그가 그토록 화를 내다니, 상당히 심한 말을 들었을 것이다.

・20歳にもなりながら、そんな簡単なこともできない**とは**、実に情けないことだ。 **93**
　스무 살이나 먹었으면서 그런 간단한 것도 못하다니, 정말 한심한 노릇이야.

・こんな単純ミスに気づかない**とは**、私もずいぶんぼんやりしていたものだ。
　이렇게 단순한 실수를 눈치채지 못하다니, 나도 어지간히 멍하니 있었나 보다.

○ ・あんなに 巨大な建物を 大昔の人が 造った★ **とは**、不思議としか言いようがない。 **06**
　저렇게 거대한 건물을 아주 옛날 사람이 지었다니, 불가사의하다고 밖에 말할 수 없다.

・部下から そんな ことを 言われる★ **とは**、さぞ不愉快だっただろう。 **99**
　부하에게 그런 말을 듣다니, 필시 불쾌했을 것이다.

・他人の 土地を だまして 売りつける★ **とは**、実にあくらつな手口だ。
　남의 땅을 속여 강매하다니, 실로 악랄한 수법이다.

○ ・ほう、どこの好男子かと思ったら、ひろちゃんだったのか。あの泣き虫がこんなに立派な人になった**とは**。まったく、歳月の流れを感じさせられるなあ。
　호~ 어디 사는 훈남인가 했더니, 히로였구나. 그 울보가 이렇게 멋진 사람이 되었다니. 정말이지 세월의 흐름이 느껴지는구나.

44 〜とはいえ 095 ~라고는 해도

접속 동사의 기본형(る형)·과거형(た형), 명사

「〜とはいえ」는 '~라고는 해도, ~이지만'이라는 뜻으로, 일반적으로 「〜」에서 받는 인상이나 특징의 일부를 부정하고 실제 사실을 설명하는 표현이다. 뒤에는 주로 말하는 사람의 의견이나 판단 등을 나타내는 문장이 온다. 또한 「とはいえ」는 접속사로 쓰여 '그렇다고는 하나'의 뜻을 나타내기도 한다.

- まだほんの一部にすぎない**とはいえ** 아직 그저 일부에 지나지 않는다고는 해도 2010-1회

유형1 문법형식

- これからは、人はみな自分の健康は自分で管理しなければならない。子ども**とはいえ**例外ではない。 06
  앞으로는 사람은 모두 자신의 건강은 자신이 관리해야 한다. 어린아이라고는 해도 예외는 아니다.

- 任務**とはいえ**あの南極で長い冬を越すのは大変なことだろう。 96
  임무라고는 해도 그 남극에서 긴 겨울을 넘기는 것은 힘든 일일 것이다.

- 昔に比べて体力が衰えた**とはいえ**、まだまだ若い者には負けない。 92
  옛날에 비해 체력이 떨어졌다고는 해도, 아직 젊은 사람들에게는 지지 않는다.

유형2 문맥배열

- 仕事が山のように あって 日曜日 **とはいえ** 出社し なければならない。 01
  일이 산더미처럼 쌓여 있어서, 일요일이라고는 해도 출근해야 한다.

- 毎日遅刻 せずに 会社に 来る **とはいえ**、その仕事ぶりはひどいといったらない。 96
  매일 지각하지 않고 회사에 온다고는 해도 그 근무 태도는 정말이지 심하다.

- どんなに 親しい仲 **とはいえ** 金銭に 関しては けじめがほしい。
  아무리 친한 사이라고 해도 금전에 관해서는 구분이 필요하다

유형3 문장흐름

- お米をとぎなさいと言ったら、なんと米を洗剤で洗っていた。食品を洗剤で洗うことなどありえない。**いくら子供とはいえ**、これくらいの常識は持っていてほしい。
  쌀을 씻으라고 했더니, 이런~ 쌀을 세제로 씻고 있었다. 먹는 것을 세제로 씻는다는 건 있을 수 없다. 아무리 어린아이라고는 해도 이 정도의 상식은 가지고 있었으면 좋겠다.

45 ～ないことには ~하지 않으면

접속 동사의 부정형(ない형), い형용사+く, な형용사 어간·명사+で

「～ないことには」는 '~하지 않으면, ~하지 않고서는'이라는 뜻으로, '~하지 않으면 뒤에 오는 일은 일어나지 않는다'는 가정의 뜻을 나타낸다. 뒤에는 부정적인 내용이 오며 말하는 사람의 부정적·소극적인 기분을 나타내는 경우가 많다.

- ☑ 応募しないことには、何も進みません 응모하지 않으면 아무것도 진행되지 않습니다 **2015-1회**

유형1 문법형식

- 事実を確認しないことには、何とも申し上げられません。 **07**
  사실을 확인하지 않고서는 뭐라고 말씀드릴 수 없습니다.

- くわしい調査をしないことには、政府も対策がたてられない。 **98**
  자세한 조사를 하지 않으면 정부도 대책을 세울 수 없다.

- どんな人か、実際会ってみないことには、よくわからない。 **93**
  어떤 사람인지 실제로 만나 보지 않으면 잘 모른다.

- 体が健康でないことには、幸せな生活はできないだろう。
  몸이 건강하지 않으면 행복한 생활은 불가능할 것이다.

유형2 문맥배열

- 一度行って みない ことには どんな所か わからない だろう。 **03**
  한번 가 보지 않으면 어떤 곳인지 알 수 없을 것이다.

- それを はっきり させない ことには 何も 書けない。 **94**
  그것을 분명하게 하지 않으면 아무것도 쓸 수 없다.

유형3 문장흐름

- 実際に行ってみないことには、どんなところかわからない。ガイドブックに載っているのはプロのカメラマンが撮った写真だから、実際よりも良く見えることがほとんどだからだ。
  실제로 가 보지 않으면 어떤 곳인지 모른다. 가이드북에 실려 있는 것은 프로 카메라맨이 찍은 사진이니까, 실제보다도 좋아 보이는 게 대부분이기 때문이다.

46 〜ないですむ・〜ずにすむ [100] ~하지 않고 끝나다, ~하지 않아도 된다

접속 동사의 부정형(ない형)

「〜ないですむ・〜ずにすむ」는 '~하지 않고 끝나다, ~하지 않아도 된다'라는 뜻으로, 예측되는 상황을 피할 수 있다, 그것을 하지 않고 끝난다는 뜻을 나타낸다. 「遅刻しないですんだ＝遅刻せずにすんだ(지각하지 않고 끝났다)」, 「行かないですんだ＝行かずにすんだ(가지 않아도 되었다)」와 같이 표현할 수 있으며, 「〜ないで済む・〜ずに済む」처럼 한자로 표기하기도 한다. 「する」에 접속할 때는 「せずにすむ」가 되므로 주의하자. 비슷한 표현에 「〜なくて(も)済む」[N1 093](~하지 않아도 된다)가 있다.

☑ 今回あまり並ば**ないで済んだ**のは何時ごろがすいているか
  이번에 그다지 줄을 서지 않아도 된 것은 몇 시쯤 비는지 **2016-1회**

유형1 문법형식

- 友だちが、余っていたコンサートの券を1枚くれた。それで、私は券を買わ**ずにすんだ**。 04
  친구가 남은 콘서트 표를 한 장 주었다. 그래서 나는 표를 사지 않아도 되었다.

- かさを持って行ったので、とつぜん雨に降られてもぬれ**ないで済んだ**。
  우산을 가지고 갔기 때문에, 갑자기 비가 와도 젖지 않았다.

- もう数日早く手をつけていれば、こんなに徹夜の連続になら**ずに済んだ**のに。
  정말 며칠 빨리 손을 썼으면 이렇게 철야의 연속이 되지 않아도 됐을 텐데.

유형2 문맥배열

- はずかしい 思いを し**ないで** 済む には、どうすればいいのか教えてください。
  부끄러운 일을 겪지 않으려면, 어떻게 하면 되는지 가르쳐 주세요.

- 車の速度制御装置を制限速度以下になるように 設定して おけば スピード違反を しなくて 済む。
  차의 속도 제어 장치를 제한 속도 이하가 되도록 설정해 두면 속도 위반에 걸리지 않게 된다.

유형3 문장흐름

- いまとなっては後の祭りだが、事故の後すぐに謝罪しておけばうったえられ**ないですんだ**だろう。一瞬の判断がその人の人生を左右するなんて、全く恐ろしいことだ。
  이제 와서는 소잃고 외양간 고치기 격이지만, 사고 후 바로 사죄해 두었다면 고소 당하지 않고 끝났을 것이다. 한순간의 판단이 그 사람의 인생을 좌우하다니, 정말이지 무서운 일이다.

47

～ないでもない・～なくもない [101] ~하지 않는 것도 아니다

접속 동사의 부정형(ない형)

「～ないでもない・～なくもない」는 '~하지 않는 것도 아니다'라는 뜻으로, '~라는 가능성이 있다', 또는 '~라 할 수 있는 면도 있다'라는 의미를 나타낸다. 예를 들어 「わからないでもない・わからなくもない」는 '왠지 모르게 알 수 있을 것 같지만'이라는 뉘앙스의 '모르는 것도 아니다'라는 뜻이다. 응용 표현인 「～なくはない」[N1 094] (~하지 않는 것은 아니다)도 함께 알아 두자.

- 構成にはまだ少し問題がある気がし**ないでもない**が
  구성에는 아직 문제가 조금 있는 기분이 들지 않는 것도 아니지만 **2011-2회**

- 会社をやめたいというあなたの気持ちは、わから**ないでもない**が～。
  회사를 그만두고 싶다는 자네의 기분은 모르는 것도 아니지만 ~. **02**

- 市内観光は、一人で行け**なくもない**が、地元を知っている人と行くとけっこうおもしろい。
  시내 관광은 혼자 갈 수 없는 것도 아니지만, 그 고장을 알고 있는 사람과 가면 꽤 재미있다.

- 留学が決まった時あれほど 喜んだ 気持ちが わから**ない** でもない。 **96**
  유학이 결정되었을 때 그토록 기뻐했던 기분을 모르는 것도 아니다.

- 自然変動特性の変化によって、温暖化するほど寒い日が 増えるという 地域が ありえ**なく** はない が、現時点では未解明である。
  자연 변동 특성의 변화에 의해 온난화될수록 추운 날이 늘어난다는 지역이 있을 수 없는 것은 아니지만, 현시점에서는 해명되지 않았다.

- 代理出産について、気持ちは**わからないでもない**が、私は反対である。許してしまえば、人間としての倫理が崩れてしまうと思うからだ。
  대리 출산에 대해서, 마음을 모르는 것도 아니지만, 나는 반대이다. 허용해 버리면, 인간으로서의 윤리가 무너져 버린다고 생각하기 때문이다.

48 〜ながら・〜ながらも [102] ~면서도, ~이지만

접속 동사의 연용형(ます형)・부정형(ない형), い형용사의 기본형, な형용사의 어간, 명사　　　〜つつ(も) N1 048

「〜ながら・〜ながらも」는 '~면서도, ~이지만'이라는 뜻으로, 역접의 내용을 나타낸다. 즉 '~에서 상상할 수 있는 일과는 달리 실제는 이렇다'라고 말하고 싶을 때 쓴다. 「〜ながらも」는 「〜ながら」보다 격식 차린 표현이다.

참고 「〜ながら」는 '~하면서'라는 동시 진행을 나타내기도 한다.

- ☑ シンプル**ながら**、今にも動き出しそうな生命力　심플하면서도 당장에라도 움직일 것 같은 생명력　2016-2회
- ☑ 長くてなんだか使いにくいと言い**ながらも**　길어서 왠지 쓰기 어렵다고 말하면서도　N1 2013-1회
- ☑ 現実的であり**ながらも**、詩的な雰囲気を失わない　현실적이면서도 시적인 분위기를 잃지 않는다　2010-2회

유형1 문법형식

- 全力を出しましたが、残念**ながら**、優勝できませんでした。 07
  전력을 다했습니다만, 유감스럽게도 우승하지 못했습니다.

- 彼は、貧しい**ながらも**温かい家庭で育った。 00
  그는 가난하지만 따뜻한 가정에서 자랐다.

- 休養に徹すると言い**ながらも**頭から仕事のことが離れない。 97
  철저하게 쉬겠다고 말하면서도 머리에서 일 생각이 떠나지 않는다.

- たばこは体に悪いとわかっていながら、つい吸ってしまう。
  담배는 몸에 나쁘다고 알고 있으면서도 그만 피우고 만다.

유형2 문맥배열

- あの経営者は、不良品と 知り**ながら** 製品を 販売して いた。 09
  저 경영자는 불량품인 줄 알면서도 제품을 판매하고 있었다.

- 幼い **ながらも** 周囲の 人々の 気持ちを感じとることができる。
  어리지만 주위 사람들의 기분을 감지할 수 있다.

유형3 문장흐름

- 社会のために働きたいとは、**子供ながらも**大人の考えよりずっとすばらしい。将来はきっとすばらしい人間になるだろう。
  사회를 위해서 일하고 싶다니, 어린데도 어른들의 생각보다 훨씬 훌륭하다. 장래에 분명 훌륭한 사람이 될 것이다.

49 〜なりに / 〜なりの[105] ~나름대로 / ~나름대로의

접속 명사, それ

「〜なりに / 〜なりの」는 '~나름대로 / ~나름대로의'라는 뜻으로, '충분하지는 않지만 그에 상응하는'이라는 뉘앙스를 갖고 있다. 이것은 그 사항에 한계나 결점이 있다는 것은 인정한 후에 뭔가 플러스 평가를 할 때 사용한다. 「それ」에 접속한 「それなりに(그런대로)」와 「それなりの+명사(그 나름의~)」도 잘 익혀 두자.

☑ 行きたかったお寺には行けたし、それなりに楽しめた
　　가고 싶었던 절에는 갈 수 있었고, 그런대로 즐길 수 있었다 2014-1회

- 私なりによく考えたすえに出した結論なのです。 [99]
  내 나름대로 잘 생각한 끝에 내린 결론입니다.

- 人にはそれぞれ、その人なりの生き方や生きがいがあっていいと思う。 [91]
  사람에게는 각자 그 사람 나름대로의 생활 방식이나 사는 보람이 있어야 좋다고 생각한다.

- 葬式にはそれなりに決まった礼服があるんですから、身なりには気をつけなさいよ。
  장례식에는 그나름대로 정해진 예복이 있으니까, 옷차림에는 주의하세요.

- 新製品の宣伝 について、わたし なりに 考えた案 を説明した。 [98]
  신제품의 선전에 대해, 내 나름대로 생각한 안을 설명했다.

- この問題については、あなた なりの お考えが おあり でしょうが…。
  이 문제에 대해서는 당신 나름대로의 생각이 있으시겠지만…. [94]

- 彼のブログが閉鎖されたことは、ファンの私たちにはとても残念なことだ。しかし、彼には彼なりの考えがあってそうしたのだろう。またどこかで楽しいブログを立ち上げてくれることを願っている。
  그의 블로그가 폐쇄된 것은, 팬인 우리들에게는 매우 유감스런 일이다. 그러나, 그에게는 그 사람 나름대로의 생각이 있어서 그렇게 했을 것이다. 또 어딘가에서 즐거운 블로그를 만들어 활동해 주기를 바라고 있다.

50 ～に応じ(て) 108 ~에 따라서, ~에 맞게

접속 명사

「～に応じ(て)」는 '~에 따라서, ~에 맞게'라는 뜻으로, 앞 사항이 변하면 그에 따라 뒷 사항도 변함을 가리킨다. 이 표현은 「～に応じた+명사(~에 따른 ~)」의 형태로도 많이 쓰인다.

- ☑ 現場だと場面に応じて指導できるので 현장이면 상황에 맞게 지도할 수 있기 때문에 N1 2015-1회
- ☑ 客の予算に応じていくつかのコースを用意してくれる 손님의 예산에 맞게 몇 가지 코스를 준비해 준다 2010-1회

유형1 문법형식

- 旅行のプランは、お客様のご希望に応じて変更できます。 09
  여행 상품(코스 및 식사 등)은 손님의 희망에 맞게 변경할 수 있습니다.

- 業績におうじて従業員全員にボーナスが支給された。
  실적에 따라서 종업원 전원에게 상여금이 지급되었다.

- 生徒たちは、実力に応じて、3つのクラスに分けられた。
  학생들은 실력에 따라 3개의 반으로 나누어졌다.

유형2 문맥배열

- みなさんの ご希望に おうじて 商品を 生産していく つもりです。 96
  여러분의 희망에 맞게 상품을 생산해 나갈 생각입니다.

- 組合の 要求に応じ 標準就業時間が 短縮される ことになった。
  조합의 요구에 따라 표준 취업 시간이 단축되게 되었다.

유형3 문장흐름

- 生きていく限り、私たちの骨は習慣的な労働や体調に応じて、その姿形を少しずつ変えていく。これは見ることはできないが、誰も疑わないだろう。それは日常生活でも十分に信じられており、だから現代人は各種の運動器具を使ったりして、健康を保つことに余念がないのである。
  살아가는 한, 우리들의 뼈는 습관적인 노동이나 몸의 컨디션에 따라 그 모양을 조금씩 바꿔간다. 이것은 볼 수는 없지만 아무도 의심하지 않을 것이다. 그것은 일상 생활에서도 충분히 믿고 있으며, 그래서 현대인은 각종 운동 기구를 사용하면서 건강을 유지하는 일에 여념이 없는 것이다.

콕콕 실전문제 10

問題1 次の文の（　）に入れるのに最もよいものを、1・2・3・4から一つ選びなさい。

① 選挙制度を改革しない（　　　）、日本の政治を変えるのは難しいと私は思っている。
1 ことには　　2 ことでは　　3 ものには　　4 ものでは

② 前もって地図で調べておいたので、道に（　　　）。
1 迷わないではいられなかった　　2 迷わないですんだ
3 迷わざるをえなかった　　4 迷わないではすまなかった

③ 生徒の希望（　　　）、当校ではコンピューター関連の科目を増設した。
1 に応じて　　2 を前にして　　3 のことで　　4 をかぎりに

④ 彼女が東大に受かる（　　　）、実に信じられないことだ。
1 かは　　2 とは　　3 には　　4 では

⑤ 食中毒の原因がわかった（　　　）、どうやって安全を確保したらいいのだろう。
1 にひきかえ　　2 とはいえ　　3 だけあって　　4 とすれば

⑥ 山田さんは学生の身で（　　　）、会社も経営している。
1 あるままに　　2 ありうべく　　3 あるらしく　　4 ありながら

⑦ 私（　　　）努力したのだが、結果はいま一つだった。
1 のみならず　　2 だに　　3 なりに　　4 ごとき

⑧ 時間の流れを一本の連続した直線で表し、その線上に一つの点をとり、「1日の始点」（　　　）。
1 ともうす　　2 とある　　3 といえる　　4 とする

⑨ ここへ来る（　　　）手紙をなくしてしまいました。
1 とちゅうで　　2 ついでに　　3 なかで　　4 うちに

⑩ ちょっと残酷なシーンが多すぎるという気が（　　　）、おもしろかった。
1 することはないが　　2 しないでもないが
3 するよりほかないが　　4 しないのではないか

問題2 次の文の ___★___ に入る最もよいものを、1・2・3・4から一つ選びなさい。

11 試験で80パーセント以上 _____ _____ ★ _____ 。091
　1 合格と　　　2 だけ　　　3 します　　　4 とれた人

12 _____ ★ _____ _____ 彼女も無責任だ。092
　1 抜ける　　　2 途中で　　　3 会議の　　　4 なんて

13 彼女が、世の中全体を _____ _____ ★ _____ 、殺人未遂を犯してはだめなんだ。101
　1 恨んでしまう　2 でもないが　3 気持ちは　　4 わからない

14 ここで _____ _____ ★ _____ あとで始末がつかなくなるに違いないのだ。098
　1 おかない　　2 何か　　　　3 ことには　　4 手を打って

15 このような形で試合の勝敗が _____ _____ ★ _____ 。094
　1 とは　　　　2 決まる　　　3 いなかった　4 考えても

16 _____ ★ _____ _____ 、商売はようやく軌道に乗ってきた。095
　1 とはいえ　　2 まだまだ　　3 注文が多い　4 小口の

17 _____ _____ ★ _____ はお答えできないことになっております。102・041
　1 ながら　　　2 正確な　　　3 残念　　　　4 数字

18 本当に _____ _____ ★ _____ 必要になる。105・N1 084
　1 準備が　　　2 それなりの　3 留学する　　4 となると

19 彼が _____ _____ ★ _____ _____ 。100・125・066
　1 手紙を書かずに　2 電話してきた　3 ので　　4 済みました

20 もう中学生なんだから _____ ★ _____ _____ と思う。108・128
　1 応じて　　　2 時と場合に　3 変えなければ　4 言葉遣いを

問題3 次の文章を読んで、文章全体の趣旨を踏まえて、 21 から 25 の中に入る最もよいものを、1・2・3・4から一つ選びなさい。

　日本の女性たちの多くは長らく、短い勤続、定型的または補助的な仕事、そして低賃金という、それぞれが他の原因でも結果でもあるような三要因の連動する職場のなかを働き継いできた。
　この＜三位一体＞の仕組みには、まぎれもなく社会的・文化的な意味での性差、すなわちジェンダーによる性差別がある。 21 、＜三位一体＞はもちろん、職場では「ビジネスの成否をきめる判断業務に携わる男」と「男の仕事を陰で支えて作業する女」の協同、そして家庭では主要な稼ぎ手の夫と家事を担いながら補助的に稼ぎもする妻の協力という、それなりの男女共生システムと相互に補強し合う関係にあった。 22 、女性たちが伝統の「女の規範」に従ってこの「それなりの共生」観をみずからの考えともしているかぎり、男性優位のこの仕組みも、性差別と意識され糾弾されることをまぬかれてきたのである。
　 23 、私たちは今、この＜三位一体＞構造にも、それと整合的な「それなりの共生」システムにも、はっきりとゆらぎを見ることができる。 24 、高度経済成長の終焉（注）以降ゆっくりとあらわれ、20世紀最後の10年間には加速度を加えて進行した。＜三位一体＞を構成する要因のいくつかはすでに変貌をとげ、仕組み全体の安定性をゆるがせている。一方、職場の仕事においても充実したい、一人ででも生きてゆけるよう職業人として自立したいと願うようになった一定比率の女性たちは、これまでの世帯単位のそれとは異なる「 25 」の男女共生をようやく求めはじめている。

（熊沢誠『女性労働と企業社会』による）

（注）終焉：生命が終わること。死を迎えること。

21

1　それゆえに　　　　　　2　とはいえ
3　だとしたら　　　　　　4　それにしては

22

1　それにつけても　　　　2　それゆえ
3　それなりに　　　　　　4　それどころか

23

1　さらに　　2　すなわち　　3　しかし　　4　そのうえ

24

1　その変化は　　2　その理由は　　3　その過程は　　4　その結果は

25

1　団体単位　　2　ダブル単位　　3　会社単位　　4　シングル単位

📝 문제해결 키워드

- **とはいえ** N2 095 ~라고는 해도, 그렇다고는 하나
  ジェンダーによる性差別がある。とはいえ~
  젠더에 의한 성차별이 있다. 그렇다고는 해도~ (05行)

- **~なりの** N2 105 ~나름대로의
  それなりの男女共生システム
  그 나름대로의 남녀 공생 시스템 (08行)

- **~でも~でもある** ~이기도 ~이기도 하다
  原因でも結果でもある 원인이기도 결과이기도 하다 (02行)

- **~はもちろん** N2 136 ~은 물론
  〈三位一体〉はもちろん 〈삼위일체〉는 물론 (05行)

- **~もする** N1 139 ~하기도 하다
  補助的に稼ぎもする 보조적으로 벌기도 하는 (07行)

- **~かぎり** N2 017 ~하는 한
  みずからの考えともしているかぎり
  스스로의 생각이라고 여기고 있는 한 (09行)

- **~においても** N2 107 ~에서도
  職場の仕事においても充実したい
  직장의 업무에서도 충실하고 싶나 (16行)

- **~ゆえに** N1 148 ~때문에

- **~にしては** N1 109 ~치고는

- **~につけても** N1 116 ~와 관련하여 항상

- **~どころか** N2 087 ~은커녕

51 〜にかかわらず / 〜にもかかわらず 109

~에 관계없이 / ~인데도 불구하고

접속 동사의 기본형(る형)·진행형(ている형)·과거형(た형), 명사, 의문사 か 등

「〜にかかわらず…」는 '~에 관계없이'라는 뜻으로 '~가 어떻든, 또 어느 쪽이든 …라고 말할 수 있다'는 것을 나타낸다. 대립 관계에 있는 말을 받는 경우가 많다. 「〜にもかかわらず」는 '~인데도 불구하고'라는 뜻으로, '~에서 당연히 예상되는 것과는 다른 결과가 되었다'라고 할 때 사용한다. 뒤에는 주로 말하는 사람의 놀람이나 의외·불만·비난 등의 기분을 나타내는 문장이 온다. 응용 표현인 「〜に(は)かかわりなく(~하고(는) 상관없이)」도 알아 두자.

- ☑ A社の工場にあることが明らかになったにもかかわらず
  A사의 공장에 있음이 밝혀졌는데도 불구하고 N1 2015-1회
- ☑ 大雨にもかかわらず行列ができていた 큰비에도 불구하고 줄이 늘어서 있었다 2012-2회

- ○ • 好きか嫌いかにかかわらず、この仕事は必ずしなければならない。 07
  좋아하는지 싫어하는지에 관계없이, 이 일은 반드시 해야 한다.
- • 彼は、夏休み中にもかかわらず、毎日図書館で勉強している。 02
  그는 여름 방학 중인데도 불구하고, 매일 도서관에서 공부하고 있다.
- • テニスは年齢にかかわりなく楽しめるスポーツだ。
  테니스는 나이와 상관없이 즐길 수 있는 운동이다.

- ○ • 天候 にかかわらず あすの 午後2時から 試合を行います。 96
  날씨에 관계없이 내일 오후 2시부터 시합을 거행합니다.
- • 住民の 反対運動に かかわり なく 建設が始まった。
  주민의 반대 운동과 상관없이 건설이 시작되었다.
- • とても 疲れて いた にも かかわらず 彼女は眠れなかった。
  무척 피곤해 있었음에도 불구하고 그녀는 잠을 잘 수 없었다.

- ○ • 多くの人が不可能だと思っているにもかかわらず、あの人は新発明のための研究をあきらめようとしない。 96
  많은 사람들이 불가능하다고 생각하고 있는데도 불구하고, 저 사람은 신발명을 위한 연구를 포기하려고 하지 않는다.

52 〜に限る ~하는 것이 제일이다

접속 동사의 기본형(る형), 명사

「〜に限る」는 '~하는 것이 제일이다'라는 뜻이다. 보통 동사의 기본형(る형)이나 명사 등에 붙어 '~가 제일이다'라는 것을 주장하는 데 사용하고, 앞에 「〜なら(~하려면)」, 「〜たら(~하면)」, 「〜には(~하려면)」 등을 수반하는 경우가 많다. 그리고 명사에 붙는 경우 希望者は女子に限る(희망자는 여성에 한한다), 20歳以上の人に限られている(20세 이상인 사람에 한정되어 있다)처럼 '~에 한한다, ~에 한정되어 있다'라는 뜻으로 간혹 쓰이는 경우도 있으므로 주의하자.

☑ 風邪のときはあたたかくして早く寝るに限る
　감기에 걸렸을 때는 따뜻하게 하고 빨리 자는 것이 제일이다　2013-2회

유형1 문법형식

- 疲れたときは、寝るに限ります。 94
  피곤할 때는 자는 게 제일입니다.

- 台風の日は外に出ずに一日中寝るに限ります。
  태풍이 온 날은 밖에 나가지 말고 하루 종일 자는 게 제일입니다.

- 調子が悪いときは、ゆっくり休むに限ります。
  컨디션이 안 좋을 때는 푹 쉬는 게 제일입니다.

- 応募資格は都内在住の方に限ります。
  응모 자격은 도내 거주인 분에 한합니다.

유형2 문맥배열

- こんな日は雨にぬれずに 時間を つぶせる★ 美術館に行く に限る。
  이런 날은 비에 젖지 않고 시간을 보낼 수 있는 미술관에 가는 게 제일이다.

- やっぱり中華料理を 食べに 行くのは 大人数に★ 限りますね。
  역시 중화 요리를 먹으러 가는 것은 많은 인원수로 가는 게 제일이네요.

유형3 문장흐름

- ガイドブックにも載っていない飛び切りの情報は、やはり現地の人から直接聞くに限ります。だから、少しでも現地の言葉を覚えて、あとはボディーランゲージでコミュニケーションできる度胸をつけておきましょう。
  가이드북에도 실려 있지 않은 최상의 정보는, 역시 현지에 있는 사람에게 직접 듣는 게 제일입니다. 그러니까 조금이라도 현지의 언어를 익히고, 그 다음은 보디랭귀지로 커뮤니케이션을 할 수 있는 배짱을 가져 둡시다.

53

~にこたえ(て) [114] ~에 부응하여, ~에 따라

접속 (기대·요청·희망·열망 등을 나타내는) 명사

「~にこたえ(て)」는 '~에 부응하여, ~에 따라'라는 의미로, 외부로부터의 어떤 작용에 응답·보답한다는 뜻으로 사용된다. 따라서 「~」 부분에는 기대·요청·희망·열망 등을 나타내는 명사가 온다. 응용 표현으로 「~にこたえる+명사(~에 부응하는 ~)」는 国民の期待にこたえる政策(국민의 기대에 부응하는 정책)과 같이 쓰이니, 잘 익혀 두자. 또한 「~にこたえた(~에 부응하였다)」, 「~にこたえられる(~에 부응할 수 있다)」 등의 형태로도 쓰이며, 한자 표기인 「~に応え(て)」로도 쓰인다.

☑ この美術館では、利用者の声にこたえて 이 미술관에서는 이용자의 의견에 부응하여 **2011-2회**

문법형식

○ • 消費者の要求にこたえて、よい製品を作っていかなければならない。 **08**
소비자의 요구에 부응하여 좋은 제품을 만들어 나가야 한다.

• 学生の希望にこたえて、図書館は夜10時まで開けられることになった。
학생의 희망에 부응하여 도서관은 밤 10시까지 개방되게 되었다. **98**

• みんなの期待にこたえて満塁ホームランを打った。
모두의 기대에 부응하여 만루 홈런을 쳤다.

• 選手たちは手を振って観衆の声援に応えた。
선수들은 손을 흔들어 관중의 성원에 부응하였다.

문맥배열

○ • 選手たちは これ にこたえて 今年の 大会で★ 次々と 新記録を 出した。
선수들은 이에 부응하여 금년 대회에서 연이어 신기록을 냈다. **02**

• 山田選手は、国民の 期待 にこたえる★ 立派な 成績を 残した。
야마다 선수는 국민의 기대에 부응하는 훌륭한 성적을 남겼다.

문장흐름

○ • 視聴者の熱望にこたえ、この番組を再放送することになりました。放送は、来週土曜の午後5時からと、来週日曜の夜7時からの2回の予定です。
시청자의 열망에 부응하여 이 프로그램을 재방송하게 되었습니다. 방송은 다음 주 토요일 오후 5시부터와 다음 주 일요일 밤 7시부터로 2회 예정입니다.

54 〜にしたら・〜にすれば / 〜にしても [115]

~로서는 / ~라고 해도

접속 동사의 기본형(る형), 명사, ~ことはない, ~である 등

「〜にしたら・〜にすれば」는 '~로서는, ~의 입장으로는'의 뜻이다. 대표적인 예로 あの人の身にしたら(그 사람의 입장으로서는), 姉にすれば(언니로서는) 등이 있다. 「〜にしても」는 '~라고 해도, ~라고 가정해도'라는 뜻으로 「〜」라는 사실을 일단 인정하고 그와는 상반·모순된 문장이 뒤에 전개됨을 나타낸다.

- ☑ たとえば、メールの書き方ひとつにしても 예를 들어 메일 쓰는 법 하나라고 해도 N1 2015-1회
- ☑ このまま進めるかやめるかいずれにしても 이대로 진행할지 말지 어느 쪽이라고 해도 2012-2회
- ☑ 彼にしたら「もし、またミスをしたら」というプレッシャーは…
  그로서는 '만약 또 실수하면'이라는 압박감은… 2011-1회
- ☑ 完全に失われることはないにしても 완전히 잃어버리는 일은 없다고 해도 N1 2010-1회

유형1 문법형식

- 留学は今すぐではなく、大学を卒業してからします。両親にしても、そのほうが安心でしょう。 07
  유학은 지금 바로가 아니라, 대학을 졸업하고 나서 하겠습니다. 부모님이라고 해도 그쪽이 안심일 것입니다.

- 親にすればどんな子どもでもかわいいはずだ。
  부모로서는 어떤 자식이든 귀여운 법이다.

- その話が本当であるにしても、私は信じたくありません。
  그 이야기가 사실이라고 해도, 나는 믿고 싶지 않습니다.

유형2 문맥배열

- 昔ほど ではない にしても 今でも 長男 が家を継ぐという 傾向は 残っている。
  옛날만큼은 아니더라도 지금도 장남이 기업을 잇는다는 경향은 남아 있다. 91

- あの 人の 立場 にしたら そんなことは できなかった だろう。
  그 사람의 입장으로서는 그런 일은 할 수 없었을 것이다.

유형3 문장흐름

- 少し 小降りになってきた。それにしても毎日よく降る。家の中がじめじめして気持ちが悪い。早く梅雨が明けてくれないかなあ。
  빗발이 조금 약해졌다. 그렇다 하더라도 매일 잘도 내린다. 집안이 축축해서 기분이 안 좋다. 빨리 장마가 끝났으면…….

55 〜に違いない [119] ~임에 틀림없다

접속 동사의 기본형(る형)·과거형(た형), 명사

「〜に違いない」는 '~임에 틀림없다'라는 뜻이다. 이 표현은 사실이라고 단정할 수는 없지만, 화자가 그것을 사실이라고 강하게 확신하고 있음을 나타낸다. 자신의 생각이나 추측 등을 자기 스스로 확인·납득하는 식의 독백인 경우에 쓰이는 것이 보통이다. 따라서 대화문보다는 지문에 많이 보이는 것이 특징이다. 유사 표현에 「〜に相違ない(~임에 틀림없다)」가 있다.

☑ あらゆる人にわかりやすくという思いが世界に届いた結果に違いない
　　모든 사람이 알기 쉽게 라는 생각이 세계에 전달된 결과임에 틀림없다　2016-2회

- だれかが計算を間違えたにちがいない。 09
  누군가가 계산을 틀리게 했음에 틀림없다.
- 地球環境はますます悪くなるにちがいない。 05
  지구 환경은 점점 악화될 것임에 틀림없다.
- まじめなあの人のことだから、時間どおりに来るに違いない。 98
  성실한 그 사람이니까, 시간 대로 올 것임에 틀림없다.
- あの人なら目標を達成するに相違ない。
  그 사람이라면 목표를 달성할 것임에 틀림없다.

- 笑顔だったところをみると、すべて うまく いった にちがいない。 02
  웃는 얼굴인 걸 보면 모두 잘 되었음에 틀림없다.
- 彼は、私が借金を 抱えている ことを 知っている にちがいない。 02
  그는 내가 빚을 떠안고 있는 것을 알고 있음에 틀림없다.
- おそらくその時点ではだれも その事実に 気づいていなかった に違いない。
  아마 그 시점에서는 아무도 그 사실을 눈치채지 않았음에 틀림없다.

- あれだけ勉強したんだから、今年は合格するに違いない。そう思って試験を受けたら、見事に合格した。
  그만큼 공부했으니 올해는 합격할 것임에 틀림없다. 그렇게 생각하고 시험을 봤더니 훌륭하게 합격했다.

56 ～につれ(て)¹²¹ ~(함)에 따라

접속 동사의 기본형(る형), 명사　　　　　　　　　　　～にともなって^{N1 119}, ～にしたがって^{N3 083}

「～につれ(て)」는 '~함에 따라, ~에 따라'라는 뜻으로, '한쪽의 정도가 변하면 그것이 이유가 되어 다른 한쪽도 변한다'는 뜻이 내포되어 있다. 「Aにつれ(て)B」라고 할 때 A·B에는 모두 변화를 나타내는 단어가 온다.

☑ 真っ白だった花が夕方が近づくにつれて次第にピンクへと変化していく
　새하얗던 꽃이 저녁이 가까워짐에 따라 점차 분홍색으로 변해 간다　2014-2회

유형1 문법형식

○ ・農業技術が発達するにつれて、人々の暮らしは豊かになっていった。
　농업 기술이 발달함에 따라 사람들의 생활은 풍요로워져 갔다. 09

・時間がたつにつれて、悲しいことは忘れていった。 05
　시간이 지남에 따라 슬픈 일은 잊혀져 갔다.

・年月がたつにつれて彼女はますます美しくなった。
　세월이 지남에 따라 그녀는 점점 아름다워졌다.

유형2 문맥배열

○ ・あたりが 暗くなる につれて だんだん 眠くなって きた。 06
　주위가 어두워짐에 따라 점점 졸음이 왔다.

・時間がたつ につれて パーティーは にぎやか になってきた。 97
　시간이 지남에 따라 파티는 시끌벅적해졌다.

・父は、年を とる に つれて だんだん記憶力が衰えてきたと悩んでいる。
　아버지는 나이를 먹음에 따라 점점 기억력이 퇴보하고 있다고 고민하고 있다.

유형3 문장흐름

○ ・物価の上昇につれ、生活が苦しくなってきた。だが、これまで以上にお金の使い方を工夫して、できるだけ明るく暮らせるように努力したい。
　물가 상승에 따라 생활이 어려워졌다. 하지만 이제까지보다 더 돈의 사용법을 궁리해서, 가능한 한 밝게 살 수 있도록 노력하고 싶다.

57 ～に上る・～に達する [122] ~에 달하다, ~에 이르다

접속 명사

동사「のぼる」는 다의어로 한자에 따라「上る(오르다, 올라가다, 상경하다, 달하다)」,「昇る(오르다, 떠오르다)」,「登る(오르다, 높은 곳으로 올라가다)」등 여러 뜻을 갖는데, 이 중에서「上る」의 '달하다'가 문법화되어「～に上る(~에 달하다)」라는 형태가 되었다. 유사 표현인「～に達する(~에 달하다)」도 함께 익혀 두자.

- ☑ 開幕から3日で10万人に達した 개막부터 3일 만에 10만 명에 달했다 `2013-2회`
- ☑ Y遊園地の昨年の入場者数は、1000万人に上った Y유원지의 작년 입장객 수는 1000만 명에 달했다 `2013-1회`

유형1 문법형식

- 新聞社の調査によれば、1か月に1冊も本を読まない人が60％にのぼるそうだ。 `09`
  신문사의 조사에 의하면 책을 한 달에 한 권도 읽지 않는 사람이 60%에 이른다고 한다.

- 入院時の主な疾患は多様だが、肺炎が群を抜いていて多く、162人に上った。
  입원 시의 주요 질환은 다양하지만, 폐렴이 특히 많아 162명에 달했다.

- その症状の出ている患者の死亡数は全体の50パーセント以上に達している。
  그 증상이 나오는 환자의 사망자 수는 전체의 50% 이상에 이르고 있다.

유형2 문맥배열

- 発表したデータによると、児童のいる世帯で 母子のみの 家庭の割合は 約6.8％に 上る そうだ。
  발표한 데이터에 따르면 아동이 있는 세대에서 모자(만의) 가정의 비율은 약 6.8%에 이른다고 한다.

- これで一連の審査は終結し、逮捕や書類送検された 社員らは あわせて 62人 にのぼった。
  이것으로 일련의 심사는 종결되고, 체포나 서류 송치된 사원들은 합쳐서 62명에 이르렀다.

유형3 문장흐름

- 子どもの治療を親が拒否し、幼児が死亡したケースが2件起きていたことが27日、初の実態調査で分かったそうだ。2017年の調査結果では2016年に「治療拒否」を経験した小児系病院は18％に上るそうだ。
  아이의 치료를 부모가 거부하여, 유아가 사망한 사례가 2건 일어난 일이 27일 첫 실태 조사로 알게 되었다고 한다. 2017년 조사 결과에서는 2016년에 '치료거부'를 경험한 소아계 병원은 18%에 이른다고 한다.

58 〜には ~하려면

접속 동사의 기본형(る형)

「〜には」는 '~하려면'이라는 뜻으로, '그렇게 하기 위해서는, 그렇게 하고 싶다고 생각한다면'이라는 의미를 나타낸다. 유사 표현으로「〜ためには(~하기 위해서는)」가 있다. 그리고 명사에 붙으면「春には(봄에는)」처럼 때를,「私にはわからない(나는 모르겠다)」처럼 평가의 기준을 나타낸다.

- ☑ スケジュールどおりに仕事を進める**には**どうすればいいか
  스케줄대로 업무를 진행하려면 어떻게 하면 좋을지 `2015-1회`

- ☑ 今から作り直す**には**時間が足りない 지금부터 다시 만들기에는 시간이 부족하다 `N3 2013-1회`

- 国際交流を進める**には**、相手を理解しようとする姿勢が欠かせない。
  국제 교류를 진행시키려면, 상대를 이해하려고 하는 자세를 빠뜨릴 수 없다. `05`

- 人生を豊かにする**には**趣味をたくさん持つことが大事だ。
  인생을 풍요롭게 하려면 취미를 많이 갖는 것이 중요하다.

- 辞書を見ずに新聞を読む**には**、相当の語学力が必要だ。
  사전을 보지 않고 신문을 보려면, 상당한 어학 실력이 필요하다.

- 自己を認識する**には**自分が言うこと行うことを深く洞察することが必要だ。
  자기를 인식하려면 자신이 말하는 것, 행하는 것을 깊이 통찰하는 것이 필요하다.

- 東京駅 に行くには そこの角を ★ 曲がった 方が近いですよ。 `02`
  도쿄 역에 가려면 거기 있는 모퉁이를 도는 것이 가까워요.

- プロ級の 腕になる **には** ★ 何年もの 練習が 必要です。
  프로급의 실력이 되려면 몇 년의 연습이 필요합니다.

- **Eメールを送るには**、まずパソコンのことをよく知っていなければだめだ。Eメールは便利だが、機械が苦手な人やお年寄りは、電話やファックスを使ったほうがいいだろう。
  이메일을 보내려면, 우선 컴퓨터에 관한 것을 잘 알고 있지 않으면 안 된다. 이메일은 편리하지만, 기계를 잘 못 다루는 사람이나 노인은 전화나 팩스를 쓰는 게 좋을 것이다.

59 〜ば ~하면

접속 동사의 가정형(ば형), な형용사의 어간+なら(ば), 명사+なら(ば)

「〜ば」는 '~하면'이라는 뜻으로, 사실과는 다른 일을 가정하고 그 뒤에 실현되지 않았던 일에 대해 이야기할 때 쓴다. 자주 쓰이는 표현에 「〜ば〜のに」, 「〜ばいい」 등이 있는데, 「〜ば〜のに」는 '~하면 ~(일 텐데)'라는 의미로 유감스러운 기분을 나타낸다. 「のに」 이외에도 「〜ば〜けれど・〜ば〜だろう・〜ば〜だろうに」의 형태도 쓰인다. 「〜ばいい」는 '~하면 된다'라는 의미로 좋은 방법이라고 생각하는 것을 추천하는 표현이다.

- ☑ どうすれ**ばいい**か常に考えながら作業をしている
  어떻게 하면 좋을지 항상 생각하면서 작업을 하고 있다 [2015-1회]

- ☑ もう少しゆっくりしていけ**ばいいのに** 좀더 천천히 있다가 가면 좋을 텐데 [2014-1회]

- ☑ だいたい何枚ぐらい用意すれ**ば** 대략 몇 장 정도 준비하면 [2012-2회]

- ☑ もしそちらのご都合がよろしけれ**ば** 만약 그쪽의 사정이 괜찮으시면 [2012-1회]

- ☑ すぐに歯医者に行け**ばいい**のだろうが 바로 치과에 가면 좋겠지만 [N3 2010-1회]

유형1 문법형식

- 読書はちゃんとした心構えで取り組め**ば**有益な余暇の過ごし方となりうる。
  독서는 제대로 된 마음가짐으로 임한다면 유익한 여가 활용법이 될 수 있다.

- やることが多すぎてどうすれ**ばいい**かわからない。
  할 일이 너무 많아서 어떻게 하면 좋을지 모르겠다.

유형2 문맥배열

- もし君が 一生懸命に 勉強しなければ その試験に 合格する見込みは まったくなくなるだろう。
  만약 자네가 열심히 공부하지 않는다면 그 시험에 합격할 가능성은 완전히 없어지겠지.

- 今後の運営の 参考にさせて いただくため よろしければ 下記項目にお答えいただき送信をクリックしてください。
  앞으로의 운영에 참고로 하기 위해서, 괜찮으시다면 아래 항목에 대답하시고 보내기를 클릭해 주십시오.

유형3 문장흐름

- 映像を編集するとき、音と映像を分けて編集することがある。これはテレビや映画の業界では、誰も当たり前のように使う手法だ。そして**この手法を使えば**、世界をいくらでもアレンジすることができる。
  영상을 편집할 때 소리와 영상을 나누어 편집하는 경우가 있다. 이것은 TV 및 영화 업계에서는 누구나 당연하게 사용하는 방법이다. 그리고 이 방법을 사용하면 세계를 얼마든지 각색할 수 있다.

60 ～ばかりか・～ばかりでなく・～だけでなく[131] ~뿐만 아니라

접속 동사의 보통형(る형・た형・ない형), 명사, い형용사의 기본형, 그 등

～に限らず・～のみならず N2 110

「～ばかりか・～ばかりでなく・～だけでなく」는 '~뿐만 아니라'라는 뜻으로, '~외에 게다가 정도가 더 심한 어떤 것까지 추가된다'는 뉘앙스이다. 뒤에는 명령이나 강제의 문장은 거의 오지 않는다. 대표적인 예로 風邪が治らないばかりか、もっと悪くなって(감기가 낫지 않을 뿐만 아니라 더 악화되어), 英語ばかりでなく日本語も(영어뿐만 아니라 일본어도), 肉や魚だけでなく野菜も(고기나 생선뿐만 아니라 채소도) 등이 있다.

- ☑ 楽しいことばかりでなく、大変なことも… 즐거운 일뿐만 아니라 힘든 일도… N3 2017-1회
- ☑ 得られるはずの効果が得られないだけでなく 당연히 얻을 수 있는 효과를 얻을 수 없을 뿐만 아니라 2016-1회

유형1 문법형식

- 私に食事をごちそうしてくれたばかりか、しばらく暮らせるだけのお金まで貸してくれた。 01
  나에게 식사를 대접해 주었을 뿐만 아니라, 얼마간 생활할 수 있을 만큼의 돈까지 빌려 주었다.

- 彼は英語ばかりか、フランス語、ドイツ語、そして中国語も話せるそうだ。 99
  그는 영어뿐만 아니라, 프랑스어, 독일어, 그리고 중국어도 할 수 있다고 한다.

- この問題ばかりでなく、ほかの問題も討議しよう。
  이 문제뿐만 아니라 다른 문제도 토의하자.

유형2 문맥배열

- それ ★ばかりか 友人たち からも 相当の金を 借りているらしい。 03
  그것뿐만 아니라, 친구들에게서도 상당한 돈을 빌리고 있다고 한다.

- 東京の夏が暑いのは、温度が 高い ★だけでなく 湿度も 高いからだ。
  도쿄의 여름이 더운 것은 온도가 높을 뿐만 아니라 습도도 높기 때문이다.

유형3 문장흐름

- 日本では子どもばかりか、大人さえまんがを読んでいる。そのような大人が通勤電車の中にたくさんいるので、外国人が見るとびっくりしてしまうようだ。
  일본에서는 어린이뿐만 아니라 어른조차 만화를 읽고 있다. 그러한 어른이 통근 전철 안에 많아서, 외국인이 보면 깜짝 놀라는 것 같다.

콕콕 실전문제 11

問題1 次の文の（　）に入れるのに最もよいものを、1・2・3・4から一つ選びなさい。

1. その製品を商業的に開発していく（　　）時間がかかるだろう。 123
   1. には　　2. へは　　3. とは　　4. かは

2. この会社では性別に（　　）、同様に昇進できる。 109
   1. かかわり　　2. かかわらず　　3. よると　　4. よれば

3. 日本語が上達するに（　　）、日本人の友だちが増えた。 121
   1. 反して　　2. そって　　3. つれて　　4. しても

4. 英語、中国語（　　）か、アラビア語、オランダ語まで教えている。 131・066
   1. しか　　2. だけ　　3. あまり　　4. ばかり

5. ある高校では生徒の要望（　　）、ハイテク機器を導入して授業をしている。 114・066
   1. に反して　　2. にこたえて　　3. にくらべて　　4. にもかかわらず

6. 彼があれほどほめていたのだから、あのミュージカルは、きっとおもしろいに（　　）。 119
   1. ほかでもない　　2. かぎらない　　3. おうじない　　4. ちがいない

7. 何が原因だかわからないが風邪を引いてしまった。風邪の時にはとにかくひたすら（　　）に限る。 112
   1. 寝　　2. 寝る　　3. 寝て　　4. 寝た

8. 物理学の法則（　　）、それが導き出されたすじみちをぬきにして覚える場合は丸暗記ということになります。 115・077
   1. にして　　2. にしても　　3. によって　　4. によっても

9. 彼女のピアニストとしてのテクニックは今や完成の域（　　）いる。 122・090
   1. に対して　　2. に接して　　3. に達して　　4. に属して

10. 一生懸命にうなずきながら聞いている映像を（　　）、とても熱心な先生と、真面目に授業を受ける生徒たちというシーンになる。 128・102・066・077
    1. 使いつつ　　2. 使っては　　3. 使いにくく　　4. 使えば

問題2 次の文の ___★___ に入る最もよいものを、1・2・3・4から一つ選びなさい。

11 彼は _____ ___★___ _____ _____ 意思を変えなかった。[109]
　　1　かかわらず　　　2　社長の　　　　3　退社の　　　　4　説得にも

12 全員一致の _____ ___★___ _____ _____ 絶対的に必要です。[123・122]
　　1　合意に達する　　2　長時間の　　　3　論議が　　　　4　には

13 汗をかいた後はシャワー _____ _____ ___★___ _____ 。[112]
　　1　に　　　　　　　2　限る　　　　　3　を　　　　　　4　浴びる

14 でも _____ ___★___ _____ _____ させられていたようです。彼を怒らせるのはいつもメールが原因です。[115・148]
　　1　彼に　　　　　　2　気持ちに　　　3　したら　　　　4　とても嫌な

15 日本が _____ _____ ___★___ _____ 数は着実に減ってきている。[122・065]
　　1　段階に　　　　　2　達して以来　　3　専業農家の　　4　高度経済成長の

16 テストは覚えた言葉をそのままテスト用紙の上に _____ _____ ___★___ _____ 考えることが多くなりました。[128・142・068]
　　1　丸暗記を記憶と　2　書き写せばいいと　3　増えたので　4　考える人が

17 新しい仕事も _____ ___★___ _____ _____ きた。[121]
　　1　なって　　　　　2　つれて　　　　3　退屈に　　　　4　慣れるに

18 どろぼう _____ ___★___ _____ _____ パスポートもとられてしまった。[131]
　　1　か　　　　　　　2　に　　　　　　3　ばかり　　　　4　お金

19 _____ ___★___ _____ _____ 無料化を実施いたしております。[114]
　　1　こたえて　　　　2　送料の　　　　3　声に　　　　　4　お客さまの

20 彼女がそんなことをするには何か隠された動機が _____ ___★___ _____ 。[119]
　　1　ある　　　　　　2　ない　　　　　3　に　　　　　　4　ちがい

問題3 次の文章を読んで、文章全体の趣旨を踏まえて、 21 から 25 の中に入る最もよいものを、1・2・3・4から一つ選びなさい。

　知人の演劇評論家がなげいていた。「最近、小劇場でも大きな劇場でも、とにかく客席の笑いがうるさすぎて」。「え、でもそれって観客の反応がいい、ということじゃないの」と問い返すと、その人は 21 。「そういうことじゃないんです。とくに若い人たちは、物語の流れから考えれば明らかに笑う場面じゃなくても、ちょっと役者が倒れただけで爆笑したりするんです」。

　 22 若者たちは、ある動作やことばに触れたら反射的に笑い声をあげてしまう、ということらしいのだ。たしかに 23 、若者と話しているとちょっとした単語や表情に反応して、思わぬ大笑いをされることがある。しかも、手を叩いて「本当におかしくてたまらない」と言いたげな表情をする人までいて、こちらがあっけにとられる場面も少なくない。「ノリがいい」というよりは、「こういう場面では笑うのがルールだから笑っている」という印象だ。

　 24 これは、どういうことだろう。多くの大人は、すぐに次のようなことを思いつくに違いない。「反射的に笑う若者、これはテレビのバラエティ番組の影響だ。タレントが滑稽なことを言ったり変わったことをしたりしてスタジオの観客が大笑いする、といった番組を見すぎているために、自分もそういったことを目にしたら 25 すぐに笑わなければ、と思い込んでいるのだ」。たしかに、これも理由のひとつかもしれない。

21				
	1 あぐらをかいた		2 腕にみがきをかけた
	3 首を横に振った		4 頭をかかえていた

22				
	1 それとも	2 つまり	3 あるいは	4 それなら

23		
	1 そうはいうものの	2 そうはいっても
	3 若者に言わせてみれば	4 そう言われてみれば

24				
	1 いったい	2 ただし	3 さて	4 ところが

25		
	1 状況にかぎらず	2 状況をぬきにして
	3 状況にかかわらず	4 状況をもとにして

문제해결 키워드

- **〜に違いない** N2 119 ~임에 틀림없다
  思いつくに**違いない** 생각났을 것임에 틀림없다 (12行)

- **〜にかかわらず** N2 109 ~에 관계없이
  状況に**かかわらず**すぐに笑わなければ、と 상황에 관계없이 바로 웃어야 된다고 (15行)

- **〜すぎる** N2 051 너무 ~하다
  うるさ**すぎて** 너무 시끄러워서 (02行)
  見**すぎて**いるために 너무 많이 봐서 (15行)

- **〜だけで** N2 057 ~하기만 해도
  役者が倒れた**だけで** 배우가 쓰러지기만 해도 (04行)

- **〜らしい** N2 151 ~인 것 같다
  笑い声をあげてしまう、ということ**らしい**のだ
  웃어버린다는 말인 것 같다 (06行)

- **〜てたまらない** ~해서 견딜 수 없다
  本当におかしくて**たまらない**
  너무 웃겨서 못 견디겠어 (08行)

- **〜げ** ~한 듯함, ~스러움
  言いた**げ**な表情をする
  말하고 싶은 듯한 표정을 짓다 (09行)

- **〜といった** N2 080 ~라는
  観客が大笑いする、**といった**番組
  관객이 크게 웃는, 그런 프로그램 (14行)

- **〜かもしれない** N2 025 ~일지도 모른다
  理由の一つ**かもしれない** 이유의 하나일지도 모른다 (16行)

- **〜をぬきにして** ~을 빼고

- **〜をもとにして** ~을 기초로 하여

61 ～はともかく(として) / ～ならともかく [134]

~은 차치하고, ~은 어찌됐든 / ~라면 모르겠지만

접속 명사, ~かどうか, ~か, それ 등

「～はともかく(として)」는 '~은 차치하고, ~은 어찌됐든'이라는 뜻이다. 이 표현에는 '~의 문제도 생각해야 하지만, 우선은 그것보다도 뒤 문장의 내용을 먼저 생각해야 한다'는 뉘앙스가 담겨 있다. 그리고 「～ならともかく」는 '~라면 모르겠지만'이라는 뜻이다.

☑ デートで着る**なら ともかく**、仕事には派手すぎるよ
　데이트에 입는다면 모르겠지만 직장에서는 너무 화려해　**2013-2회**

- このレストラン、ちょっと高いんですけど、値段**はともかく**味はいい
　ですね。
　이 레스토랑, 조금 비싸지만, 가격은 차치하고 맛은 좋네요.　**08**

- この店の料理は、味**はともかく**量は多い。　**04**
　이 가게의 요리는 맛은 차치하고 양은 많다.

- 行くか行かないか**はともかく**、飛行機の予約だけはしておこう。
　갈지 안 갈지는 차치하고 비행기 예약만은 해 두자.

- 試合の結果 **はともかく** 最後まで みんな よくがんばった。　**98**
　시합의 결과는 차치하고 끝까지 모두 열심히 했다.

- 遅刻 **ならともかく** 無断欠勤 など もってのほか だ。
　지각이라면 모르겠지만 무단결근 따위 당치도 않다.

- 彼が行く かどうか **はともかく** 初めの計画 どおり 旅行しよう。
　그가 갈지 어떨지는 차치하고 처음 계획대로 여행하자.

- 大昔**ならともかく**、この時代にそんな迷信を信じる人はいない。
　人々の考えはどんどん変わっているのだから、昔のことばかり言って
　いても仕方がないよ。
　아주 옛날이라면 모르겠지만, 이런 시대에 그런 미신을 믿는 사람은 없어. 사람들의 생각은 자꾸 변하고 있기 때문에, 옛날 일만 말하고 있어도 어찌할 도리가 없어.

62 ～はもちろん・～はもとより [136] ~은 물론

접속 명사, 명사+조사

「～はもちろん・～はもとより」는 '~은 물론'이라는 뜻으로, '~은 당연하고 정도가 더 심한 어떤 것이 더해진다'는 의미이다. 뒤에 조사 「も・まで」 등이 오는 경우가 많다. 예를 들어 仕事についてはもちろんのこと、恋愛のことまで(업무에 관해서는 물론이고, 연애에 관한 것까지)와 같이 쓴다. 「～はもとより」가 「～はもちろん」보다 문어적인 표현이다.

☑ 生徒はもとより保護者からの信頼も厚い 학생은 물론 보호자로부터의 신뢰도 두텁다 2013-1회

유형1 문법형식

- 面接試験では、話し方はもちろん、服装などにも気をつける必要がある。 06
  면접 시험에서는 말투는 물론 복장 등에도 주의할 필요가 있다.

- 子どものためのものはもとより大人が読むための歴史や経済のまんがもよく見かける。 00
  어린이를 위한 것은 물론 성인이 읽기 위한 역사나 경제 만화도 자주 눈에 띈다.

- 晴れた気持ちのよい日はもとより、雨の降る寒い日でも同じ道を歩いている。
  활짝 갠 기분 좋은 날은 물론, 비가 내리는 추운 날이라도 같은 길을 걷고 있다. 96

유형2 문맥배열

- 最近、日本では 大学生 はもちろん 小学生まで パソコン を使うようになった。
  최근 일본에서는 대학생은 물론, 초등학생까지 컴퓨터를 사용하게 되었다. 05

- 面接試験では、その人の 能力 はもちろん 服装 までも 判断の材料にされる。 01
  면접 시험에서는 그 사람의 능력은 물론 복장까지도 판단의 재료가 된다.

유형3 문장흐름

- 彼は、水泳はもとより、スポーツなら何でもできる。背も高くてハンサムなので、女の子たちにものすごく人気がある。
  그는 수영은 물론 운동이라면 뭐든지 잘한다. 키도 크고 핸섬해서 여자애들에게 굉장히 인기가 있다.

63 ～べき / ～べきだ / ～べきではない [137]
~해야 할(될) / ~해야 한다 / ~해서는 안 된다

접속 동사의 기본형(る형)

「～べき」는 뒤에 명사가 붙어 '~해야 할(될)'이라는 뜻을 나타낸다. 대표적인 예로 考えるべきこと(생각해야 할 일) 등이 있다. 「～べきだ」는 '~해야 한다'라는 뜻으로, '~하는 것이 인간으로서의 의무다'라고 할 때 쓴다. 그리고 부정 표현인 「～べきではない」는 '~해서는 안 된다, ~하는 것이 아니다'라는 뜻이다. 동사의 기본형(る형)에 접속하지만, する의 경우 「するべき」와 「すべき」 모두 가능하다.

참고 인간의 의지에 의해 행해지는 당연함에는 「～べきだ」와 「～なければならない」 양쪽 모두 쓸 수 있으나, 인간의 의지를 초월한 사태를 나타내는 데에는 「～なければならない」 쪽이 자연스럽다.

- ☑ レポートを作成する上で注意す**べき**ことは 리포트를 작성하는 데 있어서 주의해야 할 것은 `2014-1회`
- ☑ 本人が気づくまで、もう何も言う**べきではない**のでしょうか
  본인이 깨달을 때까지, 이제 아무 말도 해서는 안 되는 걸까요? `N1 2010-2회`

유형1 문법형식

- 約束は守る**べき**です。そうしないと、信用を失いますよ。 `08`
  약속은 지켜야 합니다. 그렇게 하지 않으면 신용을 잃어요.

- 大学院は自分で研究を進めるところだから、先生に頼ろうとする**べきではない**。 `04`
  대학원은 자기가 연구를 진행하는 곳이므로, 선생님에게 의지하려고 해서는 안 된다.

- どんな理由があっても、絶対に人の物を盗む**べきではない**。
  어떤 이유가 있든 절대로 다른 사람의 물건을 훔쳐서는 안 된다.

유형2 문맥배열

- 変えた方がよいところとそうでない ところ について さらに 検討する **べきだ**。 `99`
  바꾸는 편이 좋은 부분과 그렇지 않은 부분에 대해서 다시 검토해야 한다.

- 暴力行為は、どんな理由があっても 絶対に 許す **べき** ではない。
  폭력 행위는 어떤 이유가 있어도 절대로 용서해서는 안 된다. `91`

유형3 문장흐름

- 本当にみんなが大事だと思うことを研究す**べきだし**、そういうことにまずお金を使わなければならない。
  정말로 모두가 중요하다고 생각하는 일을 연구해야 하고, 그런 일에 우선 돈을 써야 한다.

64 ～ほか(は)ない ¹³⁸ ~할 수밖에 없다

접속 동사의 기본형(る형)　　　　　　　　　　　　　　　　　　　　　～しかない N2 047

「～ほか(は)ない」는 '~할 수밖에 없다'라는 뜻으로, 「～」 이외의 모든 것을 부정함으로써 가능한 방법·수단을 「～」으로만 한정하는 표현이다. 「～よりほか(は)ない・～ほかしかたがない」 등으로 바꿔 쓸 수 있다.

☑ 自分ではどうしようもないので、修理に出すほかない
　나는 어떻게 할 수도 없기 때문에 수리로 내보낼 수밖에 없다 **2015-2회**

- 結局は実際に本人に会って判断する**よりほかはない**。 **06**
  결국은 실제로 본인을 만나서 판단할 수밖에 없다.

- 残念だが、今日の遠足は延期する**ほかない**。 **98**
  유감이지만, 오늘 소풍은 연기할 수밖에 없다.

- 1年勉強してもできないのなら、あきらめる**よりほかない**。
  1년 공부해도 안 된다면 포기할 수밖에 없다.

- 山田先生が来るのを待つ**ほかはなかった**。
  야마다 선생님이 오는 것을 기다릴 수밖에 없었다.

- 最終電車に乗り遅れてしまったので、歩いて 帰る ほかは ない。 **01**
  마지막 전철을 놓쳐 버렸기 때문에 걸어서 돌아갈 수밖에 없다.

- この実験を成功させるためには、彼の力を 借りる より ほか はない。
  이 실험을 성공시키기 위해서는 그의 힘을 빌릴 수밖에 없다.

- 彼女の 言うことを 信ずるより ほか なかった。
  그녀가 하는 말을 믿을 수밖에 없었다.

- 急にお金が必要なときは、**保証人に頼むほかない**。だが、その保証人からも、お金を借りられるかどうか分からないのが現実だ。
  갑자기 돈이 필요할 때는 보증인에게 부탁할 수밖에 없다. 하지만 그 보증인에게서도 돈을 빌릴 수 있을지 없을지 모르는 게 현실이다.

65

〜まい ¹⁴⁰ ~하지 않을 것이다, ~하지 않겠다

접속 동사의 기본형(る형)·연용형(ます형) 등

「〜まい」는 '~하지 않을 것이다'라는 뜻으로 부정적인 추측을 나타내거나, '~하지 않겠다'라는 강한 부정의 의지를 나타낸다. 응용 표현인 「〜しかあるまい」는 '~할 수밖에 없을 것이다'라는 뜻으로, 嫌でも行くしかあるまい(싫어도 갈 수밖에 없을 것이다)와 같이 쓴다.

- やはりこの仕事は断れない。引き受ける**しかあるまい**
  역시 이 일은 거절할 수 없다. 받아들일 수밖에 없을 것이다 `2011-1회`

문법형식

- 自分の目で確かめない限り、そんな恐ろしいことはだれも信じ**まい**。
  자기 눈으로 확인하지 않는 한, 그런 무서운 일은 아무도 믿지 않을 것이다. `04`

- 他に選択の余地はない、つまりそれに堪える**しかあるまい**。
  달리 선택의 여지가 없다, 즉 그것에 견딜 수밖에 없을 것이다.

- いつまでもあんなふうでは彼は大した者にはなれ**まい**。
  언제까지나 저런 식이면 그는 대단한 사람은 될 수 없을 것이다.

문맥배열

- 親に経済的な 負担を かけ**まい** として アルバイトで 生活費を稼いだ。 `01`
  부모님께 경제적인 부담을 주지 않으려고 아르바이트로 생활비를 벌었다.

- 不当な 待遇に もう 泣き寝入り し**まい** と決意した。
  부당한 대우에 이젠 그냥 당하지 않겠다고 결의했다.

- それにしてもこれは驚くべき字数であり、世界一である ことは 間違いある**まい**。
  그건 그렇다 치더라도 이건 놀랄 만한 숫자이며, 세계 최고임에 틀림없을 것이다.

문장흐름

- 日本へ来てしばらくは、国へ電話はかける**まい**と思っていた。家族の声を聞いたら、寂しくなって国に帰りたくなると思ったからだ。
  일본에 와서 얼마 동안은 고향에 전화는 걸지 않겠다고 생각하고 있었다. 가족의 목소리를 들으면, 외로워져서 고향에 돌아가고 싶어질 것 같았기 때문이다.

66

〜ものの[146] ~하기는 하나, ~하기는 하지만

접속 동사의 과거형(た형)·진행형(ている형), い형용사의 기본형, ~ような, ~ない 등

「〜ものの」는 '~하기는 하나, ~하기는 하지만'이라는 뜻이다. 이것은 '~은 사실이지만, 그러나'라는 의미로, 「〜」을 일단 인정하고 그것과는 상반·모순된 일이 뒤이어 전개됨을 나타낸다.

- ☑ 市民の心をつかもうとしたものの 시민의 마음을 붙잡으려고 하기는 했으나 [N1 2016-1회]
- ☑ 一時減少したものの、再び増加し 한때 감소하기는 했지만, 다시 증가하여 [2015-1회]
- ☑ 彼の政治家としての能力は疑いようがないものの
  그의 정치가로서의 능력은 의심할 여지가 없기는 하지만 [N1 2012-2회]

유형1 문법형식

- 勝ったからいいようなものの、今日の試合の内容は決してほめられるものではなかった。[09]
  이겼으니까 다행이기는 하나, 오늘의 시합 내용은 결코 칭찬할 수 있는 것은 아니었다.

- この辞書は、字が小さいのがちょっとつらいものの、持ち歩きには便利です。
  이 사전은 글씨가 작은 게 좀 괴롭기는 하지만, 가지고 다니기에는 편리합니다.

- 骨折ですんだからいいようなものの、打ち所が悪かったら死ぬところだった。
  골절로 끝났으니 다행이기는 하나, 급소를 맞았으면 죽을 뻔 했다.

유형2 문맥배열

- あの映画は 一度 見た ものの★ 話の筋が まったくわからなかった。[04]
  저 영화는 한 번 보기는 했으나, 이야기의 줄거리를 전혀 알 수 없었다.

- 3日でレポートを 書くとは 言った ものの 3日では★ とても書けなかった。[95]
  3일 만에 리포트를 쓰겠다고는 했으나, 3일로는 도저히 쓸 수 없었다.

- いつも 勉強 しようと 考えている★ ものの、つい遊んでしまう。
  항상 공부하려고 생각하고 있기는 하지만, 그만 놀고 만다.

유형3 문장흐름

- 今年こそ禁煙すると言った父は、いったんタバコをやめたものの、1週間後にはまた吸い始めた。思ったとおりだった。
  올해야말로 금연하겠다고 말한 아버지는, 일단 담배를 끊기는 했지만, 1주일 뒤에는 또 피우기 시작했다. 생각한 대로였다.

67 〜ようがない[147] ~할 수가 없다

접속 동사의 연용형(ます형)

「〜ようがない」는 '~할 수가 없다'라는 뜻으로, '그렇게 하고 싶지만 수단·방법이 없어서 불가능하다'라는 의미이다. 뒤에 명사를 수식할 때는 「〜ようのない+명사(~할 수 없는~)」, 강조할 때는 「〜ようもない(~할 수도 없다)」의 형태로 쓰인다. 동사의 연용형(ます형)에 접속하며, 동사의 의지형(〜(よ)う형)과 혼동하지 않도록 주의하자.

- ☑ これ以上きれいにし**ようがない**くらい 더 이상 깨끗하게 할 수가 없을 정도로　N1 2016-1회
- ☑ まさに奇跡としか言い**ようがない** 실로 기적이라고밖에 말할 수가 없다　N1 2014-1회
- ☑ 増税は避け**ようのない**もの 증세는 피할 수 없는 것　N1 2011-2회
- ☑ こんなにひどく壊れていると、直し**ようがない**ですね
  이렇게 심하게 망가져 있으면 고칠 수가 없네요　2010-2회

유형1 문법형식

- 故障した機械を直してくれと頼まれたが、部品がなくては修理し**ようがない**。 07
  고장난 기계를 고쳐 달라고 부탁을 받았는데, 부품이 없으면 수리할 수가 없다.

- あんな巨大な建物を大昔の人が造ったとは、不思議としか言い**ようがない**。 06
  저런 거대한 건물을 아주 먼 옛날 사람이 지었다니, 불가사의하다고밖에 말할 수 없다.

- 事故の原因がわからないので、対策の取り**ようがない**。
  사고의 원인을 모르기 때문에 대책을 취할 수가 없다.

유형2 문맥배열

- ゴミがこれほど散らかっていたら、一人 で 全部 集め**よう もない**。
  쓰레기가 이 정도로 어지러져 있으면, 혼자서 전부 모을 수도 없다. 02

- その知らせを受け取ったときの 顔と いったら たとえ **よう がない**。
  그 소식을 받았을 때의 표정은 뭐라고 비유할 수가 없다. 98

유형3 문장흐름

- この作文、間違いが多すぎて**直しようもありません**ね。すみませんが、もう一度ちゃんと辞書をひいて書き直してくるように言ってください。
  이 작문, 오류가 너무 많아서 고칠 수도 없군요. 미안하지만, 다시 한 번 제대로 사전을 찾아서 다시 써 오도록 말해 주세요.

68 〜わけにはいかない[154] ~할 수는 없다

접속 동사의 기본형(る형)・부정형(ない형)

「〜わけにはいかない」는 '(그렇게 간단히) ~할 수는 없다'라는 뜻으로, '~하고 싶지만, 사회적・법률적・도덕적・심리적 이유 등으로 할 수 없음'을 나타낸다. 강조할 때는 「〜わけにもいかない(~할 수도 없다)」, 겸양 표현으로 쓸 때는 「〜わけにはまいりません(~할 수는 없습니다)」이라고 한다. 이에 대해 「〜ないわけにはいかない」는 '~하지 않을 수 없다'라는 뜻으로, 심리적・사회적・인간 관계 등의 사정으로 인해 '~할 수밖에 없다'고 할 때 사용한다.

- ☑ 途中でやめるわけにはいかない 도중에 그만둘 수는 없다 N1 2017-2회
- ☑ 大事な会議があるから、休むわけにはいかないんだ 중요한 회의가 있어서 쉴 수는 없어 2013-1회

유형1 문법형식

- 重要な会議だから、責任者の私が遅れていくわけにはいかない。
  중요한 회의니까 책임자인 내가 늦게 갈 수는 없다. 08

- この仕事をやりかけのまま、帰るわけにはいかない。 03
  이 일을 하다 만 채로 돌아갈 수는 없다.

- 寝起きの取り乱した姿を、あなた様にお見せするわけにはまいりません。
  잠에서 깨어난 흐트러진 모습을, 당신에게 보여드릴 수는 없습니다.

유형2 문맥배열

- もう9時を過ぎているが、この仕事を 終えるまでは 帰る わけには★ いかない。 95
  벌써 9시를 지나고 있지만, 이 일을 끝낼 때까지는 돌아갈 수는 없다.

- 上司の命令だ からといって 黙って 従う★ わけには いかない。
  상사의 명령이라고 해서 묵묵히 따를 수는 없다.

- やっても みないで それをあきらめる わけ★ には いかない。
  해 보지도 않고 그것을 포기할 수는 없다.

유형3 문장흐름

- 急に子どもが熱を出した。だが、私は今日は大事な会議があるから、**会社を休むわけにもいかない**。こうなったら、夫に午前中だけ休みを取ってもらうしかない。
  갑자기 아이가 열이 났다. 하지만 나는 오늘은 중요한 회의가 있기 때문에 회사를 쉴 수도 없다. 이렇게 되면, 남편에게 오전 중에만 휴가를 내 달라고 할 수밖에 없다.

69

～を問(と)わず ¹⁵⁷ ~을 불문하고

접속 명사

～にかかわらず N2 109

「～を問(と)わず…」는 '~을 불문하고'라는 뜻으로, '~가 어떻든, 또 어느 쪽이든 …이라고 말할 수 있다'라고 할 때 쓴다. 「～」에는 「男女(남여)・内外(내외)・有無(유무)・昼夜(주야)・降る降らない(내리고 내리지 않다)」등 대립 관계에 있는 단어가 오는 경우가 많다. 응용 표현으로 「～は問わず(~은 불문하고)」는 性別は問わず(성별은 불문하고) 와 같이 쓰인다.

☑ 初心者(しょしんしゃ)、経験者(けいけんしゃ)を問(と)わず 초보자, 경험자를 불문하고 `2012-1회`

유형1 문법형식

- 私たちのサークルは、ゴルフの経験(けいけん)の有無(うむ)を問(と)わず、だれでも入(はい)れます。 `09`
  우리 서클은 골프 경험의 유무를 불문하고 누구든지 가입할 수 있습니다.

- この試験(しけん)は、年齢(ねんれい)を問(と)わず、誰でも受けられる。 `95`
  이 시험은 나이를 불문하고 누구나 볼 수 있다.

- いったん納入(のうにゅう)された会費(かいひ)は、理由のいかんを問(と)わず返金致(へんきんいた)しません。
  일단 납입된 회비는, 이유 여하를 막론하고 반환되지 않습니다.

- 老若男女(ろうにゃくなんにょ)を問(と)わず、彼のファンは多い。
  남녀노소를 불문하고 그 사람의 팬은 많다.

유형2 문맥배열

- その小説(しょうせつ)は、年齢(ねんれい)や性別(せいべつ)を問(と)わず 多くの人々 に読まれて いる。
  그 소설은 나이나 성별을 불문하고 많은 사람들에게 읽혀지고 있다(많은 사람들이 읽고 있다). `98`

- 男性女性(だんせいじょせい) を問(と)わず 車を 運転(うんてん)する 人が増(ふ)えている。 `91`
  남성·여성을 불문하고 차를 운전하는 사람이 늘고 있다.

- あの公園では、季節(きせつ) を問(と)わず いろいろな 花が 見られる。
  그 공원에서는 계절을 불문하고 다양한 꽃을 볼 수 있다.

유형3 문장흐름

- あの歌手(かしゅ)は、年齢や性別を問わず、多くの人々に人気(にんき)がある。僕(ぼく)もファンだ。これからも、素敵(すてき)な歌(うた)をたくさん歌い続けてほしいと思う。
  그 가수는 나이나 성별을 불문하고 많은 사람들에게 인기가 있다. 나도 팬이다. 앞으로도 멋진 노래를 계속 많이 불러 주었으면 하고 생각한다.

70

～をはじめ ¹⁵⁸ ~을 비롯하여

접속 명사

「～をはじめ」는 '~을 비롯하여'라는 뜻으로, 대표적인 것을 예로 들어 '그것을 비롯하여 그 밖의 것 모두'라고 말할 때 쓴다. 응용 표현에 「～をはじめとする+명사(~을 비롯한 ~)」가 있으며, 山田教授をはじめとする研究チーム(야마다 교수를 비롯한 연구팀) 등과 같이 쓰인다.

- 北川先生をはじめ多くの方々にお世話になり 기타가와 선생님을 비롯하여 많은 분들에게 신세를 져서 **2013-2회**

유형1 문법형식

- ご両親をはじめ、先生がたも喜んでいらっしゃる。 **98**
  부모님을 비롯하여 선생님들도 기뻐하고 계신다.

- 大都市にはゴミ問題をはじめ、地震対策、交通渋滞など、~。 **95**
  대도시에는 쓰레기 문제를 비롯하여 지진 대책, 교통 정체 등, ~.

- 入学式や卒業式をはじめ、遠足、体育祭などが学校の大切な行事です。
  입학식이나 졸업식을 비롯하여 소풍, 운동회 등이 학교의 중요한 행사입니다.

- わたしのうちでは、父をはじめ、家族全員スポーツが好きだ。
  우리 집에서는 아버지를 비롯하여 가족 모두 스포츠를 좋아한다.

유형2 문맥배열

- 私たちの町には このお寺 をはじめ いろいろな 古い建物 がある。 **05**
  우리 동네에는 이 절을 비롯하여 여러 오래된 건물이 있다.

- アメリカ をはじめ とする 先進国の 首脳がその会議に出席した。
  미국을 비롯한 선진국의 정상들이 그 회의에 참석했다.

- 学者 をはじめ 多くの 人たちが この問題に興味を持ちました。
  학자를 비롯하여 많은 사람들이 이 문제에 흥미를 가졌습니다.

유형3 문장흐름

- 上野動物園には、パンダをはじめ、いろいろな動物がいる。僕も、幼稚園のときに、両親と一緒にパンダを見に行った記憶がある。
  우에노 동물원에는 판다를 비롯하여 여러 동물이 있다. 나도 유치원 때, 부모님과 함께 판다를 보러 간 기억이 있다.

콕콕실전문제 12

問題1 次の文の（　）に入れるのに最もよいものを、1・2・3・4から一つ選びなさい。

1 基本的な状況を変えることは（　　）、ここの窮乏状態を緩和するためにやれることがある。146
　1　できるはずだが　　2　できるものだから　　3　できないさえも　　4　できないものの

2 わたしは（　　）、彼女だけは絶対に助けてやってください。134
　1　あいにく　　2　ともかく　　3　なにしろ　　4　あくまで

3 明日からは決して遅刻する（　　）と、かたく決心した。140
　1　こと　　2　もの　　3　まい　　4　わけ

4 今の職場は自分には向いていないと思うが、ほかに適当な仕事も見つからないので（　　）。154
　1　やめざるをえない　　2　やめるほかない
　3　やめるわけにはいかない　　4　やめることはない

5 その試合には国籍のいかんを（　　）、だれでも参加できる。157
　1　言わず　　2　問わず　　3　聞かず　　4　知らず

6 この事件には、警察（　　）、近くの住民がみな強い興味を示した。158
　1　にとって　　2　をめぐって　　3　において　　4　をはじめ

7 中年サラリーマンは、肉体的には（　　）精神的にも疲労の色が濃い。136
　1　もとまで　　2　もとより　　3　もとには　　4　もとでは

8 一度ぐらいの失敗であきらめる（　　）。137・034
　1　はずではない　　2　ことではない　　3　べきではない　　4　までではない

9 試験に落ちたのだから、あきらめる（　　）じゃないか。138・073
　1　にほかならない　　2　はずがない
　3　というものでもない　　4　よりほかない

10 この仕事を1日でやれなんて、むちゃとしか（　　）。148・106
　1　言いようがない　　2　言うほどではない
　3　言うにちがいない　　4　言ってたまらない

11	行くと答えた（　　）、あまり行く気がしない。146
	1　ばかり　　　　2　あげく　　　　3　ながら　　　　4　ものの

12	このサッカー大会には、男女（　　）、参加することができる。157
	1　にとどまらず　2　を問わず　　　3　ばかりか　　　4　にしろ

13	今日は忙しいので遊んでいる（　　）にはいかない。154
	1　こと　　　　　2　の　　　　　　3　もの　　　　　4　わけ

14	わたしの留学には、父（　　）、家族全員が大賛成でした。158
	1　をはじめ　　　2　からして　　　3　をもとに　　　4　のおかげ

15	地球（　　）太陽や月や星など、天体の運動には一定の法則がある。136
	1　としては　　　2　はもちろん　　3　の反面　　　　4　に過ぎず

16	あなたは、もう20歳になったのだから、自分のことは自分でする（　　）だ。137・037
	1　まい　　　　　2　きり　　　　　3　べき　　　　　4　ため

17	落としたのが財布では、まず出てこないものと、（　　）。138
	1　あきらめるよりほかない　　　　2　あきらめかねない
	3　あきらめきれない　　　　　　　4　あきらめるまでもない

18	原因が判明しなければ、手の打ち（　　）。148・128
	1　ようでない　　2　ようがない　　3　そうでない　　4　そうもない

19	A「敵がわれわれの動きを察知したということはありえるだろうか。」
	B「いや、そんなことは（　　）。」140・077・037・011
	1　あるまい　　　2　あるしかない　3　あるまでだ　　4　あることだ

20	具合が悪い（　　）、むやみに早退すべきではない。134・137
	1　にしては　　　2　としたら　　　3　ならともかく　4　だからとはいえ

問題2 次の文の ___★___ に入る最もよいものを、1・2・3・4から一つ選びなさい。

21　あのタレントが小説を書いた。_____ _____★_____ _____ _____ いる。 134・066
　　1　内容は　　　　2　よく売れて　　　3　ともかく　　　　4　として

22　あの崖の上から落ちて _____ _____ _____★_____ _____。 140・037・011
　　1　通常なら　　　2　ことは　　　　　3　ありえまい　　　4　無事でいる

23　この対策が特に効果があるとは思えない。といって _____ _____ _____★_____ _____。 154
　　1　いかない　　　2　何も　　　　　　3　わけにも　　　　4　やらない

24　その展覧会では _____ _____★_____ _____ _____ 紹介している。 157
　　1　を問わず　　　2　を広く　　　　　3　有名無名　　　　4　日本の現代画家

25　中国の _____ _____★_____ _____ _____ 一段と加速している。 158
　　1　核兵器　　　　2　軍備増強　　　　3　をはじめ　　　　4　のペースは

26　ダムの建設には _____ _____ _____★_____ _____ 必要だ。 136
　　1　費用は　　　　2　時間と労働力が　3　莫大な　　　　　4　もとより

27　A「これは、みんなでしたほうがいいと思います。」
　　B「そうでしょうか。いや、やはりあなたが _____ _____★_____ _____ _____。」 137
　　1　です　　　　　2　べき　　　　　　3　一人で　　　　　4　する

28　もはやあなたのそでに _____ _____ _____★_____ _____ ません。 138
　　1　すがる　　　　2　ほかは　　　　　3　あり　　　　　　4　より

29　私は身の危険を感じとっているの _____ _____★_____ _____ _____ ことがよく思われてないことは間違いない。 146・066・037
　　1　ものの　　　　2　私たちが　　　　3　ここにいる　　　4　ではない

30　あなたの気持ちはわかるが、客観的に見てこれがもっとも安全な _____ _____ _____★_____ _____。 140・046
　　1　あなたも　　　2　プランだと　　　3　認めざるを　　　4　得まい

問題3 次の文章を読んで、文章全体の趣旨を踏まえて、 31 から 35 の中に入る最も
よいものを、1・2・3・4から一つ選びなさい。

　「これ使ってみて」。義母（ぎぼ）からの思いがけないプレゼントに「 31 」といいながら中を見ると、かわいらしい猫の刺繍（ししゅう）を施（ほど）した、豪華（ごうか）な感じのバッグでした。

　ふだん、カジュアルな服装が多い私は「きっと使わないだろう」と思いましたが、義母の気持ちを考えると気に入らないというわけにもいかず、 32 。

　家に帰って、夫や子どもたちに「どうすればいい？」と相談すると、口をそろえて「使わないでしまっておけばいい」といいます。でもやはり、気に入ったフリをしてウソをついているのは義母に申し訳ないと思ったので、 33 、正直に言うことにしました。

　翌日、私が話すと義母は一瞬びっくりしたようでしたが、私の気持ちをわかってくれ「返しにいってくるわ」と言ってくれました。

　お店での様子を尋（たず）ねると、「せっかくのプレゼントを気に入らないと言うなんて、 34 ね」と言われたとのこと。その後、何人かの友達に話をすると、一様に「ばかだね。もらって何回か使って、あとはしまっておけばいいのに」と言いました。

　あれから数週間、義母との間はとてもいい関係で特に何もありませんが、やはり私の行動は 35 とても失礼なことだったのかなと、ふと思ったりします。皆さんは、どう思われますか。

31
1 失礼します　　　2 ごえんりょなく　　3 ありがとう　　　4 おめでとう

32
1 受け取りたいです　　　　　　　2 受け取ることもあります
3 受け取ってほしいです　　　　　4 受け取りました

33
1 考えたかぎり　　2 考えたわけで　　3 考えたばかりか　　4 考えた末

34
1 静かなお嬢さん　2 冷たいお嬢さん　3 賢いお嬢さん　4 派手なお嬢さん

35
1 母に対して　　　2 母にこたえて　　3 母にとって　　4 母によって

문제해결 키워드

- **~わけにもいかない** N2 154　~할 수도 없다
  気に入らないというわけにもいかず
  마음에 안 든다고 할 수도 없어 (04行)

- **~ながら** N2 102　~하면서
  「ありがとう」といいながら '고맙습니다'라고 하면서 (01行)

- **~た末(に)** N2 050　~한 끝에
  考えた末 고민한 끝에 (07行)

- **~ことにする** N2 040　~하기로 하다
  正直に言うことにしました
  정직하게 말하기로 했습니다 (07行)

- **~てくれる** N2 068　~해 주다
  私の気持ちをわかってくれ 저의 기분을 알아 줘 (08行)
  「返しにいってくるわ」と言ってくれました
  '반품하고 올게'라고 말해 주셨습니다 (09行)

- **~なんて** N1 095　~하다니
  気に入らないと言うなんて
  마음에 안 든다고 하다니 (10行)

- **~との** N1 085　~라는
  ~と言われたとのこと ~라는 말을 들었다는 것 (11行)

- **~に対して** N2 118　~에 대해, ~에게
  母に対して 어머님에게 (14行)

- **~てほしい** N2 074　~했으면 한다

- **~(た)かぎり** N2 017　~하는 한

- **~ばかりか** N1 131　~뿐만 아니라

- **~にこたえて** N2 114　~에 부응하여, ~에 따라

- **~にとって** N1 118　~에게, ~에게 있어서

- **~によって** N2 125　~에 의해, ~에 따라

출제
3순위
40

N2 문법 40

2010년부터 지금까지 출제된 일본어 능력시험 N2 기출 문법을 철저히 분석하여 앞으로 출제 가능성이 높은 출제 3순위 문법 40개를 선정하였다. 접속 및 쓰임새를 잘 파악하여 시험에 대비하자. 기능어 우측의 숫자는 부록 「JLPT N2 문법 출제표」의 번호를 나타낸다.

01

～(よ)うではないか [009] (함께) ~하자, ~하자꾸나

접속 동사의 의지형(よう・う형)

「～(よ)うではないか」는 '(함께) ~하자, ~하자꾸나, ~하지 않을래?'라는 뜻이다. 이 표현은 상대방에게 무언가를 권유할 때 쓰는데, 상대방의 의견을 묻는 질문의 형태를 취하기 때문에 강제력이 약하며 제안하는 것 자체에 중점이 있다. 특히 불특정 다수에게 함께 행동할 것을 제안하는 경우에 많이 쓰인다. 문어적인 표현이며, 구어체로 쓸 때는 「～(よ)うじゃないか」가 된다.

☑ おれたちが勝って世間を驚かせてやろ**うじゃないか** 우리들이 이겨서 세상을 놀라게 해 주자 `2014-1회`

- 食料不足で困っている人たちに、できる限りの援助をし**ようじゃないか**。`08`
  식재료 부족으로 곤란을 겪고 있는 사람들에게 가능한 한 원조를 하자.

- この本にのっているレストランはとてもおいしそうだ。みんなで行ってみ**ようじゃないか**。`04`
  이 책에 실려 있는 레스토랑은 무척 맛있어 보인다. 함께 가 보자꾸나.

- いまあきらめるのはまだ早い。もう一度がんばってみ**ようじゃないか**。
  지금 단념하는 것은 아직 이르다. 다시 한 번 분발해 보자꾸나.

- 家にばかりいないで 映画でも 見に 行こう★ じゃない か。`96`
  집에만 있지 말고 영화라도 보러 가자.

- この問題について 徹底的に 話し合おう★ じゃ ないか。
  이 문제에 대해 철저히 서로 이야기해 보자꾸나.

- 最近、会えば不景気の話ばかりで、雰囲気が良くないな。今日は何か**変わったことを話そうではないか**。そうだ、最近出たばかりのあの小説は読んだかい？
  최근 만나면 불경기 이야기뿐이라 분위기가 좋지 않군. 오늘은 뭔가 색다른 얘기를 하자. 맞다, 최근에 나온 지 얼마 안 된 그 소설은 읽었어?

～うる・～える / ～えない [011] ~할 수 있다/~할 수 없다

접속 동사의 연용형(ます형)

「～うる・～える(得る)」는 '~할 수 있다', 「～えない(得ない)」는 '~할 수 없다'라는 뜻으로 실현 가능성 여부를 나타낸다. 「ありうる(있을 수 있다)/ありえない(있을 수 없다)」와 같이 무의지 동사에도 쓸 수 있지만, 능력적으로 '~할 수 있다/~할 수 없다'의 의미로는 쓸 수 없다. 그런 경우에는 동사의 가능형을 써야 한다.

(×) 彼女は日本語が話しうる。

(○) 彼女は日本語が話せる。 그녀는 일본어를 할 줄 안다.

참고 기본형은 「～うる・～える」 양쪽 형태가 다 쓰이지만, 연용형(ます형)은 「～えます」, 부정형(ない형)은 「～えない」, 과거형(た형)은 「～えた」가 된다. 단, する동사의 경우에는 **研究しえない**(연구할 수 없다), **断定しえない**(단정할 수 없다) 와 같이 「～しうる / ～しえない」가 된다는 점을 기억해 두자.

- これらの島々が海の中に沈んでしまうこともあり**うる**。 [08]
  이들 섬들이 바다 속으로 가라앉아 버리는 일도 있을 수 있다.

- 彼の取った態度は、わたしには十分理解し**うる**ものであった。 [99]
  그가 취한 태도는 나에게는 충분히 이해할 수 있는 것이었다.

- この分野はコンピューターなしでは研究し**えない**。
  이 분야는 컴퓨터 없이는 연구할 수 없다.

- 彼はあり**うる**と言ったが、私は そんなことは あり**えない**★ と思う。
  그는 있을 수 있다고 말했지만, 나는 그런 일은 있을 수 없다고 생각한다.

- 自動車は当時の日本が十分な量を 輸出して 外貨をかせぎ **うる**★ 唯一の 製品であった。
  자동차는 당시 일본이 충분한 양을 수출해서 외화를 벌어들일 수 있는 유일한 제품이었다.

- どんな災厄からも立ち直る不死鳥のような自然、それはちっぽけな人間の力をはるかに超越した不動の存在で、人間を守りこそすれ、**人間に守られるものではありえなかった。**
  어떠한 재난에서도 다시 일어서는 불사조같은 자연, 그것은 보잘것없는 인간의 힘을 훨씬 더 초월한 부동의 존재로, 인간을 지키는 일은 있어도 인간에게 보호를 받는 존재일 수는 없었다.

03 〜限り / 〜限りでは / 〜ない限り [017]

~하는 한 / ~한 바로는 / ~하지 않는 한

접속 동사의 기본형(る형)·과거형(た형)·부정형(ない형), い형용사의 기본형, な형용사의 연체형(な형), 명사+である 등

「〜限り」는 '~하는 한', 「〜限りでは」는 '~한 바로는'의 뜻으로, 판단의 근거가 되는 범위를 한정할 때 쓴다. 「〜限り」의 대표적인 용례로는 私が知っている限り(내가 알고 있는 한), この山小屋にいる限りは(이 산장에 있는 한은) 등이 있다. 관용 표현인 「可能なかぎり・できるかぎり(가능한 한)」도 알아 두자. 그리고 「〜ない限り」는 '~하지 않는 한'이라는 뜻으로, '앞 문장의 내용이 성립되어야 뒤 문장의 내용도 실현될 수 있다'고 할 때 쓴다. 뒤에는 주로 부정적이거나 곤란하다는 의미를 나타내는 문장이 온다.

유형1 문법형식

- きのう私が調べた限りでは、工場の機械に問題はなかった。 [09]
  어제 내가 조사한 바로는 공장의 기계에 문제는 없었다.

- 思いつくかぎりのアイデアはすべて出したが、〜。 [04]
  생각나는 한의 아이디어는 모두 내놓았지만, ~.

- 何か対策を立てない限り、今後も増えることはないだろう。 [00]
  뭔가 대책을 세우지 않는 한, 앞으로도 늘어날 일은 없을 것이다.

- 社会人であるかぎりは、自分の行動に責任を持つべきだ。
  사회인인 한은 자신의 행동에 책임을 져야 한다.

유형2 문맥배열

- 私の 見る かぎりでは 彼は 信頼できる 人物だ。 [01]
  내가 보는 바로는 그는 신뢰할 수 있는 인물이다.

- ここは夜遅く 一人で 歩かない かぎり 安全で ある。 [95]
  이곳은 밤늦게 혼자서 걷지 않는 한 안전하다.

- お力になれるかどうかはわかりませんが、できる限りのことはさせていただきますよ。
  힘이 될 수 있을지 어떨지는 모르겠지만, 할 수 있는 한의 일은 하겠습니다.

유형3 문장흐름

- こんなひどいわけのわからない専門語を使うのをやめない限り、君の言っていることはまったくわからないだろう。
  이런 심한 무슨 말인지 전혀 알 수 없는 전문 용어 사용을 그만두지 않는 한, 네가 하는 말은 전혀 알아들을 수가 없을 거야.

04 〜か何か(で) 022 ~이나 무언가(에서)

접속 명사

「〜か何か(で)」는 '~이나 무언가(에서), ~이나 무엇인가로'라는 뜻으로, 정확하게는 모르지만 예상되는 하나의 예를 들면서 그 외의 것도 있다는 것을 말할 때 사용된다. 앞의 「〜か」 대신 「〜や・〜とか」가 오기도 하며, 「〜か何かからしい(~인지 뭔가인 것 같다)」의 형태로, 「〜か・〜や」가 들어가지 않고 「何かで(무언가에서, 무언가로)」 단독으로 쓰이기도 한다. 또한 「〜か何かに(~인가 뭔가에)」 「〜か何かを(~인가 뭔가를)」 등의 형태로 사용되기도 한다.

☑ 雑誌か何かで誰かが人生で一番大切な経験は…
　　잡지나 무언가에서 누군가가 인생에서 가장 중요한 경험은… 2017-1회

☑ レストランは雑誌か何かで紹介されてから 레스토랑은 잡지나 무언가에서 소개된 후 N3 2017-1회

☑ あ、それって、最近雑誌や何かでよく取り上げられてるゲームでしょう？
　　아, 그거, 요즘 잡지나 무언가에서 자주 거론되고 있는 게임이죠? 2013-1회

유형1 문법형식

- 風で紙が飛んでしまうので、本か何か重いものを載せておこう。 07
  바람 때문에 종이가 날아가 버리니, 책이나 무언가 무거운 것을 올려 두자.

- 山田さんは電車の事故か何かで遅れるらしいです。
  야마다 씨는 전철 사고나 뭔가로 늦는 것 같습니다.

- 息子はエムネミとかエネミムとか何かそんな名前の歌手のコンサートに行った。
  아들은 에무네미 라던가 에네무무 라던가 뭔가 그런 이름의 가수 콘서트에 갔다.

유형2 문맥배열

- もう20年以上も前、雑誌か 何かに 出ていた レシピですが、わが家の定番料理になっています。
  벌써 20년 이상이나 전에, 잡지나 무언가에 나왔던 레시피지만, 우리 집의 단골 음식이 되어 있습니다.

- 何かで 読んだんだが 植物は人間の 感情に 反応するんだってね。
  뭔가에서 읽었는데 식물은 인간의 감정에 반응한다고 하던데.

유형3 문장흐름

- 中学生〇〇新聞の詩の選をしていたとき、私の詩が投稿されてきた。子供の教科書か何かに、出ていたに違いないと思った。盗作した本人に聞くのも妙なので、そのままにおいた。
  중학생 〇〇신문의 시의 선정을 하고 있었을 때, 내 시가 투고되어 왔다. 어린이 교과서나 무언가에 나와 있었음에 틀림없다고 생각했다. 표절한 본인에게 묻는 것도 이상해서 그대로 내버려 두었다.

05 ～かねる / ～かねない [023] ~하기 어렵다, ~할 수 없다 / ~할지도 모른다, ~할 법도 하다

접속 동사의 연용형(ます형)

「～かねる」는 '~하기 어렵다, ~할 수 없다'라는 뜻이다. 이것은 동사의 연용형(ます형)에 붙어 '심정적인 거부감이 있어 ~할 수 없다, ~하기 어렵다'라고 할 때 쓴다. 또한, 서비스업 등에서 손님의 희망에 응할 수 없음을 완곡하게 말할 때 자주 사용된다. 「待ちかねる(더 기다릴 수 없다, 학수고대하다)」, 「見るに見かねて(보다 못해)」 등은 관용 표현으로 외워 두자. 「～かねない」는 '~할지도 모른다, ~할 법도 하다'라는 뜻으로, 화자가 결과나 경과를 걱정하여 '~라는 나쁜 결과가 될 가능성이나 위험성이 있다'라고 말하고 싶을 때 쓴다. '~하기 어렵지 않다'로 해석하지 않도록 주의해야 한다.

- ☑ まだ結果が出ていない現時点では判断し**かねる** 아직 결과가 나오지 않은 현시점에서는 판단하기 어렵다 `2016-1회`
- ☑ 商品ご使用後の返品対応はいたし**かねます**ので 상품을 사용하신 후의 반품은 해드릴 수 없으므로 `N1 2012-1회`

- 労働条件の変更について会社から説明を受けたが、私はどうも納得し**かねる**。 96
  노동 조건의 변경에 대해 회사로부터 설명을 들었지만, 나는 도저히 납득할 수 없다.

- これだけの書類を一月では処理いたし**かねます**が。
  이만큼의 서류를 한 달로는 처리하기 어렵습니다만.

- 当ホテルでは盗難についての責任を負い**かねます**。
  저희 호텔에서는 도난에 대한 책임을 질 수 없습니다.

- そんな乱暴な運転をしたら事故を起こし**かねない**よ。
  그런 난폭한 운전을 하면 사고를 일으킬지도 몰라.

- 将来のことを私の 一存では 決め**かねて**★ 兄に 相談 した。
  장래의 일을 나 혼자만의 생각으로는 결정하기 어려워서 형에게 의논했다.

- 食事と睡眠だけはきちんと とらないと 体を こわし★ **かねません**。
  식사와 수면만은 제대로 취하지 않으면 몸이 상할지도 모릅니다.

- いますぐにはお返事いたし**かねます**。申し訳ありませんが、1週間ほどお時間をいただけませんでしょうか。
  지금 당장은 답변 드리기 힘듭니다. 죄송하지만 1주일 정도 시간을 주실 수 없겠습니까?

06 〜からして ⁰²⁶ ① ~부터가, ~에서부터 ② ~으로 보아

접속 명사

「〜からして」는 '①~부터가, ~에서부터'라는 뜻이다. 이것은 기본적인 사항이나 평소에는 그다지 문제가 되지 않는 것을 예로 들어, '그것부터가 (그렇고 나머지도)'라고 말하고 싶을 때 쓴다. 그리고 '②~으로 보아'라는 뜻으로 판단의 실마리, 즉 근거를 나타내는 경우에도 쓰인다. 「〜からすると^{N2 027}」, 「〜から見て」 등과 같은 뜻이다.

- ☑ 責任感の強い彼の性格からして 책임감이 강한 그의 성격으로 보아 `N1 2010-2회`
- ☑ 彼に伝わっていないことからして 그에게 전해지지 않은 일부터가 `N1 2010-1회`

유형1 문법형식

- 田中さんのプランは、その発想からして独特だ。 `00`
  다나카 씨의 계획은 그 발상부터가 독특하다.
- この会社は社長からしてたいへん勤勉だ。
  이 회사는 사장부터가 매우 근면하다.
- 彼の言葉のアクセントからして、東北出身ではないだろう。
  그의 말의 악센트로 보아 동북 출신은 아닐 것이다.
- 私から見て、彼は時間にルーズだ。
  내가 보기에 그 사람은 시간에 느슨하다.

유형2 문맥배열

- 私は彼のことが大嫌いだ。彼の話し方や 服装 <u>からして</u> がまん ならない。 `03`
  나는 그를 무척 싫어한다. 그의 말투나 복장부터가 참을 수 없다.
- 父は 症状 <u>からして</u> どうも がんになった らしい。
  아버지는 증상으로 보아 아무래도 암에 걸린 것 같다.
- この手紙は 筆跡 <u>からして</u> 彼が 書いた ものに違いない。
  이 편지는 필적으로 보아 그가 쓴 것임에 틀림없다.

유형3 문장흐름

- 私は彼がきらいだ。その態度からして許せない。顔も見たくないぐらいだ。私がこんなに嫌っているのだから、多分彼も私が嫌いだろう。
  나는 그를 싫어한다. 그 태도부터가 용서할 수 없다. 얼굴도 보고 싶지 않을 정도다. 내가 이렇게 싫어하니까, 아마 그 사람도 나를 싫어할 것이다.

07 〜からといって ~라고 해서

접속 동사의 보통형(る형, た형, ない형), い형용사의 기본형, な형용사의 기본형, 명사+だ

「〜からといって」는 '~라고 해서'라는 뜻으로, 「〜」을 근거로 해서 내려진 판단이 옳다고는 말할 수 없다는 의미이다. '아무리 그렇더라도 ~해서는 곤란하다, 단지 그렇다고 해서 ~할 것은 없다'라는 뉘앙스로, 말하는 사람의 판단이나 비판을 나타낼 때 자주 쓴다. 뒤에는 주로 「〜(という)わけではない(~(라는) 것은 아니다)」, 「〜とはかぎらない(~라고는 할 수 없다)」, 「〜とはいえない(~라고는 말할 수 없다)」 등의 부분 부정 문장이 온다. 또 접속 표현인 「だからといって(그렇다고 해서)」도 함께 알아 두자.

유형1 문법형식

- しばらく連絡がない**からといって**、そんなに心配することないよ。 09
  잠시 연락이 없다고 해서 그렇게 걱정할 필요는 없어.

- 一度ぐらい断られた**からといって**、そんなに簡単にあきらめないでください。 07
  한 번 정도 거절당했다고 해서 그렇게 쉽게 단념하지 마세요.

- 親が頭がいい**からといって**、子どもも必ずしも頭がいいとはかぎらない。
  부모가 머리가 좋다고 해서 자식도 꼭 머리가 좋다고는 할 수 없다. 92

- 私は彼の提案に反対だが、**だからといって**その提案が気に入らないというわけではない。
  나는 그의 제안에 반대이지만, 그렇다고 해서 그 제안이 마음에 들지 않는다는 것은 아니다.

유형2 문맥배열

- 説明を 聞いた **からといって** すぐに できる というものでもない。 96
  설명을 들었다고 해서 바로 할 수 있는 것도 아니다.

- いくら お金が たくさんある **からといって** 使いすぎる のはよくない。
  아무리 돈이 많이 있다고 해서 지나치게 쓰는 것은 좋지 않다. 93

- 日本に 住んでいる **からといって** 日本語 が話せる とは限らない。
  일본에 살고 있다고 해서 일본어를 할 줄 안다고는 할 수 없다.

유형3 문장흐름

- 試験に落ちた**からといって**、がっかりしないでください。また来年受ければいいじゃないですか。次はきっと合格しますよ。
  시험에 떨어졌다고 해서 실망하지 마세요. 내년에 또 보면 되잖아요. 다음에는 꼭 합격할 거예요.

08 〜からには・〜うえは ~한 이상(에는)

접속 동사의 기본형(る형)・과거형(た형), 명사+である+からには / 동사의 과거형(た형)+うえは

「〜からには・〜うえは」는 '~한 이상(에는)'이라는 뜻으로, '~라면 당연히'라는 이유를 들어 화자의 판단이나 결의・권유 등을 나타낸다. 따라서 뒤에는 주로 추측이나 판단・결의・마음가짐과 같은 화자의 의지를 나타내거나 추천・금지 등을 나타내는 표현이 온다. 「〜からには」는 「〜からは」와 거의 같은 뜻으로 쓰이는데, 「〜からは」 쪽이 좀더 문어적이고 예스러운 인상을 준다. 「〜うえは」는 동사의 과거형(た형)에 접속하는데, 「こうなったうえは(이렇게 된 바에는)」와 같이 한정된 단어에 붙으므로 통째로 익혀 두자.

문법형식

- いったん引き受けたからには納得できる仕事をしたい。 06
  일단 맡은 이상, 납득할 수 있는 일을 하고 싶다.

- 何回も話し合ってみんなで決めたことだ。決めたからには成功するようにがんばろう。 97
  몇 번이나 의논해서 모두가 결정한 일이다. 결정한 이상 성공하도록 분발하자.

- 医者に見離されたうえは、もうあきらめるしかない。
  의사가 포기한 이상 이젠 단념할 수밖에 없다.

문맥배열

- 事態が こうなった うえは もう 彼一人 に 任せてはおけない。 99
  사태가 이렇게 된 바에는 이제 그 한 사람에게 맡겨둘 수는 없다.

- マラソン大会に 出場する からには よく 練習をして 42.195kmを走りぬきたい。 94
  마라톤 대회에 출전하는 이상, 연습을 잘해서 42.195킬로미터를 완주하고 싶다.

문장흐름

- たいへんな仕事だけれども、頼まれたからにはせざるをえない。この仕事が終われば、自分ももっと成長できるはずだ。
  매우 힘든 일이지만, 부탁받은 이상 하지 않을 수 없다. 이 일이 끝나면, 나도 좀더 성장할 수 있을 것이다.

- 結婚したうえは、家族に対して責任を持つのが当然のことだ。それができないのなら、夫や妻失格だと言われても仕方がない。
  결혼한 이상에는 가족에 대해 책임을 지는 것이 당연한 것이다. 그것이 불가능하다면, 남편이나 아내 실격이라고 들어도 어쩔 수 없다.

09

～気味(ぎみ) 031 ~기미, ~경향

접속 동사의 연용형(ます형), 명사

「～気(ぎ)味(み)」는 '~기미, ~경향, 약간 ~한 느낌이 있음'의 뜻으로, '정도가 그다지 심하지는 않지만 ~한 경향이 있다'라고 말할 때 사용하며, 주로 바람직하지 않은 경우에 쓴다. 동사의 연용형(ます형)과 명사에 접속하여 「不(ふ)足(そく)ぎみ(약간 부족한 느낌), 疲(つか)れぎみ(조금 피곤한 느낌), 太(ふと)りぎみ(조금 살찌는 느낌)」 등과 같이 쓰인다.

유형1 문법형식

○ ・このところ忙(いそが)しくて少(すこ)し疲(つか)れぎみだから、今日(きょう)は早(はや)く帰(かえ)ることにした。
요즘 바빠서 조금 피곤한 듯하니까, 오늘은 일찍 돌아가기로 했다. 04

・少(すこ)し風(か)邪(ぜ)ぎみなので、今(こん)夜(や)は薬(くすり)を飲(の)んで早(はや)く寝(ね)ます。
조금 감기 기운이 있어서, 오늘 밤은 약을 먹고 일찍 자겠습니다.

・若(わか)いころはやせていたのだが、30歳(さい)をすぎてからだんだん太(ふと)り気(ぎ)味(み)になった。
젊을 때에는 말랐었지만, 30세가 지나고 나서 점점 살이 찌는 느낌이다.

유형2 문맥배열

○ ・近(ちか)ごろ 仕事(しごと)が 忙(いそが)しくて 疲(つか)れ *ぎみ です。
요즘 일이 바빠서 조금 피곤합니다.

・最近(さいきん) 太(ふと)り *ぎみ なので、ジョギングを 始(はじ)めた。
요즘 살이 찌는 것 같아서 조깅을 시작했다.

・でも、もう 夏(なつ)も 後半(こうはん)。あっという間(ま)に 秋(あき)になり今年(ことし)も 終(お)わっちゃいます。少々(しょうしょう)あせり 気(ぎ)*味(み)に なっている 私(わたし)です。
하지만 이제 여름도 후반. 눈 깜짝할 사이에 가을이 되고 올해도 끝나 버립니다. 저는 조금 조급한 느낌이 듭니다.

유형3 문장흐름

○ ・日本(にほん)では高(こう)齢(れい)者(しゃ)介(かい)護(ご)の人(ひと)手(で)が不(ふ)足(そく)気(き)味(み)なのに対(たい)し、ドイツではあまり人(ひと)手(で)不(ぶ)足(そく)の声(こえ)が聞(き)かれない。どちらも高齢化(こうれいか)に直面(ちょくめん)している国(くに)なのに、この違(ちが)いはどこから来(く)るのか。
일본에서는 고령자 간병인의 인력이 부족한 경향인데 비해, 독일에서는 그다지 인력 부족이라는 이야기가 들리지 않는다. 두 나라 모두 고령화에 직면해 있는 나라인데, 이 차이는 어디에서 오는 것인가?

10 〜ことから ⁰³⁸ ~로 인해, ~때문에

접속 동사의 기본형(る형)·과거형(た형)·진행형(ている형), い형용사의 기본형 등

「〜ことから」는 '~로 인해, ~때문에, ~이 원인이 되어'라는 뜻으로, 근거나 유래를 나타내는 표현이다. 어감이 다소 딱딱하며, 주로 문장체로 쓰인다. 이 표현은 「AことからB」의 꼴로 'A가 근거·이유가 되어 B라는 상황이 되었다'라는 용법과 'A가 기인(起因)하거나 유래(由来)가 되어 B라는 상태가 되었다'라는 용법으로 주로 사용된다.

- ☑ 途中で降りることができない**ことから** 도중에 내릴 수가 없기 때문에　N1 2017-2회
- ☑ 人の耳のような形に見える**ことから** 사람의 귀와 같은 형태로 보이기 때문에　N3 2015-1회

유형1 문법형식

- 電話機も小さくなり、性能もよくなった**ことから**、携帯電話の利用者は増える一方だ。 95
  전화기도 작아지고, 성능도 좋아졌기 때문에, 휴대전화 이용자는 늘기만 한다.

- 人と人とのコミュニケーションをはかる**ことから**、お互いの信頼関係がきずかれる。 95
  사람과 사람과의 커뮤니케이션을 도모함으로 인해, 서로의 신뢰관계가 구축된다.

- この池は亀が多くいる**ことから**、「亀の池」と呼ばれている。
  이 연못은 거북이가 많이 있는 데서 '거북 연못'이라고 불리고 있다.

- 彼は話し方がうまい**ことから**、スピーチ大会の司会に選ばれた。
  그는 말주변이 좋기 때문에 웅변 대회의 사회로 뽑혔다.

유형2 문맥배열

- 彼は 何でも よく 知っている ことから、友達に「博士」と呼ばれている。
  그는 뭐든지 잘 알고 있기 때문에 친구에게 '박사'라고 불리고 있다. 09

- 都心では子供が 少なくなって きている ことから 学校の数も 減りつつある。 99
  도심에서는 어린이 수가 적어지고 있어서 학교 수도 줄어들고 있다.

유형3 문장흐름

- この学校は学生が少ないことから、廃校が決まった。少子化の影響で、廃校になる学校が全国的に増えているという。寂しいことだ。
  이 학교는 학생이 적기 때문에 폐교가 결정되었다. 저출산현상의 영향으로 폐교가 되는 학교가 전국적으로 늘고 있다고 한다. 서운한 일이다.

콕콕 실전문제 13

問題 1 次の文の（　）に入れるのに最もよいものを、1・2・3・4から一つ選びなさい。

1　私たちは良識（　　　）このような残虐行為が続くことを容認できない。 026・037
　1　をして　　　2　からは　　　3　をもって　　　4　からして

2　田中さんは銀行の頭取（　　　）大変なお金持ちです。 022
　1　か何かで　　2　か何かを　　3　や何かが　　　4　や何かは

3　少し調べた（　　　）日本語の解説が見つからなかったので私が直接書いてみました。 017
　1　限りでは　　2　次第では　　3　うえでは　　　4　ようでは

4　相手から折り返しの連絡がない（　　　）、不安になる必要はありません。 028
　1　と思うと　　2　からには　　3　とならんで　　4　からといって

5　事実として（　　　）。うちの会社は財政的にとても大変なんだよ。 009
　1　認めるではないか　　　　　2　認めようではないか
　3　認めたいことか　　　　　　4　認めないことか

6　熱い料理ならこぼして周りの人にやけどをさせてしまうことも（　　　）。 011
　1　しうる　　　2　しえない　　3　ありうる　　　4　ありえない

7　日本に来た（　　　）日本でしか学べないものを身につけて帰るつもりです。 029
　1　からには　　2　うえには　　3　わけには　　　4　ためには

8　風邪（　　　）だったので、体育の授業は見学することにした。 031・040
　1　ぶり　　　　2　ぎみ　　　　3　ぞい　　　　　4　がち

9　彼女は、明るく責任感が強い（　　　）から、同級生に人気がある。 038
　1　うえ　　　　2　こと　　　　3　ため　　　　　4　もの

10　彼女の言葉の真意を（　　　）、しばらく悩んだこともあった。 023
　1　はかりえて　　　　　　　　2　はかることになって
　3　はかりかねて　　　　　　　4　はからざるをえなくて

問題2 次の文の ＿★＿ に入る最もよいものを、1・2・3・4から一つ選びなさい。

11　きみが ＿＿＿＿ ＿★＿ ＿＿＿＿ ＿＿＿＿ 許さないだろう。 017・037
　　1　ことを　　　　2　彼女はきみの　　3　謝らない　　　　4　かぎり

12　父が ＿＿＿＿ ＿★＿ ＿＿＿＿ ＿＿＿＿ ならなければならないという法はない。 028・104・077
　　1　自分も　　　　2　からといって　　3　医者だ　　　　　4　医者に

13　値上げに対してはっきり ＿＿＿＿ ＿＿＿＿ ＿★＿ ＿＿＿＿ か。 009・118
　　1　反対し　　　　2　ない　　　　　　3　では　　　　　　4　よう

14　児童文学では太陽も壁もしゃべる。＿＿＿＿ ＿＿＿＿ ＿★＿ ＿＿＿＿ 世界だ。 011・148・037
　　1　ようなことも　2　何でも許される　3　大人の文学では　4　成立しえない

15　＿＿＿＿ ＿★＿ ＿＿＿＿ ＿＿＿＿ 、なるべく早く総裁を決めなければいけないと思っている。 029・104・066
　　1　うえは　　　　2　こういう　　　　3　なった　　　　　4　結果に

16　世界人口は増加しているが、他方 ＿＿＿＿ ＿★＿ ＿＿＿＿ ＿＿＿＿ だ。 031
　　1　気味　　　　　2　減少　　　　　　3　日本の　　　　　4　人口は

17　外国籍の子どもたちは名前、服装、＿＿＿＿ ＿★＿ ＿＿＿＿ ＿＿＿＿ になることもある。 038
　　1　いじめの対象　2　ことばづかい　　3　が違う　　　　　4　ことから

18　私では ＿＿＿＿ ＿＿＿＿ ＿★＿ ＿＿＿＿ 、担当の者を呼んでまいります。 023
　　1　かねます　　　2　わかり　　　　　3　ので　　　　　　4　ちょっと

19　課長 ＿＿＿＿ ＿＿＿＿ ＿★＿ ＿＿＿＿ ヒラの社員によくわからないのも無理はない。 026・066
　　1　からして　　　2　から　　　　　　3　事態を把握して　4　いないのだ

20　お仕事の ＿＿＿＿ ＿＿＿＿ ＿★＿ ＿＿＿＿ なりたい場合は、お気軽に下記メールアドレスまでご連絡ください。 022
　　1　何かで　　　　2　画像を　　　　　3　ご使用に　　　　4　依頼や

問題3 次の文章を読んで、文章全体の趣旨を踏まえて、[21]から[25]の中に入る最もよいものを、1・2・3・4から一つ選びなさい。

　僕は今机に向かっているが、田舎にいるので[21-a]いろいろの虫が机の前のガラス戸にいる。小さい蠅のような虫や、蛾のような虫が、そして彼等は[21-b]よく活動している。ごみのように小さい虫がちゃんと羽根をもち、目をもち、口をもち、その他生きるのに必要なもの、繁殖するに必要なものをちゃんと備えている。あたりまえのことと言えばそれまでだが、不思議と言えばこの位不思議なものはないと言える。
　どうしてこんなものが生まれたのであろう。
　なぜこんなものを生む必要があるのか。
　彼等は生まれたことを喜ぶだろうか。生まれたことが[22]喜びなのか。
　彼等は別にそんなことは考えないであろう。彼等はただ事実に支配され、生まれるべくして生まれ、生くべくして生き、死ぬべくして死ぬ。
　何の為なぞとは考えないであろう。
　その存在の価値は我等にとってはゼロ以下だが、彼等自身にとっては、それが唯一の真実で、絶対なものであろう。彼等には理性もない、道徳もない、生きる意義を[23]。ただ生きている。
　しかし人間は彼等を軽蔑することは出来るが、存外(注)彼等と共通なものがある。ただ彼等は考えずに生きている。人間は[24]。勿論、人間と彼等のちがいはそれだけではない。しかし人間も彼等と同じように、生まれたからこそ生まれ、[25]生き、死ねば死ぬ、その点は別にちがわない。
　人間は死なずにすむものではない。自分が死にたい時だけ死ぬものではない。人間の生命はもろさにおいて彼等とそうちがわない。ちがうと思うのは人間の目で見るからである。彼等は自分の一生を短いとは思わず、身体に故障がない限り元気に愉快に生きているのであろう。

（武者小路実篤『人生論・愛について』による）

（注）存外：案外。

21

1 a 実に / b 実に		2 a 実に / b 実は	
3 a 実は / b 実は		4 a 実は / b 実に	

22

1　彼等において　　2　彼等にとって　　3　人間において　　4　人間にとって

23

1　探求もするであろう　　　　2　探求すべきであろう
3　探求もしまい　　　　　　　4　探求するものではない

24

1　考えるにこしたことはない　　2　考えないわけにはゆかない
3　考えてもむりはない　　　　　4　考えればこそなんだ

25

1　生きたところで　　　　　　2　生きてはいるものの
3　生きているからには　　　　4　生きていればこそ

문제해결 키워드

□ **~ないかぎり** N2 017　~하지 않는 한
　身体に故障が**ない限り**　신체에 별 탈이 없는 한 (21行)

□ **~ばそれまでだ**　~하면 그것으로 끝이다
　あたりまえのことと言え**ばそれまでだ**
　당연하다고 말하면 그것으로 끝이다 (04行)

□ **~といえば** N2 079　~라고 하면
　不思議**と言えば**　불가사의라고 하면 (05行)

□ **~まい** N2 140　~하지 않을 것이다
　生きる意義を探求も**しまい**
　살아가는 의의를 탐구도 하지 않을 것이다 (13行)

□ **~わけにはゆかない** N2 154　~할 수는 없다
　人間は考えない**わけにはゆかない**
　인간은 생각을 안 할 수는 없다 (16行)

□ **~からこそ** N2 036　~하기 때문에
　生まれた**からこそ**生まれ
　태어났기 때문에 태어나고 (17行)

□ **~ばこそ** N1 128　~이기에, ~때문에
　生きていれ**ばこそ**生き　살고 있기에 살고 (17行)

□ **~ずにすむ** N2 100　~하지 않고 끝나다
　人間は死な**ずにすむ**ものではない
　인간은 죽지 않고 끝나는 존재가 아니다 (19行)

□ **~にこしたことはない** N1 106　~보다 나은 것은 없다

□ **~(た)ところで** N2 088　~해 보았자, ~한들

□ **~ものの** N2 146　~하기는 하나, ~하기는 하지만

□ **~からには** N2 029　~한 이상(에는)

11 ～最中(に) / ～最中だ [043]   한창 ~중(에) / 한창 ~중이다

접속 동사의 진행형(ている형), い형용사의 기본형, 명사+の

「～最中(に)/～最中だ」는 '한창 ~중(에)/한창 ~중이다'라는 뜻이다. 동작을 나타내는 말에 붙어 '한창 ~하고 있을 때 예기치 않던 일이 일어났다'는 것을 말하고 싶을 때 쓴다. 이 표현은 어떤 일이 활발하게 진행되고 있음을 나타내므로, 동사에 접속할 때는 보통 「～ている + 最中(に)/～最中だ」로 진행 형태를 취할 때가 많다.

유형1 문법형식

- 電話している 最中に、誰かが玄関に来た。 02
  한창 전화하고 있는 중에 누군가가 현관에 왔다.

- この問題はいま検討している 最中です。
  이 문제는 지금 한창 검토하는 중입니다.

- 試合の 最中に雨が降り出したので、観客は大あわてだった。
  한창 시합 중에 비가 내리기 시작했기 때문에 관객들은 몹시 당황하였다.

- 今日は忙しい 最中に、お客に来られて困った。
  오늘은 한창 바쁜 중에 손님이 와서 난처했다.

유형2 문맥배열

- 今は 食事の ★最中だ から タバコは 遠慮したほうがいいですよ。 93
  지금은 한창 식사하는 중이니까 담배는 삼가는 게 좋아요.

- おふろに 入って ★いる 最中に、地震があってびっくりした。
  한창 목욕을 하고 있는 중에 지진이 일어나 깜짝 놀랐다.

- にきびは 思春期の 最中 ★および それが過ぎた 少年少女たちを悩ます炎症性の皮膚病にすぎない。
  여드름은 사춘기를 겪고 있거나 이미 지난 소년 소녀들을 고민하게 하는 염증성 피부병에 지나지 않는다.

유형3 문장흐름

- 今話し合っている最中なので、最終結論を出すのはもうちょっと待ってください。明日の昼までには、こちらから必ず連絡をしますから。
  지금 한창 의논 중이니, 최종 결론을 내는 것은 좀더 기다려 주세요. 내일 정오까지는 저희 쪽에서 꼭 연락을 할 테니까요.

3. 출제 3순위 N2 문법 40

12 ～次第で(は) / ～次第だ 049

～에 따라서(는) / ①～나름이다, ～에 달려 있다 ②～한 것이다

접속 명사 / 동사의 기본형(る형)·과거형(た형), い형용사의 종지형(い형), 명사

「～次第で(は)…」는 '～에 따라서(는)'이라는 뜻이다. 이것은 '어떤 ～의 경우에는 …하는 일도 있다'라고 말하고 싶을 때, 즉 '～에 따라 어떤 사항이 결정된다'고 말할 때 쓴다. 그리고 「～次第だ」는 '①～나름이다, ～에 달려 있다'라는 뜻 이외에 '②～한 것이다, ～한 연유[사정]이다'라는 뜻으로도 쓰이는데, 이유나 사정을 설명하고 그래서 이러한 결과가 되었음을 나타낸다. 보통 「동사의 기본형(る형)·과거형(た형), い형용사의 종지형(い형)+次第だ」의 형태로 쓴다.

☑ 復旧状況次第では営業再開が遅れる可能性が…
　 복구상황에 따라서는 영업 재개가 늦어질 가능성이… `N1 2016-2회`

☑ 使う人の使い方次第で 사용하는 사람의 사용 방식에 따라서 `N1 2012-1회`

○ • 先日はお伝えした日程に誤りがありましたので、今回、改めてご連絡を差し上げた次第です。 `09`
　　지난번에는 전해 드린 일정에 착오가 있었기 때문에, 이번에 다시 연락을 드린 것입니다.

• 頼み方次第ではあの人もこの仕事を手伝ってくれるかもしれない。
　부탁하기에 따라서는 그 사람도 이 일을 도와줄지도 모른다. `98`

• こんなことを申し上げねばならないとは何ともお恥ずかしい次第です。
　이런 말씀을 드려야 하다니 참으로 부끄러울 따름입니다.

○ • この製品は、アイデア 次第で いろいろな 使い方 ができます。 `06`
　　이 제품은 아이디어에 따라서 여러 가지 사용법이 가능합니다.

• 先生の ご都合 次第では 来週の講演 は延期になります。 `03`
　선생님의 형편에 따라서는 다음 주 강연은 연기가 됩니다.

• 彼に急用ができたため、私が 代わりに 来た 次第 です。
　그에게 급한 볼일이 생겼기 때문에 제가 대신 온 것입니다.

○ • 条件はそろったのだから、あとは本人次第だ。やる気さえあれば必ずうまくいくはずだから、どうかこのチャンスを無駄にしないでほしい。
　　조건은 갖추어졌으니까, 나머지는 본인이 하기 나름이다. 의욕만 있으면 반드시 잘 될테니, 아무쪼록 이 기회를 헛되이 하지 않기를 바란다.

217

13 ～すぎる 051 너무 ~하다, 지나치게 ~하다

접속 동사의 연용형(ます형), い형용사·な형용사의 어간

「～すぎる」는 '너무 ~하다, 지나치게 ~하다'라는 뜻으로, 어떤 동작이나 상태가 도에 지나침을 나타낸다. 따라서 이 표현은 바람직하지 못한 상황을 표현할 때 쓰이는 경우가 대부분이다. 그리고 「～過ぎる」와 같이 한자로 쓰이는 경우도 있으며, 우리말 식의 「とても～する(너무 ~하다)」라는 표현보다는 동사·い형용사·な형용사에 「～すぎる」를 붙여서 사용하는 것이 일본어적이다.

- ☑ 水をやる必要があるが、やり**すぎる**のもよくない 물을 줄 필요가 있지만, 지나치게 주는 것도 좋지 않다 [N3 2013-2회]
- ☑ せっけんを使い**すぎ**ずに、さっと洗うのが肌にはよい
  비누를 지나치게 사용하지 않고, 살짝 씻는 것이 피부에는 좋다 [2011-1회]
- ☑ 塩の量を間違えて味が濃くなり**すぎて**しまいました 소금의 양을 잘못해서 맛이 너무 진해지고 말았습니다 [N3 2010-1회]

유형1 문법형식

- ○ このカレーは辛**すぎて**僕には食べられません。
  이 카레라이스는 너무 매워서 저는 먹지 못합니다.

- ○ あのタイプのテレビ宣伝はやり**すぎて**つまらないものになってしまっている。
  저런 타입의 TV 선전은 지나치게 해서 시시한 것이 되고 말았다.

유형2 문맥배열

- ○ 車を運転するときには いくら 注意しても し**すぎる** ことは ない。
  차를 운전할 때는 아무리 주의를 해도 지나친 일은 없다.

- ○ トップギアへ 早く入れ**すぎた** ので 坂を登りきらない うちに エンジンが止まってしまった。
  톱 기어를 너무 빨리 넣는 바람에 언덕을 다 올라가기 전에 엔진이 멈춰 버렸다.

유형3 문장흐름

- ○ たとえば**あまりに明るすぎる**光や真暗な闇は、私たちが視覚を使うのを、また**大きすぎる**音は、私たちが聴覚を使うのを妨げるし、ときには私たちの視覚や聴覚そのものをだめにし、破壊してしまう。
  이를테면 너무 밝은 빛과 칠흑 같은 어둠은 우리들의 시각 사용을, 또 너무 큰 소리는 우리들의 청각 사용을 방해하며, 때로는 우리들의 시각이나 청각 그 자체를 못쓰게 만들고 파괴해 버린다.

14 〜たがる / 〜たがっている ⁰⁵⁵ ~하고 싶어 하다 / ~하고 싶어 하고 있다

접속 동사의 연용형(ます형)

「〜たがる」는 '~하고 싶어 하다'라는 뜻으로, 제3자의 감정을 표현할 때 쓴다. 즉 다른 사람의 모습을 묘사하거나 이야기를 전할 때, 혹은 그렇게 보인다는 자신의 생각을 전할 때 쓴다. 특히 제3자의 현재 희망하는 감정을 말할 때는 「〜たがっている」를 사용한다.

참고 「〜たい」는 1인칭으로 자신의 감정을 말하거나 상대에게 묻는 의문문에서만 쓸 수 있다.

☑ 自宅から通える大学に行かせ**たがっている**んです
   집에서 다닐 수 있는 대학에 보내고 싶어 하고 있어요. 2012-2회

- うちの子は野菜を食べ**たがらなくて**困っているんです。
  우리 애는 채소를 먹고 싶어 하지 않아서 곤란해요.

- 彼女はとても行き**たがっていた**ので引き止めることはできなかった。
  그녀가 너무나도 가고 싶어 했기 때문에 말릴 수가 없었다.

- お母様が行かせ**たがっている**ようですが、本人が行きたくないのならば、受験しなければいいだけです。
  어머님이 보내고 싶어 하는 것 같은데, 본인이 가고 싶지 않다면 시험을 보지 않으면 될 뿐입니다.

- 彼が ほめて もらい**たがって** いる ことが 分かったのでお世辞を言っておいた。
  그가 칭찬을 받고 싶어 하는 것을 알았기 때문에 겉치레 인사를 해두었다.

- 宗教に厳格な家族は子どもたちを ほかの 宗教の 相手と 結婚させ**たがらない**。
  종교에 엄격한 가족은 자녀들을 다른 종교를 가진 상대와 결혼시키고 싶어 하지 않는다.

- この心理は女性にもありますが、**会わせたがる**のは男性に顕著な行動かもしれません。というのも、女性は恋人の能力や経済力などを**自慢したがる傾向**が強いですが、男性は恋人の美しさを**自慢したがる傾向**が強いです。
  이 심리는 여성에게도 있지만, (연인을) 만나게 하고 싶어 하는 것은 남성에게 현저하게 보이는 행동일시노 보릅니다. 왜냐하면 여성은 연인의 능력 및 경제력 등을 자랑하고 싶어 하는 경향이 강하지만, 남성은 연인의 미모를 자랑하고 싶어 하는 경향이 강합니다.

15

～である / ～で(は)ない 064 ~이다, ~하다 / ~이 아니다, ~하지 않다

접속 명사, い형용사의 어간 등

「～である」는 '~이다, ~하다'의 뜻으로, 품사에 따라 「～のである(~인 것이다), ～なのである(~인 것이다)」와 같은 형태로 사용된다. 가정형은 「～であれば(~이라면)」이다. 「～で(は)ない(회화체 ～じゃない)」는 '~이 아니다', 「～でもない」는 '~도 아니다'가 된다. 「～である」의 쓰임은 다양하지만, 대표적인 예로 今の時代であるからこそ(지금 시대이기 때문에), そんなことをする人間でないことは(그런 일을 할 사람이 아닌 것은), 現実的でありながらも(현실적이면서도)와 같이 쓴다. 그리고 강조 용법인 「～ではある(~이기는 하다)」와 「～でもある(~이기도 하다)」도 같이 익혀 두자.

참고 「～である」의 정중체에는 「～であります(~입니다)」와 「～でございます(~입니다)」의 두 가지 형태가 있다.

☑ 明日になっても熱が下がらないよう**であれば** 내일이 되어도 열이 내려가지 않을 것 같으면 2014-1회

☑ さらに客も獲得できるランチは、「おいしい」ランチ**なのである**
   게다가 손님도 얻을 수 있는 런치는 '맛있는' 런치인 것이다 2012-1회

☑ 現実的**であり**ながらも詩的な雰囲気を失わない 현실적이면서도 시적인 분위기를 잃지 않다 2010-2회

유형1 문법형식

- 私は日本を代表する作曲家**でもなければ**「日本」の作曲家**でもない**。
  나는 일본을 대표하는 작곡가도 아니거니와 '일본'의 작곡가도 아니다.

- 洪水が引き、かつては緑**であった**田園が今は荒れ果てた姿をさらけだした。
  홍수가 끝나자 예전에는 초록색이었던 논과 밭이 지금은 황폐해진 모습을 드러냈다.

유형2 문맥배열

- よほどひどい もので なければ どんな文法書でも これくらいのことははっきり説明しているだろう。
  어지간히 심한 책만 아니라면 어떤 문법책에도 이 정도의 내용은 확실히 설명되어 있을 것이다.

- このたびあなたを年間最優秀小説家に選出しましたことを ご通知するのは この上ない 喜びで あります。
  이번 기회에 귀하가 연간 최우수 소설가로 선출되었음을 통지하는 것은 더할 나위 없는 기쁨입니다.

유형3 문장흐름

- 辞書の適正な役割は言葉がいかに使われているかを記録すること**であり**、言葉がいかに使われるべきかを定めることでない。
  사전의 바른 역할은 단어가 어떻게 쓰이고 있는지를 기록하는 것이지, 단어가 어떻게 쓰여져야 하는지를 정하는 것이 아니다.

16 ～ても⁰⁷⁵ ~해도

접속 동사의 음편형(て형), 동사의 부정형+なく, い형용사의 어간+く 등   ～ともN1 088

「～ても」는 '~해도'라는 뜻으로, 술어의 「て」형과 조사 「も」의 조합이 문법화된 것이다. 이 표현은 A가 성립하면 B가 성립한다는 「AならばB」의 순접적인 조건 관계를 부정하는 역접 조건을 나타낸다. 조금 딱딱한 표현으로는 「～ともN1 088」가 있으며, 회화체로는 「～たって」의 꼴도 사용된다.

참고 「少なくても=少なくとも(적어도)」, 「多くても=多くとも(많아도)」 등과 같이 양이나 정도의 한계를 나타내어 부사적으로 쓰이는 경우도 있다.

- ☑ 一人で行っても誰かしら友達に会うので 혼자서 가도 누군가 친구를 만나기 때문에 N1 2016-1회
- ☑ 相手が言っていることに反論したくなっても 상대방이 말하는 것에 반론하고 싶어져도 N1 2015-1회
- ☑ どんなにつらいことがあってもそんな様子を全く見せず
아무리 괴로운 일이 있어도 그런 모습을 전혀 보이지 않고 2014-1회
- ☑ 毎日書いても書かなくても 매일 써도 쓰지 않아도 2011-1회

유형1 문법형식

- 日本の6月は1年でいちばん日が暮れるのが遅くて、7時になっても暗くなりません。 96
일본의 6월은 1년 중 해가 지는 게 가장 늦어서, 7시가 되어도 어두워지지 않습니다.

- 午前9時になってもほとんど明るくならないので、ついつい寝坊してしまう。
오전 9시가 되어도 거의 밝아지지 않기 때문에, 그만 늦잠을 자고 만다.

유형2 문맥배열

- 万一 この計画に 失敗しても 君の責任 は 問わない つもりだ。
만일 이 계획에 실패해도, 자네의 책임은 묻지 않을 생각이네.

- 舞台の どこに 立っても 顔が 暗くならない ような照明がほしい。
무대의 어디에 서더라도, 얼굴이 어두워지지 않는 그런 조명이 필요하다.

유형3 문장흐름

- 日本の森は、壊れても焼かれても復元する強靭さをもっており、世界中で最も回復力が強い森だといってよい。
일본의 숲은 파괴되거나 불이 나더라도 복원되는 강인함을 갖고 있으며, 전 세계에서 가장 회복력이 강한 숲이라고 해도 좋다.

17 ～(か)と思ったら・～(か)と思うと ⁰⁸² ~나 싶더니 곧, ~하는가 하면

접속 동사의 기본형(る형)·과거형(た형), な형용사의 어간+だろう, 명사 등

「～(か)と思ったら」는 '~나 싶더니 곧, ~하자 곧, ~라고 생각했더니, ~하는가 하면' 등의 뜻이다. 이것은 앞일이 일어난 직후에 뒷일이 일어남을 나타내는 표현으로, 「～(か)と思うと」의 형태로 바꿔 쓸 수 있다. 예를 들면 ベルが鳴ったかと思ったら(=かと思うと)(벨이 울렸나 싶더니 곧)와 같이 쓴다. 주의해야 할 점은 「思う(생각하다, 느끼다)」의 본래의 뜻으로 사용되기도 한다는 것이다. 예를 들면 何か変だと思ったらセーターを後ろ前に着ていた(뭔가 이상하다고 생각했더니 스웨터를 거꾸로 입고 있었다)와 같이 쓴다.

유형1 문법형식

- 出かけたかと思うとすぐ忘れ物を取りに帰ってくる。 ⁰³
  외출했나 싶더니 바로 두고 간 것을 가지러 돌아온다.

- 私は最近新しいアパートに引っ越したが、駅の近くだから便利だろうと思ったらそうでもない。 ⁹⁹
  나는 최근 새 아파트로 이사했는데, 역 근처라서 편리할 거라고 생각했더니 그렇지도 않다.

- 弟は、さっき起きてきたと思ったら、また寝ている。
  남동생은 조금 전 일어났나 싶더니 또 자고 있다.

- 深刻な話かと思ったら、そんなことはごくありふれた話じゃないですか。
  심각한 이야기인가 했더니, 그런 것은 아주 흔해 빠진 이야기가 아닙니까?

유형2 문맥배열

- 妹は、今 勉強を 始めた かと思ったら もう 居間 でテレビを見ている。 ⁹⁹
  여동생은 지금 공부를 시작했나 싶더니, 벌써 거실에서 텔레비전을 보고 있다.

- やっと 頂上に 着いた と思ったら 目的の山頂 はさらに先だった。
  겨우 정상에 도착했나 싶더니 목적지인 산 정상은 더 가야 했다.

유형3 문장흐름

- 急に空が暗くなったかと思うと、激しい雨が降ってきた。私たちはあわてて近くの喫茶店に駆け込み、コーヒーを飲みながら雨がやむのを待った。
  갑자기 하늘이 어두워지는가 싶더니 곧 비가 세차가 내리기 시작했다. 우리들은 허둥지둥 근처 커피숍에 뛰어 들어가, 커피를 마시면서 비가 그치기를 기다렸다.

～ところ(を) / ～ところ(へ・を) ⁰⁸⁶ ~인데도, ~인 중에 / ~참에, ~하고 있다가

접속 동사의 기본형(る형)·과거형(た형), い형용사의 기본형, 명사+の

「～ところ(を)」는 '~인데도, ~인 중에'라는 뜻으로, '~라는 상황인데 ~했다'라고 말하고 싶을 때, 또 상대의 상황을 배려해서 말할 때에 자주 쓴다. 따라서 말하는 사람의 감사나 후회 등의 감정이 담긴 표현이 많으며, 인사말에 관용적으로 많이 쓰인다. 대표적인 예로 「お忙しいところを(바쁘신 중에), お休みのところを(쉬고 계신데), お多忙のところを(다망하신 중에)」 등이 있다. 「～ところ(へ・を)」는 '~참에, ~하고 있다가'라는 뜻으로, 경우나 그런 때, 장면, 현장 등의 의미로 쓰인다.

유형1 문법형식

- お忙しい**ところを**恐れ入りますが、どうかよろしくお願い申し上げます。 **05**
  바쁘신 중에 죄송합니다만, 아무쪼록 잘 부탁드립니다.

- お忙しい**ところ**すみませんが、最寄りの駅を教えていただけませんか。
  바쁘신 중에 죄송합니다만, 가장 가까운 역을 가르쳐 주시지 않겠습니까?

- ちょうどいい**ところへ**来た。いす、押さえてて。
  마침 잘 왔어. 의자, 잡고 있어 줘.

- 会議から抜け出して、油を売っている**ところを**部長に見つかってしまった。
  회의에서 빠져나와 농땡이를 피우고 있다가 부장님에게 들키고 말았다.

유형2 문맥배열

- もう すこしで 優勝する **ところを** ミスして 負けた。
  조금 더 분발했으면 우승했는데 실수를 해서 졌다.

- ちょうど 出かけ ようと している **ところへ** 刑事が訪ねてきた。
  마침 외출하려고 하던 참에 형사가 찾아왔다.

- 泥棒は 家の中を 盗み見して いる **ところを** 警察に見つかった。
  도둑은 집안을 훔쳐보고 있다가 경찰에게 들켰다.

유형3 문장흐름

- 危ない**ところを**助けていただき、本当にありがとうございました。このご恩はいつか必ず返させていただきます。
  위험한데도 도와주셔서 정말 감사합니다. 이 은혜는 언젠가 꼭 갚겠습니다.

19

～どころか ⁰⁸⁷ ①~은 물론이거니와, ~은커녕 ②~은커녕(~라니 말도 안 된다)

접속 동사의 기본형(る형), 명사

「～どころか」는 '①~은 물론이거니와, ~은커녕'이라는 뜻으로, '~은 물론이고 더 정도가 심한(또는 가벼운) ~도 그렇다'라는 의미를 나타낸다. 보통 뒤에는 「も・まで・さえ・など」 등의 조사가 온다. 예를 들어 英語どころか中国語や韓国語もよくできます(영어는 물론이거니와 중국어나 한국어도 잘 합니다)와 같이 쓴다. 또 「～どころか」는 '②~은커녕'이라는 뜻으로 '~라는 예상이나 기대를 완전히 부정하고 사실은 그 정반대의 것이다'라는 의미도 나타낸다. 예를 들어 おもしろいどころか退屈なばかりだ(재밌기는커녕 지루하기만 하다)와 같이 쓴다. 이때 「～どころか」는 「～どころではなく」로 바꿔 쓸 수 있다.

☑ 満足な回答ができなかったどころか 만족스러운 대답을 못한 것은 물론이거니와 `2011-2회`

유형1 문법형식

- よくなるどころかますます悪くなってきた。 `06`
  나아지기는커녕 점점 나빠졌다.

- 感謝されるどころか、うらまれました。 `93`
  고맙다는 말을 듣기는커녕 원망을 들었습니다.

- 最近は、英語どころか日本語さえもちゃんと話せない大学生がいる。
  최근에는 영어는커녕 일본어조차도 제대로 말하지 못하는 대학생이 있다.

- この映画は20代どころか50代にまで大人気らしい。
  이 영화는 20대는 물론이거니와 50대까지 인기가 많은 것 같다.

유형2 문맥배열

- いそがしくて、休みをとる どころか 食事を する 時間もない。 `97`
  바빠서 휴식을 취하기는커녕 식사할 시간도 없다.

- 彼は日本語の 新聞が 読める どころか ひらがなも 知らない。
  그는 일본어 신문을 읽을 수 있기는커녕 히라가나도 모른다.

- のどが痛くて、ごはんを 食べる どころか 水も 飲めない のです。
  목이 아파서 밥을 먹기는커녕 물도 못 마십니다.

유형3 문장흐름

- 忙しくて、旅行どころか散歩をする時間さえありません。運動ができないので太るばかりで、悩んでいます。
  바빠서 여행은커녕 산책할 시간조차 없습니다. 운동을 할 수 없기 때문에 살이 찌기만 해서 고민하고 있습니다.

20 〜(た)ところで 088 ~해 보았자, ~한들, ~한다 해도

접속 동사의 과거형(た형)

「〜(た)ところで」는 '~해 보았자, ~한들, ~한다 해도'라는 뜻으로, 이미 성립된 사항을 조건으로 그것이 무의미하고 예상에 반한 일로 끝나 버린다는 말하는 사람의 생각을 나타낸다. 동사의 과거형(た형)에 접속하며, 「いくら〜(た)ところで」, 「どんなに〜(た)ところで」, 「たとえ〜(た)ところで」의 형태로 많이 쓰인다.

유형1 문법형식

- いくら急いだところで始発のバスにはもう間に合わない。 00
  아무리 서둘러 보았자 첫 버스에는 이미 늦었다.

- いくら後悔したところで、事故を起こしてからではどうにもならない。
  아무리 후회해 본들 사고를 일으키고 나서는 어떻게 할 수도 없다. 91

- たとえその事実を知っていたところで、私には何ができただろうか。
  설령 그 사실을 알고 있었다 해도, 내가 무엇을 할 수 있었을까?

- あれこれ悩んだところで、結果がよくなるわけではない。
  이리저리 고민해 보았자 결과가 좋아지는 것은 아니다.

유형2 문맥배열

- 社長 一人で 必死に なった ★ ところで、この会社が大きく変わるとは思えない。
  사장 혼자서 필사적으로 해 보았자, 이 회사가 크게 변하리라고는 생각되지 않는다. 09

- あの企業が相手では、高層ビル 建設の 反対運動を した ★ ところで、建設の計画は中止にならないだろう。 06
  저 기업이 상대라면, 고층 빌딩 건설 반대 운동을 해 보았자, 건설 계획은 취소되지 않을 것이다.

- その問題の存在を 否定したところで それ ★ が なくなる ことには ならない。
  그 문제의 존재를 부정한다고 해서 그것이 없어지는 것은 아니다.

유형3 문장흐름

- こんな面倒な仕事は、彼女に頼んだところで、断られるに決まっている。自分で解決するか、業者に頼むしかなさそうだ。
  이런 귀찮은 업무는 그녀에게 부탁해 보았자 거절당할 게 뻔하다. 내가 해결하든가, 업자에게 부탁하는 수밖에 없을 것 같다.

콕콕 실전문제 14

問題1 次の文の（　）に入れるのに最もよいものを、1・2・3・4から一つ選びなさい。

1　ある言語をその土地の（　　）ところで学ぶのには明らかに不利な点がある。 064
　1　言語を言う　　　2　言語でもある　　　3　言語で話す　　　4　言語でない

2　人文字がうまくいったかどうか、校庭で見て（　　）分からなかったが、屋上から見たらすぐ分かった。 075・066
　1　いても　　　2　おけば　　　3　しまったら　　　4　おらず

3　今会議の（　　）ですので、終わりしだいこちらからお電話いたします。 043・048
　1　際　　　2　最中　　　3　中　　　4　うち

4　この商談がうまくいくかどうかは相手（　　）。 049
　1　のせいだ　　　2　のおかげだ　　　3　次第だ　　　4　都合だ

5　飛行機が（　　）と思ったら、すごい勢いですぐ遠くへ去っていってしまった。 082・003
　1　見える　　　2　見えた　　　3　見えなかった　　　4　見えよう

6　彼が忙しそうだったから手伝ったのに、感謝されるどころか（　　）。 087
　1　怒られてしまった　　　　　2　とても喜ばれた
　3　もっと感謝すべきだ　　　　4　とてもうれしそうだった

7　お忙しい（　　）ご来場いただき、誠にありがとうございます。 086
　1　ことを　　　2　ほうを　　　3　ところを　　　4　わけを

8　周囲を批判して（　　）、結局は自分で解決しなければならないことに変わりはない。 088
　1　みたら　　　2　みたところ　　　3　みたのに　　　4　みたところで

9　両親にあまり（　　）いけません。もうそろそろ自分のことは自分でする年になるのですよ。 051・037
　1　頼りすぎては　　　2　頼りしだいでは　　　3　頼らずには　　　4　頼らないでは

10　あの赤ちゃんはいつまでもミルクだけを（　　）ベビーフードにしりごみする。 055
　1　飲んでしまう　　　2　飲んでおく　　　3　飲みたがって　　　4　飲みはじめて

問題2 次の文の ___★___ に入る最もよいものを、1・2・3・4から一つ選びなさい。

11　山田女史（やまだじょし）が彼女の貴重な研究資料を ___ ___ ___★___ ___ 。064・118
　　1　提供してくださった　　　　2　ことに対し謝意（しゃい）を
　　3　であります　　　　　　　　4　表（ひょう）するもの

12　きみが ___ ___★___ ___ ___ だろう。075
　　1　彼には　　　2　追いつけない　　3　倍の速さで　　4　走っても

13　彼の仕事の時間的負担（ふたん）は ___ ___ ___★___ ___ だった。051・139
　　1　大きすぎて　　2　できない　　3　社交生活が　　4　ほど

14　自閉症児（じへいしょうじ）は幼少期に ___ ___ ___★___ ___ 強い傾向（けいこう）を示（しめ）す。055・044
　　1　さえ　　2　なりたがる　　3　ひとりに　　4　あって

15　___ ___★___ ___ ___ 、本などの印刷媒体（いんさつばいたい）が不要になることはない。087・042
　　1　インターネットが　2　ところで　　3　どんなに　　4　普及した

16　あとでこっちから電話すると言っておいて。今 ___ ___ ___★___ ___ 。043
　　1　なんだ　　2　ちょうど　　3　最中　　4　会議の

17　お休みの ___ ___★___ ___ ___ 、お目覚めを待っておりました。086
　　1　起こしては　　2　と思い　　3　ところを　　4　申し訳ない

18　当日の ___ ___ ___★___ ___ と考えてください。049・011
　　1　中止も　　2　次第では　　3　ありうる　　4　天気

19　やっと ___ ___ ___★___ ___ 新たな問題が飛び出してきた。082
　　1　また　　2　と思ったら　　3　解決した　　4　その問題が

20　そんなタイム ___ ___★___ ___ ___ さえおぼつかない。086・044
　　1　決勝進出　　2　優勝　　3　どころか　　4　では

問題3 次の文章を読んで、文章全体の趣旨を踏まえて、 21 から 25 の中に入る最もよいものを、1・2・3・4から一つ選びなさい。

　私とは何か。私はどこから来て、どこへ行くのか。これは人間が 21 の古い問いであり、またこれからのちもなお先々まで最終的な答えを得ることのない、おそらく永遠の問いかもしれません。「自我形成論」を副題とする本書も、その名のとおり、この問いに触発されたのです。私たちは、もちろんここで決定的な答えを得ようなどと、大それたことを考えているわけではありません。 22 、せいぜい問いの形を明確にすることだけでもできれば十分だとさえ思っています。というのも、私を問い、自我を問う書物は古今にわたり数多くありながら、どうも私たちの日常的な「私」の思いにピタリとくるものが少ないからです。いや、そもそも「私」という言葉でいったい私たちが何を意味しているかさえ、よく考えてみるときわめて曖昧です。

　たとえば、「我思う、 23 我あり」というデカルトの有名なテーゼを考えてみましょう。デカルトによれば、人間はいろいろものを考えるが、その考えるひとつひとつの中身は、いずれも 24 。ただすべてを疑い尽くしても最後に疑いきれない一点が残る。それは考えているかぎり、考えている私が存在しているということだ、というのです。こうしてデカルトは、人間をとりまく諸々の事象をすべて方法的懐疑の網目にかけて、疑いうるものをすべてふるい落としたあげくに、唯一疑うべからざるものとして、このテーゼをすくいあげ、それをあらゆる思考の確実なる出発点としました。論理的に疑いうるものを、一旦すべて捨象して確実なものにたどりつき、そこから一切をはじめようという方法は、現代哲学でも現象学において、「還元」の名において生きています。現象学の祖たるフッサールも、デカルト批判のうえで、なおその還元の果てに、還元の主体としての私そのものの存在、 25 純粋自我の存在を想定しました。

（浜田寿美男『「私」というもののなりたち』による）

(注) 捨象：要素や性質や側面の中から一つを選び出すことを抽象といい、その際に他の側面が切り捨てられることを捨象という。

21
1　思考を始めた以来　　　　　2　思考を始めて以来
3　思考を始めたもの　　　　　4　思考を始めたこと

22
1　答えというか　　　　　　　2　答えどころか
3　答えるばかりか　　　　　　4　答えることなく

23
1　もはや　　　2　そこで　　　3　ゆえに　　　4　しかし

24
1　疑いえない　2　疑いぬく　　3　疑いもしない　4　疑いうる

25
1　つまり　　　2　ただし　　　3　それなのに　　4　もちろん

문제해결 키워드

- **~どころか** N2 086　~은커녕
  答えどころか 대답은커녕 (05行)

- **~とは**　~이란
  私とは何か 나는 무엇일까? (01行)

- **~て以来** N2 065　~한 이후
  人間が思考を始めて以来
  인간이 사고를 시작한 이후 (01行)

- **~のち**　~뒤, ~후
  これからのち 지금부터도 (02行)

- **~さえ** N2 044　~도, ~조차, ~까지
  十分だとさえ 충분하다고까지 (06行)
  何を意味しているかさえ 무엇을 의미하는지조차 (08行)

- **~ゆえに** N1 148　~때문에

- 我思う、ゆえに我あり
  나는 생각한다, 고로(그러므로) 나는 존재한다 (10行)

- **~うる** N2 011　~할 수 있다
  いずれも疑いうる 모두 의심할 수 있다 (12行)

- **~きれない** N2 033　다 ~할 수 없다
  疑いきれない 다 의심할 수 없다 (12行)

- **~かぎり** N2 017　~하는 한
  考えているかぎり 생각하고 있는 한 (13行)

- **~あげくに** N2 001　~한 끝에
  すべてふるい落としたあげくに
  모두 제거한 끝에 (15行)

- **~べからざる**　~해서는 안 될
  唯一疑うべからざるものとして
  유일하게 의심해서는 안 될 것으로서 (15行)

21 〜と〜(と)では ~과 ~과는

접속 동사의 종지형, の, 명사 등

「〜と〜(と)では」는 '~과 ~과는'이라는 뜻으로, 비교를 나타내는 일반적인 표현이다. 두 개의 비교 대상이 항상 존재하며, 뒤의 비교 대상에서의 「〜と」가 생략되어 「〜と〜では」의 형태로 쓰이기도 한다.

☑ 意識する**の**と**しない**の**では**効果が全く違います
의식하는 것과 하지 않는 것과는 효과가 완전히 다릅니다 **2015-1회**

- 仕事が好きというの**と**好きでやる仕事**とでは**大違いだ。
  일을 좋아한다는 것과 좋아서 하는 일과는 크게 다르다.

- 「食べるために生きる」**と**「生きるために食べる」**とでは**途方もない違いだ。
  '먹기 위해 산다'와 '살기 위해 먹는다'와는 터무니없는 차이이다.

- 同じ研究といっても先生**と**僕**では**次元が違う。
  같은 연구라고 해도 선생님과 나와는 차원이 다르다.

- 馬鹿げたことだがやらないと仕方がない、と思っているの**と**「勇気ある行為」と思うの**と** **では**、取り組む姿勢が異なるであろう。
  바보 같지만 어쩔 수 없이 해야 된다고 생각하는 것과 '용기 있는 행동'이라고 생각하는 것과는 임하는 자세가 다를 것이다.

- 矯正を始めるのは年歯を問わず、何歳からでも可能です。しかし、子供**と** 大人**とでは** 治療にかかる 時間やリスクが 大きく変わります。
  교정을 시작하는 것은 나이와 상관없이 몇 살부터라도 가능합니다. 하지만 아이냐 어른이냐에 따라 치료에 걸리는 시간이나 위험이 크게 달라집니다.

- 人間には、身体的なエネルギーだけでなく、心のエネルギーというのもある、と考えると、物事がよく了解できるようである。同じ椅子に1時間座っているにしても、一人でぼーと座っているのと、客の前で座っているのでは疲れ方がまったく違う。
  인간에게는 신체적인 에너지뿐만 아니라 마음의 에너지라는 것도 있다고 생각하면 모든 현상을 잘 이해할 수 있을 것 같다. 같은 의자에 1시간 동안 앉아 있다고 해도, 혼자서 멍하니 앉아 있는 것과 손님 앞에서 앉아 있는 것은 피로의 정도가 완전히 다르다.

22 どんなに(どれだけ・どれほど)〜か 096 얼마나 ~인가(인지)

접속 동사의 종지형(る형・た형), 형용사의 과거형(かった형), な형용사의 어간 등

「どんなに(아무리)」가 「どんなに〜か」의 형태를 취하면서 '얼마나 ~인가(인지)'라는 문법적 요소가 된 것이다. 그리고 「どれだけ・どれほど」라는 '얼마만큼, 얼마나'의 뜻을 가진 부사에서 「どれだけ〜か, どれほど〜か (얼마나 ~인가)」라는 형태로 문법화 된 것이다. 예를 들면 **どれだけ待ったか知れない**(얼마나 기다렸는지 모른다), **金がどれほどあるか**(돈이 얼마나 있는가) 등이다.

- ☑ **どんなに**恵まれた環境にいた**か**と 얼마나 혜택받은 환경에 있었던가 하고 [2016-1회]
- ☑ お金を稼ぐのが**どれだけ**大変**か** 돈을 버는 것이 얼마아 힘든지 [N3 2015-2회]
- ☑ そんなサービスがあったら**どれだけ**よかった**か** 그런 서비스가 있었으면 얼마나 좋았을까 [2012-2회]
- ☑ おいしい野菜を育てることが**どんなに**大変なこと**か** 맛있는 채소를 기르는 것이 얼마나 힘든 일인지 [N3 2011-1회]

유형1 문법형식

- ああ、この２人が両親であったら**どれだけ**よかった**か**。
  아아, 이 두 사람이 부모님이었다면 얼마나 좋았을까.

- 出産が**どれほど**大変**か**、妻が**どれくらい**苦しんで出産をした**か**、を夫が実感するので奥さんを大事にしてくれるようです。
  출산이 얼마나 힘든지 아내가 얼마나 힘들어하며 출산을 했는지를 남편이 실감하기 때문에 부인을 소중히 대해 주는 것 같습니다.

유형2 문맥배열

- 向こうに行って 自分が今まで **どんなに** 恵まれた環境に いた**か**、また**どんなに**甘えていた**か**分かった。
  그곳에 가서 내가 지금까지 얼마나 축복받은 환경에 있었는지, 또 얼마나 어리광을 부리고 있었는지 알았다.

- この時は子どもたちが **どれだけ** 頑張ってきた**か** ずっと見て きただけに 泣きそうになりました。
  이 때는 아이들이 얼마나 열심히 했는지 세썩 지켜봐 온 만큼 눈물이 날 것 같습니다.

유형3 문장흐름

- 親が**どれだけ**大変なことをしていたのか、風邪を引いた時に嫌な顔をせずに看病してくれたことなどを思い出し、そしてそのようなことをしていてくれたことに感謝すると思います。
  부모가 얼마나 힘든 일을 하였는지, 감기에 걸렸을 때 싫은 표정을 짓지 않고 간병을 해 준 일 같은 것을 생각해 내고, 그리고 그러한 일을 해 준 것에 감사할 거라고 생각합니다.

23 どんなに～ても・いくら～ても ⁰⁹⁷ 아무리 ~해도

접속 동사의 음편형(て형)+ても, 명사+でも

「どんなに～ても(でも)・いくら～ても(でも)」는 '아무리 ~해도'라는 뜻이다. 이 표현은 '아무리 많이, 몇 번이고, 열심히 ~해도'라는 것을 나타내는 표현으로 정도를 강조하는데 쓴다. 또한 '~라는 것은 인정하지만, 그래도'라는 뜻으로 뒷부분을 강조해서 주장할 경우에도 쓰인다. 예를 들면 **いくら**この食べ物がまずいと言っ**ても**(아무리 이 음식이 맛없다고 해도)와 같이 쓰인다.

- ☑ **どんなに**大変な状況**でも**あきらめずに 아무리 힘든 상황이라도 포기하지 않고　2016-2회
- ☑ **どんなに**つらいことがあっ**ても**そんな様子を全く見せず
  아무리 괴로운 일이 있어도 그런 모습을 전혀 보이지 않고　2014-1회

○ • **どんなに**苦しい時**でも**彼はしっかりした態度を保ち続けた。
　　아무리 힘들 때라도 그는 단호한 태도를 계속해서 유지했다.

○ • **いくら**善意の募金**でも**寄付を強要するのはよくない。
　　아무리 선의의 모금이라도 기부를 강요하는 것은 좋지 않다.

○ • **いくら**甘いものが好きだと言っ**ても**、一度におまんじゅう3つは食べられない。
　　아무리 단것을 좋아한다고 해도 한번에 찐빵 3개는 먹을 수 없다.

○ • **どんなに** 苦しく**ても** 自分が 正しいと 思うことは 最後までやりとげる人が本当に勇気のある人だ。
　　아무리 힘들어도 내가 옳다고 생각하는 것을 끝까지 완수하는 사람이 정말로 용기 있는 사람이다.

○ • **いくら** 小さい子が 相手**でも** 底力を出して かかってこられるとかなわない。
　　아무리 상대가 어린 아이라 하더라도 젖 먹던 힘까지 내어 덤빈다면 당해낼 수 없다.

○ • 私のほうがだんぜんおいしく作れるだろうけれど、夫のおじやは私には作れない味だった。母のごはんみたい。母の味は、**いくら真似しても**母とは同じ味にならない。
　　내가 훨씬 더 맛있게 만들 수 있지만, 남편의 죽은 내가 만들 수 없는 맛이었다. 마치 엄마의 밥 같았다. 엄마의 맛은 아무리 흉내를 내더라도 엄마와는 같은 맛이 되지 않는다.

24 〜ないで 099 ~하지 마, ~하지 말아요 〈문말〉

접속 동사의 부정형(ない형)

「〜ないで」는 문말에 쓰여 '~하지 마, ~하지 말아요'라는 뜻을 나타낸다. 이 표현은 원래 「〜ないでください(~하지 마세요)」에서 ください가 생략된 것으로, 「〜ないでよ・〜ないでね(~하지 마, ~하지 말아요)」의 형태로 사용되는 경우가 많다. 한편 「〜ないで」가 문장 안에 쓰이면 '~하지 말고, ~하지 않고'라는 의미가 된다.

- ☑ 無理に泳ごうとしないで… 무리하게 수영하려고 하지 말고… 2017-2회
- ☑ まだ5分もあるでしょう。そんなに急がせないでよ 아직 5분이나 있잖아. 그렇게 재촉하지 마 2013-2회

유형1 문법형식

- 一生に一度の大事な日なんだから、あんまり急がせないでよ。余計に緊張してきちゃうじゃんか。
  평생에 한번 있는 중요한 날이니까 너무 재촉하지 마. 괜히 더 긴장되잖아.

- 但し、少々虚弱体質なので驚かせないでね。一緒に撫でながら記念撮影はオーケー。
  단 좀 허약 체질이니까 놀래키지 마. 함께 쓰다듬으면서 기념 촬영은 괜찮아.

- ぱっとやればいいけど、気持ちの整理がつかなくて、そんなに急がせないでと言いたいです。
  빨리 하면 좋겠지만, 마음의 정리가 되지 않아서 그렇게 재촉하지 말라고 하고 싶습니다.

유형2 문맥배열

- 写真撮影の際はゆっくりと野生動物に近づいてください。野生動物を 驚かせないで ください。
  사진 촬영을 할 때에는 야생 동물에게 천천히 다가가 주십시오. 야생 동물을 놀라게 하지 마십시오.

- 容器の ままで 温めたり凍らせたり しないで ください。容器が破損したり成分が沈殿することがあります。
  용기 채로 데우거나 얼리지 말아 주십시오. 용기가 파손되거나 성분이 침전될 수 있습니다.

유형3 문장흐름

- ハロウィンが終わったと思えば、もうクリスマスのデコレーション。それでなくても一日、一週間、一か月、あっという間に一年が過ぎていくのにそんなに急がせないでよと。
  할로윈이 끝났다 싶으니 벌써 크리스마스 장식. 안 그래도 하루, 일주일, 한 달, 눈 깜짝할 사이에 일 년이 지나가는데 그렇게 재촉하지 말라고.

25 〜中を / 〜中では [103] ~속을, ~함을 받으면서 / ~한 것 중에서는

접속 동사의 과거형(た형), 명사+の

「〜中」는 '~중, ~속, ~도중'이라는 뜻이다. 이 표현은 여러 가지로 쓰이는데, 그 중에서 「〜中を」는 '~속을, ~함을 받으면서'라는 뜻으로 '어떤 상태나 현상이 진행되는 도중에'라는 의미를 나타낸다. 참고로 「〜中を」의 발전형으로 「〜ところを」가 있는데, 대표적인 예로 「お忙しいところを(바쁘신 중에)」가 있다. 그리고 「〜中」는 「〜中では」의 꼴로 동사의 과거형(た형)을 받아 '~한 것 중에서는'이라는 뜻을 나타내기도 한다.

☑ 大雨の中を傘を差さずに帰ったせいか 폭우 속을 우산을 쓰지 않고 돌아간 탓인지 **2015-2회**

유형1 문법형식

- 私の聞いたなかでは、今までで最高の演奏だった。 **97**
  내가 들은 것 중에서는 지금까지 중 최고의 연주였다.

- 私1人で担当したものの中では今までで一番規模が大きかったので、内心かなり焦っていた。
  나 혼자서 담당한 것 중에서는 지금까지 중 가장 규모가 컸기 때문에 내심 상당히 조바심이 났다.

- 男の子はかばんを頭の上に乗せて雨の中を走り去ってしまった。
  남자 아이는 가방을 머리 위로 올려 빗속을 달려가 버렸다.

유형2 문맥배열

- その子供は、お医者さん 看護婦さんの 拍手の中を 退院して いった。
  그 아이는 의사, 간호사의 박수를 받으면서 퇴원했다. **94**

- 写真関連機材の なかでは 今までで 一番高価な 買い物 になる。
  사진 관련 기자재 중에서는, 지금까지 중 가장 고가의 구매가 된다.

유형3 문장흐름

- 透明なビニール傘を手にその雨の中を歩いたら、あっという間にズボンも靴もぐしゃぐしゃにぬれてしまった。でも、待ち合わせに遅れるわけにはいかないので、一生懸命に歩きつづけた。
  투명한 비닐우산을 손에 들고 그 빗속을 걸으니 금세 바지도 신발도 후줄근하게 젖어 버렸다. 하지만 약속 시간에 늦을 수는 없기 때문에, 열심히 계속 걸었다.

26 〜に限らず・〜のみならず [110] ~뿐만 아니라

접속 동사의 기본형(る형), 명사(+である), 조사 から 등

「〜に限らず・〜のみならず」는 '~뿐만 아니라'라는 뜻으로, 범위가 그 외에도 널리 미친다는 의미가 내포되어 있다. 「〜のみならず」는 「〜のみか」의 꼴로도 사용되며, 문장체에서 주로 쓴다. 일상 회화에서는 「〜ばかりか・〜ばかりでなく・〜だけでなく[131]」 등을 많이 쓴다.

유형1 문법형식

- 担当者**のみならず**、会社全体で不正な売買を行っていた。 [04]
  담당자뿐만 아니라, 회사 전체가 부정 매매를 일삼고 있었다.

- サッカー**に限らず**スポーツならなんでも得意だったそうだ。 [95]
  축구뿐만 아니라 스포츠라면 뭐든지 잘 했다고 한다.

- この問題は国外**のみならず**国内においても熱心に論じられた。
  이 문제는 국외뿐만 아니라 국내에서도 열심히 논의되었다.

- 世界は、自然によって**のみならず**、人間によっても破壊される。
  세계는 자연에 의해서 뿐만 아니라 인간에 의해서도 파괴된다.

유형2 문맥배열

- 見方の応援団 から **のみならず**、相手チーム の人々からも拍手がわいた。 [98]
  우리편 응원단에서 뿐만 아니라 상대 팀의 사람들에게서도 박수가 터졌다..

- 高齢社会 については 日本に **限らず** 北欧でも 事情は同じである。
  고령화 사회에 관해서는 일본뿐만 아니라 북유럽에서도 사정은 마찬가지이다.

- 研究に **限らず** 大事業の 成功に 必要な3要素として、日本では昔から「運・鈍・根」ということが言われている。
  연구뿐만 아니라 큰 사업의 성공에 필요한 3요소로써, 일본에서는 예전부터 '운명에 순종・꾀부리지 않기・참을성과 끈기'라는 말들을 한다.

유형3

- (お)見合い結婚は、**日本に限らずほかの国でも**行われている。お隣の韓国でも、親や親戚がお見合いを提案することも少なくないらしい。
  중매 결혼은 일본뿐만 아니라 다른 나라에서도 행해지고 있다. 이웃 나라인 한국에서도 부모나 친척이 중매를 제안하는 일도 적지 않다고 한다.

27

～に限（かぎ）り / ～に限（かぎ）って [111] ~에 한해 / ~인 경우만은, ~만큼은, 꼭 ~때만

접속 명사

「～に限（かぎ）り」는 '~에 한해'라는 뜻으로, '~만 특별히 ~한다'라고 말할 때 쓴다. 「～に限（かぎ）って」는 '~인 경우만은, ~만큼은, 꼭 ~때만'이라는 뜻으로, 어떤 일을 한정 지어서 언급하고 '특별히 그 경우에만 좋지 못한 상황이 되어 불만스럽다'라고 할 때 쓴다. 예를 들어 子どもの日（ひ）に限（かぎ）り、展示会（てんじかい）の入場料（にゅうじょうりょう）を無料（むりょう）といたします(어린이날에 한해, 전시회 입장료를 무료로 해드립니다), 急（いそ）いでいるときに限（かぎ）ってバスが来（こ）ない(꼭 서두를 때만 버스가 오지 않는다)와 같이 쓴다.

- そんなときに限（かぎ）って、突然（とつぜん）客（きゃく）が訪（たず）ねてきたりする。 06
  그럴 때만 갑자기 손님이 방문하거나 한다.

- 100名様（めいさま）にかぎりすてきな商品（しょうひん）をプレゼントいたします。 00
  100분에 한해 멋진 상품을 선물합니다.

- 5日以内（いつかいない）にご返却（へんきゃく）の場合（ばあい）にかぎり代金（だいきん）をお返（かえ）しいたします。
  5일 이내에 반환할 경우에 한해 대금을 환불해 드립니다.

- 遅刻（ちこく）しては いけない時（とき） にかぎ★って 寝坊（ねぼう）して しまう。 03
  꼭 지각해서는 안 될 때만 늦잠을 자고 만다.

- 見（み）たい ドラマがある 日（ひ）にかぎ★って 残業（ざんぎょう）で 帰（かえ）り が 遅（おそ）くなってしまう。
  보고 싶은 드라마가 있는 날만 꼭 잔업 때문에 귀가가 늦어지고 만다.

- 午前（ごぜん）10時までにご来店（らいてん）のお客様（きゃくさま）にかぎり、400円のコーヒーを200円でご提供（ていきょう）させていただきます。たくさんのご利用（りよう）をお待（ま）ちしております。
  오전 10시까지 내점하시는 손님에 한해, 400엔짜리 커피를 200엔에 제공합니다. 많은 이용을 기다리고 있겠습니다.

3. 출제 3순위 N2 문법 40

28 〜にして [116] ①~의 경우에도, ~도 ②~이면서, ~이자 ③~이 되어서, ~에 와서

접속 명사

「〜にして」는 '①~의 경우에도, ~도'라는 뜻으로, 주로 모범이 되는 사람이라도 실수 등을 저지른다는 것을 말할 때 사용된다. 회화체에서 사용되는 「〜だって(~도 역시)」와는 이 점이 다르다. 또한 '②~이면서, ~이자'라는 뜻을 나타내기도 하는데, 学者にして詩人(학자이면서 시인) 등과 같이 쓴다. 또 '③~이 되어서, ~에 와서'의 의미로 때를 나타내는 경우도 있다. 예를 들면 30歳にして人生を悟る(30세가 되어 인생을 깨닫다) 등과 같이 쓴다.

참고 「〜にして」는 이 밖에도 '④~하고도, ~하면서도, ⑤~에게, ⑥~로(써), ~에, ⑦~하게도' 등의 의미도 있다.

유형1 문법형식

- あの人にしてそうなのだから、わが子が劣等性だからといって深刻に悩む必要もない。 [94]
  저 사람도 그러하니까, 우리 애가 열등생이라고 해서 심각하게 고민할 필요도 없다.

- あの優秀な彼にしてこんな間違いを犯すのか、と私たちは驚きました。
  그 우수한 그 사람의 경우에도 이런 실수를 범하는가 하고 우리들은 놀랐습니다.

- 彼は40歳にしてようやく自分の生きるべき道を見つけた。
  그는 마흔이 되어서야 겨우 자기가 살아가야 할 길을 발견했다.

유형2 문맥배열

- 偉大な落語家 にして★ そうなのだから、私たちもまず 筋立てをきっちり整えることから始めるべきですね。
  위대한 만담가도 그렇다고 하니 우리들도 일단 스토리를 제대로 정리하는 일부터 시작해야겠군요.

- 日本が 生んだ 偉大な 学者★ にして 政治家、彼は日米両国民のことを理解しており、そして友好の将来像を描いておりました。
  일본이 낳은 위대한 학자이자 정치가인 그는 일본과 미국, 양쪽 국민을 이해하고 있으며 그리고 우호적인 미래상을 그리고 있었습니다.

유형3 문장흐름

- 法教育に長年取り組んでおられる藤井先生にしてそう思われるのですから、教員と法律専門家の連携はこの先ずっと継続していく必要があると感じました。
  법 교육에 오랜 세월 몸 담고 계신 후지이 선생님도 그렇게 생각하시니, 교원과 법률 전문가의 연계는 앞으로도 쭉 계속해 나갈 필요가 있다고 느꼈습니다.

29 ～に次いで / ～に次ぐ[120] ~ 다음으로, ~에 뒤이어서 / ~에 버금가는

접속 명사

「～に次いで」는 '~ 다음으로, ~에 뒤이어서', 「～に次ぐ」는 '~에 버금가는'이라는 뜻으로, 동사 「次ぐ(뒤를 잇다, 다음 가다, 버금가다)」가 문법화 된 표현이다. 대표적인 예로 「地震について(지진에 뒤이어서), 社長につぐ実力者(사장에 버금가는 실력자) 등이 있다. 또한 「Aに次ぐA」의 형태로 A 부분에 같은 단어를 붙여서 상황이 더해감을 나타낸다. 예를 들면 敗北につぐ敗北(잇따른 패배), 成功につぐ成功(연이은 성공), 延長につぐ延長(연장에 연장을 거듭함) 등이 있다.

- ☑ 卵、牛乳に次いで3番目に多い食物アレルギーは
  계란, 우유에 뒤이어서 3번째로 많은 음식 알레르기는 `2016-1회`

- ☑ サッカーに次いで人気のあるスポーツといえば野球だ
  축구 다음으로 인기 있는 스포츠라고 하면 야구다 `2013-1회`

문법형식

- 東高校に次いで西高校が入場してきた。
  히가시 고교 다음으로 니시 고교가 입장했다.

- 敗北に次ぐ敗北で彼はすっかり落ち込んでいた。
  잇따른 패배로 그는 완전히 풀이 죽어 있었다.

- 食糧に次ぐ輸入品目は衣料です。
  식량에 버금가는 수입 품목은 의료(의복의 재료)입니다.

문맥배열

- 延長に 次ぐ★ 延長で 約3か月間 上映してまいりました『この世界の片隅に』がいよいよ3月17日(金)で上映終了となります。
  연장에 연장을 거듭하며 약 3개월 동안 상영되었던 「이 세계의 끝에서」가 드디어 3월 17일(금)에 상영이 종료됩니다.

- A社に 次いで B社が 大学生の間で★ 就職先として 人気のある企業だ。
  A사 다음으로 B사가 대학생 사이에서 구직처로서 인기가 있는 기업이다.

문장흐름

- 4月16日はイースター。といっても、まだ馴染みがないという人もいるのではないでしょうか。しかし最近では、ハロウィンに次ぐブームといわれ、イースターのお祝いをする家庭も増えたり、遊園地などでイベントが行われています。
  4월 16일은 부활절. 하지만 아직도 낯설게 느껴지는 사람도 있지 않나요? 그래도 요즘에는 할로윈에 버금가는 붐으로 불리며, 부활절을 축하하는 가정도 늘고 있고 유원지 등에서 이벤트가 열리고 있습니다.

30 〜にほかならない [124] 바로 ~이다, ~임에 틀림없다

접속 동사의 진행형(ている형)+から, い형용사의 기본형+から, 명사

「〜にほかならない」는 '바로 ~이다, ~임에 틀림없다'라는 뜻으로, '그것 이외의 어떤 것도 아니다, 바로 그것이다'라고 단정할 때 쓴다. 한정된 표현에 사용되므로 그냥 예문을 통해 익혀 두는 게 좋다. 「〜」 부분에는 「あらわれ(표현, 표출), 努力(노력), 〜ているから(~하고 있기 때문에)」 등이 자주 등장한다.

유형1 문법형식

- このイベントが成功したのは、周囲の支援とメンバー全員の努力の結果にほかならない。 09
  이 이벤트가 성공한 것은 주위의 지원과 멤버 전원의 노력의 결과임에 틀림없다.

- 今回の失敗の原因は、準備不足にほかならない。 03
  이번 실패의 원인은 바로 준비 부족이다.

- 見舞いに来てくれたのは、彼の友情のあらわれにほかならない。 96
  병문안을 와 준 것은 그의 우정의 표현임에 틀림없다.

- 模造品が出回っているのは、それが一流品だということにほかならない。
  모조품이 나돌고 있는 것은, 그것이 바로 일류 상품이라는 말이다.

유형2 문맥배열

- それは、みんなが 関心を 持って いるから にほかならない。 00
  그것은 바로 모두가 관심을 갖고 있기 때문이다.

- 彼に成功をもたらしたものは 日々の 努力に ほか ならない。 93
  그에게 성공을 가져다 준 것은 나날의 노력임에 틀림없다.

- その人はきのう 通り で 出会った人 に ほかならなかった。
  그 사람은 어제 길에서 만난 사람임에 틀림없었다.

유형3 문장흐름

- 今回のストは、政府の政策に対する反発のあらわれにほかならない。政府は今回の事態を重く受け止め、真剣に議論するべきだ。
  이번 파업은 바로 정부 정책에 대한 반발의 표현이다. 정부는 이번 사태를 중대하게 받아들여, 진지하게 논의해야 한다.

콕콕실전문제 15

정답과 해석 QR코드로 바로 확인!!

問題1 次の文の（ ）に入れるのに最もよいものを、1・2・3・4から一つ選びなさい。

1　去年ソウルを離れ、K-POPを生で見る機会がなくなってしまいました。今まで（　　）恵まれた環境にいたか実感する日々です。

　　1　どんなに　　　2　どのように　　　3　そんなに　　　4　そのように

2　イギリスの経済学者（　　）そうでありますから、大陸の経済学者であるLさんについてはもう言うまでもない。

　　1　だけが　　　2　にとって　　　3　にして　　　4　ともなると

3　雪の降る中（　　）2時間もさまよい続けた。

　　1　を　　　2　が　　　3　に　　　4　まで

4　彼は野球部に入っているが、野球に（　　）スポーツなら何でも得意だ。

　　1　基づき　　　2　限らず　　　3　すぎず　　　4　わたって

5　傘を持って来ない日に（　　）雨が降るんですよ。

　　1　ともなって　　　2　つれて　　　3　かぎって　　　4　よって

6　親が子供をしかるのは、子供を愛しているからに（　　）。

　　1　かぎらない　　　2　ともなわない　　　3　ほかならない　　　4　かかわらない

7　漢字とローマ字（　　）、だれの目にも明らかなように複雑さが違う。

　　1　とかも　　　2　とかは　　　3　とでも　　　4　とでは

8　あいつの決意はかたいから、（　　）説得してもむだだろう。

　　1　どこ　　　2　いくら　　　3　いくつ　　　4　どれぐらい

9　もう、（　　）、心臓が止まるかと思ったわ。

　　1　驚かせないでよ　　　　　　2　驚かせられないのかな
　　3　驚かせなくちゃね　　　　　4　驚かされるんだから

10　横浜市は日本で東京（　　）二番目に人口が多い都市です。

　　1　にそって　　　2　にかわって　　　3　について　　　4　にしたがって

問題2 次の文の ___★___ に入る最もよいものを、1・2・3・4から一つ選びなさい。

11 簡単に言えば、今日と ___ ___★___ ___ ___ は大同小異と感じられるということだ。093・078

 1　4日後と5日後   2　同じ
 3　明日では大違いだが   4　1日の幅でも

12 彼が国のために行ってきたことに ___ ___ ___★___ ___ ことはない。097・118

 1　対しては 2　敬意を表わしても 3　表わしすぎる 4　どんなに

13 「 ___ ___ ___★___ ___ 、今日からバカンスなんだから。」と返事してまったく自分のペースで行動する夫です。099

 1　急がせないで 2　そんな 3　に 4　よ

14 工場敷地内で開かれた開所式で、K氏は「インドは ___ ___★___ ___ ___ 、今後も拡大が期待できる有望市場だ」と述べた。120

 1　あり 2　新設需要が 3　次ぐ 4　中国に

15 初心者のときにこんなふうに教えて ___ ___ ___★___ 。096・068

 1　いたら 2　よかったか 3　どれだけ 4　くれる人が

16 ___ ___★___ ___ できなかったのだから、一般国民にそれ以上は望めない。116

 1　あの程度の判断 2　一国の大統領 3　にして 4　しか

17 このチラシをご持参の方 ___ ___★___ ___ ___ ことができます。111

 1　受ける 2　1レッスン無料にて 3　1名様に 4　かぎり

18 ___ ___ ___★___ ___ 、まったく最高のケーキですよ。103

 1　食べた 2　なかでは 3　今まで 4　これは

19 徒歩通勤は ___ ___ ___★___ ___ よい。110・064

 1　健康にも 2　ならず 3　経済的である 4　のみ

20 この計画をやめるということはこの業界から ___ ___ ___★___ ___ 。124・077

 1　ならない 2　撤退する 3　ほか 4　ことに

問題3 次の文章を読んで、文章全体の趣旨を踏まえて、 21 から 25 の中に入る最もよいものを、1・2・3・4から一つ選びなさい。

　「キャラメル」「ビスケット」「カクテル」「ソファ」「テーブル」「カード」「メリット」など、一般の外来語は原則として 21-a で書く。なかには「テンプラ」や「タバコ」など、「てんぷら」「たばこ」と 21-b で書いたほうがしっくりくる外来語もある。昔から使いなじんできて日本語のように感じられるからだろう。ポルトガル起源の「カステラ」は和菓子か洋菓子か判断に迷う。欧風だが、和菓子屋で売っている。「かすてら」というひらがな書きも見られるのは、その微妙な性格の 22 。

　クボタと名乗る人物に出会っても 23 「久保田」か「窪田」かわからないし、カワイと聞いても「川井」「川合」「河井」「河合」のうちのどれか区別がつかない。外国語に限らず、知らない単語を耳にしたときに「ガエンズル」「ケーテー」というふうに片仮名で書き取る。こんなふうに、カタカナには意味を離れた音声自体を写す感じがある。 24 、現実の音を言語音で模写する擬声語を「ドシン」「バタン」「キャーキャー」などとカタカナで書くことがある。ひらがなで書いてもいいのだが、音をきわだたせるためにカタカナで書く例が多い。擬態語のほうは音ではないので原則どおり「ぴかぴか」「にこにこ」「いらいら」などとひらがなで書く。が、これも目立たせたいときはカタカナで書くこともある。

　 25 、表現効果をねらってこのような例外的な表記を試みる例も珍しくない。「コーヒー」を「珈琲」と書くと味にこだわった感じがする。「フランス料理」を「仏蘭西料理」と書くととたんに高級な雰囲気になり、店の前で財布を調べてそのまま引き返すかもしれない。

（中村明『日本語案内』による）

21
1 a ひらがな / b ひらがな   2 a ひらがな / b カタカナ
3 a カタカナ / b カタカナ   4 a カタカナ / b ひらがな

22
1 反応でならない   2 反応かもしれない
3 反応でもない   4 反応にすぎない

23
1 名刺を見てからは   2 名刺を渡してからは
3 名刺を見るまでは   4 名刺を渡すまでは

24
1 そのため   2 そのわりに   3 そのつど   4 そのかわり

25
1 事実とは別に   2 原則とは別に   3 本音とは別に   4 建前とは別に

 문제해결 키워드

- 〜に限らず N2 110 〜뿐만 아니라
  外国語に限らず、知らない単語を耳にしたとき
  외국어뿐만 아니라 모르는 단어를 들었을 때 (08行)

- 〜として N2 090 〜로서
  一般の外来語は原則としてカタカナで書く
  일반적인 외래어는 원칙적으로 가타카나로 쓴다 (02行)

- 〜かもしれない N2 025 〜지도 모른다
  その微妙な性格の反応かもしれない
  그 미묘한 성격의 반응일지도 모르겠다 (06行)

- 〜までは 〜까지는
  名刺を見るまでは 명함을 보기까지는 (07行)

- 〜にすぎない N2 117 〜에 불과하다

31 ～ねばならない [127] ~해야 한다

접속 동사의 부정형(ない형)

「～ねばならない」는 '~해야 한다'라는 뜻으로, 상식이나 사항의 성질로 보아 그와 같은 의무나 필요성이 있다는 것을 나타낼 때 쓴다. 이 기능어는 「～なければならない」의 문장체 표현으로, 응용 표현에 「～ねばならぬ」가 있으며, 「する(하다)」는 「せねばならない(해야 한다)」가 된다. 그 밖에 의무·당연의 「～なくてはいけない・～なければならない」[N3 075](~하지 않으면 안 된다)와 강한 금지의 「～てはいけない(~해서는 안 된다)」도 같이 익혀 두도록 하자.

문법형식

- パーティーはあまり好きではないが、今回は行か**ねばならない**。 [09]
  파티는 별로 좋아하지 않지만, 이번에는 가야 한다.

- 年金を満額もらう資格を得るにはあと5年待た**ねばならない**。
  연금을 전액 받을 자격을 얻으려면 앞으로 5년 기다려야 한다.

- あの二人が仲直りするきっかけをつくってやら**ねばならない**。
  저 두 사람이 화해할 계기를 만들어 주어야 한다.

- 本当のサッカー選手になるためにもっと練習**せねばならない**未熟な選手はたくさんいる。
  진정한 축구 선수가 되기 위해서 좀더 연습해야 하는 미숙한 선수는 많다.

문맥배열

- 言わ**ねば** ならない ことは はっきり 言ったほうがいい。
  말해야 하는 것은, 확실히 말하는 게 좋다.

- 指導者は一を聞いて十を 知る 能力を 持た**ねば** ならない。
  지도자는 하나를 듣고 열을 아는 능력을 지녀야 한다.

문장흐름

- 増加する凶悪犯罪に対処するには、断固たる**措置をとらねばならない**。この市のイメージをこれ以上悪くしないために、皆で力をあわせてがんばろう。
  증가하는 흉악 범죄에 대처하려면 단호한 조치를 취해야 한다. 이 시의 이미지를 더 이상 나쁘지 않게 하기 위해서, 모두 힘을 합쳐 노력하자.

32 〜ば〜ほど 〜하면 〜할수록

접속 동사·い형용사 등의 가정형(ば형)+ば, 동사·い형용사의 기본형+ほど 등

「〜ば〜ほど」는 '〜하면 〜할수록'이라는 뜻으로, '한쪽의 정도가 변하면 그와 함께 다른 한쪽도 변한다'고 할 때 쓴다. 「〜ほど」의 '〜' 부분에는 주로 동사의 기본형(る형)이나 い형용사가 오고, 「〜ば」 부분을 생략하고 쓰기도 한다.

☑ 駅に近ければ近いほど、高くなります 역에 가까우면 가까울수록 비싸집니다 N3 2012-1회

유형1 문법형식

- この問題について考えれば考えるほど、頭の中が混乱してきた。 09
  이 문제에 대해서 생각하면 생각할수록 머릿속이 혼란스러워졌다.

- この本は読めば読むほどおもしろくなる。 04
  이 책은 읽으면 읽을수록 재미있어진다.

- 知れば知るほど、この国のことが好きになってきた。
  알면 알수록 이 나라가 좋아졌다.

- アパートは、駅に近ければ近いほど、家賃が高い。
  아파트는 역에 가까우면 가까울수록 집세가 비싸다.

유형2 문맥배열

- 日本語は、勉強すれば する ほど 難しくなる ような 気がする。 94
  일본어는 공부하면 할수록 어려워지는 듯한 느낌이 든다.

- 考えれば 考える ほど 解決方法が わからなくなることがある。 93
  생각하면 생각할수록 해결 방법을 모르게 되는 경우가 있다.

- 休み中によく 勉強した 人で あれば あるほど、テストの結果がよかった。
  방학 동안 열심히 공부한 사람이면 사람일수록 시험 결과가 좋았다.

유형3 문장흐름

- 人間は外界の情報に強く影響されるにもかかわらず、あたかも自分自身で判断し行為すると錯覚する。また同一社会内でも一般に社会階層が上昇すればするほど、また学歴が高くなればなるほど、この錯覚は強くなる。
  인간은 외부 세계의 정보에 강한 영향을 받음에도 불구하고, 마치 자기 스스로 판단해서 행동한다고 착각한다. 또 동일 사회 안에서도 일반적으로 사회 계층이 상승하면 할수록 또 학력이 높아지면 질수록 이 착각은 강해진다.

33

～まで(のこと)だ [141] ~할 따름[뿐]이다

접속 동사의 기본형(る형)·과거형(た형)

「～までだ」는 동사의 기본형(る형)에 붙어 '~할 따름[뿐]이다'라는 뜻을 나타내는데, 현재 방법이 안 되더라도 낙담할 일은 없으며 다른 방법을 취한다는 화자의 결의를 나타낸다. 그리고 동사의 과거형(た형)에 붙어 '~했을 뿐이다'라는 뜻으로도 출제되고 있는데, 이것은 화자가 그런 행동을 한 것은 단순히 그럴만한 이유가 있는 것으로 다른 뜻은 없다는 의미를 나타낸다. 응용 표현에 「～までで(~했을 따름으로)」가 있으며, 「～まで」 다음에 「のこと」를 넣어 어구를 강조하는 느낌을 줄 수도 있다.

문법형식

- 私は率直な感想を述べた**までです**。特定の人を批判する意図はありません。 [07]
  나는 솔직한 감상을 말했을 뿐입니다. 특정한 사람을 비판할 의도는 없습니다.

- 就職が決まらなくても困らない。アルバイトをして生活する**までだ**。
  취직이 정해지지 않아도 궁하지 않다. 아르바이트를 해서 생활할 따름이다. [05]

- 仮に今回失敗しても、また一からやり直す**までだ**。
  가령 이번에 실패해도 또 처음부터 다시 시작할 뿐이다.

- 暇だったから行った**までで**、別に行きたかったわけじゃない。
  한가했기 때문에 갔을 뿐으로, 딱히 가고 싶었던 것은 아니다.

문맥배열

- 飛行機がだめなら、列車で 行く **までの** こと だ。 [99]
  비행기가 안 된다면 열차로 갈 따름이다.

- あなたが来て くれないなら こっちから 行く **までの** ことだ。
  당신이 와 주지 않으면 이쪽에서 갈 따름이다.

- せっかくの機会だ。やるだけやってみようよ。うまくいかなければ あきらめる **までの** ことだ。
  모처럼 얻게 된 기회다. 할 수 있는 만큼은 해 보자. 잘 안 되면 포기하면 된다(포기할 따름이다).

문장흐름

- そんなに恐縮なさらないでください。あなたならわかるかと思って、ちょっと聞いてみた**までです**。わからなければ、それでいいのです。
  그렇게 미안해하지 말아 주세요. 당신이라면 알까 해서 그냥 물어봤을 뿐입니다. 모르면 그걸로 됐습니다.

34 〜まま 〜한 채로

접속 동사의 기본형(る형)·부정형(ない형)·과거형(た형), 이·그 등

「〜まま」는 '〜한 채로, 〜의 상태를 바꾸지 않고'라는 뜻으로, 어떤 상태로 방치한다는 의미를 나타낸다. 응용표현에 「〜(た)ままにしておく(〜한 상태로 놔두다)」, 「〜ないまま(〜하지 않은 채)」, 「〜ままになっている(〜한 채이다)」, 「このまま(이대로)」, 「そのまま(그대로)」 등이 있다.

- ☑ 電源は入れた**ままにしておいて** 전원은 켜 둔 채로 놔 둬 2014-1회
- ☑ この計画を**このまま**進めるかやめるか 이 계획을 이대로 진행시킬지 그만둘지 2012-2회
- ☑ 自分の人生は**このまま**でいいのだろうか 내 인생은 이대로 괜찮은 걸까 2010-1회

문법형식

- ソーダのびんにふたをした**ままにしておきなさい**。さもないと、炭酸が抜けてしまうから。
  소다병에 뚜껑을 닫은 채로 두세요. 그렇지 않으면 탄산이 빠져 버리니까.

- お風呂のあと、服を身につけ**ないまま**ベッドの上に横になった。
  목욕한 후 옷을 입지 않은 채 침대 위에 누웠다.

- いくつかの法律上の問題点が未解決の**ままになっている**。
  몇 가지 법률상의 문제점이 미해결인 채로 남아 있다.

문맥배열

- スライスした果物の入った容器のふたを だれかが 取った **ままにしておいた** ので、干からびてしまった。
  얇게 썬 과일이 들어간 용기의 뚜껑을 누군가가 연 채로 두었기 때문에 바싹 말라 버렸다.

- 駅ですか。次の角を 右に曲がって **そのまま** まっすぐ行けば 見えてきますよ。
  역 말입니까? 다음 모퉁이를 오른쪽으로 돌아서 그대로 쭉 가면 보여요.

문장흐름

- オートロックを過信して防犯意識が低くなってしまい、**鍵をかけないまま**外出してしまいがちです。オートロックでも玄関のドアや窓の鍵をしっかり閉めるといった対策を行うことで、高い防犯効果を発揮することができるでしょう。
  오토 로크(자동 잠금 기능)을 과신하여 방범 의식이 낮아져 버려, 열쇠를 잠그지 않은 채 외출하기 일쑤입니다. 오토 로크라도 현관문이나 창문의 열쇠를 확실히 잠근다는 대책을 세우는 것으로, 높은 방범 효과를 발휘할 수 있을 것입니다.

35 ～ようにする / ～ないようにする ¹⁵⁰ ~하도록 하다 / ~하지 않도록 하다

접속 동사의 기본형(る형)+ようにする / 동사의 부정형(ない형)+ないようにする

「～ようにする」는 '~하도록 하다'라는 뜻으로 '~하도록 노력하다'와 같은 의미로 쓰이며, 대개 계속적인 노력을 요청하는 표현이 된다. 「**～ないようにする**」는 '~하지 않도록 하다'라는 뜻으로, 부정적인 내용의 충고나 권고를 나타내는 경우가 많다. 또한 「**～ように～する**(~하도록 ~하다)」의 꼴로도 사용된다. 유사 표현인 「**～ように**(~하도록)」, 응용 표현인 「**～ようにしている**(~하도록 노력하고 있다)」도 함께 익혀 두자.

- ☑ たくさんの人が読める**ようにして**ほしい 많은 사람이 읽을 수 있도록 해 주었으면 좋겠다 `2016-1회`
- ☑ テーブルの上に物を置か**ないようにする**だけで 테이블 위에 물건을 두지 않도록 하기만 해도 `2015-2회`
- ☑ ときどき遠くを見る**ようにした**ところ 가끔 먼 곳을 바라보도록 했더니 `2010-1회`

유형1 문법형식

- どうにかして会社を赤字にし**ないようにして**おかなくてはならない。
  어떻게든 회사가 적자를 내지 않도록 해두어야 한다.

- 成長を後押しする**ようにした**ところ、少しずつ業績が上がっていきました。
  성장을 뒷받침하도록 했더니 조금씩 실적이 올라갔습니다.

- 自分の金を全額定期預金に入れて使えない**ようにして**おくのは賢明ではない。いつその一部が必要になるかわからないからだ。
  자신의 돈을 전액 정기 예금에 넣어서 사용할 수 없게 만들어두는 것은 현명하지 못하다. 언제 그 금액의 일부가 필요해질지도 모르기 때문이다.

유형2 문맥배열

- 自分の教科の 最新の事情 に遅れ**ないよう** ★**にする**ことが よい教師の 務めである。
  자신의 교과목이 최신 정보에 뒤처지지 않도록 관리하는 것이 좋은 교사의 임무이다.

- 目に見える 相互のサービスを いつでも交換できる **ようにして** ★おくのが、起こりうる危機を回避するためには一番大事なことだ。
  눈에 보이는 상호 서비스를 언제든지 교환할 수 있도록 해두는 것이, 발생할 수 있는 위기를 회피하기 위해서는 가장 중요한 일이다.

유형3 문장흐름

- 「われわれは絶壁が見え**ないようにする**ために、何か眼をさえぎるものを前方においた後、安心して絶壁のほうへ走っている」。17世紀フランスの思想家、パスカルの言葉は今も異様なほどリアルだ。
  '우리는 절벽이 보이지 않게 하기 위해 뭔가 눈을 가릴 수 있는 것을 앞쪽에 놔둔 뒤, 안심하고 절벽으로 달려갔다.' 17세기 프랑스 사상가, 파스칼의 말은 지금 봐도 이상하리만큼 리얼하다.

36 ～らしい 151 ①~인 것 같다 ②~답다

접속 ①동사·い형용사의 종지형, 명사·な형용사의 어간 ②명사

「～らしい」는 '①~인 것 같다'라는 뜻인데, 외부 정보에 근거를 둔 추측 표현으로, 들은 내용·본 것 또는 전문(伝聞) 정보를 판단 재료로 해석해서 객관적으로 판단할 때 사용한다. 유사 표현으로 「～ようだ」가 있는데, 「～ようだ」는 주로 자신의 오감 등을 통해 직감적으로 판단할 때 사용한다. 그리고 「명사＋らしい」라는 형태로 '②~답다'라는 의미를 나타내는 접미사로도 쓰인다.

☑ このようにして「25時」という表現が生まれたらしい 이렇게 해서 '25시'라는 표현이 생겨난 것 같다 **2016-1회**
☑ 開始時刻が正しく伝わっていなかったらしい 개시 시각이 바르게 전달되지 않았던 것 같다 **2014-1회**
☑ 青木くんらしいね 아오키 군답네 **2012-2회**

유형1 문법형식

○ • 彼の会社は精密機械のようなものを輸出しているらしい。
그의 회사는 정밀 기계 같은 것을 수출하고 있는 것 같다.

• そのときは、ずいぶんきたない子犬でしたが、お湯で洗って、首輪をつけてやったら、だいぶ犬らしくなりました。
그때는 상당히 더러운 강아지였지만, 따뜻한 물에 씻고, 목줄을 해주니, 꽤 강아지다워졌습니다.

• りんごを塩水につけずにすりおろしたから変色したらしい。
사과를 소금물에 담그지 않고 갈아서 변색이 된 것 같다.

유형2 문맥배열

○ • もう秋になるのに、今日の暑さはまるで真夏に戻った かのようで エアコンをつけた 家も多かった らしい。
벌써 가을인데, 오늘의 더위는 마치 한여름으로 돌아간 것 같아서 에어컨을 켠 집도 많았던 것 같다.

• 次の音楽の授業では、低学年の子どもたちの前で リコーダーの 演奏を 発表する らしい。
다음 음악 수업에서는 저학년 아이들 앞에서 리코더 연주를 발표하는 것 같다.

유형3 문장흐름

○ • 外国人の中には、「多くの日本人はまだ着物を着て街を歩いている」と思っている人がけっこういますね。まだ刀を下げて歩いていると思っている人も、いるらしいですよ。
외국인 중에는 '많은 일본인들은 아직도 기모노를 입고 거리를 다닌다'고 생각하는 사람이 상당수 있습니다. 아직 검을 차고 다닌다고 생각하는 사람도 있는 것 같아요.

37 〜わけがない・〜はずがない [152] ~할 리가 없다

접속 동사의 기본형(る형)·과거형(た형)·부정형(ない형)·가능형 등

「〜わけがない・〜はずがない」는 '~일 리가 없다'라는 뜻이다. 이것은 어떤 사실을 근거로 하여 '그럴 리가 없다'라고 할 때 쓰며, '어떤 일이 일어날 가능성이 전혀 없다'는 화자의 주관적인 판단을 나타낸다. 회화체에서는 조사「が」를 생략하기도 한다. 「〜わけがない」를 강조할 때는「〜わけはない・〜わけもない」를 쓰고, 「〜はずがない」를 강조할 때는「〜はずはない・〜はずもない」를 쓴다.

- 山田さんは出張中だよ。今ここにいるわけないじゃない
  야마다 씨는 출장 중이야. 지금 여기에 있을 리 없잖아 2011-1회

문법형식

- お酒の好きな田中さんが来るんだから、これだけで足りるわけがない。
  술을 좋아하는 다나카 씨가 오니까 이것만으로 충분할 리가 없다. 07

- こんなに働かされては平気でいられるわけがない。 96
  이렇게 일을 시키면 끄떡없이 있을 수 있을 리가 없다.

- そんなに遊んでばかりいて、試験にパスするわけがない。
  그렇게 놀고만 있어서야 시험에 패스할 리가 없다.

- 母国語で自分の考えをしっかり述べられない人が、外国語でもよく話せるようになるはずがありませんよ。
  모국어로 자신의 생각을 정확히 말할 수 없는 사람이, 외국어로도 잘 말할 수 있게 될 리가 없어요.

문맥배열

- あの正直な彼がうそをついて人を だましたり する わけが ない。
  그 정직한 그 사람이 거짓말을 해서 남을 속이거나 할 리가 없다. 02

- 彼らが野球やテニスに 習熟していた はずはない ので ほかに 原因を求めなければならない。
  그들이 야구나 테니스를 완전히 숙지했을 리는 없기 때문에 다른 원인을 찾아야 한다.

문장흐름

- 生きている人間にとって死は恐ろしいものであり、できるだけ考えずに済ませたい。容易には直視できない問題にうまい答えが見つかるはずもない。
  살아 있는 인간에게 죽음은 두려운 것이며 되도록 생각하고 싶어 하지 않는다. 쉽게 직시할 수 없는 문제에 좋은 대답이 나올 리도 없다.

38 〜割(わり)に(は) ~에 비해서(는)

접속 동사의 기본형(る형), い형용사의 기본형·과거형(かった형), な형용사의 연체형(な형), 명사+の 등

「〜割(わり)に(は)」는 '~에 비해서(는)'이라는 뜻으로, '~의 입장에서 보아 당연하게 여겨지는 정도의 수준에 아직 도달하지 않았다'라는 의미이다. 「〜割(わり)に(は)」를 키워드로 해서 문말의 알맞은 호응 표현을 고르는 문제와 알맞은 기능어를 고르는 문제가 출제될 수 있다.

문법형식

- 調査の結果、若者の言葉づかいに厳しい**わりには**40代、50代の人の多くが言葉の正確な意味を理解していないことがわかった。 **04**
  조사 결과, 젊은이의 언어 사용에 엄격한 것에 비해서는 40대, 50대 사람의 대부분이 말의 정확한 뜻을 이해하지 않고 있다는 것을 알았다.

- 父は、普通ならとっくに引退している年齢だが、年をとっている**わりには**元気だ。 **97**
  아버지는 보통이라면 벌써 은퇴했을 나이지만, 나이 든 것에 비해서는 건강하다.

- 昨日の日曜日は、天気がよかった**割には**人出が少なかった。
  어제 일요일은 날씨가 좋았던 것에 비해서는 인파가 적었다.

문맥배열

- そのアルバイトは、仕事が 大変で きつい **わりに** 給料が安い よ。 **08**
  그 아르바이트는 일이 힘들고 고된 것에 비해서 월급이 싸.

- このレストランは、高い **割には** うまいとは 言えない。 **00**
  이 레스토랑은 비싼 것에 비해서는 맛있다고는 할 수 없다.

- 実際に会う機会が あった んですが 年齢の **わりには** 若くみえました。 **94**
  실제로 만날 기회가 있었는데, 나이에 비해서는 젊어 보였습니다.

문장흐름

- 神社に初詣に行ったが、**正月のわりには**、参拝客が比較的少なかった。やはり、今朝はマイナス10度まで下がったから、皆外に出たくなかったのだろう。
  신사에 새해 첫 참배를 하러 갔는데, 설날 치고는 참배객이 비교적 적었다. 역시 오늘 아침은 영하 10도까지 내려갔기 때문에, 모두 밖에 나가고 싶지 않았을 것이다.

39 ～を通じて・～を通して [156] ～을 통하여

접속 명사

「～を通じて・～を通して」는 '～을 통하여'라는 뜻으로, 어떤 일이 성사되거나 행해질 때 그 매개나 수단이 되는 사물이나 사람을 가리키는 표현이다. 이 둘은 거의 구별 없이 쓰이는데, 「～を通じて」는 「～」라는 수단・매개로 인해 어떤 일이 성사됨을 뜻하고, 「～を通して」는 「～」을 중간에 세워 어떤 일을 한다는 적극적인 의미로 쓰는 경우가 많다.

☑ ゼミを通して 세미나를 통하여 `2017-2회`

유형1 문법형식

- 先輩をとおして、入学試験の案内をもらった。 `02`
  선배를 통해서 입학 시험 안내를 받았다.

- 田中さんの父親を通じて、A社の社長にインタビューを申し込んだ。
  다나카 씨의 부친을 통해서 A사 사장님에게 인터뷰를 신청했다. `93`

- 日本の大学生との交流を通じて、日本文化に対する認識を深めた。
  일본 대학생과의 교류를 통해 일본 문화에 대한 인식을 깊게 하였다.

- わたしは友だちを通して、そのピアニストと知り合いになった。
  나는 친구를 통해 그 피아니스트와 아는 사이가 되었다.

유형2 문맥배열

- 佐藤さん ご夫妻とは 山口さん をつうじて 知り合い ました。 `08`
  사토 씨 부부하고는 야마구치 씨를 통해서 알게 되었습니다.

- 学生の アンケート を通して 留学生活の 様子が わかる。
  학생의 앙케트를 통해 유학 생활 모습을 알 수 있다.

- 当社の住宅は、四季 を通じて 快適な 生活を お約束します。
  당사의 주택은 사계절을 통해 쾌적한 생활을 약속드립니다.

- 経済専門家は通貨供給量や 利率などを 変えることを 通して 需要の調整を ねらう。
  경제 전문가는 통화 공급량 및 이율 등을 변동시켜서 수요 조정을 노린다.

유형3 문장흐름

- それについては、本を通じて得た知識しか持っていません。誰か、実際に経験したことのある人の話を聞いたほうがいいと思います。
  그것에 관해서는 책을 통해 얻은 지식밖에 갖고 있지 않습니다. 누군가 실제로 경험한 적이 있는 사람의 이야기를 듣는 편이 좋을 것 같습니다.

40 ～をめぐって [159] ～을 둘러싸고

접속 명사, 조사 か 등

「～をめぐって」는 '～을 둘러싸고'라는 뜻으로, '～을 논의나 논쟁의 중심점으로 하여'라는 뜻이 내포되어 있다. 따라서 뒤에는 의견의 대립이나 여러 가지 논의·논쟁 등의 뜻을 가진 동사가 많이 온다. 그 밖에 「～をめぐる+명사(～을 둘러싼 ～)」의 형태도 알아 두자.

문법형식

- その政治家がスピーチで言った一言をめぐってさまざまな議論がわき起こっている。 07
  그 정치가가 연설에서 말한 한마디를 둘러싸고 여러 논의가 터져 나오고 있다.

- 外国人社員の労働条件をめぐって、会社側と労働者側が対立している。 04
  외국인 사원의 노동 조건을 둘러싸고, 회사 측과 노동자 측이 대립하고 있다.

- 環境の問題をめぐって参加者から多くの意見がだされた。 97
  환경 문제를 둘러싸고 참가자들로부터 많은 의견이 제출되었다.

- 人事をめぐって、社内の対立が一段とはげしくなった。
  인사를 둘러싸고 사내 대립이 한층 심해졌다.

문맥배열

- 大学の 移転 をめぐって さま★ざまな 意見が 出されている。 01
  대학 이전을 둘러싸고 다양한 의견이 나오고 있다.

- 環境問題の 解決策 をめ★ぐって 熱心な 議論 が続いて いる。 94
  환경 문제의 해결책을 둘러싸고 열띤 논의가 이어지고 있다.

- 審判の判定 をめ★ぐって 両チームに 摩擦 があった。
  심판의 판정을 둘러싸고 양 팀에 마찰이 있었다.

문장흐름

- 人口高齢化の進展によって、労働力をめぐる条件は、今後急速に変化する。工場にはロボットが多用され、人件費は大幅にカットされるだろう。
  인구 고령화의 진전에 따라 노동력을 둘러싼 조건은 앞으로 급속히 변화한다. 공장에는 로봇이 많이 이용되어, 인건비는 큰 폭으로 삭감될 것이다.

콕콕 실전문제 16

問題1 次の文の（　）に入れるのに最もよいものを、1・2・3・4から一つ選びなさい。

1　子供たちを批判されたままにして（　　）ください。
　1　おくようになって　　　2　おくことになって
　3　おかないようにして　　4　おかないことにして

2　この本は、表紙といい帯といい、鈴木くん（　　）ポップな仕上がりです。
　1　ような　　2　がたい　　3　そうな　　4　らしい

3　野生動物の保護を（　　）、いろいろな意見が出た。
　1　こめて　　2　通じて　　3　まわって　　4　めぐって

4　映画は、有名なスターがたくさん出演している割には（　　）。
　1　つまらなくした　　　　2　つまらないわけがない
　3　つまらなかった　　　　4　つまらなくて当然だ

5　知り合い（　　）山田氏に面会を申し込んだ。
　1　をもとに　　2　に応じて　　3　に基づき　　4　を通じて

6　わたしはバスに間に合うために（　　）ならなかった。
　1　走りつつも　　2　走らねば　　3　走りながら　　4　走っても

7　航海が危険（　　）危険であるほど、あとの満足感は大きく感じられる。
　1　であって　　2　であれば　　3　につき　　4　にもかかわらず

8　そんな心配をすることはないよ。できなかったらもう一度やり直す（　　）のことだ。
　1　べき　　2　はず　　3　まで　　4　のみ

9　その技術上の難点を（　　）その実験を開始してしまった。
　1　把握しないまま　　2　把握しないだけ　　3　把握するばかり　　4　把握するほど

10　他人の失敗を心待ちにするような、そんなさもしい根性で大成する（　　）。
　1　にすぎない　　2　わけがない　　3　にちがいない　　4　でしかない

問題2 次の文の ___★___ に入る最もよいものを、1・2・3・4から一つ選びなさい。

11　教授は騒(さわ)いでいる学生たちに _____ _____ ___★___ _____ 。
　　1　見ていた　　　2　まま　　　　3　黙(だま)った　　　4　うんざりして

12　おもしろいことに、朝の _____ _____ ___★___ _____ 。前の晩に仕上げた文章があって、とてもこれではいけない。
　　1　楽天的(らくてんてき)で　　2　頭は　　　　3　らしい　　　　4　ある

13　この事件が _____ _____ ___★___ _____ 拍車(はくしゃ)をかけることになった。
　　1　環境保護　　　2　一層の　　　3　をめぐる　　　4　議論(ぎろん)に

14　宣伝不足(せんでんぶそく)が原因で _____ _____ ___★___ _____ だった。
　　1　日曜日の　　　2　いまいち　　3　客の入(い)りが　　4　わりには

15　現代は様々な _____ _____ ___★___ _____ きます。
　　1　メディアを　　2　あらゆる情報が　　3　入って　　　4　通じて

16　経済的な理由で _____ _____ ___★___ _____ なかった。
　　1　ねば　　　　　2　なら　　　　3　留学を　　　　4　あきらめ

17　このペンは _____ _____ ___★___ _____ 馴染(なじ)んできます。
　　1　使う　　　　　2　使えば　　　3　ほど　　　　　4　手に

18　身の危険も忘れてけが人を助けたのは、医者 _____ _____ ___★___ _____ ことだ。
　　1　までの　　　　2　としての　　3　従った　　　　4　信念に

19　リーダーからして _____ _____ ___★___ _____ ない。
　　1　ほかの人たちが　2　ないのだから　3　やる気が　　4　やるはずが

20　外国の _____ _____ ___★___ _____ 、非常に好評(こうひょう)だったものの、大家(おおや)さんに怒(おこ)られて中止しました。
　　1　宿泊者を　　　2　ところ　　　3　ようにした　　4　受け入れる

問題3 次の文章を読んで、文章全体の趣旨を踏まえて、21から25の中に入る最もよいものを、1・2・3・4から一つ選びなさい。

「あいさつ」というと、ふっと思い出す一人のおばあさんの姿があります。

わたしは、ぶらぶら散歩するのが好きで、21、あの道からこの道へと、コースを変えて楽しみますが、わたしの家から15分くらいのところの道端の家の門に、午後、おばあさんが立っていました。いつもなのです。あまり人の通らない狭い道路で、わたしが通りかかると、おばあさんは、にこにこなさいました。わたしも、なんとなく、軽く頭を下げて通り過ぎました。

そんなことが、ひと月近く続いたでしょうか、ある日、そのおばあさんが亡くなられたことを知りました。

そうだったのか、とわたしは思いました。おばあさんは、門のところに立って、世の中へ「22」を告げていらしたのだ。あの世へ旅立つ前に。

おばあさんの、その「あいさつ」は、知らない人たちへも、無言のうちに告げられていたのだと思います。23、おばあさんは、木にも鳥にも家の屋根にも、空にも雲にも風にさえも、「さようなら」を告げていらしたのではないでしょうか。

わたしは、その門の前を通ると、よく、そのおばあさんの姿を思い出し、あの頃、ただ礼儀的に軽く頭を下げただけのわたしが、なんとなく 24 。正直にいうとわたしは、そのことをわずらわしく感じて、散歩のコースを変えたことさえありました。

ですから、「あいさつ」のことばをめぐって、えらそうなことを述べる資格はないのかもしれません。25、どうやら言えることは、「あいさつ」というのは、その根もとのところは、ことばづかいより、その人の気持ちの持ち方だということです。

(川崎洋 『ことばの力』 による)

21
1　その日にむけて　2　その日にわたって　3　その日にとって　4　その日によって

22
1　さようなら　　　2　おめでとう　　　3　お休みなさい　　　4　ごめんなさい

23
1　そればかりでなく　　　　　　2　それはそうとして
3　それにしても　　　　　　　　4　それにもかかわらず

24
1　恥ずかしくないです　　　　　2　恥ずかしくなるはずでした
3　恥ずかしくなります　　　　　4　恥ずかしくなるはずです

25
1　それどころか　　2　しかし　　　　　3　すなわち　　　　4　さらに

문제해결 키워드

- **〜をめぐって** [N2 159] ~을 둘러싸고
  「あいさつ」のことば**をめぐって**
  '인사'의 말을 둘러싸고 (17行)

- **〜というと** [N2 079] ~라고 하면
  「あいさつ」**というと** '인사'라고 하면 (01行)

- **〜によって** [N2 125] ~에 의해, ~에 따라
  その日**によって**、あの道からこの道へと
  그날에 따라, 이 길 저 길로 (02行)

- **〜ばかりでなく** [N2 131] ~뿐만 아니라
  それ**ばかりでなく** 그뿐만 아니라 (12行)

- **〜さえ** [N2 044] ~도, ~조차
  空にも雲にも風に**さえ**も
  하늘에도 구름에도 바람에게조차도 (12行)

- 散歩のコースを変えたこと**さえ**
  산책 코스를 바꾼 적도 (16行)

- **〜かもしれない** [N2 025] ~일지도 모른다
  資格はない**かもしれません**
  자격은 없을지도 모릅니다 (17行)

- **〜というのは** ~라는 것은, ~이란
  「あいさつ」**というのは** '인사라는 것은 (18行)

- **〜にわたって** [N2 126] ~에 걸쳐

- **〜にとって** [N3 089] ~에게 있어서

- **〜にもかかわらず** [N2 109] ~인데도 불구하고

Part 2

점수를 UP시키는
N2 문법

한 문제 이상 꼭 나오는 **경어**

경어란 말하는 사람이 상대방에게 경의를 나타낼 때 쓰는 표현을 말하며, 주로 회사 상사나 고객 등에게 사용하는 경우가 많다. 경어에는 존경어, 겸양어, 정중어가 있다. 2010년부터 지금까지 출제된 경향을 보면 매 시험마다 1~2문제씩 꼭 출제되고 있으므로 고득점을 위해서는 빠뜨려서는 안 될 분야이다.

1. 존경어

존경어는 듣는 사람이나 대화 속에 등장하는 사람을 높이는 말이다.

● 존경 표현

01

おいでくださる 와 주시다

- お忙しいところをおいでくださり、ありがとうございました。
  바쁘신 중에 와 주셔서 감사합니다.

- 今日はお忙しいところをおいでくださって、ありがとうございました。
  오늘은 바쁘신 중에 와 주셔서 감사합니다.

02

お/ご〜ください ~해 주십시오

- お客様、こちらの料理はしょうゆなど何もつけずに、どうぞそのままおめしあがりください。 07
  손님, 이 음식은 간장 등 아무것도 찍지 말고 부디 그대로 드세요.

- おうちに帰られたら、お父様によろしくお伝えください。 97
  댁에 가시면 아버님께 안부 전해 주십시오.

- 時間があまりありませんので、お急ぎください。
  시간이 별로 없으니 서둘러 주십시오.

- 留守にしますので、21日〜30日までは下記の電話番号にご連絡ください。
  집을 비우므로 21일~30일까지는 아래 전화번호로 연락하여 주십시오.

03

お/ご〜だ ~하시다, ~이시다

- 何かお探しでしたら、手伝いましょうか。 2017-1회
  뭔가 찾으신다면 도와드릴까요?

- お客さまがついさっきまでお待ちだったんですよ。
  손님께서 방금 전까지 기다리셨어요.
- 問題解決のためのはっきりした考えをお持ちですか。
  문제 해결을 위한 분명한 생각을 가지고 계십니까?
- 学長は、本日の会議にはご欠席です。
  학장님은 오늘 회의에는 불참하십니다.

04

お/ご~くださる ~해 주시다

- 「ようこそお越しくださいました。」とあいさつしてくれた。 2012-1회
  '잘 와 주셨습니다'하고 인사해 주었다.
- みなさん、わざわざお出迎えくださり、ありがとうございます。 98
  여러분, 일부러 마중나와 주셔서 감사합니다.
- 皆様でご検討くださるようお願いいたします。
  여러분들이 검토해 주시도록 부탁드립니다.
- 現品をお持ちくだされば、お取り替えいたします。
  현품을 가져와 주시면, 교환해 드리겠습니다.

05

お/ご~なさる ~하시다

- はい、課長がご説明なさいます。 N1 2017-1회
  네, 과장님이 설명하실 것입니다.
- どうぞご心配なさらないでください。息子は、元気に遊んでいます。
  아무쪼록 걱정하시지 마세요. 아들은 신나게 놀고 있습니다.
- 展示品を全部ご覧なさると半日かかります。
  전시품을 전부 보시면 반나절 걸립니다.

06

お/ご～になる ~하시다

- 田中先生、最近先生が**お書きになった**ご本のことで、おうかがいしたいんですが。 93
  다나카 선생님, 최근 선생님이 쓰신 책에 관해서 여쭙고 싶습니다만.
- 故障の際には**お求めになった**販売店へご連絡ください。
  고장일 때에는 구입하신 판매점으로 연락 주십시오.
- 山田先生が、海外旅行に**ご出発になった**。
  야마다 선생님이 해외 여행을 위해 출발하셨다.

07

お/ご～になれる ~하실 수 있다

- あの喫茶店ならゆっくり**お話しになれます**よ。
  저 커피숍이라면 천천히 이야기를 하실 수 있어요.
- お客様は飛行機の操縦室へは**お入りになれません**。
  손님은 비행기의 조종실에는 들어가실 수 없습니다.

08

ご覧くださる 봐 주시다

- 先生は私のレポートをていねいに**ご覧くださった**。
  선생님은 내 리포트를 꼼꼼하게 봐 주셨다.
- 先生、私の作品を**ご覧くださって**ありがとうございます。
  선생님, 제 작품을 봐 주셔서 감사합니다.

09

~(さ)せてくださる ~하게 해 주시다

- 先生は私にその本を使わせてくださった。
  선생님은 나에게 그 책을 쓰게 해 주셨다.

- 自由に作品を作らせてくださった山田先生、本当にありがとうございました。
  자유롭게 작품을 만들게 해 주신 야마다 선생님, 정말로 감사합니다.

10

~でいらっしゃる ~이시다

- こちらは山本先生の奥様でいらっしゃいます。 09
  이 분은 야마모토 선생님의 부인이십니다.

- 食べ物は何がお好きでいらっしゃいますか。
  음식은 무엇을 좋아하십니까?

11

~ていらっしゃる ~하고 계시다

- 先生は、最近どんなご研究をしていらっしゃいますか。
  선생님은 요즘 어떤 연구를 하고 계십니까?

- 先生が絵をご覧になっていらっしゃいます。
  선생님이 그림을 보고 계십니다.

12

~ておいでになる ~하고 계시다

- 山田教授は日本の歴史を研究しておいでになる。
  야마다 교수님은 일본 역사를 연구하고 계신다.

- 先生はいま本を読んでおいでになります。
  선생님은 지금 책을 읽고 계십니다.

● 출제 가능성이 높은 존경 동사

13

上がる (밥이나 술을) 드시다

- どうぞご飯を上がっていらっしゃってください。
  어서 진지를 드시고 계세요.

- どうぞ遠慮なくあがってください。
  어서 사양하지 말고 드세요.

14

お越しになる・おいでになる・見える 오시다

- 受付の木村ですが、X社の中川様がお越しになりました。 2016-2회
  접수의 기무라입니다만, X사의 나카가와님이 오셨습니다.

- 山下さん、A社の木村様がおいでになったら、応接室に案内してください。 2016-1회
  야마시타 씨, A사의 기무라 님이 오시면, 응접실로 안내해 주세요.

- 村山さん、Y社の川西部長が見えました。 2014-1회
  무라야마 씨, Y사의 가와니시 부장님이 오셨습니다.

- お近くにおこしの節はぜひお立ちよりください。 93
  근처에 오실 때는 꼭 들러주세요.

- 子供たちが皆様のおこしになるのを楽しみにしております。
  아이들이 여러분이 오시는 것을 기대하고 있습니다.

- 山田さんは先月こちらにおこしになったそうです。
  야마다 씨는 지난달 여기에 오셨다고 합니다.

15

おっしゃる / 〜とおっしゃる
말씀하시다 / 〜라고 하는 (〜と言う(〜라는)의 존경 표현)

- 店長から一言おっしゃってくださいませんか。 2013-2회
  점장님이 한마디 말씀해 주시지 않겠습니까?

264

- 先生は「それはいい考えだ」とおっしゃいました。
  선생님은 '그건 좋은 생각이네'라고 말씀하셨습니다.

- そのようなお誉めの言葉をおっしゃっていただけるとは、感謝いたします。
  그러한 칭찬의 말씀을 해 주시다니 감사합니다.

- 先生にお会いしたいと、鈴木さんとおっしゃる方が事務室にいらっしゃっています。
  선생님을 뵙고 싶다고 스즈키 씨라는 분이 사무실에 와 계십니다.

16
ご存知だ 알고 계시다

- 世界のあちこちで使われているこのトイレマークが、実は日本で生まれたものだということをご存知だろうか。 **2016-2회**
  세계 각지에서 사용되고 있는 이 화장실 마크가, 실은 일본에서 생겨난 것이라는 사실을 알고 계실까?

- 彼がそんなことをする人間でないことは、あなたがいちばんご存じのはずだ。
  그 사람이 그런 짓을 할 사람이 아닌 것은 당신이 가장 잘 알고 계실 것이다. **2010-2회**

17
ご覧になる / ご覧の〜 보시다 / 보시는〜

- 利用規約をご覧になった上で、お申し込みください。 **2013-1회**
  이용 규약을 보신 후에 신청해 주세요.

- 中古車ですが、ご覧のように新車と変わらないくらいきれいですよ。 **2012-2회**
  중고차입니다만, 보시는 것처럼 신차와 다름없을 정도로 깨끗해요.

- 課長は、あの映画をご覧になりましたか。
  과장님은 그 영화를 보셨습니까?

- ご覧のスポンサーの提供でお送りしました。
  보시는 스폰서의 제공으로 보내드렸습니다.

▶ 특수한 존경 동사 정리표

보통 동사	뜻	존경 동사	뜻
いる	있다	いらっしゃる おいでになる	계시다
行く	가다	いらっしゃる おいでになる お越しになる	가시다
来る	오다	いらっしゃる おいでになる お越しになる お見えになる・見える	오시다
する	하다	なさる	하시다
言う	말하다	おっしゃる	말씀하시다
食べる	먹다	召し上がる	드시다
飲む	마시다	上がる	
見る	보다	ご覧になる	보시다
知っている	알고 있다	ご存じだ	알고 계시다
くれる	(나에게) 주다	くださる	(나에게) 주시다
寝る	자다	お休みになる	주무시다
着る	입다	お召しになる	입으시다
年をとる	나이를 먹다	お年を召す	나이를 드시다
気に入る	마음에 들다	お気に召す	마음에 드시다
風邪を引く	감기에 걸리다	お風邪を召す	감기에 걸리시다

1. N2 문법 경어

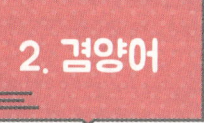

2. 겸양어

겸양어는 말하는 사람 자신의 동작이나 상태를 낮추어 간접적으로 상대방이나 다른 사람을 높이는 말이다.

● 겸양 표현

01

お/ご〜いただく ~해 주시다

- ABC大学の石川春子先生にお越しいただきました。 2014-2회
  ABC대학의 이시카와 하루코 선생님이 와 주셨습니다.

- 春に一斉に咲く花の仕組み、おわかりいただけましたか。 2012-2회
  봄에 일제히 피는 꽃의 구조, 이해하셨습니까?

- 本日はこのような素晴らしいパーティーにお招きいただき、ありがとうございます。 09
  오늘은 이와 같이 멋진 파티에 초청해 주셔서 감사드립니다.

- 興味をお持ちの方は奮ってご参加いただきたいと思います。
  흥미를 가지고 계신 분은 자진해서(적극적으로) 참가해 주셨으면 합니다.

02

お/ご〜する(いたす) ~해 드리다

- 差し支えなければ、解約の理由をお聞きしてもよろしいでしょうか。 2016-1회
  괜찮으시면 해약 이유를 여쭈어도 될까요?

- 戻りましたらこちらからお電話いたしましょうか。 2013-2회
  돌아오면 저희가 전화 드릴까요?

- 先生、この本をあさってまでお借りしてもよろしいでしょうか。 95
  선생님, 이 책을 모레까지 빌려도 될까요?

- A「今度の旅行では、珍しい本を手に入れたんですよ。ちょっとお見せしましょうか。」

  B「それはぜひお願いします。」 94

  A 이번 여행에서는 귀한 책을 입수했어요. 좀 보여 드릴까요?
  B 정말 꼭 보여 주세요.

267

- 先生、私が荷物をお持ちします。 92
  선생님, 제가 짐을 들어 드릴게요.
- 条件に合う仕事が出た場合、ご連絡いたします。
  조건에 맞는 일이 나왔을 경우에 연락 드리겠습니다.

03

お/ご～できる　~해 드릴 수 있다

- この品物は、今週の土曜日おとどけできます。
  이 상품은 이번 주 토요일에 배달해 드릴 수 있습니다.
- わたしが山田先生をご案内できますよ。
  제가 야마다 선생님을 안내해 드릴 수 있어요.

04

お/ご～願う　~을 부탁드리다

- 何とかお引き受け願えませんでしょうか。 07
  어떻게 좀 받아 주실 수 없을까요?
- 間違いはないと思いますが、念のため、お調べ願います。
  실수는 없다고 생각합니다만, 만약을 위해 조사를 부탁드립니다.
- 数量に限りがありますので、売り切れの節はご容赦願います。
  수량에 한정이 있으니, 품절일 경우에는 사정을 참작해 주시기 바랍니다.

05

お/ご～申し上げる　~하여 드리다

- お客様に大変ご迷惑をおかけしましたことを深くおわび申し上げます。 2010-2회
  고객님께 몹시 폐를 끼친 것을 깊이 사과 드립니다.
- 営業の山田でございます。よろしくお願い申しあげます。
  영업부의 야마다입니다. 잘 부탁드립니다.
- 明日ご招待申し上げたく存じます。
  내일 초대를 하고 싶습니다.

268

1. N2 문법 경어

06
ご覧いただく 보시다

- 詳細はホームページをご覧いただくか直接お電話でお問い合わせください。
  자세한 것은 홈페이지를 보시거나, 직접 전화로 문의해 주세요. 2010-2회

- このページをご覧いただくにはログインが必要です。
  이 페이지를 보시려면 로그인이 필요합니다.

07
～(さ)せていただく ~하다

- ぜひ青木先輩のお話を聞かせていただけないでしょうか。 2014-1회
  꼭 아오키 선배님의 이야기를 들을 수 없을까요?

- ぜひわたしにやらせていただけないでしょうか。 2010-1회
  꼭 제가 할 수 없을까요?

- ドアのところに私のかさを置かせていただいてもいいですか。 04
  문이 있는 곳에 제 우산을 놓아도 됩니까?

- 今日の午後はちょっと早めに帰らせていただきたいのですが。 98
  오늘 오후는 좀 일찍 돌아가고 싶습니다만.

- このたび代表として国際会議にいかせていただくことになりました。 97
  이번에 대표로서 국제 회의에 가게 되었습니다.

- はい、拝見させていただきます。 94
  네, 삼가 보겠습니다.

- だれもやる人がないなら、私がやらせていただきます。 93
  아무도 할 사람이 없다면, 제가 하겠습니다.

- 時間の都合で、あいさつは省かせていただきます。
  시간 형편상 인사는 생략하겠습니다.

- 残念ですが、今日のパーティーには欠席させていただきます。
  유감이지만, 오늘 파티에는 불참하겠습니다.

- 友人を代表してお祝いの言葉を述べさせていただきます。
  친구들을 대표해서 축하의 말을 하겠습니다.

- では、失礼してお部屋を拝見させていただきます。
  그럼, 실례지만 방을 삼가 보겠습니다.

08

～ていただく (~에게) ~해 받다, (~가) ~해 주다

- 4時以降に変更していただけるとありがたいんですが。 2012-1회
  4시 이후로 변경해 주시면 감사하겠습니다만.

- ここからは工事中で危険ですので、安全帽子を着用していただきます。 90
  여기부터는 공사 중이라 위험하니, 안전모를 착용해 주십시오.

- 子どもの勉強を見ていただきましょう。
  자녀의 공부를 봐 주세요.

- 品物はお届けしますが、代金は先に払っていただきます。
  물건은 배달해 드립니다만, 대금은 먼저 지불해 주십시오.

09

～ておる / ～ておらず ~하고 있다 / ~하고 있지 않아서

- 1年に1冊のペースで長編小説を発表しており、来月出る小説で10冊目となる。 2012-2회
  1년에 한 권의 페이스로 장편 소설을 발표하고 있으며, 다음 달 나오는 소설로 10권 째가 된다.

- あいさつする予定の市長がまだ到着しておらず、開会式が遅れそうだ。 09
  인사할 예정인 시장님이 아직 도착하지 않아서 개회식이 늦어질 것 같다.

- インターネットでのご注文は24時間受け付けております。
  인터넷에서의 주문은 24시간 접수 받고 있습니다.

- 衛生面の管理には何よりも注意しております。
  위생면의 관리에서는 무엇보다도 주의하고 있습니다.

10

～てまいる ~해지다, ~하고 오다(가다)

- 50年ぶりにふるさとに戻ってまいりました。 2011-1회
  50년 만에 고향에 돌아왔습니다.

- 暖かくなって**まいりました**が、いかがお過ごしでしょうか。 93
  따뜻해졌습니다만, 어떻게 지내시는지요?

- わたしが見て**まいります**ので、ここでお待ちください。
  제가 보고 올 테니까 여기서 기다려 주십시오.

● 출제 가능성이 높은 겸양 동사

11

上がる 방문하다, 찾아뵙다

- 今度の日曜日にお届けに**あがっても**よろしいでしょうか。 95
  이번 일요일에 배달하러 방문해도 될까요?

- 明日先生のお宅へ**あがって**よろしいでしょうか。
  내일 선생님 댁으로 찾아뵈어도 될까요?

12

いただく 받다, 먹다(마시다)

- ただし、資料代500円を**いただきます**。 2013-2회
  다만, 자료비 500엔을 받겠습니다.

- わたしはこのごろからだの調子もよくなり、何でもおいしく**いただいて**おります。 97
  저는 요즘 컨디션도 좋아져서, 뭐든지 맛있게 먹고 있습니다.

- わたしは山田先生から、この辞書を**いただきました**。
  저는 야마다 선생님께 이 사전을 받았습니다.

- A 「飲み物は何になさいますか。」
  B 「ウーロン茶を**いただきます**。」
  A 마실 것은 무엇으로 하시겠습니까?
  B 우롱차를 마시겠습니다.

13

うかがう 찾아뵙다, 여쭙다, (말씀을) 듣다

- ご相談したいことがあるんですが、先生の研究室に**うかがっても**よろしいでしょうか。 93
  상의 드릴 일이 있습니다만, 선생님 연구실에 찾아뵈어도 될까요?

- ちょっと**うかがいます**が、病院へはどう行けばよいのでしょうか。
  잠시 여쭙겠습니다만, 병원에는 어떻게 가면 좋을까요?

- **うかがう**ところによると、最近横浜に引っ越されたそうですね。
  듣자 하니 최근에 요코하마로 이사하셨다면서요?

14

うけたまわる 삼가 받다

- 送料無料で日にち指定の全国発送も**うけたまわります**。 2013-1회
  배송료 무료에 날짜 지정의 전국 발송도 삼가 받습니다.

- ああ、前田様ですね。ご予約、**うけたまわって**おります。 05
  아~, 마에다 님이시군요. 예약 받았습니다(예약을 받은 상태입니다).

- お話は**うけたまわりました**。
  말씀 잘 들었습니다.

- 今度の事件に関して先生のご意見を**承りたい**と存じます。
  이번 사건에 관해서 선생님의 의견을 듣고 싶습니다.

15

お目にかかる (만나) 뵙다

- この話は私が社長に**お目にかかった**ときに、ゆっくりご説明いたします。 02
  이 이야기는 제가 사장님을 뵀을 때에 천천히 설명해 드리겠습니다.

- 一度**お目にかかりたい**と思っておりますが、なかなか時間がなく、失礼しております。 94
  한 번 만나 뵙고 싶습니다만, 좀처럼 시간이 없어 죄송스럽게 생각하고 있습니다.

- 来年みなさまに**お目にかかれる**のを楽しみにしております。
  내년에 여러분을 뵐 수 있기를 기대하고 있겠습니다.

- 先生に**お目にかかりたい**んですが、おさしつかえのない日は、いつでしょうか。
  선생님을 만나 뵙고 싶은데요, 괜찮으신 날은 언제이십니까?

16 お目にかける 보여 드리다

- わたしの故郷の美しい山々を、ぜひ先生にも**お目にかけたい**ものです。
  제 고향의 아름다운 산들을 선생님께도 꼭 보여 드리고 싶습니다.

- めずらしいものを**お目にかけたい**と思います。
  신기한 것을 보여 드리고 싶습니다.

17 ご覧に入れる 보여 드리다

- あなたにぜひ**ご覧に入れたい**本があります。
  당신에게 꼭 보여 드리고 싶은 책이 있습니다.

- 写真や動画ではうまく伝わりませんが、簡単に仕上げられる様子を**ご覧に入れましょう**。
  사진이나 동영상으로는 잘 전하지 못하지만, 간단히 완성되는 모습을 보여 드릴게요.

18 存じる・存じ上げる 생각하다, 알다

- 私どもも、先生のお名前は以前から**存じあげて**おりました。
  저희들도 선생님 성함은 이전부터 알고 있었습니다.

- 先生にはお変わりなくお過ごしのことと**存じます**。 99
  선생님께서는 별고 없이 지내시리라 생각합니다.

- ３年前に出版された先生のご著書については、わたしもよく**存じて**おります。
  3년 전에 출판된 선생님의 저서에 관해서는 저도 잘 알고 있습니다.

⑲ 頂戴する 받다, 먹다

- ここに先生のサインをちょうだいしたいのですが。
  여기에 선생님 사인을 받고 싶습니다만.

- たいへん立派な物をちょうだいいたしまして、ありがとうございました。
  매우 훌륭한 물건을 받아서 감사합니다.

- さあ、みなさん。お菓子をちょうだいしましょう。
  자, 여러분. 과자를 먹읍시다.

▶ 특수한 겸양 동사 정리표

보통 동사	뜻	겸양 동사	뜻
いる	있다	おる	있다
行く	가다	まいる	가다, 오다
来る	오다		
する	하다	いたす	하다
言う	말하다	申す・申し上げる	말씀드리다
食べる	먹다	いただく	먹다, 마시다
飲む	마시다		
聞く	묻다	うかがう	여쭙다
聞く	듣다	うかがう・拝聴する	삼가 듣다
見る	보다	拝見する	삼가 보다
借りる	빌리다	拝借する	삼가 빌리다
知る	알다	存じる・存じ上げる	알다, 생각하다
思う	생각하다		
会う	만나다	お目にかかる	(만나) 뵙다
あげる	(남에게) 주다	差し上げる	드리다
もらう	받다	いただく・賜る・頂戴する	삼가 받다
受ける	받다, 수용하다	承る	받다, 수용하다
見せる	보여주다	お目にかける・ご覧に入れる	보여 드리다
分かる	이해하다	承知する・かしこまる	이해하다
訪ねる	방문하다	うかがう・あがる	찾아뵙다

3. 정중어

정중어는 정중하고 조심스럽게 말함으로써 상대방에 대한 경의를 나타내는 말이다.

01

ございます/ございません 있습니다 / 없습니다

- 新刊コーナーにございます。ご案内いたします。 2017-2회
  신간 코너에 있습니다. 안내해 드리겠습니다.

- ホテルご利用のお客様には以下のサービスがございます。
  호텔을 이용하시는 고객님께는 다음과 같은 서비스가 있습니다.

- 当行ではログイン画面で「第二暗証番号」の入力をお願いすることは絶対にございません。
  저희 은행에서는 로그인 화면에서 '2차 비밀번호'의 입력을 부탁드리는 일은 절대로 없습니다.

02

～てございます (보조 동사 용법) ~하여져 있습니다

- はい、あちらのお部屋にすでに準備してございます。 92
  네, 저쪽 방에 이미 준비되어 있습니다.

- お客様のお気に召す商品が多数取りそろえてございます。
  손님의 마음에 드시는 상품이 다수 갖추어져 있습니다.

03

～でございます ~입니다, ~하십니다

- お席はここでございます。 자리는 여기입니다.

- きょうは110名を越えるお客様で満席でございます。
  오늘은 110명을 넘는 손님으로 만석입니다.

- あいにくのお天気で富士山をご覧いただけなかったのが残念でございます。
  공교롭게도 날씨가 좋지 않아 후지산을 못 보신 점이 유감입니다.

- 月末までにお返事をいただければ幸いでございます。
  월말까지 답장을 주셨으면 좋겠습니다.

콕콕 실전문제 17

問題1 次の文の（　）に入れるのに最もよいものを、1・2・3・4から一つ選びなさい。

① ただいま、白いブラウスに、赤い花模様(もよう)のスカートを（　　）2歳ぐらいのお嬢(じょう)さまをおあずかりしております。
　　1　おめしになった　　　　　　　　2　お着になりました
　　3　着ております　　　　　　　　　4　おめししておられます

② A「どうぞごゆっくりご覧ください。」
　　B「ありがとうございます。では（　　）いただきます。」
　　1　見させて　　2　ご覧になって　　3　拝見して　　4　ご覧にならせて

③ 新製品のカタログができてまいりましたので、持って（　　）。
　　1　みえました　　　　　　　　　　2　あがりました
　　3　おいでになりました　　　　　　4　うけたまわりました

④ その仕事はぜひわが社に（　　）いただきたいと思います。
　　1　やって　　2　おやりに　　3　やられて　　4　やらせて

⑤ これも一人一人のお客様のおかげと（　　）。
　　1　拝見されます　　2　拝借(はいしゃく)されます　　3　ごらんになります　　4　存じております

⑥ 先生、もう昼ご飯は、（　　）か。
　　1　お食べしました　　　　　　　　2　いただかれました
　　3　めしあがりました　　　　　　　4　いただきました

⑦ 以上の説明でだいたいの事情はおわかり（　　）のではないかと思います。
　　1　うかがえた　　2　くださった　　3　さしあげた　　4　いたした

⑧ いつそれをいただきに（　　）ましょうか。
　　1　いらっしゃい　　2　なさい　　3　おいでになり　　4　あがり

9 きのうのことを先生に(　　)いいですか。

1　申し上げても　　2　おっしゃっても　　3　いらっしゃっても　　4　言われても

10 現在、決済代行会社(けっさいだいこうがいしゃ)にてシステム障害(しょうがい)が(　　)、以下のお支払い方法をご利用できない状態になっております。

1　発生しつつ　　2　発生しており　　3　発生するにつれ　　4　発生したところで

11 買いかえの車種(しゃしゅ)を決める前にぜひ当社の車を(　　)損(そん)です。

1　ご覧にならないと　　　　　　2　お目にかからないと
3　拝見しないと　　　　　　　　4　お見えにならないと

12 お客さまのご予算に合わせて旅行計画をお作り(　　)。

1　です　　2　います　　3　いたします　　4　なります

13 午前10時ごろに行くとそこまで店も混雑(こんざつ)して(　　)、じっくり見て回れます。

1　いるわりに　　2　いないわりに　　3　おらず　　4　おり

14 ご来場のお客様、記念品は受付で(　　)。

1　お持ちください　　　　　　　2　お受け取りください
3　おたずねください　　　　　　4　いただいてください

15 母は、あと10分ほどで帰って(　　)。

1　うかがいます　　2　いただきます　　3　おっしゃいます　　4　まいります

16 あの方のことは、昔から(　　)います。

1　召しあがって　　2　存じあげて　　3　お気に召して　　4　うかがって

17 いつもスタッフのみなさんが、笑顔でお出迎え(　　)、来店した瞬間に心温(こころあたた)まる雰囲気を感じました。

1　られて　　2　されて　　3　いたされ　　4　くださり

18 つつじの花も美しく咲き、新緑が美しい季節となりました。先生はお元気で(　　)か。

1　あります　　　2　おっしゃいます　　3　いたします　　4　いらっしゃいます

19 旅行中に乗客のみなさまが味わった身体的な窮屈に対して(　　)。

1　おわび申し上げます　　　　　　2　おわびいただきます
3　わびていただきます　　　　　　4　わびていらっしゃいます

20 みなさんにお話をする機会を与えられましたことをまことに光栄(　　)。

1　と存じます　　2　と申しあげます　　3　でいたします　　4　でいらっしゃいます

問題2 次の文の ＿＿★＿＿ に入る最もよいものを、1・2・3・4から一つ選びなさい。

21 今でもやはり、お父さんは ＿＿＿ ＿＿＿ ＿★＿ ＿＿＿ ですか。

1　勤め　　　　　2　銀行　　　　　3　お　　　　　4　に

22 本調査票は、貴事務所の基本的な概要 ＿＿＿ ＿＿＿ ＿★＿ ＿＿＿ です。

1　いただく　　　2　記載して　　　3　について　　　4　もの

23 クラス一同、先生の ＿＿＿ ＿＿＿ ＿★＿ ＿＿＿ 。

1　いたして　　　2　ご出席を　　　3　おります　　　4　お待ち

24 A「今度の ＿＿＿ ＿★＿ ＿＿＿ ＿＿＿ ですか。」
　　B「どうぞどうぞ。」

1　日曜日に　　　2　よろしい　　　3　お宅へ　　　　4　うかがっても

25 先生方が、一人一人の訴えかけにきちんと向き合うと同時に常にクラス全体の ＿＿＿
＿＿＿ ＿★＿ ＿＿＿ 先生って大変だな、とつくづく思いました。

1　子供たちにも　2　気を配って　　3　見ていて　　　4　いらっしゃるのを

26 市役所を通り過ぎ、次の交差点を左に曲がってください。さらにそこから2つ目の角を右に ＿＿＿ ＿＿＿ ★ ＿＿＿。

1　「A会館」の　　2　看板が　　3　ございます　　4　曲がりますとすぐ

27 スニーカーブームが長らく続いているが ＿＿＿ ＿＿＿ ★ ＿＿＿。それは各メーカーが、スニーカーに上品なテイストを取り入れたことにある。

1　だろうか　　2　どこにあるかは　　3　その理由は　　4　ご存知

28 お忙しいところ申し訳ありませんが、＿＿＿ ＿＿＿ ★ ＿＿＿。

1　願えません　　2　何とか　　3　お引き受け　　4　でしょうか

29 この度の自由研究では、どんな本を参考にしてよいか分からなくて ＿＿＿ ★ ＿＿＿ ＿＿＿、ほんとうにありがとうございました。

1　さっそくお返事を　　2　先生に　　3　うかがったところ　　4　いただいて

30 私は、新しく入った ＿＿＿ ＿＿＿ ★ ＿＿＿ おります。

1　たのしく毎日を　　2　過ごして　　3　中学にも　　4　しだいに慣れ

問題 3 次の文章を読んで、文章全体の趣旨を踏まえて、 31 から 35 の中に入る最もよいものを、1・2・3・4から一つ選びなさい。

「さあ、何がお聞きになりたいの？」
いすに腰かけると一番に、ミープさんはおっしゃった。
「はい。契約の問題があることはわたしにもよく理解できました。そんななか、こうしてお時間をとっていただきまして、なんとお礼を申し上げてよいか……。ですからもう、わたしとしましては、 31 満足でして……」
もぞもぞわたしが言っていると、
「何でもお聞きなさい。お答えしましょう」
こちらが戸惑うくらいきっぱりと口にした。わたしの目をじっと見つめていた。ここまでくるいきさつから、細かい質問は 32 だろうと覚悟していたので、思わぬうれしい申し出だった。あわてて日本で下調べしてきたノートを取り出す。
「まず、1944年の8月4日、みんなが連行された直後、ミープさんは隠れ家へ入って、フランク夫妻の寝室の床に散らばっていたアンネの日記を、ベップさんと一緒に拾い集めましたね。混乱した状況のなかで、どうしてとっさに日記を救い出そうと思われたのですか。今ここで一番価値があるものは日記だと、なぜそう判断なさったのですか」
本当は『思い出のアンネ・フランク』に書かれていた事柄について、順番に聞いていくつもりだったのだが、契約にふれるのを 33 、とにかく一番聞きたかったことから質問する。
「価値……というようなことは考えませんでした。計算など何もせず、自動的に起こしたアクションでした。アンネが帰ってきた時、またこの書くという喜びを 34 、そう思っただけです」
「アンネが書くことに 35 喜びを感じていたか、気づいていらしたんですね」
「はい。日記はアンネの命そのものでした」

（小川洋子『アンネ・フランクの記憶』による）

31			
1 ご覧いただけたばかりで		2 ご覧いただけただけで	
3 お目にかかれたばかりで		4 お目にかかれただけで	

32			
1 してもよろしい		2 させてもらえない	
3 してもしかたがない		4 されていただけない	

33			
1 質問して	2 判断して	3 覚悟して	4 遠慮して

34			
1 忘れてほしい		2 忘れたわけがない	
3 戻してあげたい		4 戻したがっている	

35			
1 どれだけ	2 こうして	3 そのため	4 それほど

문제해결 키워드

- **お~になる** ~하시다
  お聞きになりたいの? 묻고 싶으세요? (01行)

- **~ていただく** ~해 주시다
  こうしてお時間をとっていただきまして
  이렇게 시간을 내 주셔서 (03行)

- **お目にかかる** (만나) 뵙다
  お目にかかれただけで 만나뵐 수 있었던 것만으로 (05行)

- **お~する** ~하다
  お答えしましょう 대답해 드리겠습니다 (07行)

- **~について**[N3 088] ~에 관해서
  事柄について 내용에 관해서 (15行)

- **~だけだ**[N3 037] ~(했을) 뿐이다
  そう思っただけです
  그렇게 생각했을 뿐입니다 (19行)

- **どれだけ~か**[N2 096] 얼마나 ~했는지
  どれだけ喜びを感じていたか
  얼마나 기쁨을 느끼고 있었는지 (21行)

하나하나 따져봐야 하는 사역·수동·사역수동 표현

2010년부터 지금까지 출제된 사역·수동·사역수동 문제를 보면 2~3회 정도 매번 출제될 정도로 시험에서 중요한 파트이다. 나와 상대를 잘 따져서 주체가 누구인지를 파악하며 문제를 풀어나가는 것이 중요하다. 기출문장을 중심으로 어떤 형태로 출제되고 있는지 잘 살펴보자.

1. 사역

어떠한 동작이나 행위를 지시하거나 허락할 때 사용하는 표현을 말한다.

01

～(さ)せるより ~하게 하는 것보다, ~시키는 것보다

- 部下の作った書類にミスがあるとき、部下にもう一度書き直させるより自分でやってしまったほうが早いと思ってつい自分で直してしまうことが多い。 2014-2회

  부하가 만든 서류에 실수가 있을 때, 부하에게 다시 한 번 재작성하게 하는 것보다 내가 해 버리는 편이 빠르다고 생각해서 그만 내가 고쳐버릴 때가 많다.

02

～(さ)せてくれる ~하게 해 주다

- この湖は、季節によってさまざまな景色を水面に映して私たちの目を楽しませてくれます。 2010-2회

  이 호수는 계절에 따라 다양한 경치를 수면에 비추어 우리들의 눈을 즐겁게 해 줍니다.

03

～(さ)せてやる ~하게 해 주다

- おれたちが勝って世間を驚かせてやろうじゃないか。 2014-1회

  우리들이 이겨서 세상을 놀라게 해 주자.

- わたしは、子どもがしたいと思うことはやらせてやりたいと思っている。 2011-1회

  나는 아이가 하고 싶다고 생각하는 것은 하게 해 주고 싶다고 생각하고 있다.

04 ~(さ)せていただけないでしょうか
~해 주실 수는 없을까요?

- ぜひ青木先輩のお話を聞かせていただけないでしょうか。 2014-1회
  꼭 아오키 선배님의 이야기를 들려 주실 수는 없을까요?

- 先日お話があったスピーチの件なんですが、ぜひわたしにやらせていただけないでしょうか。 2010-1회
  일전에 이야기가 있었던 스피치 건인데요, 꼭 저에게 시켜 주실 수는 없을까요?

05 ~(さ)せたがっている ~하게 하고 싶어 하고 있다

- 両親は僕を自宅から通える大学に行かせたがっているんです。 2012-2회
  부모님은 저를 집에서 다닐 수 있는 대학에 보내고 싶어 하고 있어요.

06 ~(さ)せないで ~하게 하지 말아줘

- まだ5分もあるでしょう。そんなに急がせないでよ。 2013-2회
  아직 5분이나 있잖아. 그렇게 재촉하지 말아 줘.

07 ~(さ)せてしまう ~하게 해 버리다

- 薬は正しく飲まないと得られるはずの効果が得られないだけでなく状態を悪化させてしまう危険もある。 2016-1회
  약은 올바르게 먹지 않으면 당연히 얻을 수 있는 효과를 얻을 수 없을 뿐만 아니라 상태를 악화시켜 버릴 위험도 있다.

2. 수동

다른 외부요소에 의해서 동작이나 작용을 받게 되는 경우를 말한다. 이때, 동작이나 작용을 받는 쪽이 수동문의 주어가 된다.

01

〜(ら)れる ① ~함을 당하다, ~되다 〈수동〉 ② ~할 수 있다 〈가능〉
③ ~하시다 〈존경〉 ④ 저절로 ~되다 〈자발〉

① **〜(ら)れる** ~함을 당하다, ~되다 〈수동〉

- その後のオリンピックでもデザインを変えながら毎回使用**されて**いる。 `2016-2회`
  그 후의 올림픽에서도 디자인을 바꾸면서 매회 사용되고 있다.

- 最低でも二日はかかるだろうと思わ**れた**が、多くのボランティアの方の協力で一日で終わった。 `2015-2회`
  최소한 이틀은 걸릴 거라고 생각되었지만, 많은 자원봉사자 분들의 협력으로 하루 만에 끝났다.

- 旗はどこにでも簡単に建て**られる**から、街のあちこちで使わ**れて**いる。 `2015-1회`
  깃발은 어디에든 쉽게 세울 수 있기 때문에, 거리의 여기저기에서 사용되고 있다.

- 道を照らすなら上方向に光がもれないようにするなどの取り組みが行わ**れて**います。 `2014-1회`
  길을 밝힌다면 윗 방향으로 빛이 새지 않도록 하는 등의 조치가 행해지고 있습니다.

- ただし、同じことが何度も繰り返さ**れる**ようならば故障です。 `2012-2회`
  단, 같은 일이 몇 번이고 반복되는 경우에는 고장입니다.

- 例えば、サクラのソメイヨシノでは、5度前後の気温が約900時間必要だと**されて**います。 `2012-2회`
  예를 들면 왕벚나무에서는 5도 전후의 기온이 약 900시간 필요하다고 되어 있습니다.

- しかし、経済が成長して生活に余裕が生まれると、人々より質の高い家を求めるようになります。そこで、それまでの家は次々に建て替え**られて**いったそうです。 `2011-2회`
  그러나 경제가 성장해서 생활에 여유가 생기면, 다른 사람들보다 질이 높은 집을 원하게 됩니다. 그래서 그때까지의 집은 잇달아 다시 지어져 갔다고 합니다.

- また、日本人の住宅観も原因として考え**られます**。日本には、家はそこに住む家族に合わせて建てるという考え方があります。 `2011-2회`
  또, 일본인의 주택관도 원인으로써 생각됩니다. 일본에는 집은 그곳에 사는 가족에 맞추어서 짓는다는 사고방식이 있습니다.

- 友人にどうしてもと頼まれて引き受けた塾講師の仕事だったが、やってみたら意外に面白くて、自分に向いていると感じた。 2014-2회

  친구에게 꼭 좀 해 달라고 부탁받아서 받아들인 학원 강사 일이었지만, 해보니 의외로 재미있어서 내 적성에 맞는다고 느꼈다.

② ～(ら)れる ~할 수 있다 〈가능〉

- 薬は正しく飲まないと得られるはずの効果が得られないだけでなく状態を悪化させてしまう危険もある。 2016-1회

  약은 올바르게 먹지 않으면 당연히 얻을 수 있는 효과를 얻을 수 없을 뿐만 아니라 상태를 악화시켜 버릴 위험도 있다.

- 母によく「部屋を片づけなさい。」としかられるのだが、片づけたら片づけたで、今度は「片づけられるなら、どうして普段から片づけないの。」と、またしかられる。 2011-2회

  엄마에게 자주 '방을 치워라'라고 혼나지만, 치우면 치운 대로, 이번에는 '치울 수 있는데 왜 평소에 안 치우니?'하고 또 혼난다.

③ ～(ら)れる ~하시다 〈존경〉

- どうかお体をご自愛ください。1日も早く回復されますように。 N1 2016-1회

  아무쪼록 몸조심 하세요. 하루라도 빨리 회복하시기를.

- 社長が提案された件については、もう検討したのかね。

  사장님이 제안하신 건에 대해서는 이미 검토했나?

④ ～(ら)れる 저절로 ~되다 〈자발〉

- わが子を失った母親の悲しみが痛いほど感じられる。

  자기 자식을 잃은 어머니의 슬픔이 아플 정도로 느껴진다.

3. 사역수동

사역에 수동을 추가하여, 상대방의 의지에 의하여 어떤 행동을 했을 때 쓰는 표현이다.

01

～(さ)せられる 억지로 ~하다

「～(さ)せられる」는 「사역+수동」의 표현으로 자신의 의지와는 상관없이 남의 요구에 의하여, 또는 어쩔 수 없는 상황에 의해 행동하는 경우에 사용하며, 해석은 문장에 따라 많이 달라진다.

- 一人暮らしを始めたころは、料理も洗濯もすべて自分でするのが大変で、これまでずっとどんなに恵まれた環境にいたかと感じさせられる毎日だった。
  자취를 시작했을 즈음에는 요리도 빨래도 모두 스스로 하는 것이 힘들어서, 지금까지 쭉 얼마나 혜택받은 환경에 있었던가 하고 느끼게 되는 하루하루였다. 2016-1회

- 私の国の食文化も私たちの健康を支えてくれていたのだろうか。日本に来て、その土地に生きる人と食文化とのつながりについて考えさせられた。 2013-1회
  우리나라의 식문화도 우리들의 건강을 지탱해 주고 있었던 걸까. 일본에 와서 그 땅에 사는 사람과 식문화와의 관계에 대해서 생각하게 되었다.

- 主人公と恋人が、親に無理やり別れさせられそうになる話なんだけど、すごくどきどきするんだ。 2012-1회
  주인공과 연인이 부모님의 반대로 억지로 헤어지게 될 것처럼 되는 이야기인데, 굉장히 두근두근해.

- 向こうの担当者に、あれこれ質問に答えさせられたあげく、対応できないと言われた。 2011-1회
  저쪽 담당자에게 이것저것 질문에 억지로 대답한 끝에, 대응할 수 없다는 말을 들었다.

02

사역동사+(ら)れる 억지로 ~하다, 어쩔 수 없이 ~하다

「사역동사+(ら)れる」의 표현도 있는데, 예를 들면 「待つ(기다리다)」의 사역동사는 「待たす(기다리게 하다)」인데 「待たされる」가 되면 '기다림을 당하다', 즉 '억지로 기다리다'가 된다. 「思う(생각하다)」의 사역동사는 「思わす(생각하게 하다)」인데 「思わされる」가 되면 '생각함을 당하다', 즉 '억지로 생각하다'가 된다. 「行く(가다)」의 사역동사는 「行かす(가게 하다)」이고, 「行かされる」가 되면 '가게 됨을 당하다', 즉 '억지로 가다'가 된다.

- ついこの前も出張に行かされたばかりなんですけどねえ。 2010-1회
  바로 요전에도 (어쩔 수 없이) 출장을 다녀온 지 얼마 안 되었는데요.

- 1時間以上待たされて、私の我慢も限界に達し、家へ帰ってしまった。
  1시간 이상 (어쩔 수 없이) 기다려서 나의 인내도 한계에 다다라 집에 돌아가 버렸다.

콕콕실전문제 18

問題1 次の文の（　）に入れるのに最もよいものを、1・2・3・4から一つ選びなさい。

①　この国には日々の生活を彩り、私たちの目を（　　）ものがたくさん揃っている。
　1　楽しんでくれる　　　　　　　　2　楽しんでもらう
　3　楽しませてくれる　　　　　　　4　楽しませてやる

②　会社は今ではそのような資料を強制的に（　　）ことがありうる。
　1　公開したのだろう　　　　　　　2　公開させられる
　3　公開させていたのだろう　　　　4　公開してさしあげる

③　もし私たちがこの論争に負ければ子供たちの将来は危険に（　　）ことになる。
　1　さらしうる　　2　さらしかねない　　3　さらしかねる　　4　さらされる

④　その感染症は馬と人間の両方を死に（　　）原因となりうる。
　1　至らせる　　2　至られる　　3　至りそうになる　　4　至られそうになる

⑤　そのような形の援助は依存を（　　）危険がある。
　1　慢性化されておく　　　　　　　2　慢性化されてしまう
　3　慢性化させておく　　　　　　　4　慢性化させてしまう

⑥　旧友を告発するかそれとも紛失した資金の責任を自ら（　　）かというジレンマに陥ってしまった。
　1　負わされる　　2　負わせる　　3　負わせてやる　　4　負わせてくれる

⑦　その雑誌は始めから終わりまで編集者の感性が写し出されているように（　　）。
　1　まいられる　　2　いたされる　　3　思われる　　4　いただかれる

⑧　一緒に働いてくれる仲間を探しています。未来を創るのは他の誰でもなく、いつだってあなた。世間を（　　）じゃありませんか。
　1　驚いてやろう　　2　驚いてもらおう　　3　驚かせてやろう　　4　驚かせてもらおう

9 A「課長、今回の仕事、ぜひ私に（　　　）。」
　　B「君にやってもらってもいいんだけど、自信はあるのかい。」
　　1　やっていただけないでしょうか　　2　やらせていただけないでしょうか
　　3　やってもよろしいでしょうか　　　4　やらせてもよろしいでしょうか

10 私は、子供の頃、畑の野良仕事を（　　　）こともあったので、シャベルの扱い方はそれほど下手ではないと思っていた。
　　1　手伝わせた　　2　手伝われた　　3　手伝わせる　　4　手伝わされた

11 昨日、私は高い熱があったのに、病院で3時間も（　　　）。
　　1　待たせました　　2　待たされました　　3　待てました　　4　待てられました

12 子供を交通事故で（　　　）からというもの、毎日が失意のどん底であった。
　　1　死なせて　　2　死なれて　　3　死ねて　　4　死ねさせて

13 このアルバムを見るたびに、あのころのことがなつかしく（　　　）。
　　1　思い出させた　　　　　　2　思い出させられた
　　3　思い出される　　　　　　4　思い出られる

14 彼は、（　　　）育ったので、すぐ人にあまえることばかり考える人だ。
　　1　かわいくなって　　2　かわいくさせて　　3　かわいがらせて　　4　かわいがられて

15 店で調理した弁当で食中毒患者が出たので、向後1週間営業を（　　　）こととなった。
　　1　停止してほしい　　2　停止しつつある　　3　停止しがたい　　4　停止させられる

問題 2 次の文の ___★___ に入る最もよいものを、1・2・3・4から一つ選びなさい。

16　若い人々に _____ _____ ___★___ _____ 宣伝の力である。

　　1　とっての危険は　　　　　2　アルコールを
　　3　かっこいいものだと　　　4　思わせてしまう

17　最近 _____ ___★___ _____ _____ 無公害車の開発を促進させることとなった。

　　1　思われる　　　　　　　　2　いくつかあったことが
　　3　スモッグが原因と　　　　4　死亡例が

18　クラシックでもポップスでも、音楽というものは、_____ _____ ___★___ _____、生活を豊かにしてくれるものだ。

　　1　するものであり　　　　　2　元気にさせてくれたり
　　3　心を落ち着かせてくれたり　4　多くの人の

19　彼女は荒っぽくて _____ _____ ___★___ _____ 確かにプロであることは認めなくてはならない。

　　1　こともあろうが　　　　　2　かけては
　　3　会合の運営に　　　　　　4　いらいらさせられる

20　高齢になって周りからは大変そうに見えても、_____ ___★___ _____ _____ ほうがいい。

　　1　思うことは　　　　　　　2　やらせてあげた
　　3　本人ができることや　　　4　したいと

21　私は全部の仕事をしたいのだ。_____ _____ ___★___ _____、それだけではなく、何から何まで全部自分でしなければ気が済まない性分だからである。

　　1　説明してやらせるより　　2　手っ取り早いという
　　3　効率的な面もあるが　　　4　自分でやったほうが

22 この社会問題の心理化については、すでに多くの議論がなされていますが、＿＿＿＿ ＿★＿ ＿＿＿＿ ＿＿＿＿ 心理学ブームです。

1　一般的に見られる　　　　　　2　その背景にある
3　現代社会に　　　　　　　　　4　のは

23 あの男の子は＿＿＿＿ ＿＿＿＿ ＿★＿ ＿＿＿＿ 。

1　子どもらしく　　2　いる　　　　3　嫌われて　　　4　ないので

24 地域住民に ＿＿＿＿ ＿＿＿＿ ＿★＿ ＿＿＿＿ ほしい。

1　あって　　　　　2　学校で　　　3　開かれた　　　4　対して

25 降伏するかどうかについて、1945年の夏に ＿＿＿＿ ＿＿＿＿ ＿★＿ ＿＿＿＿ 決着がついた。

1　原子爆弾の投下で　　　　　　　2　戦わされていたが
3　急きょこの討論に　　　　　　　4　日本政府で議論が

問題3 次の文章を読んで、文章全体の趣旨を踏まえて、26 から 30 の中に入る最もよいものを、1・2・3・4から一つ選びなさい。

　年齢という区別のしかたも同じです。年齢が1歳違うだけで、先輩と後輩の区別がつけられたりするのも、学年という区別のしかたが学校の中でごく自然に行われていることと関係しています。26 、こういう年齢という区別を気にしながら、社会人になっても、会社の中でだれが先輩かとか、だれが同期だとかいったように、人との関係のとり方が違ってきたりするのです。

　27 、日本という国のまとまりや日本人と外国人といった区別のしかたにしても、そういう区別のしかたを、知らず知らずのうちに身につけていることが基礎にあるのです。自分は日本人だという意識をもとに、他の国のできごとや他の国の人とつきあっていくのか、28 、そういう日本人という意識を離れて、自分個人としてつきあっていくのか。こういう違いも、日本というまとまりをどのように区別しているかに関係しています。そして、こういう「日本人としての自分」という意識のもとが、学校での隠れたカリキュラムなどを通じてつくられ、強化されていくのです。

　このように疑ってみると、知らず知らずに入り込む隠れたカリキュラムは、それが前提としているあたりまえのことを、より強化しているといえます。ほかのやり方の可能性があることさえ、気づかないように 29 。たとえば、男女という区別を取り払ってみたり、年齢という区別を取り払ってみたり、どの国の人であるかという区別を取り払ってみたり、そうしたときに、私たちは、どのような新しい関係を築き上げることができるのか（こうしたことは、日本の社会でなぜ男女の平等がもっと進まないのかとか、日本で生まれた外国籍の人が国や地方の議員になれないのはなぜか、30 問題にもつながっています）。ところが、こういう想像がはたらかなくなるようにする力を、隠れたカリキュラムはもっているのです。

（苅谷剛彦『隠れたカリキュラム』による）

26
1 つまり　　　2 そして　　　3 ところで　　　4 なぜなら

27
1 ちなみに　　2 それほど　　3 さらには　　　4 それでも

28
1 ただし　　　2 それとも　　3 要するに　　　4 しかも

29
1 注意される　2 注意させる　3 されてしまう　4 させてしまう

30
1 といった　　2 とすると　　3 といったら　　4 とする

문제해결 키워드

- **~(さ)せてしまう** ~하게 해 버리다
  気づかないようにさせてしまう
  깨닫지 못하도록 만들어 버린다 (15行)

- **~だけで** N2 057 ~만으로
  年齢が1歳違うだけで
  나이가 한 살 다른 것만으로 (01行)

- **~といった** N2 080 ~라는
  日本人と外国人といった区別のしかた
  일본인과 외국인이라는 구별 방법 (06行)
  地方の議員になれないのはなぜか、といった問題
  지방의 의원이 될 수 없는 것은 왜인가 라는 문제 (19行)

- **~にしても** N2 115 ~라고 해도
  区別のしかたにしても
  구별 방법이라고 해도 (06行)

- **~をもとに** ~을 기초로, ~을 바탕으로
  自分は日本人だという意識をもとに
  자신은 일본인이라는 의식을 바탕으로 (08行)

- **~を通じて** N2 156 ~을 통해서
  学校での隠れたカリキュラムなどを通じて
  학교에서의 숨겨진 커리큘럼 등을 통해 (11行)

- **~さえ** N2 044 ~조차
  ほかのやり方の可能性があることさえ
  다른 방식의 가능성이 있다는 것조차 (14行)

- **~ようにする** N2 150 ~하도록 하다
  こういう想像がはたらかなくなるようにする力を
  이런 상상도 할 수 없게 만드는 힘을 (20行)

간과해서는 안 될 조사

2010년부터 지금까지 출제된 조사 문제를 보면 「조사+조사」의 형태, 단독으로는 *だけ*
・*も*・*の*・*と*・*から* 등의 조사가 주로 출제되고 있다. 조사라고 간과해서는 틀리기 쉬운
부분이다. 기출문장을 중심으로 어떤 형태로 출제되고 있는지 잘 살펴보자.

1. 조사+조사

01 〜てから＋に ~하고 나서로

- 安全上、必ずコンセントを抜いてからにしてください。 2016-2회
  안전상 반드시 콘센트를 빼고 나서로 해 주세요.

02 〜に＋でも ~에라도

- 先週お願いした資料のことなんだけど、急じゃないから来週にでもお願いします。 2017-1회
  지난주 부탁한 자료 말인데, 급하지 않으니까 다음 주에라도 부탁해요.

03 〜の＋に ~하는 데에

- 砂糖、塩、酢、しょうゆ、みそ、これらは日本食を作るのに欠かせない調味料です。 2013-1회
  설탕, 소금, 식초, 간장, 된장, 이것들은 일본 음식을 만드는 데에 없어서는 안 될 조미료입니다.

- 競合するほかの会社を怒らせることなく、わが社の利益を増進するのにかなりの気のきいた態度を発揮した。
  경합하는 다른 회사를 화나게 하는 일 없이, 우리 회사의 이익을 증진하는 데에 상당히 눈치 빠른 태도를 발휘하였다.

04

〜へ＋と ~(으)로 → 뒤의 조사「と」는 해석하지 않는다.

- 真っ白だった花が夕方が近づくにつれて次第にピンク**へと**変化していく珍しい花があります。 2014-2회
  새하얗던 꽃이 저녁이 가까워짐에 따라 점차 분홍색으로 변해 가는 진기한 꽃이 있습니다.

- 日本の人気バンド「Ｚ」は、ヨーロッパでコンサートを行うなど、活動を世界**へと**広げている。 2012-1회
  일본의 인기 밴드「Z」는 유럽에서 콘서트를 하는 등, 활동을 세계로 넓히고 있다.

05

〜へ＋の ~으로의, ~에 대한

- 教師の不公平な扱い**への**当初の怒りは、次第にその教師**への**激しい嫌悪感に変わっていった。
  교사의 불공평한 대우에 대한 처음의 분노는, 점차 그 교사에 대한 격심한 혐오감으로 바뀌어 갔다.

06

〜も＋の ~(이)나 되는

- 今まで何人**もの**人に成功の理由を聞かれましたが、決して特別なことをしてきたのではありません。 2011-2회
  지금까지 몇 명이나 되는 사람에게 성공의 이유를 질문 받았지만, 결코 특별한 것을 해 온 것이 아닙니다.

- 昨年、何百万人**もの**人がそのカーニバルを訪れた。
  작년에는 몇백만 명이나 되는 사람들이 그 카니발을 찾았다.

2. 그 밖의 조사

01 〜から ~로부터

- 大学時代に君から借りたものです。 N1 2011-2회
  대학 시절에 자네에게서 빌린 것입니다.
- 借金の時効は業者から借りたものだと5年、個人から借りたものだと10年となっています。
  빌린 돈의 시효는 업자에게서 빌린 돈이라면 5년, 개인에게서 빌린 돈이라면 10년으로 되어 있습니다.

02 〜だけ ~뿐, ~만, ~만큼 등

① 〜だけ ~뿐, ~만, ~만큼

- 駅ですれちがうだけの彼女のことが、こんなに気になるのか…。 2017-1회
  역에서 스쳐지나갈 뿐인 그녀가, 이렇게 신경이 쓰이는지….
- エアコンを使いたいだけ使っていたら、電気代が2万円を超えてしまった。 2015-1회
  에어컨을 사용하고 싶은 만큼 사용했더니 전기세가 2만 엔을 넘고 말았다.

② AだけA ~하는 데까지 ~하다

- 行くだけ行って入れてもらえないか交渉してみようか。 2012-1회
  가는 데까지 가서 들여보내 주지 않을지 교섭해 볼까.

③ (〜が)〜だけに (~가) ~인 만큼

- 彼の努力をずっと見てきただけに、本当にうれしい。 2014-2회
  그의 노력을 계속 봐 온 만큼 정말로 기쁘다.

④ 〜だけだ ~(할) 뿐이다

- 労働組合員のすべての政治活動に弾圧を加えるのは彼らの会社の上層部に対する憎悪をつのらせるだけだ。
  노동조합원 모두의 정치 활동에 탄압을 가하는 것은 그들 회사의 상층부에 대한 증오심을 더 키우기만 할 뿐이다.

⑤ ~だけで ~만으로, ~하기만 해도

- テーブルの上に物を置かないようにするだけで広く感じられるようになる。 2015-2회
  테이블 위에 물건을 두지 않도록 하기만 해도 넓게 느껴지게 된다.

- 資格を取っただけで希望の職につけるほど世間は甘くないらしい。 N1 2016-2회
  자격을 따기만 해도 희망하는 직업을 갖게 될 만큼 세상은 녹록치 않은 것 같다.

⑥ ~だけでは ~만으로는

- 安全対策や原油の高勝で支出が増え、経営努力だけでは対応しきれないと…
  안전 대책이나 원유 폭등으로 지출이 늘어, 경영 노력만으로는 다 대응할 수 없다고… N1 2016-2회

- 国民年金だけでは老後の生活ができないと思う。
  국민연금만으로는 노후 생활을 할 수 없다고 생각한다.

⑦ ~だけでも ~만으로도, ~만이라도 → せめて~だけでも(적어도 ~만이라도)와 같이 사용되기도 한다.

- せめて気分だけでも南極を感じてもらおうと… N1 2013-1회
  적어도 기분만이라도 남극을 느끼라고…

- 真夏のネクタイ姿は見ているだけでも暑苦しい。
  한여름의 넥타이 모습은 보고 있는 것만으로도 숨막힐 듯이 덥다.

- せめて名前だけでもわかればその人を探しようもあるが。
  적어도 이름만이라도 알면 그 사람을 찾을 수도 있지만.

03 ~と ~라고

- 友人にどうしてもと頼まれて引き受けた塾講師の仕事だったが… 2014-2회
  친구에게 꼭 좀 해 달라고 부탁받아서 받아들인 학원 강사 일이었지만…

- ただ指示された調理の手順に従っただけなのよとおずおず言った。
  그저 지시 받은 조리 절차에 따랐을 뿐이야 라고 몹시 조심스럽게 말했다.

04 〜の ~이/가

「〜の」는 명사와 명사를 연결하는 '~의'의 뜻 이외에 명사를 수식하는 문장의 주격을 나타내어 '~이/가'의 뜻을 나타내기도 한다.

- 母の作ったハンバーガーが大好きで、よく作ってもらった。 2016-2회
  엄마가 만든 햄버거를 아주 좋아해서, 자주 만들어 주셨다.

- 部下の作った書類にミスがあるとき、部下にもう一度書き直させるより… 2014-2회
  부하가 만든 서류에 실수가 있을 때, 부하에게 다시 한 번 재작성하게 하는 것보다…

05 〜までに ~할 정도로(까지)

「〜までに」는 '~할 정도로(까지)'의 뜻으로, 주로 な형용사에 접속하는 형태로 출제된다.

- その確かな表現力で見事なまでに演じきった。 N1 2014-2회
  그 확실한 표현력으로 훌륭할 정도로 해냈다.

- 建物は堅固なつくりとなっていたし、入り口は強固な扉と複雑な鍵で守られていた。その結果、西洋では、鍵が異常なまでに発達したのである。
  건물은 견고한 구조로 되어 있었고, 입구는 공고한 문과 복잡한 열쇠로 지켜지고 있었다. 그 결과 서양에서는 열쇠가 이상할 정도로 발달한 것이다.

06 〜も

① 〜も ~도

- 確かにそれもあるかもしれませんが、遊びの種類が変わったことも… 2013-1회
  확실히 그것도 있을지도 모르지만, 놀이의 종류가 바뀐 점도…

- 夕飯も食べないで寝ちゃったんだ。 2013-1회
  저녁도 먹지 않고 자 버렸어.

② ～も ~이나, ~정도면 (대략의 정도)

- このコンサートの警備には、警備員が20人もいれば十分です。 2012-1회

  이 콘서트의 경비에는, 경비원이 20명 정도만 있으면 충분합니다.

- 多くの人は孤独感や寂しさを感じており、本当に深い絆で結ばれた友達は、2、3人もいれば十分多いほうだと思われます。

  많은 사람들은 고독감이나 쓸쓸함을 느끼고 있으며, 정말로 깊은 유대로 맺어진 친구는 2, 3명 정도만 있으면 충분히 많은 편이라고 생각됩니다.

③ ～も～だ ~도 ~이다

이 표현은 같은 단어를 사이에 두어 정도가 심한 것을 나타낸다. 예를 들어 子供も子供だが、親も親だ(아이도 아이지만, 부모도 그에 못지 않다)와 같이 쓴다.

- それくらいのことで怒った君も君だよ。 N1 2012-2회

  그 정도의 일로 화낸 너도 너야.

- 理屈にならないことを言っている子供も子供だが、そんなことを言わせる親も親だ。

  이치에 맞지 않는 말을 하고 있는 아이도 아이지만, 그런 말을 하게 하는 부모도 그에 못지 않다.

④ ～も～も ~(하는 것)도 ~(하지 않는 것)도

- 成功するもしないも、本人の努力次第だ。 N1 2016-1회

  성공하는 것도 하지 않는 것도 본인의 노력에 달려 있다.

- 復職に成功するも失敗するも自分次第です。

  복직에 성공하는 것도 실패하는 것도 자신에게 달려 있습니다.

⑤ ～も～ば～も ~도 ~하거니와 ~도

- 恋をしている人もいれば、失恋した人、愛を探し求めている人もいる。

  연애를 하고 있는 사람도 있거니와 실연한 사람, 사랑을 찾고 있는 사람도 있다.

콕콕실전문제 19

問題1 次の文の（　）に入れるのに最もよいものを、1・2・3・4から一つ選びなさい。

1. 私たちはみな頭から追い出すこと（　　　）できないお気に入りの妄想をもっている。
   1　の　　　　2　か　　　　3　へ　　　　4　に

2. 海外交易での成功はイギリス本国の名誉と繁栄を築きあげる（　　　）大いに役立った。
   1　には　　　2　では　　　3　のに　　　4　ので

3. パーティーで親切にされたという（　　）、彼女は彼のことが好きになった。
   1　ばかりでなく　2　だけでなく　3　ばかりか　4　だけで

4. 私の弁護士は私に事件については意見を述べないように（　　　）指示していた。
   1　も　　　　2　と　　　　3　さえ　　　4　すら

5. 困難に直面したときに性格の最も優れた面が引き出される人（　　　）いれば、最も悪い面が引き出される人もいる。
   1　も　　　　2　で　　　　3　に　　　　4　と

6. それまで控えめにしていた女性の一団はその品位をかなぐり捨ててバーゲンのカウンター（　　　）突進した。
   1　にも　　　2　では　　　3　のに　　　4　へと

7. 何百万（　　　）の人々が辺境の広大な地域に移住するにつれ、野生生物が被害をこうむることは確実だ。
   1　と　　　　2　も　　　　3　だけ　　　4　きり

8. 転んだとき彼はけがはしなかった。ただあちこち少し汚れた（　　　）。
   1　つもりだ　2　はずだ　　3　ところだ　4　だけだ

9. 穀物や野菜からとれる炭水化物は、1日130グラム（　　　）あれば十分でしょう。
   1　も　　　　2　と　　　　3　に　　　　4　から

10 油圧ブレーカの運転は、安全マニュアル・取扱説明書を読んで十分理解して（　　）してください。

1　あとに　　　　2　あとで　　　　3　からに　　　　4　からで

11 案外、思い付きで予定を決めずに行く沖縄、もしくは行く（　　）行って、あとはリゾートホテルで何もしない沖縄、というのも楽しいものです。

1　しか　　　　2　まで　　　　3　だけ　　　　4　のみ

12 その女優は一つ一つの場を完璧な（　　）演じ切った。

1　ことに　　　　2　までに　　　　3　ところに　　　　4　かわりに

13 同じ漢字なのに、日本と中国（　　）まったく意味の違う漢字がありますが、どうしてですか。

1　とでは　　　　2　にでは　　　　3　には　　　　4　とは

14 ものを新しい見方で見られるようになれば、窓の外を（　　）胸がわくわくするかもしれない。

1　見せたところで　　2　見ただけでも　　3　見せたようで　　4　見たとしても

15 成功（　　）最終的には両者が解決したいという気持ちがあるかどうかにかかっている。

1　するもしないも
2　するやらしないやら
3　するなりしないなり
4　するというかしないというか

問題2 次の文の ___★___ に入る最もよいものを、1・2・3・4から一つ選びなさい。

16 書き直すつもりで書き終わったものを読み返してみると、またまたどうしても訂正したい箇所が見つかり、そのままでも ___ ___★___ ___ ___。

1　ことができない　　2　のに　　3　十分に通じる　　4　ほうっておく

17 ＿＿＿ ＿＿＿ ★ ＿＿＿ ことを彼女がわかってくれるようになると期待したが、むだだった。

1 私の　　　　2 賢明（けんめい）だという　　　　3 言うとおりに　　　　4 するのが

18 この世でもっとも美しい女性でももしその声が不愉快（ふゆかい）なら、＿＿＿ ★ ＿＿＿ ＿＿＿ こともある。

1 彼女の魅力（みりょく）が　　2 消えてなくなる　　3 だけで　　4 ひとこと言った

19 何年 ★ ＿＿＿ ＿＿＿ ＿＿＿ ようやく成功を手にした人の涙に、心から共感しました。

1 もの　　　　2 の　　　　3 苦労　　　　4 末に

20 その人は税金の話から始めたが、＿＿＿ ＿＿＿ ★ ＿＿＿ 。

1 入っていった　　2 そのあとまったく　　3 へと　　4 別の話題

21 利害（りがい）関係なく心許せる ＿＿＿ ＿＿＿ ★ ＿＿＿ 十分でしょう。

1 せいぜい　　2 いれば　　3 2、3人も　　4 友人であれば

22 彼は口に出して ＿＿＿ ★ ＿＿＿ ＿＿＿ あきれかえっているんだよ。

1 態度に　　2 言わない　　3 だけで　　4 本当はきみの

23 たいてい ＿＿＿ ★ ＿＿＿ ＿＿＿ ある子供が自分より弱い子供をいじめるようになるという説もある。

1 から　　2 失望感（しつぼうかん）　　3 学校生活　　4 への

24 もっともすぐれた研究者は ＿＿＿ ★ ＿＿＿ ＿＿＿ 飛躍（ひやく）させることによって解決することができる。

1 ない問題でも　　2 出会ったことの　　3 これまで　　4 想像を

25 負債（ふさい）を ＿＿＿ ＿＿＿ ★ ＿＿＿ われわれは何とかして少なくとも収入を100万増やさなくてはならない。

1 だけ　　2 返済（へんさい）する　　3 ため　　4 でも

問題 3 次の文章を読んで、文章全体の趣旨を踏まえて、 26 から 30 の中に入る最もよいものを、1・2・3・4から一つ選びなさい。

　　流行現象がフランス革命以前に 26 。18世紀はじめのパリでは、「衣服がすたれる速さは、花のしおれるのより速い」とか、「無数の店が軒を並べ、必要のない品物を売っている」とかいわれていた。しかしながら、流行だからといって必要のない品物まで追い求めるような行動派、少数の上流階級の人々にしかできない贅沢であった。流行現象が全社会的に広まり、人々の衣生活ばかりか行動規範全般を支配するようになったのは、19世紀になってからのことである。
　　 27 、身を装う自由が確立されただけでは、衣生活の発展も流行現象の普及も不可能であった。個人主義的な、かつ文化的な枠組みの登場が不可欠であった。つまり、個人のアイデンティティは身体表現を通して具体化される、という意識が一般化する必要があったのである。個人のアイデンティティが身分や職業 28 社会的な枠組みに依存していた時代には、身を飾る必要はあまりなかった。そうした時代にあっても、個人のあいだで差異競争がなかったわけではないが、それは小さな集団の域を超えて広がるものではなかった。そのような社会においては、流行は全社会的な現象になることができない。
　　自分を社会のなかでいかに位置づけるか。衣服の流行には、このように自己の社会的な位置づけにたいする強烈な欲望の存在が必要とされる。
　　社会的な枠組みに依存していた時代は、心理的には 29 とても生きやすい時代だったのではないかと思う。自分で努力しなくても、すでに伝統や習慣といった出来合いの規範が用意されていたからである。それは、制服があれば「明日、なにを着たらいいのか」などと 30 のと同じである。

（北山晴一『衣服という社会』による）

26
1 あったわけではない　　　2 あったためではない
3 なかったわけではない　　4 なかったためではない

27
1 ところで　　2 つまり　　3 なぜなら　　4 もちろん

28
1 といったら　　2 とすると　　3 とする　　4 といった

29
1 かりに　　2 むしろ　　3 たとえ　　4 まさか

30
1 迷わなくてもすむ　　　　2 迷うに決まっている
3 迷ってもしかたがない　　4 迷ってしょうがない

✏️ 문제해결 키워드

□ **~だけでは** N2 057 ~만으로는
身を装う自由が確立されただけでは
몸을 치장하는 자유가 확립된 것만으로는 (07行)

□ **~わけではない** N2 153 ~한 것은 아니다
フランス革命以前になかったわけではない
프랑스 혁명 이전에 없었던 것은 아니다 (01行)

□ **~からといって** N2 028 ~라고 해서
流行だからといって 유행이라고 해서 (03行)

□ **~ばかりか** N2 131 ~뿐만 아니라
人々の衣生活ばかりか 사람들의 의생활 뿐만 아니라 (05行)

□ **~といった** N2 080 ~라는
身分や職業といった社会的な枠組み
신분이나 직업이라는 사회적인 틀 (10行)

伝統や習慣といった出来合いの規範
전통이나 습관이라는 이미 만들어진 규범 (18行)

□ **~においては** N2 107 ~에서는
そのような社会においては 그러한 사회에서는 (13行)

□ **~なくて(も)すむ** N2 100 ~하지 않아도 된다
迷わなくてすむ 고민하지 않아도 된다 (20行)

글의 흐름을 읽게 하는 **접속사·부사·기타**

이 파트는 문제3 문장의 문법을 대비하기 위한 파트이다. 접속사·부사 등은 문법형식에서도 출제되지만 문장의 문법에서는 매번 100% 출제되고 있다. 문장의 문법 문제는 괄호 속에 들어가는 지시어 문제나 글의 흐름을 잇는 접속사, 문장을 부드럽게 이어주는 부사 등 다양하다. 기출문장을 중심으로 어떤 형태로 출제되고 있는지 잘 살펴보자.

1. こ・そ・あ・ど/ある
특정의 것을 지칭하는

01 こう / こういう　이렇게 / 이러한

- **こういう**表現を使い始めたのはテレビ局だとする説が有力だ。　2016-1회
  이러한 표현을 쓰기 시작한 것은 텔레비전 방송국이라는 설이 유력하다.

- ある40代の「乗り鉄」の女性は鉄道の魅力を**こう**語る。「窓の外の風景をながめていると旅の気分が味わえるし、車と違って座っているだけで目的地に着けるのがいい。」　2011-1회
  어느 40대의 '철도 팬'인 여성은 철도의 매력을 이렇게 말한다. '창밖의 풍경을 바라보고 있으면 여행 기분을 맛볼 수 있고, 차와 달리 앉아 있기만 해도 목적지에 닿아서 좋다.'

02 こうして　이렇게 해서, 이러한 경로로

- あらゆる国の選手が理解できるよう、絵で表すことを考えた。**こうして**生まれたのが、トイレマークなのだ。　2016-2회
  모든 나라의 선수가 이해할 수 있도록, 그림으로 나타내는 것을 생각했다. 이렇게 해서 생겨난 것이 화장실 마크인 것이다.

- 私たちはまわりにあるものを知覚するとき、感覚印象を選択し秩序立てる関心や意識の志向性をいろいろなレベルで働かすのである。**こうして**知覚が判別的になされるにしたがって、そこに判断も入ってくる。
  우리들은 주변에 있는 것을 지각할 때, 감각 인상을 선택하고 조리 있는 관심 및 의식의 지향성을 여러 가지 레벨로 활용시키는 것이다. 이렇게 해서 지각이 판별적으로 이루어짐에 따라 거기에 판단도 들어온다.

03 この　이

- 春が訪れ、過ごしやすい季節になりました。しかし最近、**この**季節に花粉症に悩まされる人が増えています。春は花粉症の季節でもあるのです。　2010-2회
  봄이 찾아와, 지내기 좋은 계절이 되었습니다. 그러나 최근 이 계절에 꽃가루 알레르기에 시달리는 사람이 늘고 있습니다. 봄은 꽃가루 알레르기의 계절이기도 합니다.

04 このような 이와 같은

- ところが、ある調査によると日本の家の平均寿命は、英国77年、米国55年に比べて短く30年ほどだそうです。なぜこのような結果になったのでしょうか。 2011-2회

하지만 어느 조사에 따르면 일본 집의 평균 수명은 영국 77년, 미국 55년에 비해 짧게 30년 정도라고 합니다. 왜 이러한 결과가 되었을까요?

05 このように 이와 같이, 이렇게

- そのくしゃみや鼻水によって花粉を追い出そうとするのです。このように、花粉に対して体が過剰に反応して症状が出るのが花粉症というわけです。 2010-2회

그 재채기나 콧물에 의해 꽃가루를 쫓아내려고 하는 것입니다. 이렇게 꽃가루에 대해 몸이 과잉으로 반응하여 증상이 나오는 것이 꽃가루 알레르기인 셈입니다.

06 そうだ / そうではない 그렇다 / 그렇지 않다

- 日本食というと米の印象が強く、私は、日本人は米を一日三食食べていると思っていた。ところが日本に来てみると、そうではなかったので驚いた。 2013-1회

일본 음식이라고 하면 쌀의 인상이 강해서, 나는 일본인은 쌀을 하루 3번 먹고 있다고 생각했었다. 하지만 일본에 와 보니, 그렇지 않았기 때문에 놀랐다.

07 その 그

- 照明の登場で夜も明るくなり、人々の生活は安全で便利になりましたが、都会の夜の明るさは必要以上だと思いませんか。また、その恩恵を受けているのは人間だけです。 2014-1회

조명의 등장으로 밤도 밝아지고, 사람들의 생활은 안전하고 편리해졌습니다만, 도시의 밤의 밝기는 필요 이상이라고 생각하지 않습니까? 또 그 은혜를 입고 있는 것은 인간 뿐입니다.

08 それが 그것이

- 「私はＡ型だから、こういう性格なんだ」という思い込みで、性格が作られている可能性も否定できないというのです。**それが**本当ならば、性格と血液型に関係はあると言えるかもしれませんが、それは血液型で性格が決まるということではありません。 2010-1회

  '나는 A형이라서 이런 성격이야'라는 확신에, 성격이 만들어지고 있을 가능성도 부정할 수 없습니다. 그것이 사실이라면 성격과 혈액형에 관계는 있다고 말할 수 있을지도 모르지만, 그것은 혈액형으로 성격이 결정된다는 것은 아닙니다.

09 ある 어느, 어떤

- ティッシュペーパーが日本で使われるようになったのは、1950年代。その十数年後、**ある**会社が広告宣伝用に配るためのポケットティッシュを開発した。 2013-2회

  화장지가 일본에서 사용되게 된 것은 1950년대. 그 십수 년 후, 어느 회사가 광고 선전용으로 나누어주기 위한 휴대용 티슈를 개발했다.

10 どの 어느

- 旗にはそれぞれ、「お弁当」、「食べ放題」、「本日特売日」といった短い言葉が書かれている。**どの**旗も色が派手で高さがあり、一本でもよく目立つ。 2015-1회

  깃발에는 각각 '도시락', '리필 무제한', '당일 특별 판매일' 같은 짧은 단어가 쓰여 있어. 어느 깃발이나 색이 화려하고 높이가 있어, 한 개로도 눈에 잘 띈다.

11 どのような 어떠한

- とすると、こうした表現で使われている「大人」とは**どのような**大人を指しているのだろうか。気になって調べてみた。 2014-2회

  그렇다면, 이러한 표현에서 사용되고 있는 '어른'이란 어떠한 어른을 가리키고 있는 것일까. 신경이 쓰여 조사해 보았다.

12 どのように 어떤 식으로

- ところで、彼ら鉄道ファンたちは**どのように**趣味を楽しんでいるのだろうか。一言で鉄道ファンといってもその趣味の内容は多種多様だ。 2011-1회

  그런데, 그들 철도 팬들은 어떤 식으로 취미를 즐기고 있는 것일까. 한 마디로 철도 팬이라고 해도 그 취미의 내용은 각양각색이다.

2. 접속사・부사・기타

あ

01 あと 앞으로, 아직

- A「夏休み、あしたで終わりだね。」
  B「そうだね。でもまだあと1週間ぐらいは休みたいよね。」 2013-2회
  A 여름 방학, 내일로 끝이네.
  B 그렇네. 하지만 아직 앞으로 1주일 정도는 쉬고 싶어.

02 あるいは 혹은, 또는

- 奨学金の申請希望者は、締め切り日までに必要な書類を学生課奨学金係に直接持参するか、あるいは郵送してください。 2014-2회
  장학금 신청 희망자는 마감일까지 필요한 서류를 학생과 장학금 담당에게 직접 지참하든가 혹은 우편 발송해 주세요.

- お返事は電話あるいは手紙でいたします。
  답변은 전화 또는 편지로 하겠습니다.

03 いずれにしても 어쨌든

- この計画をこのまま進めるかやめるか、いずれにしても早急に結論を出す必要があるだろう。 2012-2회
  이 계획을 이대로 진행할지 그만둘지, 어쨌든 조속히 결론을 낼 필요가 있을 것이다.

04 一方 한편

- コーヒーは豆から作られる。一方、紅茶は葉から作られる。
  커피는 콩에서 만들어진다. 한편 홍차는 잎에서 만들어진다.

05 今(いま)にも　지금이라도, 당장에라도

- 今にも動(うご)き出(だ)しそうなキャラクターたちに、ストライプのようなラインを描(えが)きこんだポップでユニークなジャケットです。
  지금이라도 움직일 것 같은 캐릭터들에게 줄무늬 같은 선을 그려 넣은 발랄하면서도 독특한 재킷입니다.

か

06 かえって　오히려

- ジョギングは健康(けんこう)にいいが、正(ただ)しく行(おこな)わないと、かえってひざや腰(こし)を痛(いた)めてしまう場合もある。 2015-2회
  조깅은 건강에 좋지만, 바르게 하지 않으면 오히려 무릎이나 허리를 다치게 되는 경우도 있다.

07 かりに　만일, 만약

- かりに通勤(つうきん)に往復(おうふく)2時間かけるとすると、1年間で480時間も通勤に使っている計算(けいさん)になる。 2012-2회
  만약 통근에 왕복 2시간 들인다고 하면, 1년 동안 480시간이나 통근에 사용하고 있는 계산이 된다.

さ

08 しかし　그러나

- 当時(とうじ)、日本国内(こくない)の案内板(あんないばん)は「お手洗(てあら)い」などと日本語で書かれているものがほとんどだった。しかし、それでは世界90数(すう)カ国(こく)から来日(らいにち)する選手(せんしゅ)たちに理解(りかい)してもらえない。 2016-2회
  당시, 일본 국내의 안내판은 '화장실' 등으로 일본어로 적혀 있는 것이 대부분이었다. 그러나 그것으로는 세계 90 수 개국에서 일본에 오는 선수들이 이해할 수 없다.

- 塾(じゅく)や参考書(さんこうしょ)は熱心(ねっしん)に選(えら)んでも、おもちゃを真剣(しんけん)に選ぶという方はあまり多くないのではないでしょうか。しかし、おもちゃには大きな力を持つものがあります。
  학원이나 참고서는 열심히 골라도, 장난감을 진지하게 고른다는 분은 그다지 많지 않을까요? 그러나 장난감에는 큰 힘을 가진 것이 있습니다.

4. N2 문법 접속사·부사·기타

09 しかも 게다가

- わが国ほど豊かな自然にめぐまれた国は少ない。**しかも**、四季のめぐりにしたがって、自然は変化に富んだ装いを見せる。
  우리나라만큼 풍요로운 자연의 혜택을 받은 나라는 많지 않다. 게다가 사계절에 따라 자연은 변화무쌍한 모습을 보여준다.

10 次第に 점차, 차차

- 真っ白だった花が夕方が近づくにつれて、**次第に**ピンクへと変化していく珍しい花があります。 2014-2회
  새하얗던 꽃이 저녁이 가까워짐에 따라 점차 분홍색으로 변해 가는 진기한 꽃이 있습니다.

11 実は 실은

- ただ、皆さんは、春に花を咲かせる木がいつその準備をしているかご存じですか。**実は**開花する前の年の夏には、すでに花となる芽(花芽)が作られ、花を咲かせる準備ができているのです。 2013-1회
  단지 여러분은 봄에 꽃을 피우게 하는 나무가 언제 그 준비를 하고 있는지 아십니까? 실은 개화하기 전 해의 여름에는 이미 꽃이 될 싹(꽃눈)이 만들어져, 꽃을 피우게 할 준비가 되어 있습니다.

12 すなわち 즉, 바꿔 말하면

- 近代以前のヨーロッパにおいて、「自然」とは**すなわち**「神の作品」と考えられた。「自然である」ことは、「神の思惑のままに」ということであった。
  근대 이전의 유럽에서 '자연'은 즉 '신의 작품'이라 생각되었다. '자연스러운' 것은 '신의 의도 그대로'라는 뜻이었다.

13 そこで 그래서, 그런데

- 人が集まらなかった。**そこで**、何人かに電話をかけた。
  사람이 모이지 않았다. 그래서 몇 명한테 전화를 걸었다.

14 そのうえ 게다가

- このスカートはとてもすてきで、そのうえ値段も手ごろです。
  이 스커트는 너무나 멋진 데다가 가격도 적당합니다.

15 その上で 그런 뒤에

- 下書きを幾度も読み返しながら誤りの訂正をし、前後を入れ替えたり加筆したり、その上ではじめて便せんなりはがきを出してきれいに書き直す。
  초안을 몇 번이고 다시 읽으면서 틀린 부분을 정정하고 앞뒤를 바꾸어 넣거나 고쳐 쓰기도 하고, 그런 뒤에 처음으로 편지지나 엽서를 꺼내서 깨끗하게 다시 쓴다.

16 そのうち 조만간

- 「たくさん書けばそのうちうまくなるよ。」と言われた。 2016-2회
  '많이 쓰면 조만간 잘 쓰게 될거야.' 라는 말을 들었다.

- コツコツ勉強していればそのうち英語の点もよくなるだろう。
  꾸준히 공부하면 조만간 영어 점수도 좋아질 거야.

17 それで 그래서

- 寒そうだった。それで、上着を持って出た。
  추울 것 같았다. 그래서 상의를 가지고 외출했다.

18 それどころか 그렇기는커녕

- しかし、そうした考えに私はくみしない。それどころか、漢字という複雑な文字を多くの時間をかけて学ぶということこそ、大切であると思う。
  하지만 그런 생각에 나는 동의할 수 없다. 그렇기는커녕 한자라는 복잡한 문자를 오랜 시간을 들여 배우는 것이야말로 중요하다고 생각한다.

19 それとも 그렇지 않으면

- あの人は君のお父さん？ **それとも**おじさんなの？
  저 사람은 너의 아버지? 그렇지 않으면 삼촌이야?

20 それなりに 그런 대로

- 今回の京都旅行は、天気が悪い日が多かったが、行きたかったお寺には行けたし、**それなりに**楽しめた。 2014-1회
  이번 교토 여행은 날씨가 나쁜 날이 많았지만, 가고 싶었던 절에는 갈 수 있었고, 그런대로 즐길 수 있었다.

た

21 だが 그러나, 그렇지만, 하지만

- 食の多様化自体は、食卓が豊かになるのだし悪いことではない。**だが**、食の多様化に伴う問題も起きているようだ。 2013-1회
  음식의 다양화 자체는 식탁이 풍성해지는 것이고 나쁜 일은 아니다. 하지만 음식의 다양화에 동반되는 문제도 일어나고 있는 듯하다.

22 確かに 확실히

- **確かに**、「起きてから寝るまでが今日」だと考えれば、翌日の午前1時ではなく、その日の25時と表現したほうが的確かもしれない。 2016-1회
  확실히 '일어나서부터 잘 때까지가 오늘'이라고 생각하면, 다음날 오전 1시가 아니라, 그날의 25시라고 표현하는 편이 더 정확할지도 모른다.

23 ただし 단, 다만

앞에 말한 것에 설명을 덧붙일 때 쓰며, 앞의 사항을 부분적으로 부정하는 작용을 할 때가 많다.

- 受講料は無料です。**ただし**、資料代500円をいただきます。 2013-2회
  수강료는 무료입니다. 다만 자료비 500엔을 받겠습니다.

- たいていは夜に比べると手ごろな価格に設定されている。ただし、夜はパスタだけで1,200円ぐらいする。 2012-1회

  대부분은 밤에 비하면 적당한 가격으로 설정되어 있다. 다만 밤에는 파스타 만으로 1200엔 정도 한다.

24 たとえ 비록

- たとえ遠く離れても、私の友情は変わらないだろう。 2017-1회

  비록 멀리 떨어져도 나의 우정은 변치 않을 것이다.

- どんなデッサンであっても、たとえそれが子どもの手によるものであろうとも、そこには認識の深遠な謎が含まれていると言っていい。

  어떤 스케치라도, 비록 그것이 아이가 그린 것이라고 해도, 거기에는 인식의 심오한 수수께끼가 내재되어 있다고 해도 좋다.

25 たとえば 예를 들면, 이를테면, 예컨대

- たとえば、夜はパスタだけで1,200円ぐらいする店でも昼はパスタにスープとサラダがついて980円といったものや、夜はコース料理が5,000円以上する店でも昼は1,000円前後になるといったものだ。 2012-1회

  예를 들어 밤에는 파스타 만으로 1200엔 정도 하는 가게라도 낮에는 파스타에 스프, 샐러드가 구성되어 980엔이라는 것이나, 밤에는 코스 요리가 5000엔 이상 하는 가게라도 낮에는 1000엔 전후가 된다는 것이다.

26 つまり 결국, 요컨대, 다시 말하면

- そんなふうに家族の形が変わった時、今まで住んでいた家を建て替えることも少なくないそうです。つまり、日本では家を建て替えることが多いために、家の平均寿命が短いという調査結果になったのだと思います。 2011-2회

  그런 식으로 가족의 형태가 변했을 때, 지금까지 살고 있던 집을 다시 짓는 일도 적지 않다고 합니다. 즉 일본에서는 집을 다시 짓는 일이 많기 때문에, 집의 평균 수명이 짧다는 조사 결과가 된 것이라고 생각합니다.

27 どうか 부디, 아무쪼록

- この建物内ではどうかタバコはお控えください。

  이 건물 내에서는 부디 담배는 삼가 주세요.

28 どうしても 무슨 일이 있어도, 꼭

- 友人にどうしてもと頼まれて引き受けた塾講師の仕事だったが… _{2014-2회}
  친구에게 꼭 좀 해 달라고 부탁받아서 받아들인 학원 강사 일이었지만…

29 どうでも 어떻든, 아무렇든

- 別にどうでもいいんだけど、何でリクルートスーツってみんな黒なんだろうね。
  딱히 어떻든 상관 없지만, 왜 면접 복장은 모두 검은색일까?

30 どうにか 그런대로, 겨우겨우

- 彼はどうにか新事業を始めるための資金を確保した。
  그는 겨우겨우 새로운 사업을 시작하기 위한 자금을 확보했다.

31 どうも 아무래도, 어딘가, 어쩐지

- 課長、先ほど出した報告書なのですが、表の数字がどうも間違っていたようなんです。 _{2011-2회}
  과장님, 조금 전 제출한 보고서 말인데요, 표의 숫자가 아무래도 틀린 것 같습니다.

32 ところで 그런데

- あいにくのお天気ですね。ところで、前にお願いした件はその後いかがですか。
  날씨가 좋지 않네요. 그런데 전에 부탁드린 건은 그 후 어떻게 되었습니까?

33 とても 아무리 해도, 도저히

- この曲は、私には難しすぎてとても弾けそうにない。 _{2015-1회}
  이 곡은 나에게는 너무 어려워서 도저히 칠 수 없을 것 같다.
- 姉のように10年以上一日も欠かさず日記を書くなんて、私にはとてもできない。
  언니처럼 10년 이상 하루도 거르지 않고 일기를 쓰다니, 나는 도저히 불가능하다. _{2014-2회}

- とてもプロの試合とは思えない内容だった。 2010-2회
  도저히 프로의 시합이라고는 여겨지지 않는 내용이었다.

34 とはいえ 그렇다고는 해도, 그렇지만

- 夜、照明を使わなければ、光害はなくなります。とはいえ、東京のような大都会で夜にまったく照明を使わずに生活するのは現実的に不可能です。 2014-1회
  밤에 조명을 사용하지 않으면 빛공해는 없어집니다. 그렇지만 도쿄와 같은 대도시에서 밤에 전혀 조명을 쓰지 않고 생활하는 것은 현실적으로 불가능합니다.

- とはいえ、私はポケットティッシュの広告を見て行動を起こしたことはない。
  그렇다고는 해도, 나는 휴대용 티슈 광고를 보고 행동을 하기 시작한 적은 없다. 2013-2회

- 80才の祖母は、この間階段で転んで足を痛め、歩くのが不自由になってしまった。とはいえ、全く歩けないということではないので、家事をするには問題ないとのことだ。
  80세인 할머니는 요전에 계단에서 굴러 다리를 다쳐 걷는 것이 불편해지고 말았다. 그렇다고는 해도 전혀 걷지 못하는 것은 아니라서 집안일을 하기에는 문제가 없다고 한다.

な

35 なかなか ①좀처럼 ②꽤, 상당히

- なかなか予約がとれなくて行けなかったレストランに、ようやく行けるようになった。 2017-1회
  좀처럼 예약을 잡을 수 없어서 못 갔던 레스토랑에 겨우 갈 수 있게 되었다.

- 何度か転んでいたが、初めてにしてはなかなか上手だった。 2016-1회
  몇 번인가 굴렀지만, 처음치고는 상당히 능숙했다.

- 彼は、すごくいい友達だ。私の秘密を、ほかの人に話したりしないし。あんな友達は、なかなかいない。
  그는 대단히 좋은 친구이다. 나의 비밀을 다른 사람에게 이야기하거나 하지 않고. 그런 친구는 좀처럼 없다.

36. なぜなら(ば) 왜냐하면

- ところが、人間では、直立歩行をするようになって、口の役割が変わりました。なぜなら、食べ物をつかむということは、直接口を使うのではなくて、手でできるようになったからです。
  하지만 인간은 직립 보행을 하게 되면서 입의 역할이 변했습니다. 왜냐하면 음식을 손에 쥔다는 것은 직접 입을 사용하는 것이 아니라 손으로 할 수 있게 되었기 때문입니다.

37. なにも 별로, 일부러, 특별히, 뭐

- 一回失敗したくらいで、なにもそこまで悪く言わなくてもいいだろう。 2010-1회
  한 번 실수한 정도로 뭐 그렇게까지 나쁘게 말하지 않아도 되잖아.

は

38. 果たして 과연

- 残されたのは明日の第7戦の最終戦のみ、果たしてどちらが勝つのでしょうか。
  남은 것은 내일 제7전인 최종전 뿐, 과연 어느 쪽이 이길까요? N1 2016-1회

- 近年、子どもの読書離れが指摘されているが、はたして子どもの読書量は本当に減っているのだろうか。 N1 2013-1회
  최근 독서에 관심을 두지 않는 어린이가 지적되고 있는데, 과연 어린이의 독서량은 정말로 줄고 있는 것일까?

ま

39. まさか 설마

- まさか受賞できるとは… 2017-2회
  설마 수상할 수 있으리라고는…

- 彼のことだから、まさか敗れることはあるまい。
  그 사람이니까 설마 지는 일은 없을 것이다.

40 まず 거의

- このお菓子はとても簡単に作れるから初心者でも失敗することはまずない。
  이 과자는 아주 간단히 만들 수 있어서 초보자라도 실패하는 일은 거의 없다. 2016-1회

41 むしろ 오히려

- 彼女の絵は、国内よりむしろ海外での評価が高い。 2011-1회
  그녀의 그림은 국내보다 오히려 해외에서의 평가가 높다.

- 彼は旅行に行きたいというよりもむしろ彼女といっしょにいたいのだ。
  그는 여행을 가고 싶다기 보다도 오히려 그녀와 함께 있고 싶은 것이다.

42 もちろん 물론

- 安いからといって、料理人が手を抜いているとか、安い材料を使っているとか、そういったことはもちろんない。 2012-1회
  싸다고 해서 요리사가 대충 한다든지, 값싼 재료를 사용하고 있다든지, 그러한 일은 물론 없다.

43 もっとも 그렇다고는 하지만, 하긴, 다만

앞에 말한 것에 설명을 덧붙일 때 쓰며, 앞의 사항을 부분적으로 부정하는 작용을 할 때가 많다.

- 今日、子どもをきつくしかりすぎたので、気をつけようと思う。もっとも本人はそれほど気にしていないかもしれないが。 2012-1회
  오늘 아이를 너무 심하게 혼냈기 때문에 조심하려고 생각한다. 하긴 본인은 그 정도로 신경 쓰고 있지 않을지도 모르지만.

や

44 やはり 역시

- もちろん住民はこうした動きを警戒していましたが、突発的におこるできごとに対処するには、限界があります。やはり屋敷を自分で防御するしかありません。
  물론 주민은 이러한 움직임을 경계하고 있었지만, 돌발적으로 일어나는 일에 대처하기에는 한계가 있습니다. 역시 집을 스스로 방어할 수밖에 없습니다.

45 要するに 요컨대

- 要するに、経済的、時間的、精神的に余裕がある人が「大人」なのだろう。
  요컨대 경제적·시간적·정신적으로 여유가 있는 사람이 '어른'일 것이다. 2014-2회

46 ようやく 겨우, 간신히

- 彼の事業はようやく軌道に乗ってきた。
  그의 사업은 겨우 궤도에 올라왔다.

47 よく 잘

- 方言は、その土地の人だけがわかる言葉ですから、ほかの地方の人と話すときに、お互いに自分の土地の方言を用いたのでは、話がよく通じません。
  방언은 그 지역의 사람만이 알 수 있는 말이므로, 다른 지방의 사람과 이야기할 때에 서로 자신의 지역의 방언을 사용해서는 말이 잘 통하지 않습니다.

콕콕실전문제 20

問題 1 次の文の（　）に入れるのに最もよいものを、1・2・3・4から一つ選びなさい。

1　建物は人が完全に意識的につくり上げたものです。設計してつくられたものだから、もともとは設計者の頭の中にあったものでした。（　　）設計図として表現され、その設計図に従ってつくられたのです。

　　1　それが　　　2　それと　　　3　それも　　　4　そう

2　独裁国が成熟した民主国家に円滑に発展していくことは（　　）ない。

　　1　よく　　　2　まず　　　3　かりに　　　4　ただし

3　物事を大きな全体としてとらえている人は、忘れたことでもたぐりよせることができるし、（　　）間違えても、でたらめな間違いはしません。

　　1　ようやく　　　2　かえって　　　3　むしろ　　　4　かりに

4　朝起きると、何となく体がだるかった。（　　）昨日の寒さのせいで風邪を引いたようだった。

　　1　どうか　　　2　どうも　　　3　どうにか　　　4　どうでも

5　多数決というのは、客観的に見れば合理的な方法だから、自分の意見が通らなかったのは仕方ない。（　　）主観的に見れば、納得がいかない点も多い。

　　1　しかし　　　2　それどころか　　　3　すなわち　　　4　さらに

6　降水確率は低い。（　　）、天気が不安定なので、傘は持っていったほうがいい。

　　1　及び　　　2　ただし　　　3　あるいは　　　4　すなわち

7　（　　）彼がその小説を書いたのだろうか。

　　1　ついに　　　2　かりに　　　3　はたして　　　4　どうやら

8　息子はきつい練習をしたので疲れていた。（　　）早く寝てしまった。

　　1　つまり　　　2　それで　　　3　しかも　　　4　ところで

9 せいぜい数か月もすれば、何事もなかったように皆けろりと忘れてしまう。（　　）、日本人は熱しやすくて冷めやすいのである。

1　ただし　　　　2　しかも　　　　3　それどころか　　　4　要するに

10 スポーツにはさまざまな楽しみ方がある。（　　）、スポーツを見る楽しみがある。テレビやスタジアムで試合を観戦するといった楽しみ方だ。

1　たとえば　　　2　あるいは　　　3　それに　　　　　4　ただし

問題 2 次の文の ___★___ に入る最もよいものを、1・2・3・4から一つ選びなさい。

11 手紙を書くにも、はがきに簡単なあいさつを _____ _____ ___★___ _____ 人もいる。

1　書くにも　　　　　　　　　　2　どうしても下書きを
3　気がすまない　　　　　　　　4　しないと

12 その結果いささか逆説めいてくるが、人間は文明によって動物から脱するのではなく、_____ _____ ___★___ _____ のである。

1　レベルに　　　2　むしろ　　　3　逆に動物の　　　4　ひきおろされる

13 彼は若く _____ _____ ___★___ _____ いる。

1　実は　　　　　2　超えて　　　3　40歳を　　　　4　見えるが

14 私は _____ _____ ___★___ _____ ないのだ。締め切りを守れなかった私にも責任はある。

1　責めている　　2　なにも　　　3　わけでは　　　　4　君を

15 彼のことを _____ _____ ___★___ _____ ばかりだった。

1　忘れようと　　2　すればする　3　ほどかえって　　4　思いは強まる

16 われわれはきのうパーティーに行った。_____ _____ ___★___ _____ 。

1　けど　　　　　2　なかったのだ　3　本当は行きたく　4　もっとも

17 「食材を買いに行った」というのは抽象的な表現だ。一方、「ニンジンを買いに行った」＿＿＿ ＿＿＿ ★ ＿＿＿。

　1　具体的な　　　2　表現だ　　　3　という　　　4　のは

18 A「これ、いただいてもいいですか。」
　B「＿＿＿ ＿＿＿ ★ ＿＿＿よ。でももう一方の方がいいんだけどね。」

　1　どうしても　2　という　　　3　いい　　　　4　のなら

19 今までの方法ではコストがかかりすぎた。＿＿＿ ＿＿＿ ★ ＿＿＿方法だ。

　1　この　　　　2　そこで　　　3　のが　　　　4　考え出された

20 英語の試験結果はよくはなかった。いや、＿＿＿ ＿＿＿ ★ ＿＿＿。

　1　それどころか　2　満たなかった　3　平均点　　　4　にも

問題3 次の文章を読んで、文章全体の趣旨を踏まえて、 21 から 25 の中に入る最もよいものを、1・2・3・4から一つ選びなさい。

　　私たちはまず仮説を立てます。そしてその仮説を検証するために実験を行います。仮説が正しければ結果はAとなり、誤っていればBとなるような計画のもと実験を立案します。研究者はもちろん自分の仮説にある程度自信をもっていますから、結果がAとなることを内心期待しています。

　　 21 、多くの場合、いや95パーセント以上は、期待したような結果にはなりません。つまり結果はBとなります。この結果を虚心坦懐(注1)に解釈すると、それは仮説が間違っていたから実験結果がそうならないのだ、となります。 22 「第一種の誤り」と呼びます。つまり、そもそも仮説が誤っていたから実験結果もAとはなりません。

　　ところがです。多くの場合、いや99パーセント以上の科学者は、ああ、そうか、仮説が間違っていたのだ、とすぐに素直には認めません。むしろ彼 23 彼女はこう考えます。私の仮説は正しいのだが、実験の方法が適切でないから期待される結果Aとならないのだ、と。

　　 24 、仮説は正しいが実験のやり方が間違っていると判断されるのが「第二種の誤り」です。実験のやり方が適切でない理由はいくらでも見つけられます。試薬の濃度が適切でなかったとか、測定器の感度が不良だからとか、はたまた(注2)実験動物が風邪をひいていたせいだとか。

　　 25 、研究者は、正しい実験を行おうと考えて、いろいろ条件を変えて実験を繰り返します。研究と呼ばれるものが非常なる長時間を要するのはそのためなのです。そして実験科学最大の問題点も実はここにあります。

（福岡伸一『ふたつの誤り』による）

（注1）虚心坦懐：心の中にこだわりとなっている重苦しくいやな気分もなく、気持ちが
　　　　　　　　　さっぱりしていること。
（注2）はたまた：それともまた、あるいはまた。

21							
	1 さらに	2 しかし	3 すなわち	4 それどころか

22
1 そういう　2 そこが　3 こうして　4 これを

23
1 もしくは　2 すなわち　3 および　4 なお

24
1 しかも　2 ところで　3 つまり　4 とはいえ

25
1 だが　2 だから　3 そのうえ　4 そこで

📝 문제해결 키워드

- **そもそも** 처음, 애초에
  そもそも仮説が誤っていたから
  애초에 가설이 잘못되어 있었기 때문에 (08行)

- **もしくは** 혹은
  彼もしくは彼女は 그 혹은 그녀는 (10行)

- **つまり** 결국, 요컨대, 다시 말하면
  つまり、仮説は正しいが 즉, 가설은 맞지만 (13行)

- **~ような** N2 148 해석 안 됨 〈취지〉
  誤っていればBとなるような計画
  틀리면 B가 되는 계획 (02行)
  期待したような結果 기대한 결과 (05行)

- **~でない** N2 064 ~이 아니다
  実験の方法が適切でないから
  실험 방법이 적절하지 않아서 (11行)

- **~せいだ** N2 053 ~탓이다
  実験動物が風邪をひいていたせいだ
  실험 동물이 감기에 걸린 탓이다 (15行)

問題 1 次の文の（　）に入れるのに最もよいものを、1・2・3・4から一つ選びなさい。

1. 単なる7泊8日の旅行のために、（　　）そこまですることはないよ。
   1. なにを　　2. なにが　　3. なにも　　4. なにで

2. 彼なら成功する。（　　）、努力家だからだ。
   1. なぜなら　　2. および　　3. なお　　4. たとえば

3. 僕の将来の夢は、スポーツ選手になることだ。（　　）野球選手、サッカー選手、水泳の選手、マラソン選手などだ。
   1. ただし　　2. それに　　3. あるいは　　4. たとえば

4. 物語を語ることによって、母娘の関係の在り方がわかり、それに感動することによって、語り手と聞き手との間に関係が生まれ、（　　）「関係の輪」が広がっていくところに意味がある。
   1. このように　　2. いっぽうで　　3. ちなみに　　4. それどころか

5. A「この間貸した本、そろそろ返してくれない？」
   B「（　　）まだ1ページも読んでないんだ。」
   1. また　　2. こうして　　3. じつは　　4. 一方

6. 共通語というものが、方言を無くしてしまって、我々の話す言葉が共通語だけになってしまうことが、（　　）いいことなのだろうか。
   1. おそらく　　2. はたして　　3. どうやら　　4. かりに

7. 人間の体は夜間に寝て昼間行動するようになっている。（　　）、夜寝て昼間行動するのは、人間の本能なのである。
   1. もちろん　　2. なぜなら　　3. ところで　　4. つまり

8. 雨が降っていたが、彼らには（　　）都合がよかった。
   1. せっかく　　2. かえって　　3. かりに　　4. いまにも

9 降水確率が70パーセントだよ。傘を持っていく？（　　）、合羽を持っていく？

　1　そのうえ　　　2　そのうち　　　3　それとも　　　4　そこで

10 「世間」という言葉がある。これを英語に訳すとワールドになるが、「世界」と「世間」はちょっと違う。「社会」とも似ているが、受ける感じは（　　）違う。

　1　やはり　　　2　または　　　3　つまり　　　4　それどころか

問題2 次の文の　★　に入る最もよいものを、1・2・3・4から一つ選びなさい。

11 具体的な例を挙げよう。＿＿＿＿＿＿＿　★　＿＿＿＿授業の様子を、テレビ局が撮りにきたとする。

　1　学校の　　　2　数学の　　　3　あなたの　　　4　たとえば

12 青森県（あおもりけん）の言葉と共通語が話せるということは、もっと違った言葉を使い分けることができることなのである。＿＿＿＿＿＿＿　★　＿＿＿＿、日本人の方が語学の天才かもしれない。

　1　これは大間違いで　　　　　2　言われるが
　3　よく日本人は　　　　　　　4　語学が下手だと

13 きみの＿＿＿＿＿＿＿　★　＿＿＿＿ある。だが現実的ではない。

　1　考えは　　　2　おもしろ　　　3　そうで　　　4　は

14 結婚式には出席します。＿＿＿＿＿＿＿　★　＿＿＿＿よ。

　1　もちろん披露宴（ひろうえん）　　　2　も　　　3　出ます　　　4　に

15 夫は自分では赤い服が似合うと思っている。＿＿＿＿＿　★　＿＿＿＿＿＿＿。

　1　私は　　　2　そうは　　　3　しかし　　　4　思わない

16 このテーブルは質がよく、＿＿＿＿＿＿＿　★　＿＿＿＿だ。

　1　てごろ　　　2　値段　　　3　が　　　4　しかも

17 私は ＿＿＿ ＿＿＿ ★ ＿＿＿ 。すなわち友情だ。

1　彼を　　　　　2　理由が　　　　3　信頼する　　　　4　あった

18 次の方法は、道路わきの斜面(しゃめん)に牧草(ぼくそう)のたねをまくことであった。＿＿＿ ＿＿＿ ★ ＿＿＿ 、外国産の牧草でおおわれる始末(しまつ)となった。

1　両側が　　　　2　多くの　　　　3　こうして　　　　4　高速道路の

19 彼は ＿＿＿ ＿＿＿ ★ ＿＿＿ 目指(めざ)している。

1　やはり医者を　2　彼自身も　　　3　父親が　　　　4　医者だが

20 彼が ＿＿＿ ★ ＿＿＿ ＿＿＿ です。

1　そう　　　　　2　あるいは　　　3　私の聞き違いか　4　言ったか

問題3 次の文章を読んで、文章全体の趣旨を踏まえて、 21 から 25 の中に入る最もよいものを、1・2・3・4から一つ選びなさい。

　貨幣(かへい)は、二つの点で言語に非常によく似た側面をもっています。まず、最初の類似点は、貨幣も言語も、その価値が材質とは無関係だということです。 21 、私たちが現在使っている貨幣は、紙幣にせよ金属硬貨(こうか)にせよ、必ずしもその額面表示(百円硬貨なら百円、千円札なら千円)が材質の重さや価値に比例しているわけではありません。 22 アメリカのドル紙幣などは、百ドル札も一ドル札もまったく同じ紙質・大きさなんですね。違っているのは額面表示だけ。その点、日本ではまだ一万円札の方が五千円札よりもちょっと大きい。

　 23 、ひと昔前のスイスのお金っていうのがおもしろいんですよ。小額紙幣はいいとしても高額紙幣になりますと、だんだん面積が大きくなって風呂敷みたいになるわけです。それを何回もたたんでポケットにいれなくちゃならない。「価値の高いものは大きく、価値の低いものは小さく。」という発想が残っていたわけです。もちろん、現代にも材質の量をはかりで測って価値を決める、という秤量紙幣(ひょうりょう)の考え方は部分的に残っているし、かつては各国で広く用いられていたわけですが、まず現今の貨幣経済の下では、材質的価値のほとんどない紙幣が主流となっています。それどころか、預金通貨のような形になりますと、ほとんど物質性がなくなってしまうわけですが、その経済的な交換価値はかえって大きい。 24 、貨幣の価値(経済的な交換価値)は、貨幣そのものの材質の価値(実質的な使用価値)に支えられているわけじゃないということですね。

　 25 、貨幣はどのような形で価値をもっているのか。それは、たとえば一万円札なら一万円札の表面に示されている数字「10000」が、ある価値を指し示しているからなんです。

(丸山圭三郎『貨幣と言語』による)

21							
	1	ただし	2	たとえば	3	それに	4	あるいは

22							
	1	または	2	それに	3	それどころか	4	しかし

23							
	1	ところが	2	そこで	3	だからこそ	4	そのうえ

24							
	1	ところで	2	つまり	3	とはいえ	4	しかも

25							
	1	こうして	2	一方	3	とはいえ	4	では

🖊 문제해결 키워드

□ **たとえば** 예를 들어
たとえば、私たちが現在使っている貨幣は
예를 들어, 우리가 현재 사용하고 있는 화폐는 (02行)

たとえば、一万円札なら
예를 들어 만 엔 지폐라면 (19行)

□ **それどころか** 그렇기는커녕
それどころかアメリカのドル紙幣などは
그렇기는커녕 미국의 달러 지폐 등은 (05行)

それどころか預金通貨のような形になりますよ
그렇기는커녕 예금 통화 같은 형태가 되면 (15行)

□ **ところが** 그러나
ところが、ひと昔前のスイスのお金
그러나 오랜 옛날 스위스의 화폐 (08行)

□ **~にせよ~にせよ** N1 111 ~든지 ~든지
紙幣にせよ金属硬貨にせよ
지폐든 금속 동전이든 (03行)

□ **~わけではない** N2 153 ~한 것은 아니다
比例しているわけではありません
비례하고 있는 것은 아닙니다 (04行)

□ **~としても** N2 090 ~라고 해도
小額紙幣はいいとしても
소액 지폐는 그렇다 치더라도 (08行)

□ **~わけだ** N2 153 ~인 셈이다, ~인 것이다
風呂敷みたいになるわけです
보자기처럼 되는 것입니다 (09行)

発想が残っていたわけです
발상이 남아 있었던 셈입니다 (11行)

各国で広く用いられていたわけですが
각국에서 널리 이용되고 있었던 셈이지만 (13行)

□ **~なくちゃならない** N2 104 ~해야 한다
ポケットにいれなくちゃならない
주머니에 넣어야 한다 (10行)

부록

» JLPT N2 파이널 테스트 1~4회

» JLPT N2 문법 출제표

» 콕콕실전문제 및 파이널 테스트 정답

JLPT N2 파이널 테스트 ①

問題 7 次の文の（　　）に入れるのに最も良いものを、1・2・3・4から一つ選びなさい。

[1] コンビニで100円（　　）出せば洗練された上質なお菓子が手に入る。
　　1　で　　　　　2　も　　　　　3　へ　　　　　4　か

[2] この記事はちょっとした暇つぶしの遊び（　　）に思ってください。
　　1　まで　　　　2　ぬき　　　　3　どなり　　　4　くらい

[3] いつも用いるボディーソープであるから（　　）、肌のためになるものを使うようにしたいものです。
　　1　すら　　　　2　さえ　　　　3　こそ　　　　4　だけ

[4] 日本十進分類法、（　　）、あらゆる本を1～9の数字を用いて分類し、どの区分にも入らないものに0を用いる方法です。
　　1　としては　　2　というには　3　といっては　4　というのは

[5] 彼は大型絵本を（　　）、絵本作家としての活動も知られている。
　　1　発表しつつ　　　　　　　　2　発表するにつれ
　　3　発表しており　　　　　　　4　発表したところで

[6] 恋愛禁止の部活でばれて無理やり（　　）ました。
　　1　別れ　　　2　別れさせられ　3　別れさせ　　4　別れられ

[7] ラーメン一杯を（　　）500円とする、そのラーメンのスープの価格はどのくらいになりますか。
　　1　かりに　　2　たとえ　　　　3　かえって　　4　ようやく

8 短期間の場合、基本的には冷蔵庫と同じように電源は（　　）ください。
1　入れなきゃならないで
2　入れてからにして
3　入れたままにしておいて
4　入れたつもりでいて

9 ビタミンEは美肌(びはだ)を作る（　　）ビタミンと言われています。
1　ことも欠かせない
2　のを欠かさない
3　ことは欠かさない
4　のに欠かせない

10 3～5日経過してもまだ熱が下がらない（　　）、念のため病院へ行ったほうがいいでしょう。
1　というようには
2　というからには
3　ようであれば
4　からであれば

11 歯の治療が終わったら、もう大丈夫とつい（　　）です。どのような状態の歯を、どのように治療したかなども知っておかなければなりません。
1　思ってしまいがち
2　思っているところ
3　思うしかないため
4　思いたがるおそれ

12 この春、先生のお子様が学校を（　　）とのことで、まことにおめでとうございます。
1　卒業させる
2　ご卒業にいたされる
3　卒業なさる
4　ご卒業になられる

問題8 次の文の ___★___ に入る最もよいものを、1・2・3・4から一つ選びなさい。

13 ある年の夏、NHKが朝の小鳥の声を放送しはじめたころ、私は、それとは知らないで茶の間に入ったとたんに、_____ _____ ★ _____ ことがある。

1 カッコウの声を　　2 耳にして　　3 驚いた　　4 生き生きとした

14 昨年は梅雨が長びき冷夏だった。そのせいか、日本の穀倉地帯も、_____ _____ ★ _____ 多数出た。

1 という　　2 もみの中に　　3 被害が　　4 米が入らない

15 立ち往生した登山家たちは、まるで話す _____ _____ ★ _____ 、しきりに食べ物の話ばかりしていた。

1 抑えられる　　2 ことで　　3 空腹感を　　4 かのように

16 _____ _____ ★ _____ 程度を落とすことなく分かりやすく書くのは難しいです。

1 向けに　　2 一般大衆　　3 専門家　　4 にとっては

17 A「事実に対して異議を唱えることはできないよ。」
B「事実に異議を唱えているんじゃない。_____ _____ ★ _____ いるんだよ。」

1 それに　　2 対する　　3 きみの解釈に　　4 文句を言って

問題9 次の文章を読んで、文章全体の趣旨を踏えて、[18]から[22]の中に入る最もよいものを、1・2・3・4から一つ選びなさい。

　私は、自分自身の体験を紹介しながら、丸暗記についてだいぶ否定的なことを述べてきました。しかし、それは丸暗記でやっていくことの限界について指摘するのが目的で、暗記による知識の獲得そのものが「意味がない」と考えているわけではありません。[18]、いろいろなことが「わかる」ようになるベースを頭の中につくるときには、むしろ暗記は必要不可欠だと考えています。

　そもそも、何もない、まったくのゼロの状態から何かを生み出すことはできません。物事を理解することも同じで、自分の中に理解するための必要な要素となるものを最低限持っていなければ、これを使ってテンプレート(注1)をつくっていくこともできません。[19]、わからないものをわかるようにするにも、最低限必要となる知識を準備しておく必要があるということです。

　そのためには基礎的な知識は暗記によって頭の中に入れてしまうのです。たとえば算数で言えば誰もが通る「九九」などはその代表でしょう。漢字や英単語だってマニアックなもの以外はともかく覚えておいたほうが[20]。

　また、なかには子どものころ、「百人一首」や「いろはがるた」などを遊びを通じて覚えた人もいるでしょう。[21]昔の人が残した短い言葉の中には、生きていくうえでの知恵が凝縮（ぎょうしゅく）されて残されています。こういうものを持っているのが先人たちが積み重ねてきた文化の強みで、これを有効利用しない手はないのです。たとえ丸暗記をしたその時点ではきちんと意味が理解できなかったとしても、さまざまな経験を積む中で、理解は深まっていくでしょう。そして、いずれはそこからさらに別の知見（注2）を導き出すというような、[22]使えるという可能性があるのです。

（畑村洋太郎『畑村式「わかる」技術』による）

（注1）テンプレート：パソコンで文書を作るときの見本。ここでは、考えるときの基本的なパターン。
（注2）知見：知識やものごとの考え方。

18
1 要するに　　2 ただし　　3 しかも　　4 それどころか

19
1 もちろん　　2 なぜなら　　3 ところで　　4 つまり

20
1 いいとはかぎりません　　2 いいに決まっています
3 いいはずはありません　　4 いいに決めました

21
1 ああいう　　2 ある　　3 これが　　4 こうした

22
1 死んだ知識として　　2 死んだ知識に限って
3 生きた知識として　　4 生きた知識に限って

JLPT N2 파이널 테스트 ❷

問題7 次の文の（　　）に入れるのに最もよいものを、1・2・3・4から一つ選びなさい。

1　昨年の訪日外国人旅行者数は、約2000万人（　　）上った。
　　1　で　　　　2　に　　　　3　が　　　　4　と

2　体が弱い、弱いとはいう（　　）、まだ病気で学校を休んだことはない。
　　1　ものの　　2　ものか　　3　ものを　　4　ものなら

3　N県議会のホームページへようこそ（　　）。県議会では、県民のご意見を県政に反映させ、地方が責任と主体性をもって、個性豊かで魅力ある地域づくりを行うことができるように、様々な活動を行っております。
　　1　お伺いました　　　　　　2　お呼びいただきました
　　3　お越しくださいました　　4　お迎えしました

4　図書館の中では、飲み物を飲んだり、食べ物を食べたりしない（　　）。
　　1　のだ　　　2　点　　　　3　ところ　　4　こと

5　学生たちは、抜き打ちテストが行われることが（　　）準備して毎回授業にやってくる。
　　1　あるはずがないのに　　2　あってもいいように
　　3　ないとすると　　　　　4　ないせいで

6　体に悪い（　　）思われがちですが、本来コレステロールは体になくてはならない大事なものです。
　　1　ものだとばかり　　2　ものだなんて
　　3　などのことだと　　4　のみでのことだと

7 集中を長く持続したい（　　　）、好きな科目だけを勉強するわけにはいかないのがつらいところです。
　　1　からとしても　　2　からとしたら　　3　からといって　　4　からといえば

8 試験は来年5月か6月、（　　　）7月に行われます。
　　1　および　　2　あるいは　　3　なお　　4　すなわち

9 彼は私が読み（　　　）の推理小説の犯人の名を告げ、ご丁寧にもトリックの種明かしまでしてくれた。
　　1　ながら　　2　ちゅう　　3　つつ　　4　かけ

10 日本市立高等学校の説明会などの日程です。詳細は、各学校のホームページを（　　　）か、直接お問い合わせください。
　　1　見せてくださる　　　　　2　ご覧に入れる
　　3　ご覧いただく　　　　　　4　拝見する

11 HPのパソコンは初めてだったのですが、指紋認証やら秘密の質問やらにさんざん（　　　）あげく、バージョンアップにはこれらのセキュリティソフトをすべて解除しなければならないことがわかりました。
　　1　答えさせられた　　　　　2　答えさせる
　　3　答えさせられる　　　　　4　答えさせた

12 今や企業にとって「削減できるコストは徹底的に削減する」という姿勢（　　　）時代です。
　　1　が欠かせない　　　　　　2　に基づいている
　　3　のままの　　　　　　　　4　をものともしない

問題8 次の文の ___★___ に入る最もよいものを、1・2・3・4から一つ選びなさい。

13 近ごろは、_____ _____ __★__ _____、遠くの人に、それを聞かせることもできるようになりましたが、これもまた、いつでも、どこででも、だれもが利用できるわけではありません。

 1 によって　　　　　　　　2 もできれば
 3 スマートホンやタブレット　　4 言葉を記録すること

14 子「ねえ、お母さん、あのおもちゃを買ってよ。山田君なんて、もう2つも持ってるんだよ。」
 母「だめよ。このあいだ _____ _____ __★__ _____ でしょ。」

 1 ばかり　　2 やった　　3 買って　　4 別のを

15 私は、通りに沿って吹き飛ばされていく紙幣(しへい)を男が _____ _____ __★__ _____。

 1 のを　　　　　　　2 おもしろがって
 3 追(お)いかけている　4 眺(なが)めた

16 主人は私や子どものことをほとんど気にかけてくれないんです。家に _____ _____ __★__ _____ 考えているんですよ。

 1 仕事のこと　2 ばかり　3 でさえ　4 いるとき

17 私は映画評論家になりたい。映画を全部見られる上、_____ _____ __★__ _____ 載せるんだから。

 1 新聞や雑誌に　2 それに　3 批評(ひひょう)を書いて　4 についての

問題9 次の文章を読んで、文章全体の趣旨を踏えて、 18 から 22 の中に入る最もよいものを、1・2・3・4から一つ選びなさい。

　　移動するときは、できるだけ夜の便で星をながめながら、と、欲ばって、香港から午後九時発のポートモレスビー行きに乗った。 18 便は、ほぼ南東に向かって飛ぶので、進行方向に向かって右側の窓ぎわにすわると、ずっと南天の星空を見ながら赤道を超えることができる。そこで、出発まぎわ、カウンターに行き、「向かって右側の窓ぎわの席に 19 」と、左側の席ナンバーの打ってある搭乗券を見せながらたのみこむと、いかにも心得たような「星でも見ながら行こうってわけですか」と、これまた意外な返事がもどってきた。どうやら、ときどきは、 20 物好きな理由から席の変更を申し出る人もあるらしい。それなら話は早い。私もあつかましさに自信がでてきて、むりやり右側の窓ぎわに陣取ることに成功した。

　　ジェット機は、雲のはるか上を飛んでくるので、空の透明度は申し分なく、あのきゅうくつな小さな窓からでも、六等級の微星はもちろん、星雲、星団や流れ星など、地上より一段とするどさを増した輝きを見せてくれる。しかも、地上とちがって、天候の心配などまったくなしに、飛行時間中まるまるたっぷり楽しむことができるので、私は窓ガラスにひたいをこすりつけ、上下左右に目をくるくる回転させながら、あきもせず星空をながめつづけた。 21 、夜のあの退屈極まりない飛行時間中、眠れぬまでもじっと目を閉じたままですごすしか手がないのかもしれないが、私のような星マニアになると、せっかく四方を星にかこまれていながら、目を閉じているなど、あまりにもったいなくて、とてもできることではない。まして、今回のように南の方へ向かって飛行するとなると、これまでお目にかかれなかった南天の星々が、眼下のはるかな地平線の暗やみの中から、次々に顔を見せてくれるようになり、今、まさに地球の丸みにそってどんどん南下しているのだという実感が胸にこみあげてきて、 22 また、なんとも言いようのない、ひそやかな快感となって身を走るのである。

（藤井　旭『星の旅』による）

(注) ポートモレスビー：パプア・ニューギニアの首都。

18
1 ある　　　　2 一台の　　　　3 この　　　　4 ふつうの

19
1 してさしあげませんか　　　　2 してくれませんか
3 してみたらどうでしょう　　　　4 してみてもいいでしょうか

20
1 どちらにも　　　2 どのように　　　3 それほど　　　4 そういう

21
1 星のことに気がつかなければ
2 星のことなど気にしなければ
3 星のことばかりに気をとられていると
4 星のことに気をつけていれば

22
1 以上のように　　　2 それと同様に　　　3 このように　　　4 これが

JLPT N2 파이널 테스트 ③

問題7 次の文の（　　）に入れるのに最もよいものを、1・2・3・4から一つ選びなさい。

[1]　この味を日本国内はもとより世界（　　）広げていきたい。
　　1　へと　　　　2　でと　　　　3　からも　　　4　ほども

[2]　今回はおまえのためにやってやろう。（　　）これっきりだぞ。
　　1　ただし　　　2　及び　　　　3　すなわち　　4　あるいは

[3]　A政府の正統性をアピールすることに余念がなかったが、状況は好転せず、むしろ（　　）ばかりだった。
　　1　悪い　　　　2　悪く　　　　3　悪かった　　4　悪くなる

[4]　環境型社会をめざすなら、まずは調査をしない（　　）始めの一歩が進まない。
　　1　ものでは　　2　ことには　　3　ものには　　4　ことでは

[5]　有名な田中さんは調理や栄養に関する資格を何か（　　）。できるだけたくさん教えてください。
　　1　お持ちいただけますか　　　2　お持ちになりますか
　　3　お持ちですか　　　　　　　4　お持ちしますか

[6]　あんな言い方をされたらだれ（　　）いい気はしないよ。
　　1　だったり　　2　くらいでも　3　とかで　　　4　だって

[7]　言葉にすると自慢に聞こえてしまうようでいやだけど、ぼくの小説は（　　）面白い。
　　1　それどころか　2　そのころに　3　それなりに　4　そのうえ

8 日本全国作文コンクールで本校は4名（　　　）入選者を出しました。
1 との　　　2 もの　　　3 はずの　　　4 きりの

9 これは機密（きみつ）写真でも何でもなく、（　　　）パネル写真として、国がある所で一般公開しているものです。
1 拝見したとおり
2 ご覧いただくために
3 拝見したきり
4 ご覧のように

10 私としては何も申し上げられませんが、とにかくお言葉を（　　　）おきましょう。
1 申し上げて
2 差し上げて
3 うけたまわって
4 いただいて

11 午後から人が家に上がることになっていたので片づけた。こんなに（　　　）、どうして今までやらなかったんだろう。
1 片づけられるなら
2 片づけられるままに
3 片づけさせるなら
4 片づけさせるままに

12 大会当日は、午前8時までに会場受付へ（　　　）ください。
1 ご参上（さんじょう）　　2 ご参上（さんじょう）いたし　　3 お越（こ）し　　4 おうかがい

問題8 次の文の ___★___ に入る最もよいものを、1・2・3・4から一つ選びなさい。

[13] 19世紀のころまでは、真実のことを調べるだけでよいと考えられ、学者は、ただ_____ _____ ★ _____ おれば、それで立派な学者であると考えられていた。

　　1 研究　　　2 にこもって　　3 研究室　　　4 さえして

[14] エレベーターはそんなに混んでいなかったのに、男の人が押された_____ _____ ★ _____ きた。

　　1 見せかけて　　2 私に体を　　3 押しつけて　　4 かのように

[15] ただガミガミどなる_____ _____ ★ _____ 逆効果になることもある。

　　1 たいして効果がない　　　2 ばかりか
　　3 だけでは　　　　　　　　4 子供の教育には

[16] あの子のことなら心配いらないよ。今はやたら繊細(せんさい)な子に見えるけど、_____ _____ ★ _____ 。

　　1 成長する　　2 につれて　　3 強くなる　　4 って

[17] きみの優れた_____ _____ ★ _____ させるべきなのだろう。でも、残念なことにそれだけの予算はないんだ。

　　1 から　　　2 すれば　　3 昇給(しょうきゅう)　　4 仕事

問題9 次の文章を読んで、文章全体の趣旨を踏えて、18 から 22 の中に入る最もよいものを、1・2・3・4から一つ選びなさい。

「あっ、Cがない」

通信票をのぞいて、はっと思った。前にCだったところに、Cがない。あわてて先生の手から通信票をひったくるようにもらって、席にもどった。18 、一人で教室のすみに行き、そして、しげしげと通信票を見つめた。やっぱりCがない。通信票の「生活と行動の記録」は、A・B・Cで採点される。その最低点のCがないのだ。

ぼくは一人でいちもくさんに走って帰った。19 。むちゅうで走って、土手下のぶどうだなの見える、小さなぼくの家にかけこんだ。
(注)

母の顔を見ると、なんだか見せるにはおしいなと思った。一年かかってやっとCをなくしたからこそ、軽々しく見せたくない。軽々しく見せると、安っぽくなるような 20 からである。お母さんもさぞ喜んでくれるだろうなと思うと、ついにやにやしてしまう。

ぼくは顔を洗い、はずれていたシャツのボタンをゆっくりとかけ、ざぶとんを持ってきて、どすんとこしを下ろした。

「おっほん。」と小さな声でせきばらいをした。

「では、あらためて、ぼくの通信票を見せます。」と 21 、調子をかえて、

「実はいいことがあるんだな。」とつけたした。母は、

「どうれ、どんないい点をとったかな。」とつぶやいたが、急に顔の表情を明るくして、

「とうとうやったね。」と言った。22 一言で本当にCがなくなったんだなという気持ちがこみあげてきた。

(注) 土手：堤防。

18
1 さっき　　　2 または　　　3 それどころか　　　4 それから

19
1 うれしいほかなかった　　　2 うれしいにすぎなかった
3 うれしいこともなかった　　　4 うれしくてたまらなかった

20
1 気がした　　　2 気がするそうだろ
3 気がしたようだ　　　4 気がするのだろう

21
1 言ったから　　　2 言ってから　　　3 言うのに　　　4 言っているのに

22
1 ああ　　　2 あれの　　　3 この　　　4 そういう

정답과 해석 QR코드로 바로 확인!

JLPT N2 파이널 테스트 ④

問題7 次の文の（　　）に入れるのに最もよいものを、1・2・3・4から一つ選びなさい。

1　昨日はたくさん遊んで大満足の息子は夕飯（　　）食べないで寝ちゃった。
　　1　が　　　　2　も　　　　3　とは　　　　4　にまで

2　2020年の東京オリンピックに合わせ、渋谷の街が整備（　　）。
　　1　されつつある　　　　　　　2　させられそうになる
　　3　し始めていく　　　　　　　4　させ続ける一方だ

3　ガラスが割れていたり、水が浸入してしまった腕時計も売れる（　　）驚きだ。
　　1　とあったほど　　2　となってでも　　3　というから　　4　とするには

4　悪質な運転が何度も（　　）、車種とナンバーをメモして警察に通報することにしましょう。
　　1　繰り返せるようになったら　　　2　繰り返させるようでしたら
　　3　繰り返させられるようになったら　4　繰り返されるようでしたら

5　やらなければさぼっていると言われるし、やったら（　　）やり方が悪いと言われる。
　　1　やったで　　2　やるのに　　3　やったが　　4　やるまで

6　自分はどうなったって（　　）ということではなく、仕事が良くなって、家族が幸せになっていくことが自分の幸せになるという考えがあってこそです。
　　1　たまらない　　2　かまわない　　3　わけがない　　4　ならない

7 ここにいてください。雑誌（　　　）買ってきますから。

　　1　や何かに　　　　2　や何かは　　　　3　か何かで　　　　4　か何かを

8 図書館の資料や本は、大切にあつかいましょう。ページを折ったり、書きこみをしないこと。（　　　）、本を読むときは、よごさないように気をつけましょう。

　　1　また　　　　　　2　今度は　　　　　3　例えば　　　　　4　当時

9 この桜は、満開時ともなると競い合うかのように全山を淡いピンク色に染め、訪れる人たちの目を（　　　）。

　　1　楽しんでくれます　　　　　　　　2　楽しんでもらいます
　　3　楽しませてくれます　　　　　　　4　楽しませてもらいます

10 今では（　　　）食べてきたかもしれないが、これからは厳しい食事制限をしてもらいます。

　　1　食べすぎて　　　2　食べたいだけ　　3　食べたまま　　　4　食べつづけたり

11 車内でのディナータイムを楽しむ様子を（　　　）ましょう。

　　1　存じ上げ　　　　2　頂戴し　　　　　3　お目にかかり　　4　ご覧に入れ

12 昨日も、二日酔いで3時間も遅刻をした上司の自宅まで書類を受け取りに（　　　）だったので、このような扱いを受けられる自分が情けないやら悔しいやらで、思わず泣いてしまった。

　　1　行かれたまま　　　　　　　　　　2　行かされたまま
　　3　行かれたばかり　　　　　　　　　4　行かされたばかり

問題 8 次の文の ___★___ に入る最もよいものを、1・2・3・4から一つ選びなさい。

13 税金は国民の _____ _____ __★__ _____ 少しでも節税したい。
 1　払わずに済む 2　ものなら 3　義務 4　とはいえ

14 彼の入学祝いに_____ _____ __★__ _____、辞書に決めた。
 1　贈ろうかと   2　いろいろ考えた末に
 3　結局   4　何かを

15 司会者「それじゃ、係みんなが、責任を持って働くようにするには、どうしたらいいと思いますか。」
  A　「わたし、今まで仕事をしてきて感じたんだけど、曜日によって当番を決めたらどうかしら。_____ _____ __★__ _____ わけだけど。」
  B　「わたしも、それがいいと思うわ。そうすれば、責任を持って働くようになると思うわ。」
 1　として5人だから   2　1日に1人ずつ
 3　当番が回ってくる   4　1週間に1回ずつ

16 あの子のこと、理解できないわ。4年近くも大学に _____ _____ __★__ _____ 急に考えを変えて中退するなんて。
 1　卒業間近に 2　なって 3　おいて 4　通って

17 A「一緒にスキーに行けますか。」
  B「行きたいですが、あてにしないでください。_____ _____ __★__ _____ んです。」
 1　かもしれない 2　いけなくなる 3　仕事を 4　しなくちゃ

問題9 次の文章を読んで、文章全体の趣旨を踏えて、 18 から 22 の中に入る最もよいものを、1・2・3・4から一つ選びなさい。

　観光地で見知らぬ人にカメラのシャッターを押すことを頼むとき、「シャッターを押せ！」などと言うとあきらかに無礼です。しかし、「すみません、ちょっとシャッターを押してください」という表現に直しても、まだ、それほど丁寧な感じがしません。無理矢理やらされるような気持ちになるからです。 18 、「すみません、ちょっとシャッターを押していただけませんでしょうか」といった表現ではないでしょうか。（中略）
　 19 、単に言葉だけで決まるのではなく、相手へ心配りが重要です。相手に何かをするよう求める場合、その内容がその相手にとってどのような性質を持つのかを考える必要があるのです。例えば「座る」動作を求める場合でも、新しい椅子の開発実験で協力してもらう場合と、電車などで座席を譲る場合とでは、自ずと表現が違ってきます。
　実は、人にものをさせる場面では、「利益」「負担」といったことが重要な要因になります。 20 、相手にカメラのシャッターを押してもらうような場合、その内容は、相手に負担を強いる、「頼み事」です。わざわざやらなくていいことを私のためにやってもらうことになるからです。
　 21 、相手に無理矢理押しつけるのではなく、相手に断れる余地をなるべくたくさん残してお願いする方が丁寧な感じになります。まさに、「すみません、ちょっとカメラのシャッターを押していただけませんでしょうか」という表現は、そのように相手に伺いをたてる表現なのです。（中略）
　だれが得をするのか、あるいは負担を負うのか、ということは社会生活でも非常に重要な関係ですが、 22 非常に重要なことで、ほかの表現にも反映しています。例えば、「お忙しいところ恐縮ですが、[　]少しお時間をください」という文の[　]に「どうか」「どうぞ」のどちらが入るでしょうか。この場合、相手の時間をとることを要求する内容ですが、おそらく「どうか」の方が適切でしょう。

（森山卓郎『表現を味わうための日本語文法』による）

18
1 言うようなら　　　　2 言うとすれば
3 言うらしいのに　　　4 言ったそうなのに

19
1 丁寧なので　　　　　2 丁寧だから
3 丁寧かどうかは　　　4 丁寧かあるいは

20
1 たとえば　　2 ところが　　3 なぜなら　　4 しかし

21
1 こんなに　　2 どのように　　3 どうやって　　4 そうすると

22
1 言葉の上にも　　2 言葉の下にも　　3 言葉の上でも　　4 言葉の下でも

JLPT N2 문법 출제표

	기능어	의미	용례	페이지
001	～(た)あげく(に)	～한 끝에	あれこれ質問に答えさせられたあげく 이것저것 억지로 질문에 대답한 끝에	p.98
002	～あまり(に)	～한 나머지, 너무 ～해서	緊張のあまり、声が震えてしまった 긴장한 나머지 목소리가 떨리고 말았다	p.99
003	～勢いだ	～기세다, ～추세다	大幅に上回る勢いだ 큰 폭으로 상회할 기세이다	p.100
	～勢いで	～기세로	スピードが出た勢いで 스피드가 난 여세로	
004	～以上(は)	～한 이상(에는)	自分でこの仕事を選んだ以上 스스로 이 직업을 고른 이상	p.101
005	～一方だ	(오로지) ～할 뿐이다, ～하기만 한다	物が増える一方だ 물건이 늘어나기만 한다	p.14
006	～上(で)	① ～한 후에, ～한 뒤에	お電話でご予約の上 전화로 예약하신 후에	p.15
		② ～하는 데 있어서	レポートを作成する上で 리포트를 작성하는 데 있어서	
	～上で(は)	～상으로(는)	仕事の上では 업무상으로는	
007	～うえ(に)	～인 데다가	客の注文を間違えたうえに 손님의 주문을 틀린 데다가	p.102
008	～うちに	～하는 동안에, ～할 때에	練習していくうちに 연습해 가는 동안에	p.17
	～ないうちに	～하기 전에	いくらも使わないうちに 얼마 쓰기도 전에	
009	～(よ)うではないか	(함께) ～하자, ～하자꾸나	世間を驚かせてやろうじゃないか 세상을 놀라게 해 주자	p.202
010	～(よ)うとする	～하려고 하다	バスがちょうど来たので乗ろうとしたが 버스가 마침 왔기 때문에 타려고 했지만	p.19
011	～うる・～える	～할 수 있다	海の中に沈んでしまうこともありうる 바다 속으로 가라앉아 버리는 일도 있을 수 있다	p.203
	～えない	～할 수 없다	コンピューターなしでは研究しえない 컴퓨터 없이는 연구할 수 없다.	
012	～おかげで	～ 덕분에	パソコン教室の講師になったおかげで 컴퓨터 교실의 강사가 된 덕분에	p.20
	～おかげだ	～ 덕분이다	毎朝しているジョギングのおかげだ 매일 아침 하고 있는 조깅 덕분이다	

013	～おきに	～ 간격으로, ~ 걸러	大体2日おきにやってください 대략 이틀 간격으로 주세요	p.103
014	～思い	(～한) 마음, 심정, 느낌	主人公の熱い思いに感動した 주인공의 뜨거운 마음에 감동했다	p.21
			どんな思いで買ってくれたのかと思うと 어떤 심정으로 사 주었을까 생각하면	
015	思える	여겨지다	ばかばかしく思えるくらい 어리석게 여겨질 정도로	p.104
	思えない	여겨지지 않는다	とてもプロの試合とは思えない内容だった 도무지 프로의 시합이라고는 여겨지지 않는 내용이었다	
016	欠かさず	거르지 않고	一日も欠かさず日記を書くなんて 하루도 거르지 않고 일기를 쓰다니	p.22
	欠かせない	빠뜨릴 수 없다, 없어서는 안 된다	生活に欠かせない道具として 생활에 빠뜨릴 수 없는 도구로써	
017	～限り	～하는 한	思いつくかぎりのアイデア 생각나는 한의 아이디어	p.204
	～限りでは	～한 바로는	私が調べた限りでは 내가 조사한 바로는	
	～ない限り	～하지 않는 한	何か対策を立てない限り 뭔가 대책을 세우지 않는 한	
018	～かける	① ～하다 말다	一時はあきらめかけたが 한때는 포기하려다 말았지만	p.105
		② ～하기 시작하다	治りかけていた風邪が 낫기 시작했던 감기가	
	～かけの	～하다 만	読みかけの本 읽다 만 책	
019	～がたい	～하기 어렵다(힘들다)	わたしたち国民には理解しがたい 우리 국민으로서는 이해하기 어렵다	p.106
020	～がちだ	～이 많다, 자주 ～하다	授業を休みがちだ 수업을 자주 쉰다	p.107
	～がちの・～がちな	～이 많은, 자주 ～하는	あすは曇りがちの天気でしょう 내일은 자주 흐린 날씨가 되겠습니다	
			子どもにありがちな病気 어린이에게 자주 있는 병	
021	～かというと・ ～かといえば	～하는가 하면, ～하냐 하면	結婚生活を送るうえで何が大切かといえば 결혼 생활을 보내는 데 있어서 무엇이 중요한가 하면	p.112
022	～か何かで	～이나 무언가(에서)	雑誌か何かで誰かが人生で一番大切な経験は 잡지나 무언가에서 누군가가 인생에서 가장 중요한 경험은	p.205

023	〜かねる	〜하기 어렵다, 〜할 수 없다	現時点では判断しかねる 현시점에서는 판단하기 어렵다	p.206
	〜かねない	〜할지도 모른다, 〜할 법도 하다	体をこわしかねません 몸이 상할지도 모릅니다	
024	〜かのようだ	(마치) 〜인 듯하다	まるで真夏に戻ったかのようで 마치 한여름으로 돌아간 듯해서	p.113
025	〜かもしれない	〜할지도 모른다	確かにそれもあるかもしれませんが 확실히 그것도 있을지도 모르지만	p.23
026	〜からして	① 〜부터가, 〜에서부터	その発想からして独特だ 그 발상부터가 독특하다	p.207
		② 〜으로 보아	責任感の強い彼の性格からして 책임감이 강한 그의 성격으로 보아	
027	〜からすると・ 〜からすれば	〜으로 보아, 〜(의 입장)에서 생각하면	実務経験者ということからすると 실무 경험자라는 점에서 생각하면	p.114
			親の立場からすれば 부모의 입장에서 생각하면	
028	〜からといって	〜라고 해서	しばらく連絡がないからといって 잠시 연락이 없다고 해서	p.208
029	〜からには・〜うえは	〜한 이상(에는)	いったん引き受けたからには 일단 맡은 이상	p.209
			医者に見離されたうえは 의사가 포기한 이상	
030	〜がる	〜워하다	相手が嫌がる場合もあるので 상대가 싫어할 경우도 있으니	p.115
	〜がっている	〜워하고 있다	ほとんどの子どもが恥ずかしがっているけれど 거의 대부분의 아이들이 쑥스러워하고 있지만	
	〜がらずに	〜워하지 말고	めんどうくさがらずに 귀찮아하지 말고	
031	〜気味	〜기미, 〜경향	このところ忙しくて少し疲れぎみだから 요즘 바빠서 조금 피곤한 듯해서	p.210
032	〜きり	〜한 채	半年前に切ったきり一度も切ってない 반년 전에 자른 채 한 번도 안 잘랐다	p.116
	〜きりだ	〜한 채이다, 〜했을 뿐이다	20年前に一度会ったきりだ 20년 전에 한 번 만났을 뿐이다	
033	〜きれない	다 〜할 수 없다	全部の作品を見切れなかった 작품 전부를 다 볼 수 없었다	p.117
	〜きれる	(끝까지) 〜할 수 있다	今日中には読みきれそうもありません 오늘 안으로는 다 못 읽을 것 같습니다	

034	～くらい[ぐらい]	～할 정도로, ～할 만큼	A市に住んでいる人なら知らない人はいないくらい A시에 살고 있는 사람이라면 모르는 사람이 없을 만큼	p.24
	～くらいだ[ぐらいだ]	～ 정도이다	この人を見ない日はないと言ってもいいぐらいだ 이 사람을 보지 않는 날은 없다고 해도 좋을 정도이다	
035	～くらいなら	～할 거라면, ～정도라면	捨てるくらいなら私にください 버릴 거라면 저에게 주세요	p.26
036	～こそ	～야말로	こちらこそ 저야말로	p.32
	～からこそ	(바로) ～이기 때문에	優勝を経験させたいと願うからこそだ 우승을 경험하게 하고 싶다고 바라기 때문이다	
	～てこそ	～해서야 비로소	危機に臨んでこそ 위기에 직면해서야 비로소	
037	～こと	①～하구나	なんてきれいな夕焼けだこと 너무나 아름다운 저녁놀이구나	p.118
		②～할 것	コート内では必ずテニスシューズを履くこと 코트 내에서는 반드시 테니스용 신발을 신을 것	
		③～일, ～것	友達と遊ぶことも大事です 친구와 노는 것도 중요합니다	
038	～ことから	～로 인해, ～때문에	彼は何でもよく知っていることから 그는 뭐든지 잘 알고 있기 때문에	p.211
039	～ことで	～해서, ～로 인해, ～한 일로	バイオリンコンクールで優勝したことで 바이올린 콩쿠르에서 우승한 일로	p.119
040	～ことにする・ ～ことに致す	～하기로 하다	開館時間を1時間延長することにします 개관 시간을 1시간 연장하기로 합니다	p.120
			これで終わることにいたします 이것으로 마치기로 하겠습니다	
041	～ことになっている	～하기로 되어 있다	一緒に行くことになっていたのに 같이 가기로 되어 있었는데	p.121
042	～ことはない	～할 필요는 없다	責任を感じることはない 책임을 느낄 필요는 없네	p.33
	～こともない	～할 필요도 없다	向いていないと思うんだったら続けることもない 맞지 않는다고 생각한다면 계속할 필요도 없다	
043	～最中(に)	한창 ～중(에)	電話している最中に 한창 전화하고 있는 중에	p.216
	～最中だ	한창 ～중이다	いま検討している最中です 지금 한창 검토하는 중입니다	

044	~さえ・~すら	~도, ~조차	子どもでさえ知っているようなこと 어린애도 알고 있을 만한 것	p.34
			疑問にすら思っていなかったこと 의문으로조차 생각하지 않았던 것	
045	~さえ~ば	~만 ~하면	鶏肉と卵さえあれば 닭고기와 계란만 있으면	p.35
046	~ざるをえない	~하지 않을 수 없다	残念だが延期せざるを得ない 아쉽지만 연기하지 않을 수 없다	p.126
047	~しか~ない	~밖에 ~않다	まだ一人しか返事が来ていない 아직 한 명밖에 답장이 오지 않았다	p.127
	~しかない	~할 수밖에 없다	もうあきらめるしかないのか 이제 포기할 수밖에 없는 걸까	
048	~次第	~하는 대로, ~하면 바로	場所は決まり次第、お知らせします 장소는 정해지는 대로 알려드리겠습니다	p.36
049	~次第で(は)	~에 따라서(는)	この製品は、アイデア次第で 이 제품은 아이디어에 따라서	p.217
	~次第だ	① ~나름이다, ~에 달려 있다	ハイキングに行くかどうかは、お天気次第だ 하이킹을 갈지 어떨지는 날씨에 달려 있다	
		② ~한 것이다	今回、改めてご連絡を差し上げた次第です 이번에 다시 연락을 드린 것입니다	
050	~末(に)	~한 끝에	何日も話し合った末に 며칠이나 의논한 끝에	p.37
051	~すぎる	너무 ~하다, 지나치게 ~하다	せっけんを使いすぎずに 비누를 지나치게 사용하지 않고	p.218
052	~ずに	~하지 않고	どんなに大変な状況でもあきらめずに 아무리 힘든 상황에서도 포기하지 않고	p.128
053	~せいか	~탓인지	大雨の中を傘を差さずに帰ったせいか 폭우 속을 우산을 쓰지 않고 돌아온 탓인지	p.129
	~せいで	~탓으로, ~때문에	大雪で電車が遅れたせいで、遅刻してしまった 대설로 전철이 늦은 탓에 지각하고 말았다	
054	~そうだ	① ~라고 한다 〈전문〉	新しいデザインになっているそうで 새로운 디자인으로 되어 있다고 해서	p.130
		② ~할 것 같다 〈양태〉	今にも動き出しそうな 당장에라도 움직일 것 같은	
	~そうに(も)ない・~そうもない	~할 것 같지 않다, ~못할 것 같다	見つかりそうもないという印象 못 찾을 것 같다는 인상	

055	～たがる	～하고 싶어 하다	野菜を食べたがらなくて困っている 채소를 먹고 싶어 하지 않아서 곤란하다	p.219
	～たがっている	～하고 싶어 하고 있다	自宅から通える大学に行かせたがっている 집에서 다닐 수 있는 대학에 보내고 싶어 하고 있다	
056	～だけ	～만큼, ～대로	宇宙にはこれだけ多くの星がある 우주에는 이 정도로 많은 별이 있다	p.38
	～だけ～	～하는 데까지 ～(하다)	エアコンを使いたいだけ使っていたら 에어컨을 쓰고 싶은 만큼 썼더니	
057	～だけに	(과연) ～인 만큼	彼の努力をずっと見てきただけに 그의 노력을 계속 봐온 만큼	p.40
	～だけで	① ～만으로, ～만에	それだけで涙が出ます 그것만으로 눈물이 납니다	
		② ～하기만 해도	物を置かないようにするだけで 물건을 두지 않도록 하기만 해도	
058	～だって	① ～라도, ～역시, ～일지라도	たまには小説を読むことだってある 때로는 소설을 읽을 때도 있다.	p.41
		② ～(이)래, ～는대	天気が悪いから中止なんだって 날씨가 안 좋아서 취소래	
		③ ～라며?, ～라고?	木曜日だって？ 목요일이라고?	
059	～たびに	～할 때마다	私が出かけようとするたびに 내가 외출하려고 할 때마다	p.132
060	～たら～で	～하면 ～하는 대로	片づけたら片づけたで 치우면 치우는 대로	p.43
061	～ついでに	～하는 김에	買い物するついでに 쇼핑하는 김에	p.133
062	～っこない	～할 리 없다, 절대로 ～않다	推選で一人じゃ、当たりっこないよ 추첨으로 한 명이라면, 당첨될 리 없어	p.134
063	～つつある	(지금 마침) ～하고 있다	公共施設が整備されつつある 공공시설이 정비되고 있다	p.135
064	～である	～이다, ～하다	熱が下がらないようであれば 열이 내려가지 않을 것 같으면	p.220
	～で(は)ない	～이 아니다, ～하지 않다	言葉がいかに使われるべきかを定めることでない 단어가 어떻게 쓰여야 하는지를 정하는 것이 아니다	
065	～て以来	～한 후, ～한 이후	就職したときに買って以来 취직했을 때에 산 이후	p.136

番号	文型	意味	例文	ページ
066	～ている	①～하고 있다〈進行〉	光がもれないようにするなどの取り組みが行われています 빛이 새지 않도록 하는 등의 대처가 행해지고 있습니다	p.142
		②～되어 있다〈状態〉	全く新しいデザインになっている 전혀 새로운 디자인으로 되어 있다	
		③～했다〈完了〉	大山は3年前に一度登っているから 오오야마는 3년 전에 한 번 올랐으니까	
067	～てからでないと	～한 후가 아니면	今日の宿題が終わってからでないと 오늘의 숙제가 끝난 후가 아니면	p.143
068	～てくれる	(남이 나에게) ～해 주다	心配して電話をかけてきてくれた 걱정해서 전화를 걸어 주었다	p.48
069	～てしょうがない・ ～てしかたがない	～해서 어쩔 수가 없다, 너무 ～하다	休みの日はすることがなくて、暇でしょうがない 쉬는 날에는 할 일이 없어서 너무 한가하다	p.144
			彼のことがうらやましくてしかたがない 그 사람이 부러워서 어쩔 수가 없다	
070	～ては	～해서는	こんなに物価が上昇しては 이렇게 물가가 상승해서는	p.145
	～ていては	～하고 있어서는	そんな暗い部屋で本を読んでいては 그런 어두운 방에서 책을 읽고 있어서는	
071	～てばかりいる	～하고만 있다	兄は毎日遊んでばかりいる 형은 매일 놀고만 있다	p.146
072	～て初めて	～서야 비로소	政治に対する信頼があって初めて 정치에 대한 신뢰가 있고서야 비로소	p.49
073	～ではないか	～하지 않은가?〈놀람〉	今ここにいるわけないじゃない 지금 여기에 있을 리 없잖아	p.50
	～のではないか	～이 아닐까?〈확인·추측〉	定着したといえるのではないか 정착했다고 할 수 있지 않을까	
074	～てほしい	～했으면 한다, ～하길 바란다	私にどういうアドバイスをしてほしいのだろうか 내가 어떤 충고를 하길 바라는 걸까	p.52
	～てほしく(も)ない	～하지 않았으면 한다	あなたにわかってほしくもない 당신이 이해해주길 바라지도 않는다	
075	～ても	～해도	どんなにつらいことがあっても 아무리 괴로운 일이 있어도	p.221
076	～てもいい・ ～てもかまわない	～해도 좋다(된다), ～해도 상관없다(괜찮다)	いつ雨が降ってもいいように 언제 비가 와도 괜찮도록	p.147
			自分はどうなったってかまわない 자신은 어떻게 되든 상관없다	

077	～という・～って	～라고 하는, ～라는	一日に千個も売れるというから 하루에 천 개나 팔린다고 하니까	p.148
			早く寝なきゃって思ってるんだけど 빨리 자야지 라고 생각하지만	
078	～ということだ・ ～とのことだ	① ～라고 한다	至急連絡がほしいとのことです 급히 연락했으면 한다고 합니다	p.150
		② 즉 ～이다, ～라는 것이다	価格が高くなっても問題ないということだ 가격이 비싸져도 문제없다는 것이다	
079	～というと・～といえば	～라고 하면	たんぱく質が多く含まれる食べ物というと 단백질이 많이 함유된 음식이라고 하면	p.53
			サッカーに次いで人気のあるスポーツといえば 축구 다음으로 인기가 있는 스포츠라고 하면	
080	～といった	～라는	肉や魚や卵といったものが思い浮かぶ 고기나 생선이나 계란이라는 것이 떠오른다	p.54
081	～といっても	～라고 해도	日本一と言っても過言ではないだろう 일본 제일이라고 해도 과언이 아닐 것이다	p.151
082	～(か)と思ったら・ ～(か)と思うと	～나 싶더니 곧, ～하는가 하면	便利だろうと思ったらそうでもない 편리할 거라고 생각했더니 그렇지도 않다	p.222
			出かけたかと思うと 외출했나 싶더니 곧	
083	～とおりに・～どおりに	～대로	料理の本に書いてあるとおりに 요리책에 써 있는 대로	p.55
			スケジュールどおりに仕事を進めるには 스케줄대로 업무를 진행하려면	
084	～とか	～라고 하던데	景子さん、来年結婚なさるとか 게이코 씨, 내년에 결혼하신다던데	p.152
	～とかで	～라고 하면서	パーティーに行くとかで 파티에 간다고 하면서	
085	～(た)ところ	～했더니	ときどき遠くを見るようにしたところ 가끔 먼 곳을 보도록 했더니	p.56
	～ところだ	～할 참이다	教室を出てそっちにいらっしゃるところです 교실을 나와서 그쪽으로 가시려던 참입니다	
086	～ところ(を)	～인데도, ～인 중에	お忙しいところを恐れ入りますが 바쁘신 중에 죄송합니다만	p.223

087	〜どころか	① 〜은 물론이거니와, 〜은커녕	20代どころか50代にまで 20대는 물론이거니와 50대까지	p.224
		② 〜은커녕	感謝されるどころかうらまれました 고맙다는 말을 듣기는커녕 원망을 들었습니다	
088	〜(た)ところで	〜해 보았자, 〜한들, 〜한다 해도	いくら急いだところで 아무리 서둘러 보았자	p.225
089	〜としたら・ 〜とすれば・ 〜とすると	〜라고 (가정)하면	相手の人生を大きく変えるかもしれないとしたら 상대의 인생을 크게 변화시킬지도 모른다고 하면	p.57
			もしここへ来たとすれば 만일 이곳에 왔다고 하면	
			かりに通勤に往復2時間かけるとすると 가령 통근에 왕복 2시간 들인다고 하면	
090	〜として	① 〜로서	生活に欠かせない道具として 생활에 없어서는 안 될 도구로서	p.58
		② 〜라고 해서	不正に現金を引き出そうとしたとして 부정하게 현금을 인출하려고 했다고 해서	
	〜としても	〜라고 해도	どこかの星に生物がいたとしても 어딘가 별에 생물이 있었다고 해도	
091	〜とする	① 〜로 하다	明日の講義はすべて休講とします 내일 강의는 모두 휴강하기로 하겠습니다	p.158
		② 〜라고 하자, 〜라고 치자	時間を止められる機械があるとします 시간을 멈출 수 있는 기계가 있다고 칩시다	
092	〜途中で	〜도중에	学校に来るとちゅうで 학교에 오는 도중에	p.159
093	〜と〜(と)では	〜과 〜과는	意識するのとしないのでは 의식하는 것과 하지 않는 것과는	p.230
094	〜とは	〜하다니	サラリーマンから農家になるとは 샐러리맨에서 농부가 되다니	p.160
095	〜とはいえ	〜라고는 해도	まだほんの一部にすぎないとはいえ 아직 그저 일부에 지나지 않는다고는 해도	p.161
096	どんなに〜か・ どれだけ〜か・ どれほど〜か	얼마나 〜ㄴ가(인지)	どんなに恵まれた環境にいたかと 얼마나 혜택받은 환경에 있었던가 하고	p.231
			そんなサービスがあったらどれだけよかったか 그런 서비스가 있었으면 얼마나 좋았을까	
			金がどれほどあるか 돈이 얼마나 있는지	

097	どんなに〜ても・いくら〜ても	아무리 〜해도	どんなに大変な状況でも 아무리 힘든 상황이라도	p.232
			いくら甘いものが好きだと言っても 아무리 단것을 좋아한다고 해도	
098	〜ないことには	〜하지 않으면	応募しないことには、何も進みません 응모하지 않으면 아무것도 진행되지 않습니다	p.162
099	〜ないで	①〜하지 마(말아요)〈문말〉	そんなに急がせないでよ 그렇게 재촉하지 마	p.233
		②〜하지 않고, 〜하지 말고	無理に泳ごうとしないで 무리하게 수영하려고 하지 말고	
100	〜ないですむ・〜ずにすむ	〜하지 않고 끝나다, 〜하지 않아도 된다	今回あまり並ばないで済んだのは 이번에 그다지 줄을 서지 않아도 된 것은	p.163
101	〜ないでもない・〜なくもない	〜하지 않는 것도 아니다	少し問題がある気がしないでもないが 문제가 조금 있는 기분이 들지 않는 것도 아니지만	p.164
			一人で行けなくもないが 혼자 갈 수 없는 것도 아니지만	
102	〜ながら・〜ながらも	〜면서도, 〜이지만	残念ながら、優勝できませんでした 유감스럽게도 우승하지 못했습니다	p.165
			現実的でありながらも、詩的な雰囲気 현실적이면서도 시적인 분위기	
103	〜中を	〜속을, 〜함을 받으면서	大雨の中を傘を差さずに 폭우 속을 우산을 쓰지 않고	p.234
	〜中では	〜한 것 중에서는	私1人で担当したものの中では 나 혼자서 담당한 것 중에서는	
104	〜なければならない・〜なくてはいけない	〜하지 않으면 안 된다, 〜해야 한다	長時間聞かなければならないとしたら 장시간 들어야 한다고 하면	p.64
			朝5時に起きなくちゃいけないから 아침 5시에 일어나야 하니까	
105	〜なりに	〜나름대로	葬式にはそれなりに決まった礼服がある 장례식에는 그 나름대로 정해진 예복이 있다	p.166
	〜なりの	〜나름대로의	その人なりの生き方や生きがい 그 사람 나름대로의 생활 방식이나 사는 보람	
106	〜なんか	〜 따위, 〜같은 것	もう魚つりになんか行きたくない 이제 낚시 같은 건 가고 싶지 않다	p.65
	〜なんて	①〜라는, 〜 따위(는)	職場まで歩いて数分なんて人は 직장까지 걸어서 몇 분이라는 사람은	
		②〜라고는	いやだなんて言えないよ 싫다고는 할 수 없어	
		③〜하다니	こんなところで先生に会うなんて 이런 곳에서 선생님을 만나다니	

107	～において	～에서	多様（たよう）な情報（じょうほう）があふれる現代（げんだい）社会（しゃかい）において 다양한 정보가 넘쳐나는 현대 사회에서	p.66
	～における	～에서의	日本（にほん）における学校（がっこう）給食（きゅうしょく）は 일본에서의 학교 급식은	
108	～に応（おう）じて	～에 따라서, ～에 맞게	お客様（きゃくさま）のご希望（きぼう）に応（おう）じて 손님의 희망에 맞게	p.167
109	～にかかわらず	～에 관계없이	好（す）きか嫌（きら）いかにかかわらず 좋아하는지 싫어하는지에 관계없이	p.172
	～にもかかわらず	～인데도 불구하고	大雨（おおあめ）にもかかわらず 큰비에도 불구하고	
110	～に限（かぎ）らず・ ～のみならず	～뿐만 아니라	サッカーに限（かぎ）らずスポーツならなんでも 축구뿐만 아니라 스포츠라면 뭐든지	p.235
			担当者（たんとうしゃ）のみならず、会社（かいしゃ）全体（ぜんたい）で 담당자뿐만 아니라, 회사 전체에서	
111	～に限（かぎ）り	～에 한해	100名様（めいさま）にかぎり 100분에 한해	p.236
	～に限（かぎ）って	～인 경우만은, ～만큼은, 꼭 ～때만	遅刻（ちこく）してはいけない時（とき）にかぎって 꼭 지각해서는 안 될 때만	
112	～に限（かぎ）る	～하는 것이 제일이다	あたたかくして早（はや）く寝（ね）るに限（かぎ）る 따뜻하게 하고 빨리 자는 것이 제일이다	p.173
113	～にかけては	～에서는, ～에 있어서는	おいしいパンを作（つく）ることにかけては 맛있는 빵을 만드는 것에 있어서는	p.67
114	～にこたえ(て)	～에 부응하여, ～에 따라	利用者（りようしゃ）の声（こえ）にこたえて 이용자의 의견에 부응하여	p.174
115	～にしたら・ ～にすれば	～로서는	あの人（ひと）の立場（たちば）にしたら 그 사람의 입장으로서는	p.175
			親（おや）にすればどんな子（こ）どもでもかわいいはずだ 부모로서는 어떤 자식이든 귀여운 법이다	
	～にしても	～라고 해도	メールの書（か）き方（かた）ひとつにしても 메일 쓰는 법 하나라고 해도	
116	～にして	① ～의 경우에도, ～도	あの人（ひと）にしてそうなのだから 저 사람도 그러하니까	p.237
		② ～이면서, ～이자	偉大（いだい）な学者（がくしゃ）にして政治家（せいじか） 위대한 학자이자 정치가	
		③ ～이 되어서, ～에 와서	30歳（さい）にして人生（じんせい）を悟（さと）る 30세가 되어 인생을 깨닫다	
117	～にすぎない・ ～でしかない	～에 불과하다, ～에 지나지 않다	人口（じんこう）54人（にん）の小（ちい）さな村（むら）にすぎなかったが 인구 54명인 작은 마을에 지나지 않았지만	p.68
			ほんの小（ちい）さな一部分（いちぶぶん）でしかない 그저 작은 일부분에 불과하다	

118	～に対し(て)	① ～에 대해(서), ～에게	戦争に対して 전쟁에 대해서 子どもが大人に対して使っていい言葉ではない 아이가 어른에게 사용해서 좋은 말이 아니다	p.69
		② ～에 비해(서)	地方では人口が減っているのに対して 지방에서는 인구가 줄고 있는 것에 비해서	
	～に対する	～에 대한	政治に対する信頼 정치에 대한 신뢰	
119	～に違いない	～임에 틀림없다	計算を間違えたにちがいない 계산을 틀리게 했음에 틀림없다	p.176
120	～に次いで	～ 다음으로, ～에 뒤이어서	サッカーに次いで人気のあるスポーツといえば 축구 다음으로 인기 있는 스포츠라고 하면	p.238
	～に次ぐ	～에 버금가는	ハロウィンに次ぐブームといわれ 할로윈에 버금가는 붐으로 불리며	
	Aに次ぐA	A에 A를 거듭함	延長に次ぐ延長で 연장에 연장을 거듭하며	
121	～につれ(て)	～(함)에 따라	夕方が近づくにつれて 저녁이 가까워짐에 따라	p.177
122	～に上る・～に達する	～에 달하다, ～에 이르다	昨年の入場者数は、1000万人に上った 작년 입장객 수는 1000만 명에 달했다 開幕から3日で10万人に達した 개막부터 3일 만에 10만 명에 달했다	p.178
123	～には	～하려면	スケジュールどおりに仕事を進めるには 스케줄대로 업무를 진행하려면	p.179
124	～にほかならない	바로 ～이다, ～임에 틀림없다	メンバー全員の努力の結果にほかならない 멤버 전원의 노력의 결과임에 틀림없다	p.239
125	～によって・～により	～에 의해, ～에 따라	それぞれの店によって材料はさまざまだ 각각의 가게에 따라 재료는 다양하다	p.70
	～による	～에 의한, ～에 따른	少年による凶悪な犯罪 소년에 의한 흉악한 범죄	
	～によらず	～에 관계없이	数量や合計金額によらず 수량이나 합계 금액에 관계없이	
126	～にわたって・ ～にわたり	～에 걸쳐	約700メートルにわたって 약 700미터에 걸쳐 2時間にわたり、電車がストップしました 2시간에 걸쳐 전철이 멈췄습니다	p.72

127	～ねばならない	～해야 한다	あと5年待たねばならない 앞으로 5년 기다려야 한다	p.244
128	～ば	～하면	どうすればいいか 어떻게 하면 좋을지	p.180
			もう少しゆっくりしていけばいいのに 좀더 천천히 있다가 가면 좋을 텐데	
			もしそちらのご都合がよろしければ 만약 그쪽의 사정이 괜찮으시면	
129	～ばかり	①～만, ～한	ストレスは悪いものだとばかり思っていた 스트레스는 나쁜 거라고만 생각하고 있었다	p.73
		②～쯤, ～가량, ～정도	この本を1週間ばかり貸していただけませんか 이 책을 1주일 정도 빌려 주실 수 없습니까?	
130	～(た)ばかり	～한지 얼마 안 됨, 막 ～함	さっきご飯を食べたばかりだというのに 조금 전 밥을 먹은지 얼마 안 되었다고 하는데도	p.74
131	～ばかりか・ ～ばかりでなく・ ～だけでなく	～뿐만 아니라	私に食事をごちそうしてくれたばかりか 나에게 식사를 대접해 주었을 뿐만 아니라	p.181
			この問題ばかりでなく、ほかの問題も討議しよう 이 문제뿐만 아니라 다른 문제도 토의하자	
			温度が高いだけでなく湿度も高いからだ 온도가 높을 뿐만 아니라 습도도 높기 때문이다	
132	～ばかりで	～하기만 해서(하고)	人のやることに文句を言うばかりで 남이 하는 일에 불평하기만 하고	p.80
	～ばかりだ	～하기만 하다	雨はやまず、むしろ強くなるばかりだった 비는 그치지 않고, 오히려 거세지기만 했다	
133	～はずだ	～일 터이다, ～일 것이다	あなたがいちばんご存じのはずだ 당신이 가장 잘 알고 계실 터이다	p.81
134	～はともかく(として)	～은 차치하고, ～은 어찌됐든	値段はともかく味はいいですね 가격은 차치하고 맛은 좋네요	p.186
	～ならともかく	～라면 모르겠지만	デートで着るならともかく 데이트에 입는다면 몰라도	
135	～ば～ほど	～하면 ～할수록	この問題について考えれば考えるほど 이 문제에 대해서 생각하면 생각할수록	p.245
136	～はもちろん・ ～はもとより	～은 물론	話し方はもちろん、服装などにも 말투는 물론 복장 등에도	p.187
			生徒はもとより保護者からの信頼も 학생은 물론 보호자로부터의 신뢰도	

137	～べき	～해야 할(될)	レポートを作成する上で注意すべきこと 리포트를 작성하는 데 있어서 주의해야 할 것	p.188
	～べきだ	～해야 한다	約束は守るべきです 약속은 지켜야 합니다	
	～べきではない	～해서는 안 된다	先生に頼ろうとするべきではない 선생님에게 의지하려고 해서는 안 된다	
138	～(より)ほか(は)ない	～할 수밖에 없다	実際に本人に会って判断するよりほかはない 실제로 본인을 만나서 판단할 수밖에 없다	p.189
139	～ほど	～할 정도로, ～할 만큼	バスで30分ほど行ったところにある 버스로 30분 정도 간 곳에 있다	p.82
	～ほどだ	～할 정도이다	体じゅうから汗が出るほどだ 온몸에서 땀이 날 정도이다	
140	～まい	～하지 않을 것이다, ～하지 않겠다	そんな恐ろしいことはだれも信じまい 그런 무서운 일은 아무도 믿지 않을 것이다	p.190
141	～まで(のこと)だ	～할 따름[뿐]이다	私は率直な感想を述べたまでです 나는 솔직한 감상을 말했을 뿐입니다	p.246
142	～まま	～한 채로	電源は入れたままにしておいて 전원은 켜 둔 채로 놔 둬	p.247
			服を身につけないまま 옷을 입지 않은 채	
143	～みたいに	(마치) ～처럼, ～같이	もう一生会えないみたいに 이제 평생 만날 수 없는 것처럼	p.83
	～みたいな	～ 같은	きみみたいなうそつき 너 같은 거짓말쟁이	
	～みたいだ	～ 같다, ～인 것 같다	晴れる日が一日もないみたいだ 맑은 날이 하루도 없는 것 같다	
144	～ものだ	① ～하는 법이다〈당연〉	暑い夏ほどクーラーは売れるものだ 더운 여름일수록 에어컨은 팔리는 법이다	p.84
		② ～하고 싶다〈희망〉	大きくなったら世界一周旅行をしたいものだ 크면 세계 일주 여행을 하고 싶다	
		③ ～하곤 했다〈회상〉	この公園で遊びまわっていたものだ 이 공원에서 놀러다니곤 했다	
		④ ～라는 것이다 〈감상・비판〉	大体の性格もわかるというものです 대략의 성격도 안다는 것입니다	
		⑤ ～네, ～구나 〈놀람・감탄〉	こんな昔の写真が今まで残っていたものだ 이런 옛날 사진이 지금까지 남아 있었네	
	～ものではない	～하는 게 아니다	そんなにがっかりするものではない 그렇게 실망할 것은 아니다	

145	～ものなら	① 만약 ～하다면, ～할 수 있다면	歯を抜かずに済むものなら 이를 빼지 않아도 된다면	p.86
		② ～했다가는	レストランで騒ぐ子どもをしかろうものなら 레스토랑에서 떠드는 아이를 혼내기라도 했다가는	
146	～ものの	～하기는 하나, ～하기는 하지만	市民の心をつかもうとしたものの 시민의 마음을 붙잡으려고 하기는 했으나	p.191
147	～ようがない	～할 수가 없다	こんなにひどく壊れていると、直しようがないですね 이렇게 심하게 망가져 있으면 고칠 수가 없네요	p.192
148	～ようだ	① ～인 것 같다, ～인 듯하다〈불확실〉	どうもその計画はあきらめなければならないようだ 아무래도 그 계획은 포기해야 할 것 같다	p.87
		② ～와 같다〈비유·예시〉	まるで天使のようだ 마치 천사같다	
	～ように	① ～하도록, ～하기를〈문말〉	たくさんの人が読めるように 많은 사람이 읽을 수 있도록	
			一日も早く回復されますように。 하루라도 빨리 회복하시기를.	
		② ～처럼, ～와 같이	雪のように 눈처럼	
	～ような	① ～같은, ～듯한	酔ったような状態になる 취한 듯한 상태가 된다	
		② 해석 안 됨〈취지〉	金がほしいというようなメール 돈이 필요하다는 메일	
149	～ようなら(ば)・ ～ようであれば・ ～ようだったら	～할 것 같으면, ～할 경우에는	何度も繰り返されるようならば 몇 번이고 반복되는 경우에는	p.89
			熱が下がらないようであれば 열이 내려가지 않을 것 같으면	
			着られるようだったら 입을 수 있을 것 같으면	
	～ようでしたら	～하실 것 같으면, ～하실 경우에는	ご都合が悪いようでしたら 사정이 좋지 않으신 경우에는	
150	～ようにする	～하도록 하다	ときどき遠くを見るようにしたところ 가끔 먼 곳을 바라보도록 했더니	p.248
	～ないようにする	～하지 않도록 하다	テーブルの上に物を置かないようにするだけで 테이블 위에 물건을 두지 않도록 하기만 해도	
151	～らしい	① ～인 것 같다	正しく伝わっていなかったらしい 바르게 전달되지 않았던 것 같다	p.249
		② ～답다	青木くんらしいね 아오키 군답네	

152	～わけがない・ ～はずがない	～할 리가 없다	今ここにいるわけないじゃない 지금 여기에 있을 리 없잖아	p.250
			うまい答えが見つかるはずもない 좋은 대답이 나올 리도 없다	
153	～わけだ	～한 셈이다	何十億人もの人がいるわけですから 몇십억 명이나 되는 사람이 있는 셈이니까	p.90
	～わけではない	～하는 것은 아니다	必ずしも最初から順調だったわけではない 반드시 처음부터 순조로웠던 것은 아니다	
154	～わけにはいかない	～할 수는 없다	大事な会議があるから、休むわけにはいかないんだ 중요한 회의가 있어서 쉴 수는 없어	p.193
155	～割に(は)	～에 비해서(는)	年をとっているわりには元気だ 나이 든 것에 비해서는 건강하다	p.251
156	～を通じて・ ～を通して	～을 통하여	田中さんの父親を通じて 다나카 씨의 부친을 통해서	p.252
			先輩をとおして、入学試験の案内をもらった 선배를 통해서 입학 시험 안내를 받았다	
157	～を問わず	～을 불문하고	初心者、経験者を問わず 초보자, 경험자를 불문하고	p.194
158	～をはじめ	～을 비롯하여	北川先生をはじめ多くの方々に 기타가와 선생님을 비롯하여 많은 분들에게	p.195
159	～をめぐって	～을 둘러싸고	スピーチで言った一言をめぐって 연설에서 말한 한마디를 둘러싸고	p.253
160 축약형	～なければ → ～なきゃ	～해야 해, ～해야지	早く寝なきゃって思ってるんだけど 빨리 자야지 하고 생각하지만	p.91
	～なくては → ～なくちゃ	～해야 해, ～해야지	洗濯物を取りこまなくちゃ 빨래를 걷어야 돼	
	～ておく → ～とく	～해 두다	あ、その資料は捨てないで取っといて 아, 그 자료는 버리지 말고 맡아 둬	
	～てしまう → ～ちゃう	～해 버리다, ～하고 말다	昨日は残業で疲れちゃって 어제는 야근으로 피곤해서	
	～なければいけない → ～なきゃいけない	～해야 한다	どうせやらなきゃいけないんなら 어차피 해야 된다면	
	～しておかなくては → しとかなくちゃ	～해 두지 않으면, ～해 두어야 해	かなり早めに予約しとかなくちゃ 꽤 일찌감치 예약해 두지 않으면	

콕콕실전문제 및 파이널 테스트 정답

Part 1 합격으로 가는 N2 문법

■ 출제 1순위 N2 문법 50 콕콕실전문제

01 ▶p.27-31

1. ③　2. ②　3. ①　4. ②　5. ④　6. ②　7. ③
8. ①　9. ④　10. ③　11. ①　12. ④　13. ④　14. ②
15. ②　16. ③　17. ②　18. ②　19. ①　20. ③　21. ①(4132)
22. ③(1432)　23. ④(3142)　24. ③(2314)　25. ④(3421)　26. ②(1324)　27. ④(1342)　28. ④(3421)
29. ③(2314)　30. ①(4312)　31. ③　32. ④　33. ①　34. ④　35. ②

02 ▶p.44-47

1. ④　2. ③　3. ①　4. ③　5. ④　6. ②　7. ③
8. ③　9. ①　10. ④　11. ③(4231)　12. ①(4213)　13. ④(3241)　14. ①(3412)
15. ②(4321)　16. ②(3421)　17. ①(4213)　18. ②(4123)　19. ②(3214)　20. ③(2314)　21. ②
22. ④　23. ①　24. ③　25. ②

03 ▶p.59-63

1. ②　2. ②　3. ③　4. ②　5. ①　6. ①　7. ④
8. ③　9. ①　10. ②　11. ②　12. ①　13. ④　14. ①
15. ①　16. ②(4213)　17. ③(1324)　18. ②(1423)　19. ④(3241)　20. ②(1423)　21. ①(2413)
22. ③(4231)　23. ②(1234)　24. ③(2134)　25. ④(1342)　26. ②　27. ③　28. ③
29. ④　30. ②

04 ▶p.75-79

1. ③　2. ②　3. ④　4. ②　5. ④　6. ①　7. ③
8. ③　9. ①　10. ④　11. ④　12. ①　13. ②　14. ①
15. ③　16. ②　17. ③　18. ①　19. ③　20. ④　21. ②(3421)
22. ④(3142)　23. ②(1234)　24. ①(2413)　25. ④(3421)　26. ③(4231)　27. ②(3241)　28. ③(4231)
29. ①(4312)　30. ③(4132)　31. ③　32. ①　33. ④　34. ②　35. ④

05 ▶p.93-96

1. ④　2. ③　3. ①　4. ③　5. ③　6. ④　7. ②
8. ④　9. ③　10. ②　11. ③(2134)　12. ④(1423)　13. ①(4312)　14. ②(4321)
15. ①(4123)　16. ③(1432)　17. ①(3412)　18. ①(3142)　19. ②(4213)　20. ③(1234)　21. ①
22. ②　23. ③　24. ④　25. ①

2 출제 2순위 N2 문법 70 콕콕실전문제

06 ▶p.108-111

1. ①   2. ③   3. ②   4. ②   5. ④   6. ②   7. ①
8. ③   9. ④   10. ②   11. ③(1432)   12. ①(3412)   13. ④(3142)   14. ①(4312)
15. ①(2314)   16. ②(1243)   17. ①(3412)   18. ④(1423)   19. ③(4132)   20. ④(2413)   21. ④
22. ①   23. ②   24. ②   25. ③

07 ▶p.122-125

1. ①   2. ②   3. ③   4. ④   5. ①   6. ④   7. ②
8. ④   9. ①   10. ③   11. ③(2431)   12. ③(1432)   13. ②(4123)   14. ①(4213)
15. ④(3421)   16. ①(2314)   17. ②(1324)   18. ②(3124)   19. ①(2413)   20. ④(2143)   21. ④
22. ①   23. ②   24. ④   25. ③

08 ▶p.137-141

1. ①   2. ②   3. ①   4. ③   5. ②   6. ①   7. ②
8. ④   9. ①   10. ②   11. ④   12. ①   13. ②   14. ④
15. ④   16. ②   17. ④   18. ③   19. ②   20. ④   21. ④(2341)
22. ①(3412)   23. ②(4321)   24. ①(3124)   25. ③(2341)   26. ④(2431)   27. ③(1324)   28. ②(1423)
29. ④(3142)   30. ③(1324)   31. ④   32. ③   33. ①   34. ②   35. ④

09 ▶p.153-157

1. ④   2. ④   3. ②   4. ④   5. ②   6. ②   7. ④
8. ③   9. ③   10. ①   11. ②   12. ①   13. ③   14. ④
15. ④   16. ③   17. ④   18. ③   19. ④   20. ①   21. ①(3214)
22. ③(1432)   23. ③(2314)   24. ④(1342)   25. ①(4213)   26. ①(2413)   27. ②(1423)   28. ③(4132)
29. ④(3142)   30. ①(2413)   31. ①   32. ②   33. ④   34. ③   35. ④

10 ▶p.168-171

1. ①   2. ②   3. ①   4. ②   5. ②   6. ④   7. ③
8. ④   9. ①   10. ②   11. ①(4213)   12. ②(3214)   13. ④(1342)   14. ①(2413)
15. ④(2143)   16. ④(2431)   17. ②(3124)   18. ②(3421)   19. ③(2314)   20. ①(2143)   21. ②
22. ②   23. ③   24. ①   25. ④

11 ▶p.182-185

1. ①   2. ②   3. ③   4. ④   5. ②   6. ④   7. ②
8. ②   9. ③   10. ④   11. ④(2413)   12. ④(1423)   13. ①(3412)   14. ③(1342)
15. ②(4123)   16. ③(2431)   17. ②(4231)   18. ④(2431)   19. ③(4312)   20. ③(1342)   21. ③
22. ②   23. ④   24. ①   25. ③

12 ▶p.196-200

1. ④   2. ②   3. ③   4. ③   5. ②   6. ④   7. ②
8. ③   9. ④   10. ①   11. ④   12. ②   13. ④   14. ①
15. ②   16. ③   17. ①   18. ④   19. ①   20. ④   21. ③(1342)
22. ①(4213)   23. ③(2431)   24. ①(3142)   25. ③(1324)   26. ④(3142)   27. ④(3421)   28. ②(1423)
29. ①(4123)   30. ③(2134)   31. ③   32. ④   33. ④   34. ②   35. ①

3 출제 3순위 N2 문법 40 콕콕실전문제

13 ▶p.212-215

1. ④   2. ①   3. ①   4. ④   5. ②   6. ③   7. ①
8. ②   9. ②   10. ③   11. ④(3421)   12. ②(3214)   13. ③(1432)   14. ①(3412)
15. ③(2431)   16. ④(3421)   17. ③(2341)   18. ①(4213)   19. ④(1342)   20. ②(4123)   21. ①
22. ②   23. ③   24. ②   25. ④

14 ▶p.226-229

1. ④   2. ①   3. ②   4. ③   5. ②   6. ①   7. ③
8. ④   9. ①   10. ③   11. ④(1243)   12. ④(3412)   13. ②(1324)   14. ③(4132)
15. ①(3142)   16. ③(2431)   17. ①(3142)   18. ①(4213)   19. ②(4321)   20. ②(4231)   21. ②
22. ②   23. ③   24. ④   25. ①

15 ▶p.240-243

1. ①   2. ③   3. ①   4. ②   5. ③   6. ③   7. ④
8. ②   9. ①   10. ③   11. ②(3241)   12. ②(1423)   13. ①(2314)   14. ③(4321)
15. ③(4132)   16. ①(2314)   17. ④(3421)   18. ①(4312)   19. ②(3421)   20. ③(2431)   21. ④
22. ②   23. ③   24. ①   25. ②

16 ▶p.254-257

1. ③   2. ④   3. ④   4. ③   5. ④   6. ②   7. ②
8. ③   9. ①   10. ②   11. ②(4321)   12. ④(2143)   13. ④(1342)   14. ③(1432)
15. ②(1423)   16. ①(3412)   17. ③(2134)   18. ③(2431)   19. ①(3214)   20. ③(1432)   21. ④
22. ①   23. ①   24. ③   25. ②

Part 2 점수를 UP시키는 N2 문법

■ N2 문법 경어 콕콕실전문제

17 ▶ p.277-282

1. ①	2. ①	3. ②	4. ④	5. ④	6. ③	7. ②
8. ④	9. ①	10. ②	11. ①	12. ③	13. ③	14. ②
15. ④	16. ②	17. ④	18. ④	19. ①	20. ①	21. ③(2431)
22. ①(3214)	23. ①(2413)	24. ③(1342)	25. ④(1243)	26. ②(4123)	27. ④(3241)	28. ①(2314)
29. ③(2314)	30. ①(3412)	31. ④	32. ②	33. ④	34. ③	35. ①

■ N2 문법 사역·수동·사역수동 표현 콕콕실전문제

18 ▶ p.289-294

1. ③	2. ②	3. ④	4. ①	5. ④	6. ①	7. ③
8. ③	9. ②	10. ④	11. ②	12. ①	13. ③	14. ④
15. ④	16. ③(1234)	17. ①(3142)	18. ②(4321)	19. ③(4132)	20. ④(3412)	21. ②(1423)
22. ④(2431)	23. ③(1432)	24. ②(4321)	25. ①(4213)	26. ②	27. ③	28. ②
29. ④	30. ①					

■ N2 문법 조사 콕콕실전문제

19 ▶ p.302-306

1. ①	2. ③	3. ④	4. ②	5. ①	6. ④	7. ②
8. ④	9. ①	10. ③	11. ③	12. ②	13. ①	14. ②
15. ①	16. ②(3241)	17. ④(1342)	18. ③(4312)	19. ①(1324)	20. ③(2431)	21. ③(4132)
22. ③(2341)	23. ④(3421)	24. ②(3214)	25. ①(2314)	26. ③	27. ①	28. ④
29. ②	30. ①					

■ N2 문법 접속사·부사·기타 콕콕실전문제

20 ▶ p.322-326

1. ①	2. ②	3. ④	4. ②	5. ①	6. ②	7. ③
8. ②	9. ④	10. ①	11. ④(1243)	12. ①(2314)	13. ③(4132)	14. ①(2413)
15. ③(1234)	16. ②(4321)	17. ①(3412)	18. ④(1243)	19. ③(2431)	20. ④(1342)	21. ②
22. ④	23. ①	24. ③	25. ④			

21 ▶ p.327-331

1. ③	2. ①	3. ④	4. ①	5. ③	6. ②	7. ④
8. ②	9. ③	10. ①	11. ①(4312)	12. ②(3421)	13. ③(1234)	14. ②(1423)
15. ①(3124)	16. ③(4231)	17. ②(1324)	18. ④(3241)	19. ②(3421)	20. ④(1423)	21. ②
22. ③	23. ①	24. ②	25. ④			

부록　JLPT N2 파이널 테스트

1회　　　　　　　　　　　　　　　　　　　　　　　　　　▶p.334-338

問題 7	1. ②	2. ④	3. ③	4. ④	5. ③	6. ②	7. ①	8. ③	9. ④	10. ③
	11. ①	12. ③								
問題 8	13. ②(4123)		14. ①(2413)		15. ①(2314)		16. ②(3421)		17. ③(1234)	
問題 9	18. ④	19. ④	20. ②	21. ④	22. ③					

2회　　　　　　　　　　　　　　　　　　　　　　　　　　▶p.339-343

問題 7	1. ②	2. ①	3. ③	4. ④	5. ②	6. ①	7. ③	8. ②	9. ④	10. ③
	11. ①	12. ①								
問題 8	13. ④(3142)		14. ②(4321)		15. ②(3124)		16. ①(4312)		17. ③(2431)	
問題 9	18. ③	19. ②	20. ④	21. ①	22. ④					

3회　　　　　　　　　　　　　　　　　　　　　　　　　　▶p.344-348

問題 7	1. ①	2. ①	3. ④	4. ②	5. ③	6. ④	7. ③	8. ②	9. ④	10. ③
	11. ①	12. ③								
問題 8	13. ①(3214)		14. ②(4123)		15. ①(3412)		16. ③(1234)		17. ②(4123)	
問題 9	18. ④	19. ④	20. ①	21. ②	22. ③					

4회　　　　　　　　　　　　　　　　　　　　　　　　　　▶p.349-353

問題 7	1. ②	2. ①	3. ③	4. ④	5. ①	6. ②	7. ④	8. ①	9. ③	10. ②
	11. ④	12. ④								
問題 8	13. ①(3412)		14. ②(4123)		15. ④(2143)		16. ①(4312)		17. ②(3421)	
問題 9	18. ②	19. ③	20. ①	21. ④	22. ③					

N2 文法 ファイナルテスト 解答用紙

1回

問題 7
1	①	②	③	④
2	①	②	③	④
3	①	②	③	④
4	①	②	③	④
5	①	②	③	④
6	①	②	③	④
7	①	②	③	④
8	①	②	③	④
9	①	②	③	④
10	①	②	③	④
11	①	②	③	④
12	①	②	③	④

問題 8
13	①	②	③	④
14	①	②	③	④
15	①	②	③	④
16	①	②	③	④
17	①	②	③	④

問題 9
18	①	②	③	④
19	①	②	③	④
20	①	②	③	④
21	①	②	③	④
22	①	②	③	④

2回

問題 7
1	①	②	③	④
2	①	②	③	④
3	①	②	③	④
4	①	②	③	④
5	①	②	③	④
6	①	②	③	④
7	①	②	③	④
8	①	②	③	④
9	①	②	③	④
10	①	②	③	④
11	①	②	③	④
12	①	②	③	④

問題 8
13	①	②	③	④
14	①	②	③	④
15	①	②	③	④
16	①	②	③	④
17	①	②	③	④

問題 9
18	①	②	③	④
19	①	②	③	④
20	①	②	③	④
21	①	②	③	④
22	①	②	③	④

3回

問題 7
1	①	②	③	④
2	①	②	③	④
3	①	②	③	④
4	①	②	③	④
5	①	②	③	④
6	①	②	③	④
7	①	②	③	④
8	①	②	③	④
9	①	②	③	④
10	①	②	③	④
11	①	②	③	④
12	①	②	③	④

問題 8
13	①	②	③	④
14	①	②	③	④
15	①	②	③	④
16	①	②	③	④
17	①	②	③	④

問題 9
18	①	②	③	④
19	①	②	③	④
20	①	②	③	④
21	①	②	③	④
22	①	②	③	④

4回

問題 7
1	①	②	③	④
2	①	②	③	④
3	①	②	③	④
4	①	②	③	④
5	①	②	③	④
6	①	②	③	④
7	①	②	③	④
8	①	②	③	④
9	①	②	③	④
10	①	②	③	④
11	①	②	③	④
12	①	②	③	④

問題 8
13	①	②	③	④
14	①	②	③	④
15	①	②	③	④
16	①	②	③	④
17	①	②	③	④

問題 9
18	①	②	③	④
19	①	②	③	④
20	①	②	③	④
21	①	②	③	④
22	①	②	③	④

저자 약력

이치우(lcw66631@gmail.com)

인하대학교 문과대학 일어일문학과 졸업
일본 橫浜国立大学 教育学部 研究生 수료
駐日 한국대사관 한국문화원 근무
(전)일본 와세다대학 객원 연구원
(전)한국디지털대학교 외래교수
(현)일본어 교재 저술가

저서

『최신 개정판 JLPT 일본어능력시험 한권으로 끝내기 N1/N2/N3/N4/N5』 (다락원, 공저)
『新일본어능력시험 한권으로 끝내기 N1/N2/N3/N4』 (다락원, 공저)
『4th EDITION JLPT 일본어 능력시험 [문자·어휘 / 한자 / 문법] 콕콕 찍어주마 N1/N2/N3/N4·5』 (다락원)
『新일본어 능력시험 [문자·어휘 / 한자 / 문법] 콕콕 찍어주마 N1/N2/N3/N4·5 대비』 (다락원)

JLPT 콕콕 찍어주마 N2 문법 4th EDITION

지은이 이치우
펴낸이 정규도
펴낸곳 (주)다락원

초판 1쇄 발행 2003년 9월 5일
개정2판 1쇄 발행 2010년 7월 26일
개정3판 1쇄 발행 2017년 12월 11일
개정3판 6쇄 발행 2024년 8월 30일

책임편집 김은경, 송화록
디자인 하태호, 이호영

다락원 경기도 파주시 문발로 211
내용문의: (02)736-2031 내선 460~465
구입문의: (02)736-2031 내선 250~252
Fax: (02)732-2037
출판등록 1977년 9월 16일 제406-2008-000007호

Copyright ⓒ 2017, 이치우

저자 및 출판사의 허락 없이 이 책의 일부 또는 전부를 무단 복제·전재·발췌할 수 없습니다. 구입 후 철회는 회사 내규에 부합하는 경우에 가능하므로 구입문의처에 문의하시기 바랍니다. 분실·파손 등에 따른 소비자 피해에 대해서는 공정거래위원회에서 고시한 소비자 분쟁 해결 기준에 따라 보상 가능합니다. 잘못된 책은 바꿔 드립니다.

ISBN 978-89-277-1176-6 18730
978-89-277-1168-1 (set)

http://www.darakwon.co.kr

- 다락원 홈페이지를 방문하시면 상세한 출판정보와 함께 동영상강좌, MP3자료 등 다양한 어학 정보를 얻으실 수 있습니다.
- 콕콕 실전문제 및 파이널 테스트 문제의 해석은 다락원 홈페이지 학습자료실에서 다운로드 받으시거나 교재 안의 QR코드를 통해 바로 확인하실 수 있습니다.
- N2 문법 문제은행 및 파이널 테스트 추가 4회분 문제와 해석을 다락원 홈페이지 학습자료실에서 다운로드 받으실 수 있습니다.